习仲勋同志：

党的利益在第一位

毛泽东

习仲勋

在陕甘宁边区

《习仲勋在陕甘宁边区》编委会　编

中国文史出版社

1932 年，两当兵变前的习仲勋（左一）

1937 年，担任关中分委书记的习仲勋（右三）与关中部分领导干部合影

1945 年 10 月，习仲勋（右一）任中共西北中央局书记。这是他与乌兰夫、王维舟、马明方（右二至右四）在延安的合影

1946 年 4 月，习仲勋（二排右二）在陕甘宁边区第三届参议会第一次会议上当选为常驻议员

1947 年 3 月，彭德怀（左二）、习仲勋（左三）、张文舟（左四）、徐立清（左一）在青化砭察看地形

1948 年，西北局部分领导同志合影。左起：贺龙、马明方、习仲勋、林伯渠、贾拓夫、王维舟

1949 年 6 月，贺龙（前中）、习仲勋（前右）、李井泉（前左）、廖汉生（二排左二）等西北军区及第一野战军所属部队部分领导在西安合影

1950 年 1 月 19 日，西北军政委员会成立，统一领导陕、甘、宁、青、新五省和西安市人民政府的工作。彭德怀（一排左三）任主席，习仲勋（一排左二）、张治中（一排左四）任副主席。这是西北军政委员会成立时全体成员的合影

再版说明

《习仲勋在陕甘宁边区》一书由中共甘肃省庆阳市委、市人大、市政府、市政协组织编纂，初版于2009年。全书以陕甘边和陕甘宁边区波澜壮阔的革命历史为主线，生动记述了习仲勋同志在革命战争年代的主要经历和卓著功勋，表达了老区人民对他的无限怀念和崇敬热爱之情。

为纪念习仲勋同志诞辰100周年和陕甘边区苏维埃政府成立80周年，应广大读者要求，我社重新出版了本书。此次再版，全书体例和内容未作调整和改动，重点校订了第一版文字谬误和史实不确之处，增补了数十幅珍贵历史图片，重新装帧设计。全书主题鲜明，资料翔实可靠，是一部研究西北革命根据地和老一辈无产阶级革命家习仲勋同志光辉一生的重要图书，具有较高的史料价值和阅读价值。

2014年1月

第一版序

陆　浩*

在陕甘边区苏维埃政府成立75周年之际，中共庆阳市委、市人大、市政府、市政协编辑出版《习仲勋在陕甘宁边区》一书，是一件很有意义的事。

以南梁为中心的陕甘边革命根据地，是刘志丹、谢子长、习仲勋等老一辈无产阶级革命家，创造性实践毛泽东“工农武装割据”思想的历史成果。1934年11月7日，西北第一个工农民主政权——陕甘边区苏维埃政府正式成立。后来，陕甘边与陕北两块根据地连成一片，形成了北起长城、南至淳耀、西接环江、东临黄河，拥有30多个县域、百万人口的西北革命根据地。这是第二次国内革命战争后期全国“硕果仅存”的革命根据地，为经过二万五千里长征的党中央和中央红军提供了落脚点，为党中央把中国革命的大本营放在西北创造了必要条件，使之成为抗日战争的出发点，为中国革命胜利作出了重要贡献。

---

* 序者时任甘肃省委书记、省人大常委会主任，曾任第十二届全国人大环境与资源保护委员会主任委员。

习仲勋同志是陕甘边革命根据地创始人之一。1930年初，他受党组织委派，到国民党西北军杨虎城部做兵运工作，任中共营委书记。1932年4月，发动两当兵变，创建了中国工农红军陕甘游击队第五支队。同年9月，进入渭北革命根据地，任渭北游击队第二支队政治指导员。1933年2月，任共青团三原中心县委书记，从事武装斗争、农民运动和青年工作。同年3月后，与刘志丹等同志创建陕甘边区照金革命根据地，进行了艰苦卓绝的斗争。历任中共陕甘边区特委委员、军委书记和共青团特委书记，游击队总指挥部政治委员，革命委员会副主席、主席等职务。1934年11月，当选为陕甘边区苏维埃政府（南梁政府）主席。他参与领导苏区的游击战争，粉碎了国民党军多次“围剿”，出生入死，浴血奋战，在不断排除内部“左”的和右的思想干扰中，壮大了红军武装，巩固和发展了革命根据地。他以极大精力领导党的建设和政权建设，主持制定了土地、军事、财经、粮食、社会、文化教育等方面的“十大政策”，为红色政权的巩固和经济的发展，做了许多探索性、开创性的工作。1935年10月，他和刘志丹等一大批陕甘边领导干部在错误“肃反”中被王明路线的执行者关押。党中央和毛泽东同志到达陕北后，他们才得以释放平反，从而挽救了这块在全国有重要影响的老革命根据地。

1936年1月，习仲勋受党中央派遣，来到关中特委领导机关驻地新正县，任关中特区苏维埃政府副主席、党团书记。同年6月，随红军西征，先后任中共曲环工委书记、环县县委书记。8月，又受中共中央委派赴关中，守卫陕甘宁边区南大门，长达六年时间。先后担任中共关中分委书记、分区专员、分区保安司令部政治委员、中共陕甘宁边区委员会执委、西北局党校校长。他组织领导分区军民同国民党顽固派进行军事、政治和经济斗争，贯彻执行党的抗日民族统一战线政策，赢得了党的信赖和人民群众的拥戴。1943年1月，毛泽东同志亲笔为他书写“党的利益在第一位”题词，予以表彰。同年2月，调任中共绥德地委书记兼警备司令部政治委员。他深入农村，调查研究，培养典型，总结经验，领导大生产运动，增强了当地的经济实力，为巩固和发展“三三制”政权作出了很大成绩。在整风审干和“抢救运动”中，抵制和纠正“左”的偏向，保护了干部和群众。1945 年 6 月，在党的第七次全国代表大会上当选为中共中央候补委员。同年 8 月，任中共中央组织部副部长。其间，曾担任爷台山自卫反击战临时指挥部政治委员，领导了著名的爷台山自卫反击战，取得了反顽斗争的重大胜利。

抗日战争胜利后，习仲勋同志历任中共西北中央局书记、陕甘宁晋绥联防军政治委员、陕甘宁野战集团军政治委员、西北野战军副政治委员。他受毛泽东同志指示，组织策动了国民党陕北保安团队起义，接应王震同志率领的三五九旅中原突围返回延安，参与指挥了西华池战斗。1947 年 3 月中旬后，按照中共中央的战略部署，协同彭德怀同志指挥了保卫党中央、毛主席和陕甘宁边区的战役，相继取得青化砭、羊马河、蟠龙镇“三战三捷”和陇东、三边等战斗的胜利，为解放大西北，解放全中国，作出了卓越的贡献。

习仲勋同志在西北革命斗争的生涯，给我们留下了宝贵的精神财富。《习仲勋在陕甘宁边区》一书，记述了他实事求是、坚持真理的革命品格。毛泽东曾经称赞他：“这个人能实事求是，是一个活的马克思主义者。”他注重调查研究，坚持向群众学习、向实践学习，善于独立思考，创造性地开展工作。1947 年 10 月，《中国土地法大纲》颁布后，各解放区迅速掀起土地改革热潮，他在调查研究的基础上，先后三次给毛泽东主席写信，如实报告边区各地普遍发生“左”倾偏差及其造成的危害，并提出切实可行的具体意见。毛泽东对此非常重视，当即批示：“我完全同意仲勋同志所提各项意见。望照这些意见指导各分区及各县的土改工作，务使边区土改工作循正轨运行，少犯错误。”他及时总结推广的绥德黄家川村土改经验，得到党中央、毛泽东的肯定，明确指出：黄家川的经验具有典型性，对全国老解放区土改有着普遍的指导意义。

《习仲勋在陕甘宁边区》一书，记述了他坚持党的群众路线、勇于创新的开拓精神。毛泽东曾经这样评价习仲勋同志：“他是群众领袖，是一个从群众中走出来的群众领袖。”他被选举担任陕甘边区苏维埃政府主席之际，正是南方革命根据地丧失，中共中央和中央红军被迫开始长征，中国革命处于低潮时期。习仲勋和刘志丹等同志一道，充分发动和依靠群众，以高度的政治责任感和使命感，开创性地开展军事、政治、经济、教育、文化等建设，巩固扩大了这块革命根据地，为党中央把全国革命大本营放在大西北奠定了可靠基础。

《习仲勋在陕甘宁边区》一书，记述了他以身作则、艰苦奋斗的工作作风。他谦虚谨慎，生活俭朴。正如1943年《解放日报》发表的《向领导经济建设受奖同志学习》的社论中所说："王震、习仲勋、马文瑞等，所有受奖同志，在执行政策上，在个人生活的切实朴素上，尽是模范，他们不夸不骄，在群众中威信很高。"在"南梁政府"时期，习仲勋身为陕甘边区苏维埃政府主席，住土窑洞，吃黄米饭，穿补丁衣，和人民群众同甘共苦。在大生产运动中，与官兵同吃同住，带头参加生产劳动。他为革命和建设事业呕心沥血，甘当公仆，深受群众拥戴。

《习仲勋在陕甘宁边区》一书，比较全面系统地记述了他在土地革命战争、抗日战争和解放战争时期的革命斗争经历，反映了他卓越的领导才能和对中国革命作出的重要贡献，寄托了老区人民对他的无限怀念和衷心爱戴之情，是一部革命传统教育和爱国主义教育的好教材。我们纪念中国共产党的优秀党员，伟大的共产主义战士，杰出的无产阶级革命家，我党、我军卓越的政治工作领导人习仲勋同志，就是要继承和发扬党的优良传统，把老一辈无产阶级革命家开创的伟大事业坚定不移地推向前进，在以胡锦涛同志为总书记的党中央坚强领导下，高举中国特色社会主义伟大旗帜，深入贯彻落实科学发展观，继续解放思想，坚持改革开放，推动经济社会全面进步，为夺取全面建设小康社会新胜利而努力奋斗。

2009年6月22日

目录

习仲勋 在陕甘宁边区

第一章 | 投身革命

一、早年的生活

1913 年 10 月 15 日（农历九月十六日），习仲勋出生在陕西省富平县习家庄（今属淡村镇中合村）的一个农民家庭。

富平，因其物阜财丰，富称沃壤，利甲关中，民风淳朴，取“富裕、太平”之意，包含了老百姓对美好幸福生活向往和追求的纯真目标。富平县地处陕西省的关中渭北地区，是关中平原和陕北高原的过渡地带，属渭北黄土高原沟壑区，东邻蒲城、渭南，南接高陵、临潼，西连耀县、三原，北依同官（今铜川），桥山的余脉由北伸入富平县境内。习仲勋的家乡习家庄位于石河川中游，距离富平县城 15 华里。这里地势平坦，土地肥沃，是一个宁静恬怡的小村庄。习仲勋出生时，家里有十余口人，当时习家已经过几代人的省吃俭用，置下了七八十亩田地，在风调雨顺的年景里，经过全家的辛勤劳动，基本可以解决一家人的温饱。这为习仲勋后来上小学、读师范、接受正规教育，提供了基本的家庭经济条件。

但是，在黑暗的旧中国，“富平”这个吉祥的地名并不能给老百姓真正带来福气。习仲勋的童年时代，他的家乡陕西富平也和全中国一样，正处于新旧势力激烈交锋、社会剧烈动荡的时代。此时，辛亥革命刚刚结束不久，民国的年号虽然已有了，但统治关中大部分地区的北洋军阀皖系的

习仲勋故居

陕西督军陈树藩，在政治上专横跋扈，结党营私，压制人民的民主自由；在军事上穷兵黩武，纵匪殃民，向滥觞于习仲勋家乡富平及三原、白水一带的陕西靖国军势力发动大规模的军事进攻，兵连祸结，生灵涂炭；在经济上对外出卖陕西的棉业和铜元制造权，换取日本洋行的借款，对内大开烟禁，强迫农民种植鸦片，祸国殃民，巧取豪夺，横征暴敛，苛捐杂税，层出不穷。在封建军阀的长期战争和分割下，连年战乱，广大人民群众啼饥号寒，痛苦不堪，生活在水深火热之中。当时，流行的《灾民泪》歌谣反映了陕西人民悲惨的生活状况："心似滚油煎，炮火更连天，既无柴又无米，实在真可怜！还有那开花弹，城里天天见，倘若是遇着了，一命丧黄泉。"陈树藩还极力钳制新文化新思想，提倡尊孔读经，大多数学校仍然以进行四书五经之类的封建伦理教育为主，老气横秋，死气沉沉。

当时，在渭北的富平、三原地区，以于右任为总司令的陕西靖国军与孙中山保持着联系，成为一支坚决反段（祺瑞）驱陈（树藩）的重要政治和军事力量。1919 年 2 月，北洋军阀政府与南方军政府的南北议和开始后，陕西靖国军与陈树藩于当年 4 月划界停战，三原、泾阳、高陵、富平、白水、蒲城、澄城、同官等八县的全部或一部，及渭南的河北一带，划归陕西靖国军管辖，形成了靖国军管辖区与陈树藩南北对峙的局面。在陕西靖国军的管辖区内，民主空气比较活跃，新思想的宣传比较自由。由于有了这样一支政治力量的存在，加上五四前夕陕西已有了一批学生相继出国或赴北京、天津、上海、武汉等地求学，他们在外地接受了新文化运动的熏陶，通过各种途径，不断把新思潮传至家乡，与家乡青年不满现状、追求光明、渴望进步的心理要求紧相呼应，造成了五四运动后以三原为主的渭北地区新思想传播活动从震荡到发展的极为有利的形势，这些因素后来成为习仲勋接受革命思想，走上革命道路的环境条件。

渭北地区社会环境黑暗与光明，进步与倒退的反复较量，在习仲勋幼小的心灵中刻下了深深的印痕，给他以深刻的人生启迪。受这一特定文化氛围的影响，习仲勋养成了追求光明、憎恶黑暗、不畏艰险、百折不挠的性格品质。

习仲勋是在渭北地区一个典型的团结和睦、三代同堂的农民家庭里长大成人的。父亲习宗德和母亲柴菜花都是朴实的庄稼人，他们忠厚、友善、勤劳、节俭的优良品德的耳濡目染，深深地影响着习仲勋的人生品格，形成了他勤劳朴实、忠厚善良、忍让负重、吃苦耐劳的道德风范。习仲勋在很小的时候，就常跟随父辈们下地参加田间劳动，掌握了不少种田的本领。以至在数十年后，他在参加北京十三陵水库劳动时，依然能够熟练地和周恩来总理那样推着一辆独轮小车推土运石。他对身边的工作人员说：自己从小在农田耕作，会犁、耧、耙、耱等多种农活技术。

1922 年，习仲勋刚满九岁时，父亲送他到离家二里以外的都村小学上学，这所小学今天被命名为“仲勋小学”。习仲勋步入都村小学那座坐北向南的中山型门楼的朱红色大门的那一刻起，他的整个人生道路也就开始进入了一个全新的世界。习仲勋非常喜欢这里的学校生活，学习十分用心，除了刻苦学习国文（后改为国语）、算术、社会、自然等课程而外，还须熟背诸如《三字经》等多种蒙学经典。习仲勋从接受小学教育之时起，就表现出聪颖的天资和对文化知识的渴求，他能把《三字经》《百家姓》《千字文》等背得滚瓜烂熟。在校期间，习仲勋与在同一所学校学习的家住同村的低年级学生周冬至结为好友。课余，性格活泼的习仲勋与小伙伴们一道在宁静秀丽的大自然中无忧无虑地嬉戏，村子西边的涝池旁、打麦场，常常是小伙伴们尽显活泼天性、嬉戏玩耍对阵的地方。因习仲勋在组织游戏方面表现出一定的天赋，那时，小伙伴们亲昵地称他“习司令”。

二、接受革命思想

1926 年春，习仲勋以优异的成绩考入富平县庄里镇立诚学校高小部上学。他的人生历程，在立诚学校开始了一个新的起点。在这里，习仲勋接受了马克思主义思想，开始了自己长达 76 年的革命生涯。

立诚学校位于富平庄里镇，距离习家庄 20 余里路，是一所环境幽静典雅的学校，国民军著名将领胡景翼为该校题写了“阐发最新的学说，陶冶理想的人格，创造健全的社会”的 21 字校训。校园内，两层的藏书楼，楼檐四角翘起，呈展翅欲飞之势；半圆形门窗的东洋式教室，水磨青砖墙面，弓形屋顶，透露出儒雅的韵味。

习仲勋刚来到富平立诚学校，新气息就扑面而来，他很快受到新思想、新文化的影响，开始接受了革命思想。1926 年 3 月，习仲勋的老师严木三经三原党组织通知，由共青团员转为共产党员，此后，严木三在立诚学校发展党的组织，建立了立诚党小组，开展学生运动和农民运动。① 习仲勋的革命生涯就在这样的学校环境里拉开了序幕。

习仲勋后来回忆说:“我国西北地区的马克思主义教育运动，从一九二二年至一九二三年中间就开始了。起初，是由少数的共产党员和共产主义者，在关中、陕北等地的学校中，传播马克思主义思想，建立和发展了共产党。有了这个条件，就使一九二六年至一九二七年的大革命期间，西北

① 中共富平县委党史研究室编:《富平丰碑》，内部资料，第 28 页。

习仲勋在立诚学校读书时的教室

革命运动以西安为中心，有了很大发展。当时，我们曾与国民党进步势力结成统一战线，在军队、政权、文化教育和群众运动方面，都做了很多工作，党员发展到几千人。”①

当时，在富平乃至在整个关中地区，新思想的传播在各个学校早已成为一种新时尚。五四运动以后，新文化、新思想在陕西开始得到传播。从北京、天津、武汉、上海等地回陕和来陕的一些早期的共产党员和青年团员，开始时都在一些学校任教，他们的工作对象和接近的主要群众是学生，他们最先的工作任务是宣传和组织学生，开展学生运动。习仲勋在这个时期进入立诚学校求学，必然会受到成为一种社会时尚的进步思想的深刻影响。

在这期间，具有新思想的教师在各个学校都非常受欢迎。王尚德在渭南赤水职业小学、李子洲在三原渭北中学、魏野畴在榆林中学、王复生

① 习仲勋:《跟着毛泽东走就是胜利》(1951 年 7 月 1 日)，中共中央党史研究室编:《习仲勋文集》(上卷)，中共党史出版社 2013 年版，第 226–227 页。

在咸阳中学，通过讲授历史、语文等课程，批判旧的封建文化，向学生宣传、灌输民主、科学思想以及社会主义思想。魏野畴认为："若用现在出版的课本作教材，那就牺牲光阴多了，那无异把粪给学生吃。"他使用自己编写的教材，聘请王复生来咸阳中学任教。他在给杨钟键的信中高兴地说："新教员王先生讲一点社会主义，我极力欢迎这样人物来陕。"李子洲、王尚德、王复生等在语文课中选讲《中国青年》《新青年》《先驱》《向导》《共进》等进步刊物上的一些文章，启发学生的思想，引导青年走向革命道路。他们还在学生中组织读书会，利用业余和假期时间阅读陈独秀、李大钊、恽代英等马克思主义者的著作和文章。在这些革命思想传播者的引导下，各个学校学生的思想觉悟明显提高，马克思主义思想在青年中广泛传播开来，从而为关中地区乃至整个陕西早期党、团组织的建立做了思想上和组织上的准备。

陕西早期的党、团组织建立于大革命时期。当时，由于第一次国共合作的建立，中国共产党在全国范围内广泛传播马克思列宁主义，积极领导工农运动，在北方掀起了支持北伐战争，反对北洋军阀反动统治的高潮。根据党、团中央的指示，陕西早期的党、团组织刚刚成立，就积极投入了革命斗争，把陕西地区的大革命运动推向了新阶段。

1924年6月至1925年10月，中国共产主义青年团组织在陕西普遍建立起来。中国共产主义青年团西安支部、西安第二支部、西安特别支部、三原特别支部、华县支部、澄城特别支部、绥德特别支部、延安支部、榆林支部和安定军队支部等纷纷建立，有力地促进了陕西特别是关中地区青年运动和工农运动的蓬勃兴起。

中国共产主义青年团组织在陕西地区的建立时间早于中国共产党组织，在1925年底以前的一段时间内，共产主义青年团组织在政治上实际上起着党组织发动和领导群众运动的作用，因而在陕西地区中国共产党的历史上占有特殊的地位。正因为如此，习仲勋最初就是在立诚学校深受共青团组织的影响而接受革命思想的。

在共产主义青年团组织建立和开展活动的基础上，1925年10月下旬，魏野畴、安存真、雷晋笙、刘含初、吴化之等创建了中共西安特别支部，支部书记安存真，隶属于中共豫陕区委领导。1925 年 11 月，中共豫陕区委派黄平万来陕西筹建西安地委。黄平万到西安后，先参与了中共西安特别支部的领导，积极发展党员。1926 年初，中共西安地委成立，黄平万任书记。此后在赤水、三原、渭南、富平等地建立了中共特别支部或党支部，共有党员 50 余人。

1924 年 6 月以后，早期的团组织和党组织开始在陕西各学校陆续建立。1925 年秋，受大革命风暴的影响，立诚学校共青团小组正式成立。1926 年 1 月，共青团富平特支在立诚学校建立。5 月，中共立诚学校党小组成立。中共党、团组织进一步有组织、有计划地宣传十月革命和马克思列宁主义。在方法上，除了利用课堂和组织读书会外，还采取举办平民学校和讲习班、讲习会，推荐和创办革命刊物等方式。这些活动深深地影响了刚刚进入立诚学校学习的习仲勋，他很快成为党、团组织培养的积极分子。

为了提高习仲勋等青年学生的思想认识，立诚学校的党、团组织积极向习仲勋等一批青年学生介绍党、团刊物和马列主义著作。《中国青年》《新青年》《先驱》《向导》《中州评论》《共进》等刊物以及马克思、恩格斯、列宁的著作，如《共产党宣言》《帝国主义论》等，都开始在立诚学校学生中得到传播和普及。

党、团组织还先后创办了一些进步团体，积极传播革命思想，开展进步活动。在当时传播进步思想的各种青年社团组织中，可以说 1923 年 8 月李子洲等创办的共进社以及后来的渭北青年社的活动对习仲勋的成长有着直接影响。习仲勋在立诚学校的启蒙老师严木三先生自三原陕西省立第三师范学校求学时就是共进社的积极分子，严木三本人还于 1924 年初发起组织了“青年同志共进社”，联系进步学生，传阅革命书刊，研讨中国之前途，宣传马克思主义。[①] 严木三受聘担任立诚学校校长职务后，在立

---

① 中共咸阳市委党史研究室编:《中国共产党咸阳历史》第一卷，陕西人民出版社 2006 年版，第 14 页。

诚学校积极发展渭北青年社成员，传播马克思主义。当时的《中国青年》杂志曾经撰文赞扬说:“立诚青年社，在富平县立诚中学内，社员三十余，皆能实地工作者。富平青年社四十余人，在富平县高小内者为多。”渭北青年社的活动对习仲勋的成长发挥了直接的启蒙作用。

习仲勋在立诚学校学习时，立诚学校已跟随浩荡的时代潮流，逐步由鼓吹民主主义思想的阵地，发展成为渭北地区传播马克思列宁主义的中心阵地之一。习仲勋就在这样的革命环境中，接受了革命思想，走上了革命道路。习仲勋在立诚学校期间，除了大量的课业知识学习外，最重要的是接受了马克思主义的启蒙教育，并在实际革命斗争中经受了锻炼。他后来回忆往事时，仍十分怀念自己的老师、时任共青团特支书记的严木三。他说，严木三先生宣传马克思主义有一个特殊的方式，就是把陈独秀、李大钊等一批著名共产党人的文章和进步报刊的重要观点，自己先背下来，然后在课堂内外给学生复述和讲解，同时介绍一些重要报刊文章让大家阅读，进而发现积极分子，吸收加入党、团组织。

接受马克思主义思想，对于习仲勋的人生道路来说是一个崭新的起点，从此，他将自己的一生都贡献给了波澜壮阔的共产主义的伟大事业，开始了自己辉煌的革命生涯。

1926 年 3 月，刚入学不久的习仲勋即参加了进步青年学生组织——渭北青年社立诚分社，参加了学生运动。

当时，全国大革命风暴初起。在陕西，早期的党团员和党团组织所在地的学校，都先后成立了学生会。1924 年至 1925 年，在西安、渭南、三原和榆林等地，先后成立了西安学联、陕东学联、渭北学联和陕北学联。在学生中还建立了进步学生组织。1923 年至 1925 年，先后在华县咸林中学建立了“青年励志团”，在三原以严木三发起的“青年同志共进社”为基础建立了“渭北青年社”，在西安建立了“陕西青年社”和“西北青年社”，在绥德建立了“陕北青年社”等等。这些组织是当时团的外围组织，其主要领导人都是团员，是培养和选拔团员的场所，也是各学校学生会和各学联的核心，党、团组织经常通过这些组织和其中的党、团员去做学生会和学联的工作，团结广大学生参加校内外的一些活动。习仲勋参加的“渭北青年社”，积极发展社员，发动和领导学生开展革命活动，在当时渭北地区影响相当大，是一个比较著名的进步学生团体。

学生运动开始是在校内进行的，主要是组织学生会，代表学生参加一些学校的校务活动。随着学生的日益觉悟，学生参加校务会议和校务活动的要求和积极性更为普遍。

1925 年 5 月以后，学生运动逐步由校内活动扩大到社会活动，其突出的标志是陕西全省学生开展的声势浩大的“驱吴运动”，这是陕西地区学生运动走向成熟的一个标志。这一事件，对于许多西北地区著名的共产党人如刘志丹等的成长道路产生了重大影响。这时，正在富平都村小学学习的习仲勋，虽然年仅 12 岁，但也因受到进步教师的引导，参加了一些政治活动，开始了他人生中的一个转折，即由注重书本知识的学习，逐步开始参加了政治和社会活动，从而大大拓展了他的人生活动空间。

“驱吴运动”的起因是 1925 年 5 月 4 日，军阀吴新田的匪军对西安第一中学学生进行了野蛮的残害，酿成了骇人听闻的“五四”大惨案。惨案发生后，陕西党、团组织领导全省学生及各界进步人士，开展了空前的大规模的政治运动。

军阀吴新田，是一个杀人不眨眼的魔王。1921 年，吴新田随阎相文入陕。1922 年春，吴新田借口追剿陈树藩余孽进驻汉中，被任为陕南镇守使。从此，吴新田便一直残害陕南人民，横征暴敛，奸淫劫掠，无恶不作。陕南人民在吴的搜刮下，民穷财尽，十室九空，挣扎在死亡线上。

1925 年，在军阀刘镇华的勾引下，吴新田率兵进驻关中，代理陕西省督，帮助刘镇华抢夺河南地盘，进行所谓的“胡憨战争”。刘镇华失败后，由于吴新田与皖系军阀有着血缘的关系，北京段祺瑞政府便于 4 月 30 日正式任命他为陕西省军务督办，代替刘镇华压迫陕西人民。对于段祺瑞政府的这一罪恶决定，陕西人民坚决反对，认为这个穷凶极恶的魔王必定给陕西人民带来更加严重的祸害。果然，这个魔王上任不到几天就制造了一场“五四”惨案。

5月4日，西安第一中学学生在操场上踢球，将球踢出了墙外，被吴新田部二十八团匪兵拾去。学生前去要球，匪兵不但不给，反以砖头、铁锨乱打学生。接着，在匪军官的指使下，竟吹军号，集合大批匪兵，冲进学校，以砖头、铁锨、刺刀、棍棒等凶器，向手无寸铁的学生乱打乱刺。匪兵们将操场上的学生打散，又追到宿舍行凶。结果，造成40余名学生被打伤，其中四名学生伤势严重，两名学生的耳朵连脑部，均被割下大块，命在旦夕，其余学生被匪兵或刺穿臂膀，或刺穿手掌，或刺伤腿部。

这一骇人听闻的事件发生后，西安第一中学全体学生立即罢课，发表宣言，向全陕西人民揭露吴新田匪军的滔天罪行，并要求各界予以援助。西安49所学校的学生闻讯后，一致起来抗议，支援西安第一中学学生，组织了学生后援会。5月5日，西安举行了全市总罢课，坚决声讨吴新田纵兵行凶的罪行，要求严惩行凶匪军官兵，解散肇事匪军二十八团，向学生道歉，医治受伤学生，赔偿损失，并永远保证保护学生。各校学生坚决表示，不达目的，誓不复课。学生们的这一正义斗争，从一开始就得到了党、团组织的坚决支持和积极领导，并从各个方面进行工作，鼓励各界人民一致支援学生。接着，三原、富平各校学生也在三原党、团组织的领导下，进行了罢课，并派代表来西安，表示全力支持西安学生的斗争。

对于吴新田匪军的暴行，陕西各界人民都表示了极大的愤慨。5月6日，西安各学校教职员数百人，冒雨在西安第一中学开会，研究通过具体支持学生进行斗争的17条办法，并成立了西安全体教职员临时委员会，作为开展具体工作的组织。西安各学校校长，其中不少人虽然从来就不爱护学生，但此次事件发生后的第二天，也迫于舆论压力，齐集教育厅表示对此事件不满，要求吴新田给学生以满意答复。西安其他各界亦都筹划办法，对学生均表示了不同程度的同情和支持。

对行凶之事习以为常的吴新田，对这一严重事件和由此引起的学生激烈抗议，置之不理，视若罔闻，不作任何答复，这就进一步激怒了学生。西安党组织及时正确地提出了从根本上驱逐吴新田匪军和彻底打倒军阀制度的口号，得到了全市学生和社会各界进步人士的热烈响应，从而使斗争进入了“驱吴运动”的新阶段。

5月14日，陕西旅京进步学生组织——共进社发表宣言，对西安学生的“驱吴运动”，表示了极大的声援，并希望陕西各界团结一致，尤其是学生与教育界，应始终作此运动的中坚力量，有组织有计划地罢课罢教，游行示威，讲演宣传，争取各界人民的同情与支持，坚决打倒吴新田，掀起争人权、争自由、打倒军阀的政治运动。

为了驱逐吴新田，西安各学校学生选举出最进步最勇敢的分子，成立了西安市学生联合会，作为“驱吴运动”的直接领导机关。在学联的领导下，学生们进行了广泛的宣传，他们整天在街头巷尾，画漫画、散传单、贴标语，大力揭露吴新田纵兵行凶、惨无人道的罪恶行径，宣传驱逐吴新田的道理。吴新田气得暴跳如雷，大骂学生太嚣张，严禁学生在大街上集会，指使匪兵在街头对学生耍无赖，进行挑衅，扬言打死不偿命，并在各学校门口，密布岗哨，监视学生的行动。

在这种形势下，为了继续坚持斗争，并将斗争扩大到全省范围，党的组织机构由西安转移到了三原，以三原为中心，领导陕西人民进行了更加广泛的“驱吴运动”。此时，西安学联亦迁到三原。党组织通过学联继续领导西安各学校的罢课斗争，并多次召开驱吴大会，教育学生了解坚持“驱吴运动”的重大意义，发动学生组织讲演队，大力动员社会各阶层群众，一致起来参加“驱吴运动”。

为了进一步扩大学生队伍，壮大斗争力量，把全省学生都发动起来，组织起来，党组织通过学联，派代表到各县去宣传联络，很快得到了关中、陕南、陕北各地学生的响应，纷纷致电，表示全力支持。7月7日，党组织又在三原召开了陕西第一次全省学生代表大会，出席大会的代表13人，代表关中、陕南、陕北等地13个学生联合会。在魏野畴的主持下，大会讨论通过了谋求学生永久利益和关于驱吴斗争等13项重要决议案，并成立了陕西学生联合会执行机关。会后，即组织了五个宣传队，分头到富平、蒲城、高陵、汉中等地进行宣传活动。驱吴斗争很快发展到了高潮。

为了使驱吴斗争更加广泛深入，把农民、士兵群众都动员到驱吴斗争的行列中来，党组织在三原召开了一次重要会议，魏野畴作了政治报告，会议讨论了当前的形势和党的任务，决定进一步广泛深入地发动群众，把驱吴斗争推向一个更高的阶段。会议提出了“到农民中去”、“到部队中去”的政治口号。

会后，党组织动员党团员和学生积极分子，组织宣传队、工作队，到三原、渭南、华县一带，发动农民群众，组织农民协会，实行减租减息，号召农民积极参加驱吴斗争。

党组织还派人到陕军和国民军中，大力推动驱吴斗争。在陕北，李子洲对杨虎城部及杨虎城本人都做了工作，劝他率兵南下，协助驱吴。在三原，党组织派人与国民二、三军接洽，要他们援助驱吴斗争。国民军和陕军抱着与学生和人民群众根本不同的目的终于也参加了驱吴斗争。

7 月上旬，国民军先后由河南入陕，直驱西安；陕军杨虎城、甄寿山部也由耀县迅速进军西安；其他陕军各部也都表示了驱吴态度。在陕西人民，特别是学生和各地农民的有力支援和配合下，各路军包围了西安。吴新田势孤力薄，不敢恋战，率着残部弃城而逃。至此，陕西人民的驱吴斗争获得了胜利。

驱吴斗争后，陕西尤其是关中渭北地区的学生运动由学校活动为主转为参加社会活动为主，青年运动蓬勃兴起。习仲勋就在这一时代背景下参加了“渭北青年社立诚分社”的活动。在学生运动的洗礼下，习仲勋的觉悟得到了进一步的提高。1926 年 5 月，不满 13 岁的习仲勋由宋文梅、武之缜介绍，加入中国共产主义青年团。

三、参加革命活动

1926 年夏，大革命风起云涌。入团后的习仲勋在党、团组织的领导下，参加了革命活动，他利用课余时间，散发革命传单，上街宣传演讲，到董家庄、景家窑、三条沟等地向农民宣传革命思想，发动农民进行抗粮、抗捐、反霸斗争，开始从事农民运动。

从当时整个西北看，渭北的三原、富平、泾阳、耀县、淳化，都是大革命时期农民运动比较活跃的地区。渭北地区的农民运动首先是从三原的武字区兴起的。早在1926年11月，被誉为“北方的彭湃”“农民运动大王”的共产党员乔国桢，从毛泽东主办的广州农民运动讲习所第六届学习结业后，回到陕西省三原县武字区，与共产党员唐玉怀（唐亦民）、郭明效一起，宣传革命思想，发动、组织群众，从村到区普遍建立起农民协会，成立了渭北地区的第一个农村党支部——大寨支部，建立了农民自己的武装组织——农民自卫队。农民协会的斗争锋芒直接指向反动的封建势力，组织起来的农民在中国共产党的领导下，解散地主民团，打击土豪劣绅，废除苛捐杂税，减少田赋粮款，禁烟禁赌，消灭土匪，维护社会治安，为渭北革命运动的迅猛发展奠定了基础。当时，三原县农民协会领导着6个区、154个村的农民协会，并领导有农民自卫团武装。富平县设有县农民协会筹备处，领导3个区、284个村的农民协会。泾阳县设有县农民协会筹备处，领导4个区、50个村的农民协会。耀县也设有县农民协会筹备处，领导9个区、65个村的农民协会。淳化县也在西区成立了农民协会及农民自卫团武装。

习仲勋在农民运动的急风暴雨中，冲锋陷阵，很快成为农民运动的骨干。庄里镇有一个保正叫张积德，平日经常欺压百姓，为非作歹。1926年6月，党团组织决定举行清算张积德的斗争大会。习仲勋与胡景铎、白振江等进步学生积极参加斗争大会和游行示威，清算出庄里镇大恶霸张积德贪污400块大洋赃款的罪行，极大地鼓舞了群众的革命热情。会后，习仲勋与其他学生一道冲进张积德的家，砸碎了其宅第悬挂的“名重梓里”的金匾牌，由此掀起了富平农民运动高潮的风暴。这次行动也初次展现了少年习仲勋疾恶如仇、敢作敢为的品质。

10月，乔国桢、韩崇正等受中共西安地委的指示来到富平，开展革命活动，习仲勋与胡景铎、白振江、唐玉怀等积极参加了活动。[①] 是年

---

① 中共富平县委党史研究室编:《富平丰碑》，内部资料，第165页。

冬，立诚学校校长郗敬斋要求学生“勿谈国事”，不准学生出校集会、办刊，甚至监视进步学生的活动，引起进步师生的极大不满。在党组织的领导下，习仲勋与学生党员一道，参加清算学校账目、驱逐校长郗敬斋的学潮风暴……

立诚学校学潮风暴的兴起，引起了反动地方当局的惊慌和仇视。严木三先生被解聘，学生中的党团骨干被迫陆续离校。1927 年春节后，习仲勋和一些共青团员一起离开立诚学校，转入设立在富平县城的县立第一高等小学读书。

富平县立第一高等小学的校址地势较高，形成了一个自然村落，明朝时称窑桥寨，清末设立“湖山书院”。同治年间曾经在院内建有一座“望湖楼”，后毁于战事。1923 年重修为三层砖木结构的阁楼。胡景翼将军为阁楼题写了“礼堂”“建议”“望湖”“藏书”“尊德”五处门额。习仲勋很喜欢自己母校内的这一特殊建筑。1958 年，他在视察工作途中，曾来到这里，与陕西省陪同的负责人一同登临“望湖楼”，深情地回忆起在这里读书时登临楼顶，尽收眼底的县城风景：“南门外望湖楼稻子莲花，北门外水长流桥上桥下，西门外圣佛寺一座宝塔，东门外杜村堡千家万家。”

富平县立第一高等小学也是中国共产党在富平县开展活动的重要阵地之一。1925 年春，共产党员王佛宗应聘到第一高等小学任教，以课堂为阵地，向青年学生传播马克思主义。在习仲勋进入第一高等小学之前，严木三先生已经以国民党富平县党部主任委员的公开身份，出任县立第一高等小学的校长，他同时又是中共富平特支书记兼共青团富平县特支书记。当时，第一高等小学聘请的 11 名教师中，就有 9 名是中共党员。习仲勋遂以极高的热情融入了更为宏阔的革命洪流之中。

鉴于习仲勋积极参加党、团组织的革命活动，在革命斗争风浪中经受了考验，各方面表现都很突出，中共富平特支在第一高等小学东侧的一间房内专门召开会议，慎重地讨论了他加入中国共产党的问题。但当时的习仲勋年龄还不足 14 岁，特支成员的意见出现了分歧，遂以年龄太小，转

富平县立第一高等小学院内的望湖楼

入第一高等小学的时间太短为由，没有通过。后来，耄耋之年的严木三回忆起这次会议的情景，仍然感慨万千。他说，习仲勋的表现完全达到了共产党员的标准，成为一个比较成熟的共产主义战士，党组织只是考虑到他的年龄太小啊！

1928 年 1 月，14 岁的习仲勋考入设在三原的陕西省立第三师范学校。这所学校诞生在五四运动的潮流中，于右任、胡景翼等民主主义革命家和一批进步教师，把许多新鲜授课内容和先进的办学方式带给了这所学校。习仲勋在立诚学校时参加的“渭北青年社”就是从这里发起并辐射到周边地区的。1926 年 3 月，三原第三师范学校学生为开展纪念巴黎公社运动，曾经爆发过一场长达四个多月的轰动渭北的学潮。当时，共青团三原地委在这里成立，共青团中央和上级党组织的指示直接发送到这里。习仲勋入校时，学校的党、团负责人是李文华和他的入团介绍人宋文梅。

这一时期，习仲勋所在的三原的革命斗争进入了白热化状态。1927 年 6 月，冯玉祥与汪精卫、蒋介石集团举行郑州会议、徐州会议后，开始公开走向反共道路。冯玉祥所部在陕西开展了大规模的“清党”，陕西地区的轰轰烈烈的大革命遭到了镇压。习仲勋后来回忆说：“当时的领导者，不懂得国民党右派统治集团的反动本质，没有应付突然事变的准备，犯了右倾机会主义错误。郑州会议一开，西北的国民党公开反革命了，对共产党人杀的杀、赶的赶，共产党和革命人民遭到了极严重的损失。”①

在白色恐怖的形势下，习仲勋坚持开展革命斗争。7 月 11 日，在中共陕西省委的领导下，原由中共陕甘区委领导的三原地委改组为三原县委，张秉仁（张性初）任书记，领导泾阳、富平、淳化、栒邑、高陵等五个县的党组织的工作。三原党团组织转入了地下秘密活动。习仲勋多次参加三原的党团组织的会议，分析形势，研究斗争策略，采取了转变团员活动方式，实行单线联系等应对措施。漫漫长夜，路在何方？习仲勋思考着这些问题。

8 月 1 日，南昌起义爆发；9 月 9 日，湘赣边秋收起义爆发；10 月，清涧起义爆发；12 月，广州起义爆发。这一系列的起义，像划破夜空的一道道闪电，昭示着革命风暴的来临，习仲勋和团员们谈论着时局的变化，笼罩在心头的阴云慢慢散去。

1928 年 1 月 12 日，陕西省委发出通告，将全省划分为关中、汉南、陕北三个暴动区，要求各级党组织领导农民开展暴动。在关中，又将三原、富平、泾阳、栒邑、高陵、淳化作为渭北暴动区。2 月 9 日，在黄子文参与领导下，由唐玉怀主持，在三原县鲍四庙召开了 40 余人参加的会

---

① 习仲勋：《跟着毛泽东走就是胜利》（1951 年 7 月 1 日），中共中央党史研究室编：《习仲勋文集》（上卷），中共党史出版社 2013 年版，第 227 页。

议，成立了抗敌委员会，孙志刚任主任，李天赦任副主任，下设5个分会。2月22日，抗敌委员会领导的农民游击队成立，游击队共有30多人，黄子文为总指挥，唐辉智任队长，孙平章任副队长。这支农民武装从2月到9月，活动在三原武字区、心字区和富平石川河西的淡村一带，开展抗粮抗捐和打土豪的斗争，处决了曾勾结驻军捣毁武字区农民协会的前民团团总王厚安、敌武字区区长李致泰、武字后区民团团总王伯哲等土豪劣绅。

4月，中共三原县委领导三原、泾阳的农民开展了“交农”斗争。是月20日，黄子文、唐玉怀等利用掌握武字区民团实际权力的有利条件，开始联络心字、军字、力字区的群众准备“交农”。口号是:“天不下雨，天逼民反；苛捐杂税，官逼民反；百姓不反，离死不远；倘若一反，或者可免；各地联合，一律造反。”4月23日，以鸡毛传帖形式通知了“交农”的时间、集合地点以及各路负责人。24日，2万多农民群众扛着杈把镢头，高喊“打倒贪官污吏，免除苛捐杂税”等口号，将三原县城团团包围。25日，围城的农民群众增加到三四万人，许多农民烧毁农具，表示不减免税赋决不种地的决心。26日，国民党三原县长马润昌口头答应免除当年粮款。27日，黄子文继续动员农民群众围城，直至县政府贴出免除粮款的告示，坚持四天的围城斗争胜利结束。富平石桥等地的农民，随武字区的农民队伍参加了三原的“交农”斗争。在泾阳，泾阳区委发动组织了万余农民，于4月26日到县城“交农”，也赢得了胜利。

1928年5月1日，渭华起义爆发。为了配合这一斗争，中共三原县委决定武装围攻三原县城。以黄子文为总指挥，孟芳洲为政委，杨致中为游击大队长，组成武装围城指挥部，以武字区抗敌委员会领导的农民游击队作为武装围城的骨干力量。驻三原的杨虎城部炮兵营的中共第四军支和任副营长的共产党员张汉民，给农民武装支援了10余支枪械，并派军事干部参加指挥武装围城。三原县委还联络了地方武装力量胡景铨、马仙舟等部参与武装围城行动。

5月3日，三原县的武装围城正式开始。由于三原驻军已有防备，攻城未克。中午时分，黄子文带队到城西指挥部时，马仙舟突然叛变，缴了农民武装的枪械，扣押了黄子文、孟芳洲和县委交通员雷展如，导致了武装围城失败。

大革命失败后的白色恐怖环境和激烈的革命斗争使习仲勋迅速成长起来，成为意志坚定的革命骨干。在第三师范学校党、团组织的领导下，在宋文梅的直接联系下，习仲勋积极参加党、团组织领导的革命活动。每天晚上外出秘密散发标语传单，采取多种方式向广大工农兵学商群众开展宣传活动，反对国民党反动派和蒋介石的黑暗统治。这时，一场厄运骤然降临于这位刚刚走出家乡的少年身上。

当时，第三师范学校的广大学生在该校党组织负责人、三原县委学运委员武廷俊的领导下，掀起了与反动校长王藩辰斗争的大规模的学潮。同时，渭北中学的党组织为反对渭北中学反动校长杨少农迫害学生，也发动广大学生开展了“驱杨”学潮。身为共青团员的习仲勋不畏艰险，不怕牺牲，成为学生运动的革命骨干分子。1927 年 12 月 19 日，中共陕西省委指示三原中心县委：“在原城应用赤色恐怖以抵白色恐怖。渭中学潮要坚决的领导，作积极的斗争，对杨某应指定同志以非常的手段对付之，愈快愈好。”这个指示中所提到的“原城”就是三原县城的简称，“渭中”就是渭北中学的简称，“杨某”指的就是渭北中学反动校长杨少农。1928 年 3 月，渭北中学的党组织领导进步学生终于将杨少农赶出了渭北中学。杨少农气急败坏，勾结国民党三原县政府和驻军包围了渭北中学，逮捕共产党员 8 名，共青团员 3 名，进步学生 10 余人。

为了镇压学生运动，国民党反动派派出一些反动骨干分子到学校担任校长、训导处主任等职，加强对学生的监视和控制。在第三师范学校，以校长王藩辰、训导处主任魏海为代表的反动势力将进步学生和党团员列入黑名单，企图打击陷害。中共三原县委决定以“非常手段”对付第三师范学校反动教育主任魏海。三原县委学运委员武廷俊召集宋文梅、习仲勋、程建文等开会，研究行动方案，决定实施毒杀魏海的行动，并指定由程建文负责实施。由于行动未成功，计划败露，三原反动政府和军警在事发后

位于三原县的陕西省立第三师范学校旧址

的第三日早晨，包围了三原第三师范学校，残酷镇压学生运动，习仲勋、李彦仓等十余名党团骨干、进步学生以及第三师范学校党组织负责人、三原中心县委学运委员武廷俊和另一名负责人李少华被敌人逮捕，并戴上镣铐关押于三原县看守所，两个月后转入西安军事裁判所。

在狱中，年仅 14 岁的习仲勋没有丝毫的怯懦和屈服，他坚持革命信念，与其他同学一道积极开展机智的斗争。他们阅读党组织送进狱中的理论和文艺读物，互相鼓励要保持革命气节，决不出卖同志和组织。他们还组织了旨在改善伙食的说理和绝食斗争，并耐心启发同室关押的马鸿宾部逃兵提高觉悟，不为反动政府卖命。习仲勋对党的忠诚和突出表现赢得了党组织的高度重视和赞誉。4 月的一天，武廷俊单独与习仲勋谈话，郑重介绍他加入中国共产党，使他成为一名中国共产党正式党员。武廷俊并特别说明，因习仲勋年龄尚小，仍保留团籍，作为跨党分子参加活动。不久，武廷俊在狱中被敌人杀害。两个月后，习仲勋等人经党组织营救，在国民党陕西省政府主席宋哲元的过问下，获释出狱。

习仲勋早年的革命活动，对于他后来的革命道路有着重要的意义，这些活动使习仲勋懂得只有用共产主义思想指导，才能拯救灾难深重的中国，只有用革命的方式才能摧毁旧世界，建立理想的社会。同时，大革命失败后的白色恐怖环境，给习仲勋以深刻的启迪。他认识到，在敌人力量强大的条件下，革命不能单凭赤手空拳去进行，必须掌握枪杆子，必须建立自己的武装。在这种认识的引导下，尚未成年的习仲勋又投身兵运斗争的艰险之中，走上了创建西北红军的艰苦征程。

第二章 陕甘边区的兵运斗争

一、在苏雨生部的兵运斗争

1930 年 1 月，年仅 16 岁的共产党员习仲勋受中共陕西省委派遣，到长武县国民党陕西警备骑兵第三旅二团二营从事兵运工作，从此开始了他在陕甘地区两年多兵运斗争的生涯。那时，没有坚定的革命信念，没有最大的牺牲精神，是不可能在国民党军队做兵运工作的。习仲勋曾以共产党嫌疑的身份被敌关押，他在敌人军队里活动，面临更大的风险，如果被敌人发现，就会被处死。而年龄幼小的习仲勋却将生死置之度外，义无反顾地投入了兵运斗争的伟大实践。

对于尚未成年的习仲勋来说，兵运斗争的环境是非常艰苦的，天时、地利、人和三个条件都不尽如人意，他面临的将是一场严峻的斗争。

从“天时”因素来说，大革命失败后，西北地区的清涧起义、渭华起义、栒邑起义相继失败，中国共产党在西北地区影响、争取和掌握的武装力量基本上损失殆尽，已经没有任何武装斗争的基础。在这种困难的条件下怎样才能成功地创造西北红军？可以说谁也没有现成的答案。这是摆在共产党人面前的一个严峻课题。对此，刚刚投身武装斗争事业的习仲勋必须自己探索、实践，而在白色恐怖的环境中，来到敌人的军队中从事秘密的兵运斗争本身就是一件更为危险的事，前景如何，是他无法预料的。

从“地利”因素来说，习仲勋以前从未来过陕甘边区，人地两生，加之地情社情极为复杂，政治经济形势日益恶化，民不聊生，他面临的挑战是前所未有的。

陕甘边区包括甘肃的华池、环县、庆阳、宁县、正宁、镇原和陕西保安、安塞、定边、靖边、延安、甘泉、鄜县、栒邑、同官、耀县、淳化、宜君等县域的广大地区，地处陕、甘两省交界处，桥山森林绵延其中，沟壑纵横，交通阻隔，距离西安、兰州等中心城市较远，地形极为复杂。

这里的地主阶级和封建军阀官府的地租、高利贷、苛捐杂税等封建压迫极其沉重，广大农民家破人亡，妻离子散。据史书记载：民国十七年（1928 年），甘肃全省春夏空前大旱，“……寸草不生，颗粒未收，……饥民号寒，哀鸿遍野，积尸梗道。人相食，甚至有掘尸、碾骨、易子而食者，实为甘肃空前未有之奇灾。全省灾民多达二百四十四万余。”民国十八年（1929 年），又有 58 县大旱，继以霜冻、虫害、冰雹、洪水、饥疾并发，瘟疫流行，人民十室九空。于是，饿殍盈野，白骨曝日，鹰鸢啄目，狼狗曳肠，甚至气馁未绝，即被狼狗活噬。或为群蝇生蛆于耳、目、鼻、口，而饥人食尸，甚至夫妻相食、父子相食、易子相食、窃子而食之惨情，亦皆发生。全省灾民达 250 余万，饿死者 140 余万，病死者 60 余万。

1928 年，陕西渭北地区春荒严重，农村饥民以树皮草根充饥。地主豪绅乘机逼租逼债，残酷压榨农民。栒邑县清水原恶绅程茂育，伙同省府的催粮委员，对缴不起粮款的农民鞭打绳索，并威胁农民说：“我一手拿的生死簿，我一手拿的勾魂笔，叫谁死谁就得死，叫谁活谁就能活。”1929 年，陕西发生蝗灾，加上军阀土匪的劫掠骚扰，渭北一带满目疮痍，十室九空，人民挣扎在死亡线上。

大革命失败后，国民党南京政府虽然在形式上实现了全国统一，但各地军阀之间的混战不断，各派系政治势力，如走马灯一般相继进入陕西、甘肃，与陕甘地方军阀势力竞相角逐，干戈不休。他们为了发展势力，一个个横征暴敛，贪得无厌，不断地加深了人民的灾难。在农业、经济、军事、政治等方面都居重要地位的陕甘边地区，尤为各派系势力引颈觊觎，他们相互拼夺，递相搜掠，更投陕甘边地区人民于苦难的深渊。

民国十四年（1925 年），张兆钾镇守陇东时，其野心勃勃，苛暴益甚，强征巨额枪支借款，迫使宁县人民奋起反抗，杀死为虎作伥的吏绅，包围县城，掀起抗捐抗暴的斗争高潮。后刘郁芬主持甘政，其所部国民军与甘军的战火燃遍陇东，各军所到之处，强征暴敛，敲骨吸髓，蹂躏百姓。早已苦不堪言的灾区，反复遭受兵燹，则百姓命运何如，可想而知。及至国民军入陕，后方兵空。于是强徒暴起，啸山聚伙，劫官掠民，横行无忌。散兵游勇，盗贼土匪，更趁火打劫，结伙肆虐，幸存饥民，也往往揭竿而起，打富济贫，拼命求生。严重的匪患，使陕甘边地区百姓的生活更加悲惨。

如此兵匪天灾，千古奇劫，连国民党当局也为之心惊。民国十八年（1929 年）5 月，国民党政府内政部部长薛笃弼，在视察甘肃灾情后，致行政院电称："……平凉迭遭兵匪，庐舍荡然，釜罄如洗。草根树皮，掘食殆尽。死亡之余，或卧疾不起，或赤身无衣。此种奇灾，历所未有。"民间情景，实际上远甚于官方所述。整个陇东，是"赤地千里……愁云迷漫"。

从"人和"因素来说，一方面，在大革命时期，陕甘边地区远离大革命风暴的中心区域，这里党组织的力量比较薄弱，革命活动还比较少，群众的觉悟比较低，整个农村地区几乎没有受到大革命风暴的洗礼，封建地主土地所有制也未受到急风骤雨般的革命战争的冲击和打击。习仲勋在这样的环境中从事危险的兵运斗争，更增加了不少风险。另一方面，中共在西北地区的敌人军队中尚无组织基础，也无任何兵运斗争的成功经验。习仲勋的兵运斗争生涯是在国民党陕西警备骑兵第三旅开始的。当时，中共优秀军事干部如刘志丹、谢子长等先后打入这支部队内部，但都遭到了失败，刘志丹甚至差点付出生命的代价。16 岁的习仲勋打入这支敌人军队中竟然能从事两年多的兵运斗争，最后瓦解了敌军一个营的兵力，成功地举行了起义，确为一个奇迹，这从一个方面也充分说明他已具备应对极其复杂环境的超常才能，具有过人的组织禀赋。

陕西警备骑兵第三旅是军阀苏雨生的部队。苏雨生原系包头一带土匪头子。1929 年，在蒋介石、冯玉祥、阎锡山中原大战前夕，冯玉祥将自己在甘肃、宁夏的大部分部队调到河南准备开战。为了稳住后方，冯玉祥收编了苏雨生的部队，委任其为骑兵第四师师长，驻防宁夏平罗一带。骑兵四师共辖三个旅，苏雨生把带来的老部队编为第七旅，旅长是包头土匪马大牛。这个旅全都是骑兵，有 1000 多人马。另收编陕北谷莲舫部为第八旅，石子俊部为第九旅。这两个旅都是步兵，每个旅有两个团，每个团有四个连，每个连实际只有数十人。当时，苏雨生为了扩大自己的势力，派代表到陕北榆林与陕北军阀井岳秀联系，乘此机会大肆扩军。他不管是什么人，只要愿意投靠他，他就收编。中共陕北特委也曾利用苏雨生扩军的有利时机，派刘志丹、谢子长打入苏雨生部开展兵运斗争。刘志丹任第八旅十六团中校副团长，谢子长为第十旅旅长。刘、谢二人利用公开身份在苏雨生部安排了一大批党团员和进步青年，培养了一大批军事干部，为后来的靖远起义和西华池起义打下了基础。

1930 年，苏雨生下属的第八、第九两个旅在宁夏宁安堡发生哗变，脱离苏部，还抢劫了苏雨生的军械处，由此引发了一场军阀混战。刘志丹、谢子长分析了形势后认为，军阀混战你打我、我打你、狗咬狗，我们党的力量不能为军阀作无谓牺牲，决定脱离苏雨生部。后来，刘志丹、谢子长脱离苏雨生部，又来到甘肃庆阳军阀谭世麟部开展兵运斗争。

苏雨生在军阀混战中失败后，被迫投靠了国民党十七路军杨虎城部。杨虎城将其收编为陕西骑兵第三旅，驻防邠县（今陕西彬县）、长武一带。杨虎城对苏雨生并不信任，给其部队的供给标准很低，苏雨生部与杨虎城部、苏雨生部内部官兵之间矛盾尖锐。对于苏雨生部的状况，中共党组织非常了解。1932 年 6 月，在中央召开的北方各省委联席代表会议上，时任中共陕西省委书记的杜衡曾经对此作了这样的专项汇报："三旅因为不是杨虎城的嫡系，是老蒋的黄埔唐子封[①]。因成立的军队大部分是

① 即唐嗣桐，此人后任陕军警一旅旅长，1935 年 7 月在陕南进攻红二十五军时被击毙。

土匪收编来的，生活非常之苦。兵士连小米饭都吃不饱，饷是没有的，伙食费所余的钱，都被官长吞没了，兵士一个钱都拿不上。鞋袜没有，许多兵士在冬天都是赤足，有时上操时兵士把病号的鞋脱下穿上。冬天没有铺草、被子，都在冷地上睡觉。病号非常多。官长对兵士又非常刻薄，随便打骂。”① 这个汇报基本上反映了苏雨生部的实际情况。

军阀之间的矛盾以及官兵之间的矛盾，为共产党人在苏雨生部开展兵运斗争提供了有利的时机。中共陕西省委对苏雨生部的兵运斗争非常重视，又一次派刘志丹等到苏雨生部从事兵运斗争。当时，刘志丹等共产党人在太白起义后建立了南梁游击队，并在陕甘边界初步开展了游击战争。但因南梁游击队在宁县盘克张皮塬突遭陇东军阀陈珪璋第五旅蒋云台部② 的袭击，队伍在战斗中损失严重。1931 年 3 月，中共陕西省委指示刘志丹派人与苏雨生再次谈判，将处于困境中的南梁游击队编为苏雨生部的补充团，刘志丹任团长，杨树荣、陈鸿宾任副团长，驻防陕西省栒邑县职田镇，以使队伍得到休整和补充，条件成熟时再把部队拉出来。3 月，中共陕西省委派高岗来职田镇，向部队传达了省委关于“利用补充团的名义，尽量扩大部队，积极准备打红旗”的指示。根据这个指示的精神，刘志丹抓紧时间筹集粮款、武器，整训和扩大部队，三个月后队伍又扩充到 200 多人。6 月，由于当地豪绅的告密，苏雨生将刘志丹骗至邠县扣押，并派骑兵包围了补充团，补充团部分人员突围进入东山，大部分被迫缴械，编为苏雨生的运输队。刘志丹被扣押后，党组织积极开展营救工作。当时在国民党陕西省政府任秘书长的地下党员南汉宸，利用杨虎城的高级参谋杜斌丞与刘志丹在榆林中学的师生关系，积极疏通渠道，使刘志丹在被扣押了 20 多天后获释。

就在这一时期，习仲勋等共产党人受中共陕西省委派遣，也打入陕西

---

① 杜衡:《陕西代表杜励君报告》，中共甘肃省委党史资料征集研究委员会编:《甘肃党史资料》第三辑，第 77 页。

② 一说是遭到谢绍安（谢牛）旅的袭击，此处依据王世泰:《刘志丹和陕甘边根据地》，《刘志丹纪念文集》编委会编:《刘志丹纪念文集》，军事科学出版社 2003 年版，第 99 页。

骑兵第三旅二团二营中开展兵运斗争。习仲勋来到苏雨生部第三旅二团二营后，在该部成立了秘密党小组，推选任二团团副的李秉荣为组长。1930年间，习仲勋在长武县城北药王洞庙宇，与李秉荣等同志第一次召开了党的会议，按照陕西省委的要求，发动党员行动起来，进行武装斗争，准备开展游击活动。[①]

在刘志丹被苏雨生关押后，习仲勋曾与刘志丹工作过的补充团的地下党员秘密联系，研究该部的兵运斗争问题。据王世泰回忆，他与习仲勋的第一次会面就在这个时期。王世泰对习仲勋说，部队中还有 20 余名共产党员，大家打算搞些武器，拉出去再干。习仲勋认真分析了形势，认为苏雨生在此时已经有所警觉，戒备很严，夺枪行动不易成功。另外，这里地处西（安）兰（州）公路的交通要道上，敌人活动方便，即使夺枪成功，部队也不便拉出去。这样，保存我们的力量就会很困难。习仲勋讲话很有说服力，给王世泰留下了深刻的印象。当时，习仲勋不到 17 岁，但说话和思考问题，已经能从宏观到具体，考虑周全，显得比较成熟老练。[②]

刘志丹出狱后，习仲勋吸取了经验教训，及时调整兵运斗争的思路，将党的工作重心和基础放在了基层，开始在士兵中开展扎扎实实的组织和动员工作。为了便于开展团结、教育广大下层士兵的工作，启发他们的阶级觉悟，为武装起义打下牢靠的基础，习仲勋与党员李特生、李秉荣等下到连里去，团副李秉荣当三连连副，营书记李特生当二连文书，习仲勋也去任二连见习官，后任特务长，以二连为中心开展全营兵运工作。当时，习仲勋等共产党人采取的基本工作方针是：发动士兵进行日常斗争，提高其政治觉悟，在促进士兵更加革命化的基础上，发展党的组织，团结士兵，积蓄力量，等待时机。习仲勋等还组织、发动士兵，明确提出了反对打骂士兵，改善士兵生活，按时发饷、发鞋袜的要求，进而提出反对军阀战争，拥护红军的口号，成立红军之友社。经过半年的工作，在二营各连

---

① 刘书林：《习仲勋随军驻防凤县及领导两当起义》，中共甘肃省委党史资料征集研究委员会编：《甘肃党史资料》第三辑，第 103 页。

② 《习仲勋传》编委会编：《习仲勋传》（上卷），中央文献出版社 2008 年版，第 72–73 页。

都建立起了党支部，党员发展到 30 多人，并建立了中共营地下党委，选举习仲勋为党委书记。①

1931 年初，国民党陕甘两省军阀为争夺地盘展开激烈的混战，陕西军阀杨虎城部与陇东军阀陈珪璋以及军阀毕梅轩之间的大战相继爆发，苏雨生部按照杨虎城的指令也投入了战斗。对于这些军阀之间的混战，习仲勋领导营地下党委团结广大士兵，进行了坚决的斗争。在战前，习仲勋向广大士兵提出了反对军阀战争的主张，得到了士兵的积极响应；在军阀混战开始后，习仲勋又及时提出了“力争少牺牲，不替军阀流血”的口号，尽量避免士兵作无谓的牺牲，通过开展这些工作，逐步赢得了士兵的信任，提高了下层士兵的政治觉悟，促进了士兵的革命化。②

1931 年夏末，苏雨生部背叛杨虎城，欲经陇东，北窜宁夏，杨虎城所部向苏雨生部发动进攻，围攻邠县。面对风云突变的形势，习仲勋主持召开了营地下党委会议，讨论应对措施。会上，党委成员认识上出现了分歧，“当时，党内有两种不同意见：一是认为邠县不能守，跟上苏雨生跑出去，一是考虑到跑来跑去都是军阀，为了求得稳固的地位，作进一步的活动，主张叛变苏雨生投降杨虎城，结果执行了后一种意见”。③习仲勋持后一种主张。会议经过认真分析利弊得失，作出了使部队脱离苏雨生，保存党的力量，继续进行兵运斗争的正确决定。按照营党委会议的决定，习仲勋向二营营长王德修建议不要跟苏雨生走。王德修原是西北民军第一师第二支队司令，后编入苏雨生骑兵第三旅第二团任二营长，与苏雨生貌合神离，王德修接受了建议，继续留在杨虎城部。后来，苏雨生很快垮台，二营的番号改为十七路军补充二团二营④，部队开到凤翔驻防。

虽然二营没有跟着苏雨生走，但杨虎城对这支部队依然不信任，歧

---

①②③ 《习仲勋同志在西北党历史座谈会上的发言》，中共甘肃省委党史资料征集研究委员会编:《甘肃党史资料》第三辑，第 82–83 页。

④ 一说是改编为十七路军警备三旅二团一营。这里采用习仲勋的说法，见《习仲勋同志在西北党历史座谈会上的发言》，中共甘肃省委党史资料征集研究委员会编:《甘肃党史资料》第三辑，第 83 页。

视和压迫仍十分严重。杨虎城视其为“杂牌军”，“是杨虎城的补充兵团。大凡补充兵团总不外乎三差：一是器械装备差；二是物资服装差；三是生活待遇差。该部所用的枪，都是杂七杂八的破枪，大多是陕西造的。还有一些是土造的，只有连长有一个盒子枪，排长扛的是老套筒长枪。子弹很少，衣服常常不按时发，有的士兵没鞋穿，赤着脚上操。不按时发饷，就连伙食费所用的几个钱也不按时给。在国民党军队中，吃空名字，克扣军饷，是很普遍的现象，士兵生活十分困苦。”[①] 在这种情况下，习仲勋做士兵的工作，或是先从关心士兵生活入手，联络感情；或是利用同乡同里的关系，以至结交兄弟建立私人间更密切的关系。同时，又提出了反对压迫杂牌军的口号，提出保障平等待遇的要求，发动士兵开展斗争。这些工作进一步加深了军阀内部新编部队与其基本部队之间的矛盾，为后来的起义创造了群众基础。此后，中共陕西省委又派吕剑人、刘书林、陈云樵等来到部队从事兵运斗争，党的力量得到加强。

九一八事变后，日本帝国主义的武装侵略和蒋介石政府的不抵抗政策，激起了全国人民的抗日反蒋怒潮，引起了国内阶级关系的新变化，国民党统治集团内部矛盾深化，各派军阀处于一片混乱和不稳定状态。补充二团二营由凤翔进驻凤县。1931 年冬，川军邓锡侯、黄隐师由甘南进占陇南几个县，杨虎城派陕西警卫第一师马青苑部到天水攻打川军，补充二团也奉命进驻凤县，在两当、成县一带进攻川军。战后，补充二团在凤县、两当一带驻扎整训，时间达半年之久。当时，中央红军三次反“围剿”战争胜利的消息，极大地鼓舞了习仲勋等的斗志，营党委积极开展兵运活动，开始为武装起义做准备。

首先，积极发展党员，秘密建立党组织。当时习仲勋在敌军中的一项重要使命，就是按照党组织决定的方针，发动党员进行极其秘密的革命活动，主要是在士兵和下级军官中广交朋友，通过个别谈心，宣传革命道理，秘密发展党的组织，了解国民党军队的情况，在情况许可的条件下也

---

① 吕剑人:《回忆两当兵变》，中共甘肃省委党史资料征集研究委员会编:《甘肃党史资料》第三辑，第 88 页。

进行一些社会调查和社会活动。那时，在敌军中工作的总的目的，是为了在条件具备、时机成熟时进行武装起义，把部队逐步改造为公开的红军武装，壮大红军力量。①

在普遍提高士兵阶级觉悟的基础上，营党委积极培养进步对象，发展党员，建立党组织，很快发展了一批党员。除新收编的机枪连外，其余三个连共有党员百余人。1930 年 4 月，在一、二、三连都成立了党支部。到 1931 年冬，各连都有了党的骨干和积极分子，排长、班长大部分是共产党员，少数不是党员的，也转变为革命的同情者。当时主要负责人有习仲勋、李秉荣、吕康若、李裕初、左文辉、许天洁、李特生、郭立三、高祥生、张党、刘世民、石文杰、吴进才、张克勤、刘书林等同志。中共陕西省委也先后派李杰夫、陈冠英、第五伯昌、孙作宾、刘林圃等人来帮助和指导兵运工作。②

其次，领导士兵积极开展争取基本权利的斗争，启发士兵觉悟。在习仲勋等领导下，该部队士兵提出了明确合理的斗争要求：（1）各连士兵要冬衣、好衬衣；（2）士兵要发炭火；（3）病号要医疗费，由办公费内开支；（4）生病士兵要发耳扇手套，由此发动要维持费；（5）二连反对三排长斗争；（6）三连重新算伙食账。③

习仲勋等以公开身份做掩护，通过党的组织，采取个别串联、召开秘密会议、散发秘密传单——《告士兵书》《告全国同胞书》以及书写张贴革命标语等方式，鼓励广大士兵向长官进行斗争。士兵向长官算经济账、伙食账、服装军械账，要求公开账目，民主管理，争取实行经济民主；反对长官打骂、欺压士兵，争取实行政治民主；教育士兵不要迷信命运，要敢于起来进行斗争，只有斗争，穷苦人民才能翻身解放，才能做国家和社

① 吕剑人：《回忆两当兵变》，中共甘肃省委党史资料征集研究委员会编：《甘肃党史资料》第三辑，第 87–88 页。

② 刘书林：《习仲勋随军驻防凤县及领导两当起义》，中共甘肃省委党史资料征集研究委员会编：《甘肃党史资料》第三辑，第 104 页。

③ 李杰夫：《第三旅二团巡视工作报告大纲》，中共甘肃省委党史资料征集研究委员会编：《甘肃党史资料》第三辑，第 75 页。

会的主人。同时，还利用一切机会，向广大士兵进行国内外形势的宣传活动，分析九一八事变后中国面临民族危机的严重形势，声讨封建军阀、土豪劣绅、贪官污吏对贫苦农民和穷苦士兵剥削和压迫的种种罪行，揭露蒋介石祸国殃民的罪行，宣传国民党反动政府和帝国主义的相互勾结，残酷压榨、掠夺人民，是农村破产农民受苦受难的根源，宣传党和红军的路线政策。因为士兵多系乾州、礼泉人，多是大荒之年农村破产青年农民，为了活命而投军混口饭吃的，党组织的宣传和教育使他们受到很大触动，许多人受到共产主义思想的教育后，萌发了革命思想。

再次，严格约束部队，制止官兵的违纪行为，维护群众利益。补充二团二营原系杨虎城收编的土匪部队，军纪败坏，残害百姓。习仲勋等在整顿军纪方面做了许多行之有效的工作。当发现士兵抢拿老百姓的东西，习仲勋等就及时进行批评教育和制止。有一次，几个士兵在凤县城东的来家坪农民家里逮鸡、搜粮、抢布、要钱，农民阻拦便遭到痛打，农民非常气愤，进城申冤求救。此事被习仲勋知道后，他立即向营长王德修建议整顿军纪，得到同意后，派人抓来了几个肇事士兵，对他们处以关禁闭的惩罚。这件事教育了全营士兵，使该营军纪大有好转。党组织还张贴标语，散发传单，鼓舞群众的爱国热情，打击封建军阀势力，同其他国民党军队胡作非为、坑害老百姓的行为作斗争。当时，陕军顾鼎新部由关中调汉中抵御川军北犯，路过凤县，所到之处奸淫掳掠，无所不为。凤县百姓惊恐不安，到处躲藏。习仲勋等闻讯后，连夜书写和张贴了“打倒奸淫掳掠的顾司令”、“顾司令所到之处一扫光”、“希望顾司令严整军纪”等许多标语。顾鼎新到达凤县后，见到这些标语，大吃一惊，为了顾全面子，又怕惹出是非，便下令不准士兵在此地胡闹，并派清查队日夜纠查，从而使凤县的老百姓免遭一场大灾难。

习仲勋还对地方恶霸欺压群众之事予以制止。当时，凤县有一个靠卖菜为生的李老汉，在街市上卖莴笋，恶霸地主龙文明，依仗权势，抢夺李老汉的莴笋不给钱，李老汉前去索要欠款，龙文明蛮不讲理，逼迫李老汉缴纳十块大洋的税款。李老汉万般无奈，痛不欲生。习仲勋知道此事后，对李老汉说："不要给他钱，由我承担。"第二天，龙文明派家丁来收税，并要抓走李老汉。习仲勋挺身而出，以军人身份阻止了恶霸的不法行径，打击了地主恶霸的嚣张气焰。这件事维护了群众的利益，也使广大士兵对地下党组织的信赖和依靠感大为增强。

二、发动和领导两当兵变

经过艰苦细致的准备工作，起义的条件基本具备了。这时，一件军阀部队调防的小事成为引发起义的直接导火线。

1932 年 3 月，补充二团二营官兵中流传着一个消息：驻守凤县、两当县的补充二团二营要与驻在徽县的部队换防。因补充二团二营士兵大部分是乾州、礼泉县人，不愿到离家更远的陇南山区徽县去，抵触情绪很大，人心惶惶，"士兵情绪甚是沸腾"，"要求途中哗变"[①]。习仲勋召集营党委成员开会认真研究了形势，认为乘换防之机发动起义是一个很好的机会，举行起义的条件已经成熟。营党委立即派地下党员刘书林（公开身份为营部文书）以到西安买东西为名，向中共陕西省委汇报营党委有关举行起义建议，并请示下一阶段的工作任务。中共陕西省委在听取了补充二团二营党委代表刘书林的汇报后，经过慎重研究，同意营党委的发动起义的意见，并对起义工作作了五点指示：

（一）坚决组织革命兵变，更加强领导开展士兵斗争，以更提高士兵的斗争情绪，加强革命兵变的发动，使每个兵士都了解"为什么要变"？"变以后干些什么"？使党的游击战争纲领得到每个兵士的热烈拥护。党所提出的革命兵变纲领，经过各种形式，在兵士中热烈讨论过，使每个兵士，都有创造红军，为土地革命、苏维埃政权而斗争的决心。

（二）建立士兵委员会，加强士兵委员会的领导，使士兵委员会成为准备和举行的中心领导机关，兵变以后的指挥部，吸收最积极、有威信的

---

① 杜衡：《陕西代表杜励君报告》，中共甘肃省委党史资料征集研究委员会编：《甘肃党史资料》第三辑，第 79 页。

分子到士兵委员会中工作。

（三）加强营委领导，营委中提拔积极的士兵干部参加，把长官不积极的同志撤换。支部工作切实建立，把党的策略，使每个同志了解，在群众中起核心作用。

（四）兵变后的方向，要由凤县到西路的麟游，约四天路程。以麟游为根据地，开展西路灾荒区域内的游击战争，以与陕甘边境会合。

（五）凤县兵变[①]后，必须马上把电报截断，召开群众大会，宣布自己的纲领，逮捕官长、豪绅地主，没收他们的家产粮食，分配给地方贫农雇农。两三日后，即往麟游开。因为那时四面都是重兵驻守，凤县的农村密度稀薄，粮食很少，不能维持，所以必须很快的离开。[②]

为了加强对这次起义工作的领导，陕西省委决定，派省委军委书记刘林圃为特派员，由交通员张克勤陪同，立即前往凤县，向补充二团二营党委传达省委指示。刘林圃、张克勤到达凤县双石铺的当天夜晚，习仲勋及时召开营党委会议传达和贯彻省委的指示。根据省委的指示精神，会议研究决定：（1）刘林圃协助营党委书记习仲勋领导兵变；（2）举行兵变的时间定在换防途中，地点定在两当县城；（3）兵变后将部队拉到陕西栒邑县与刘志丹部会合；（4）兵变后部队的行军路线由刘林圃负责确定。为了保证省委军委书记刘林圃的安全，营党委将他安排在双石铺北面山上一个庙里隐蔽住宿。

几天后，补充二团团部突然下达了"二营立刻开往徽县换防"的命令。4月1日，二营营部和一连、机枪连从凤县出发，到双石铺后和二连一起向两当县行进。刘林圃身穿便衣，在部队前一里多行进，以便进行具体领导。当日黄昏到达两当县城，各连住在既定的地点。晚上8点，在北城门外一家马车店，习仲勋召开营党委扩大会议，全体党员干部参加。会上，习仲勋简要地向大家说明了会议的目的，并向大家介绍了省委特派员

---

① 原计划在凤县发动兵变，后来实际在甘肃的两当县城举行了兵变。

② 杜衡：《陕西代表杜励君报告》，中共甘肃省委党史资料征集研究委员会编：《甘肃党史资料》第三辑，第78–79页。

1932 年 3 月，习仲勋等在两当县领导发动兵变时的旧址

刘林圃，刘林圃随后向党员干部传达了省委的指示，讲述了全国革命形势和举行兵变的重大意义，分析了起义的有利条件，以及起义后与刘志丹率领的陕甘边红军会合的计划。经过讨论，会议决定，当晚举行起义，具体行动部署是：（1）起义具体时间，当天午夜 12 点开始起义行动，以许天洁鸣枪为号；（2）起义行动的指挥，推选许天洁为起义行动总指挥；（3）起义行动开始后，对各连的反动连长坚决镇压，对各排长中不是党员的，要将其枪械缴获，将人带走；（4）起义行动的分工，由吕剑人负责第一连工作，并收缴机枪连的枪械；二连一排长高祥生带领全排战士迅速占领营部，解决营长王德修及警卫班；左文辉、张子敬带本排战士分别据守南、西、北三个城门；（5）各连、排完成任务后，迅速将队伍带到北城门外集合。会后，营党委和全体党员紧张地进行起义的各项准备工作。

4 月 2 日零点，一声清脆的枪声，响彻山城两当的夜空，接着，县城四处接连响起了激烈的枪声和呐喊声，习仲勋发动和领导的两当兵变正式开始了。

各连士兵发动起义后，先后镇压了一连反动连长韩生信、二连反动连长唐福亭、三连反动连长张遇时。激烈的枪声惊动了机枪连，该连代理连长亲自跑到连部大门口了解情况。这时，吕剑人带领第一连起义士兵已经冲到机枪连部门口，前来收缴机枪连的枪械。机枪连代理连长困惑地大声问吕剑人："出了什么事情？"吕剑人机智地说："有情况，你来！"该代理连长茫然地向吕剑人走去，但还未及走近吕的跟前，就被吕身后的第一连的一名起义士兵击毙。这时，机枪连官兵有了警觉，开始向第一连的起义士兵还击，双方进行着激烈战斗。因机枪连拼命抵抗，第一连的起义士兵未能及时解除其枪械。为避免伤亡，第一连的起义士兵撤出了战斗。

按照既定的计划，第二连一排长高祥生带领全排战士去占领营部，抓捕营长王德修。王听见枪声后，预感情况不妙，立即逃跑。高祥生带领部队砸烂营部大门冲进去后，发现王德修早已带着老婆翻墙溜掉，并连夜翻越两当县城墙，躲进了西山，抓捕营长王德修的计划未实现。

鉴于两当兵变行动中，各连基本完成了预定的任务，当晚，习仲勋、刘林圃召开紧急会议，经过研究，决定各部队撤出战斗。起义行动取得了初步的胜利。

当晚，三个连的200余名起义士兵迅速撤出了两当县城，在北城外窑沟渠旁集合。刘林圃简要地向起义战士讲了话，他号召大家说："我们起义是为了会合刘志丹的部队当红军去，大家愿意不愿意？"起义战士一致高喊："愿意！"随后，起义部队连夜沿两当河北上。经70余里的急行军，上午9时许，部队到达太阳寺吃饭休息。习仲勋、刘林圃在此又召开了营党委会议，研究了部队整编事宜，决定再次召开全体官兵大会。在随后召开的全体官兵大会上，刘林圃代表省委给起义战士讲话，宣布将起义部队改编为"中国工农红军陕甘游击队第五支队"，许天洁任支队长，习仲勋任支队政委，吕剑人任第一连连长，高祥生任第二连连长，许天洁兼任第三连连长。[①] 经过整编，一支新生的红色武装诞生。

① 吕剑人：《回忆两当兵变》，中共甘肃省委党史资料征集研究委员会编：《甘肃党史资料》第三辑，第89页。

当日下午，起义部队从太阳寺出发，继续北进。此后几天，起义部队在深山密林中艰难行进。在陕西宝鸡县西部的渭河边，战士们手拉手，涉水渡过渭河。部队到达通洞峪时，遇到当地反动民团武装的骚扰，这些民团依托寨墙向起义部队射击。起义部队为争取主动，撤出战斗，绕道前进。经过赤沙，到达香泉时，敌保安团再次截住起义部队去路，敌人卡住山头负隅顽抗，战斗一时不能取胜。在习仲勋、刘林圃的指挥下，许天洁带领部分起义士兵，抢占了敌人背后的山头，向敌后背发起攻击，敌军阵脚大乱，我正面进攻的部队趁势猛攻，两面夹击敌人，敌军腹背受敌，大败而逃。起义部队夺取要隘后，继续前进，后经娘娘庙，进入千阳县境内。起义部队到达高崖镇时，得知高崖镇有敌人把守，许天洁带领 40 人的突击队连夜奔袭，攻占高崖镇，缴获了几支枪和部分物资。后来部队经花花庙，进入灵台县境，在页岭又遇敌军阻击，国民党军队杨子恒部占住山头，起义部队攻击不克，只好转兵向南，到了麟游县的崔木，在这里的蔡家河，与国民党军孙蔚如部又打了一仗。起义部队一路转战千里，与国民党军和民团连续作战五次，疲惫已极。

由于一路行军作战，昼夜不得休息，给养又很困难，战士忍饥挨饿，备受辛苦。面对这种情况，指挥部在崔木开会，这时，起义部队领导层认识上出现了分歧："有部分同志发生动摇，企图依存别人，休息整顿，主张投刘文伯部。另一部分同志正确意见是：我们刚刚脱开杨虎城的虎口，又投刘文伯，那又何必兵变呢？主张向亭口移动，与陕甘游击队取得配合，如果联系不成就到武字区去与农民配合活动。结果执行了前一种意见。"[①] 会议最后决定，派习仲勋、左文辉去侦察西兰公路是否有敌人把守；派刘林圃、吕剑人到乾县，与刘文伯部谈判，设法把部队拉到乾县休整。部队由许天洁、李特生带领，到永寿的岳御寺驻扎休整。不料，部队在行军途中撞进了土匪王结子的巢穴。第二天上午 10 时左右，起义部队被王结子的部队包围，许天洁立即集合部队，占领北面一个山岭阵地，抗

① 《习仲勋同志在西北党历史座谈会上的发言》，中共甘肃省委党史资料征集研究委员会编：《甘肃党史资料》第三辑，第 83–84 页。

击敌人。由于敌众我寡，战斗中伤亡严重，战斗力减弱，加之连日的昼夜长途行军，疲劳过度，另外，起义战士多是乾县、礼泉人，思乡心切。起义部队抵敌不住，被迫后撤。在撤退途中，军心涣散，士兵大多逃亡，部队溃散。原计划同刘志丹率领的红军陕甘游击队会合的目的未能实现，两当兵变终于失败。

两当兵变失败的原因是多方面的，习仲勋对此作过深刻的分析，他指出:“这里给我们什么教训呢？（1）起义不与红军取得配合，单独举动很难胜利。这在陕甘从1931年到1933年大小七十多次兵变中，仅有高鹏飞与红二十六军配合，才得到胜利。（2）兵变不与农民结合创造根据地进行游击战争，也很难胜利，我们当时没有懂这一条，只游不击，击也击不了。如果不走，就在凤翔一带山里坚持游击战争，那情形就会不同的。（3）在政治上要懂得联合政策，军事上懂得游击战争。那时我们不知道与当地的哥老会、进步的军队、民团等联合，走到一处连鸡狗都跑光了，使得没有依靠，陷于孤立，在军事上不懂游击战争而至失败。（4）部队中的动摇分子要坚决遣散，调离部队。不然在紧要关头其破坏影响比党的政治影响还要大。（5）旗帜要明显，任务要清楚，但我们在兵变后仍打着白军的旗帜，没有提出明确的口号，使群众不了解。”①

两当兵变虽然失败了，但仍然具有十分重要的意义。两当兵变是在中共陕西省委策划组织下，在习仲勋等共产党人直接领导下，在陕甘边区有组织、有步骤、有目的进行的一次比较完整的起义斗争，是继清涧、栒邑、渭华暴动之后，西北地区较早的武装起义之一，它鼓舞了陕甘人民的革命斗志，播下了革命的火种，为中共开展武装斗争积累了宝贵的经验。

1930年至1932年这两年多的兵运斗争以及两当兵变，在习仲勋漫长的革命生涯中，也有其突出的地位。它是习仲勋从事武装斗争工作的起点，是他第一次肩负重大工作使命，主持领导重大的革命斗争。尚未成年的习仲勋表现出了非凡的组织领导天赋。两当兵变也使习仲勋进一步明确

---

① 《习仲勋同志在西北党历史座谈会上的发言》，中共甘肃省委党史资料征集研究委员会编:《甘肃党史资料》第三辑，第84页。

了创建西北红军的基本道路，这就是武装斗争必须和农村的群众斗争、土地革命互相配合，才能成功地建立起西北红军。这个认识对于习仲勋后来领导陕甘边革命根据地建设具有重要的指导意义。

两当兵变失败后，习仲勋等共产党人并没有屈服、退缩，他们吸取了沉痛的经验教训，又找到了党的组织，积极勇敢地投入了开辟革命根据地的新的伟大战斗。

第三章 | 开辟渭北游击区

一、初见刘志丹

两当兵变失败后，敌人到处悬赏捉拿习仲勋，习仲勋被迫于6月间秘密潜回家乡富平，但他心里仍然牵挂着陕甘边区，牵挂着刘志丹、谢子长，他向中共富平区委的负责同志表达了自己寻找陕甘游击队的迫切心情。因一时半会儿党组织还无法与陕甘游击队取得联系，习仲勋只好暂时在家乡从事党的地下活动，秘密组织力量，开展群众工作。

作为一个有着一定斗争经验的党的骨干，习仲勋善于思考问题。当时，习仲勋从自己几年的学生运动、农民运动和兵运斗争的革命实践中，已经逐渐认识到武装斗争的重要意义，他热切希望能在武装斗争的急风暴雨中去冲锋陷阵，尽快使党组织摆脱被屠杀的白色恐怖的危险处境，打开西北地区革命斗争的新局面。

这一时期，陕甘边区的工农武装割据斗争在西北地区两个传奇般的群众领袖刘志丹、谢子长的领导下，历经磨难，终于发展起来。

1931年7月，刘志丹受陕西省委指示到平凉陈珪璋部中继续从事兵运斗争，任陈部第十一旅旅长，建立了一支200多人的队伍，开展整训工作。8月，在早胜事件中，刘志丹从事的兵运斗争再次受挫。9月，刘志丹在合水县平定川倒水湾恢复建立了南梁游击队。

10月下旬，刘志丹率领的南梁游击队与杨仲远、阎红彦率领的陕北游击支队在林锦庙胜利会师。11月初，中共陕西省委派谢子长来到南梁，与刘志丹一起领导这支革命武装。12月底，南梁游击队和陕北游击支队按照陕西省委的指示，离开新堡、悦乐，沿子午岭西麓南下。1932年1月初，部队到达正宁县北柴桥子村后，召开了全体军人大会，成立西北反帝同盟军，谢子长任总指挥，刘志丹任副总指挥，杨仲远任参谋长，部队共700余人。2月12日，西北反帝同盟军在正宁县三嘉塬锦章村改编为中国工农红军陕甘游击队，谢子长任总指挥，李杰夫任政治委员，杨仲远任参谋长，全军共360余人。

红军陕甘游击队成立后，总指挥部根据中共陕西省委的指示，按照以陕西渭北为重点的预定方针，南下陕西境内开展游击战争，执行创建革命根据地的任务。3月中旬，陕甘游击队在陕西渭北转战月余后，回师陇东。3月19日，陕甘游击队发起第一次攻打山河城战斗，结果失利。当晚，陕甘游击队撤至正宁县西坡后，总指挥部决定在正宁南塬一带开展游击战争，成立革命委员会，创建陕甘边红色政权，开辟革命根据地。

3月下旬，在陕甘游击队总指挥部的组织下，在新庄子召开了有寺村塬一带72个村镇的五六百名农民代表参加的大会，宣布正宁寺村塬革命委员会成立，选举了革命委员会的领导成员，李杰夫任主席，张静元等任副主席①，陕甘边第一个红色政权由此诞生。正宁寺村塬革命委员会成立后，领导农民开展土地革命斗争，发动和组织群众打土豪、分田地，没收地主的粮食、牛羊及财产等分配给农民，镇压恶霸豪绅。

4月13日至14日，陕甘游击队发起了第二次攻打山河城的战斗，未果。4月20日，陕甘游击队接到栒邑县地下党组织报告称，栒邑城内只有敌警卫团两个连及民团驻防，防守不严。当晚，谢子长率陕甘游击队从寺村塬出发，经一夜的急行军，于21日拂晓偷袭成功，歼敌两个连及民团，俘敌300余人。4月下旬，陕西省委领导人杜衡来到陕甘游击队在

---

① 据当时任寺村塬革命委员会文书的李志合回忆，寺村塬革命委员会主席张静元，副主席唐贵荣。这里采用《陕西代表团杜励君报告》的说法。

栒邑县的驻地，撤销了陕甘游击队总指挥部和谢子长的总指挥职务，派谢子长到靖远搞“兵运”工作，将部队分为三、五两个支队，三支队队长刘志丹，参谋长吴岱峰；五支队队长阎红彦，参谋长杨仲远。嗣后，三支队西进永寿、礼泉、乾县、邠县一带开展游击战争，五支队南下三原武字区活动。

5月10日，陕甘游击队三、五支队集结于栒邑县清水原。为了统一指挥部队，陕西省委决定重建中国工农红军陕甘游击队总指挥部，任命刘志丹为陕甘游击队总指挥。5月上旬，国民党军队为扑灭陕甘边燃烧起来的革命烈火，调动数旅兵力，向陕甘游击队发动“进剿”。刘志丹指挥红军游击队转战鄜县、洛川、中部、宜君等地，经九次苦战，至5月底粉碎了敌人的“围剿”，部队发展到1500余人。

正当陕甘边区工农武装割据局面初步形成之际，陕西省委领导人杜衡却命令陕甘游击队东进陕西韩城一带，使部队在敌人的重兵“围剿”中损失惨重，只剩下300余人。6月下旬，刘志丹、阎红彦率陕甘游击队返回陇东，决定以桥山中段的山区为依托，在陇东开展游击活动，伺机向南发展，同时，将三、五支队改编为两个步兵大队和一个骑兵大队，阎红彦接任陕甘游击队总指挥，刘志丹改任二大队长。

7月23日，李艮受陕西省委派遣，来到陕甘游击队任政委，执行“左”倾错误方针，开展反右倾斗争。8月13日，李艮命令陕甘游击队强攻王郎坡敌军据点，部队伤亡60余人。此后，李艮又命令红军进至五顷塬据守。但还没有来得及完成部署，就遭到尾追敌军的猛攻，部队仓促应战，伤亡30余人，阵地被敌军突破，部队又退到三嘉塬地区。8月19日早晨，敌人分兵三路，合击三嘉塬，红军奋力拼杀，后巧借大雾，突出重围。陕甘游击队伤亡惨重，转移到马栏镇时，只剩下200余人。

8月底，陕西省委重派谢子长回陕甘游击队任总指挥，刘志丹任副总指挥。部队稍事休整后，进入耀县照金一带活动。

对于陕甘游击队在照金一带活动的情况，两当兵变失败后已经回到家乡富平的习仲勋是从同村的周冬至那里得到消息的。习仲勋与周冬至曾经是都村小学的同学，关系密切。1929年，关中大旱，周冬至父亲外出借粮时饿死异乡，全家生活无着。为了寻找生活出路，周冬至随母亲逃荒要饭到照金山区，投奔到其父的结义兄弟王明发家中，后在老爷岭定居下来。1932年2月20日（农历正月十五日）晚，照金关帝庙里锣鼓喧天，灯火辉煌，地主老财们正在这里欢度元宵佳节。突然，枪声四起，南下渭北的红军陕甘游击队奇袭耀县民团，全歼敌人，缴枪30余支。21日，在谢子长主持下，陕甘游击队于香山召开会议，讨论省委关于在三原、富平城周围创建根据地的指示。会议认为，这两县敌人兵力雄厚，地处平原，不便开展游击战争和创建根据地，会议决定陕甘游击队在同官、宜君一带的山区活动。[①]红军在照金一带向群众宣传革命道理，周冬至看在眼里，记在心头。这年7月，周冬至回到老家富平探亲，见到习仲勋，便将陕甘游击队到照金活动的消息悄悄告诉了自己的好友习仲勋。[②]

刘志丹

谢子长

习仲勋内心非常敬佩刘志丹、谢子长，向往红军游击队火热的革命斗争生活，恨不得马上出发，到陕甘边区去，与刘志丹、谢子长一起战斗。但是，习仲勋知道自己是一名共产党员，必须服从组织的决定。于是，习仲勋积极寻找党的上级组织，要求参加陕甘边区工农武装割据的斗争。1932年7月，习仲勋在富平县城碰巧遇见了在立诚学校上学时的同学、

① 贺晋年：《民族英雄谢子长》，中共陕西省委党史研究室编：《谢子长纪念文集》，陕西人民出版社2005年版，第74页。

② 中共富平县委党史研究室编：《富平丰碑》，内部资料，第98-99页。

时任中共陕西省委组织部秘书的程建文（即陈建中）。习仲勋向程建文倾吐了自己想去红军游击队的急迫心情，程建文听后，立即指示习仲勋到三原县武字区去找党组织，接受新的工作任务。后来，习仲勋在三原县武字区与三原县党的负责人唐玉怀接上了组织关系。经唐玉怀介绍和派遣，习仲勋前往陕甘边区，参加陕甘游击队的武装斗争。此后，习仲勋与周冬至一道离开了富平，经过百余里的艰难跋涉，辗转来到了耀县老爷岭，暂时住在周冬至家中，打听陕甘游击队的消息。8 月，习仲勋听说陕甘游击队在照金以西的杨柳坪一带活动，立即动身前往，终于在杨柳坪找到中国工农红军陕甘游击队，也第一次见到了神交已久的刘志丹。

对于这次与刘志丹的见面情况，习仲勋后来深情地回忆说："在传说中，常把刘志丹描绘成一个神奇的人物，但是初次见面，我得到的印象，他却完全像一个普通战士。他质朴无华，平易近人，常同战士们坐在一起，吸着旱烟袋，谈笑风生。同志们都亲切地叫他'老刘'。他一见到我，就紧紧握着我的手。当时我只有十九岁，没有斗争经验，因为两当兵变失败，心情很沉重，也不知说什么好。志丹同志很理解我的心情，鼓励我说：'干革命还能怕失败！失败了再干嘛。失败是成功之母。我失败的次数要比你多得多……'他的态度真诚坦率，好像有一种吸引力，立刻使人对他产生亲切的信任感。我们像久别重逢的老朋友那样，相视很久。他脸庞清瘦，鼻梁很高，目光深邃而温和，总带着笑意。他知道我搞兵变前担任过营委书记，又听别的同志说我坐过牢，还搞过群众运动，我们的谈话就更活跃了。他说：'几年来，陕甘地区先后举行过大大小小七十多次兵变，都失败了。最根本的原因，就是军事运动没有同农民运动结合起来，没有建立起革命根据地。……现在最根本的一条，是要有根据地。'"①

谈到这次谈话的收获，习仲勋又说道："志丹同志的谈话，给了我们很大的启发，也给我们指明了今后革命的道路。我感到他有很高的理论水平，这不仅是从书本上来的，也是从实际斗争中总结出来的。几年来，

① 习仲勋：《群众领袖　民族英雄》，1979 年 10 月 16 日《人民日报》。

志丹同志走遍陕甘边区，下决心要搞一块红色根据地。但是，由于省委‘左’倾机会主义的错误领导，这个愿望始终没能实现。他走到哪里，就把建立根据地的道理说到哪里。苦口婆心，循循善诱，期待能说服他见到的每一个人。虽然是初次见面，但他那种坚韧不拔的信念，为真理献身的精神，给我留下了深刻难忘的印象。”[①] 与刘志丹的见面，使习仲勋思想上受益很大，他在认识了武装斗争的重要性的基础上，又进一步认识到建立农村革命根据地的意义，从此，根据地建设工作始终成为他在陕甘宁边区革命生涯的一条主旋律。

习仲勋刚到陕甘游击队后不久，敌人就开始分三路“围剿”红军。第一路是敌驻陇东之甘肃警备旅第九十七团、九十八团，自宁县、正宁从北向南进攻；第二路是陕西警卫团，从邠县、栒邑自西向东“搜剿”；第三路是敌富平、铜川、耀县三县民团，从南向北扑来。刘志丹、谢子长认真研究敌情后，决定将陕甘游击队带到栒邑、耀县、淳化交界的照金一带山区，这里北面和子午岭山区相接，重峦叠嶂，地形险要，便于游击队活动，不利敌大部队作战。9 月 11 日，刘志丹、谢子长率陕甘游击队到达照金附近的杨柳坪时，敌富平、铜川、耀县三县民团 400 余人，在副总指挥党谢芳的带领下，逼近照金。陕甘游击队“以退为进”，撤出杨柳坪，向西后退 10 余里，诱敌进驻照金。敌以为我军“逃跑”，戒备松懈。当夜，红军回戈照金，拂晓前借着大雾，杀了个回马枪，以迅雷不及掩耳之势，猛扑敌人。当敌人从梦中惊醒时，已成瓮中之鳖。激战一个多小时，即全歼三县民团 300 多人。9 月 15 日，敌何高侯的一个团向照金进发时，刘志丹、谢子长又将红军部队埋伏在照金西南的安子洼，利用有利地形，指挥游击队出其不意向敌人发动突袭，击溃敌军 1000 余人，粉碎了敌人的“进剿”。不日，敌军又集结几个县的兵力反扑。红军陕甘游击队为避敌锋芒，决定撤离照金。

在红军陕甘游击队离开照金时，习仲勋赶到照金北面的金刚庙向刘志

① 习仲勋：《群众领袖　民族英雄》，1979 年 10 月 16 日《人民日报》。

丹汇报工作情况。刘志丹经过认真思考，决定将习仲勋留在照金地区，坚持游击战争，为开辟照金革命根据地创造群众条件，为此，刘志丹殷切地嘱咐习仲勋说："你是关中人，还种过庄稼，能跟农民打成一片，你一定要做好根据地的开辟工作。队伍走了，你们会遇上很大困难，但只要政策对头，紧紧依靠群众，困难是可以克服的。"① 谢子长也对习仲勋鼓励说："从关中逃难过来的饥民多，你在这儿人熟地熟，工作条件好。我们没有枪支弹药留给你，你要在发动群众的基础上，成立农民协会，组织游击队，开展游击战争。"② 为了便于开展工作，刘志丹将陕甘游击队的第二大队的特务队留下，交由习仲勋领导，就地开展游击运动。第二大队特务队是一支战斗力较强的武装，队长叫程双印，曾经参加过栒邑暴动，军事指挥能力较强，刘志丹还安排大队参谋第五伯昌随特务队行动，协助指挥作战。刘志丹把这样一支队伍交给习仲勋来坚持照金斗争，一方面说明他对习仲勋的信任，另一方面也说明他对照金根据地开辟斗争的重视。

二、开展渭北游击活动

主力红军撤离后，习仲勋率领第二大队特务队在照金坚持开展游击战争，发动群众，为创建照金根据地积极准备条件。在习仲勋的领导下，特务队在照金一带打土豪、分粮食、发展党员、组织农会，开展游击活动，向广大群众宣传耕者有其田，反压迫、反剥削的革命思想，将苦大仇深的贫苦农民组织起来，秘密建立革命组织。

一天，习仲勋、周冬至召集青年积极分子在谢家岭冯大爷家开会，专门研究开展武装斗争问题。大家积极响应，并宣誓："在共产党的领导下，甘洒热血为人民，誓死如归不变心，誓将革命进行到底！"他们说干就干，当天晚上，习仲勋就带领周冬至等从几十里外的地方抓来了一个地主，并给其家留言："必须用枪支弹药和银元来赎人，否则，立即处决。"没过几

① 习仲勋：《群众领袖　民族英雄》，1979 年 10 月 16 日《人民日报》。

② 《习仲勋传》编委会编：《习仲勋传》（上卷），中央文献出版社 2008 年版，第 99 页。

天，那个地主家属只好用三袋子弹和500银元将人赎回。接着，他们又搞了几次这样的游击活动，为组织游击队筹集了经费。[①]

当时，斗争环境极为艰苦，特务队内部发生了中队长陈克敏叛变的严重事件，特务队长程双印被叛徒杀害。陈克敏叛变事件的发生，给根据地创建工作带来严重危害。为了保存特务队这支革命武装，习仲勋整顿了特务队，健全了组织，决定由第五伯昌代理队长，习仲勋任指导员。在习仲勋的领导下，特务队到耀县的让牛村一带打土豪、分粮食、发展党员、组织农会，开展游击活动。不久，因遭到敌人的“进剿”，被迫离开照金地区，转入渭北游击区。

渭北的武字区一带是习仲勋曾经战斗过的地方，从大革命时期起这里就一直进行着艰苦的武装斗争。渭北游击战争的开展，为陕甘边红二十六军的发展，为后来陕甘边照金和南梁革命根据地的创建，提供了条件，培养了干部，输送了力量，积累了丰富的斗争经验。

1932年9月中旬，习仲勋带领特务队来到渭北的三原武字区，特务队改编为渭北游击队第二支队，程国玺任队长，习仲勋任指导员，活动在原富、耀边地区。当时武字区已在同年3月中旬建立了一个游击队，队长孙铭章，下设三个分队，由邓万祥、康尚武、王化海任分队长，共有队员40余名、长枪30余支、短枪4支，活动在西至心字区，东至富平石河川，北至耀县西原，南至心字区、武字区的原畔。8月1日，在武字区游击队的基础上，正式建立了渭北游击队，队长马志舟，政委金天华，共有队员40余名、30余支枪。习仲勋带领的渭北游击队第二支队来到武字区后，渭北游击队改为渭北游击队第一支队。

10月，习仲勋等率领渭北游击队第二支队到武字区周围的心字区、肃字区，富平的都村、淡村，耀县西原和华里坊、让牛村一带开展游击战争，帮助建立地方游击队和农民联合会，打土豪，保护群众分粮斗争。游击队在高山槐分粮三天，300余名群众参加，分粮300余石。耀县西原的

① 中共富平县委党史研究室编:《富平丰碑》，内部资料，第99–101页。

游击队“杀豪绅，抗粮杀差人，使耀州县政府不敢在那里收款收粮”。富平的都村、淡村、盘龙一带的农民联合会，开展了群众分粮、杀豪绅的斗争，同武字区的区域连接了起来。“富平国民党、地主豪绅的统治也达不到那里。”

渭北地区革命形势的好转，使党内的“左”倾情绪膨胀起来。10月6日，中共陕西省委在《关于开展游击运动创造渭北新苏区的决议》中，指示渭北游击区“各党部必须发动与领导群众斗争来纪念十月革命，发起广大群众的纪念大会与示威运动。在武字区必须召开大会与示威，形成更广泛的群众运动，党应立刻积极的准备这一工作”。① 据此，中共渭北革命委员会党团于10月30日召开第一次党团会议，决定在11月6、7、8日三天召开群众大会，游行示威，盛大地庆祝十月革命纪念日。

11月6日，渭北革命委员会召开了庆祝十月革命大会，渭北革命委员会主席黄子文主持大会，并致开幕词，中共三原县委书记代表党、团组织讲话，随后，农民联合会、妇女联合会、赤卫队、少先队和学生代表讲话，习仲勋率领渭北游击队第二支队参加大会。会后，以习仲勋率领的渭北游击队第二支队为先导，参加大会的1400余名群众向武字后区的马额民团示威。7日，参加大会的群众达到了2000余人，中共渭北特委书记李杰夫在会上作了政治形势的报告。会后，2000余名群众整队游行，习仲勋率领渭北游击队第二支队武装护卫，荷枪实弹做前导，从武字区下原出发，在距离三原县城仅五六公里的西阳镇穿街而过，经富平的瓦窑头、淡村，返回武字区。8日，举行游艺大会，散发传单7000余份。中共渭北特委的汪锋、渭北团特委的程建文和武字区的女干部周凤鸣、俞世庄、李桂芳等还化装演出了新剧。一时间，歌舞升平，渭北地区的群众陶醉在幸福的生活里，完全忘掉了近在咫尺的磨刀霍霍的敌人。

渭北游击区连续三日的庆祝活动极大地震动了敌人。11月9日，敌人纠集了三原、富平、耀县、泾阳、高陵、淳化六个县的民团和三原、耀

① 陈永恭、秦生：《西北革命根据地创建史》，中共党史出版社2007年版，第125页。

县小丘驻军一个营的兵力，对武字区进行全面“清剿”，到处捕人、杀人。敌人占领武字区后，连续进行了三天的大搜查，先搜原，后搜沟，然后原、沟一起搜。甘涝池村留在村内的30余人全被抓走，群众的衣箱被褥被抢走，黄子文家的10余间房屋被烧毁。在不到一个月的时间里，武字区先后六次遭到洗劫。中共渭北特委和渭北革命委员会的领导成员被迫分散转移，渭北游击队被敌冲散，五六十名共产党员、共青团员和革命群众英勇牺牲。

对于渭北游击区遭到的失败，习仲勋在1945年7月延安召开的中共西北历史座谈会上的发言中回忆道：“由于中共陕西省委‘左’倾机会主义的领导，派去渭北苏区工作的李杰夫、程建文等人，把富农和地主一样看待。为了纪念十月革命节，他们发动万余群众在三原附近的马路上游行示威。在敌人‘围剿’时，则又死守阵地击而不游。在失败时又束手无策，而这些‘左’倾机会主义者们也就逃之夭夭了。就这样在敌人的‘围剿’与‘左’倾机会主义的领导下，使渭北苏区失败。”①

武字区遭劫后，习仲勋带领渭北游击队第二支队转移到心字区。后来，心字区也遭到敌人的“清剿”，游击队无法集中活动，第五伯昌、程国玺带游击队去栒邑活动，习仲勋和李杰夫转移到照金。敌人在照金还是到处捕人、杀人。习仲勋又回到心字区，在这里仍是无法立足，李杰夫回省委去了。

11月中旬，习仲勋与李杰夫分手后，来到富平西区。习仲勋后来回忆说：“纪念十月革命节活动失败后，我与李豫章同志到富平西区都村一带开展游击活动，半月后分粮群众发展到几千人。成立了游击队，建立了农民总会。不久国民党反动派发动五县民团‘围剿’，这一区域又遭到破坏。留下来的人，一部分去照金活动，一部分参加渭北游击队。”②在富平西区，习仲勋坚持革命斗争，发展了岳强明、姚万忠等一批党员，建立了党的基层组织——中共淡村支部，建立了以党团员为骨干的一支有20多

①② 习仲勋：《关于渭北苏区》（1945年7月11日），中共中央党史研究室编：《习仲勋文集》（上卷），中共党史出版社2013年版，第36页。

人的游击队，然后发动群众在富平西区搞了几次分粮斗争。不到半个月时间，参加分粮的贫苦农民就由十几个人，发展到一两千人，他还将富平县庄里镇南面大地主贾成芳家的粮食和财产都分给了穷苦人民，在当地影响很大。不久，康尚武带领游击队来到了富平县的都村。习仲勋对游击武装进行了补充和整顿，康尚武担任游击队队长，习仲勋任政委。后来，习仲勋带领游击队到了殷家堡，在那里成立了富平西区游击队，建立了农民总会。这时，在泾阳成立了苗家祥游击队，耀县南三堡也有张仲良领导的农民游击活动。渭北游击战争得到了恢复和发展。

12 月，中共陕西省委派省委委员贾拓夫先到武字区，后到富平县。在富平县城内，贾拓夫召开了紧急会议，宣布省委撤销李杰夫中共渭北特委书记职务的决定，同时，以李冲宵、郑彦青、汪锋、金理科、顾先臣组成新的中共渭北特委，李冲宵任书记。新的中共渭北特委派郑彦青去白水巡视工作，贾拓夫和李冲宵回到武字区。杜衡又从省委来到渭北，在武字区召开中共渭北特委扩大会议，传达省委的新指示，由七名正式委员和两名候补委员组成新的渭北特委，金理科为书记。会议讨论了反攻武字区的计划和重建中共武字区委员会等问题。

12 月中旬，根据中共陕西省委的决定，贾拓夫在武字区召开中共渭北特委扩大会议，宣布取消中共渭北特委，成立由七名正式委员和两名候补委员组成的中共三原中心县委，刘林生为书记。1933 年 3 月省委再次调整了中共三原中心县委，杨声任书记，赵伯平任副书记，李俊藻任常委，习仲勋、姚万忠、王仲云为委员。当时，组织上派习仲勋先后任共青团富平西区委委员、共青团武字区委书记和共青团三原中心县委书记，主要从事学运和武装斗争工作。习仲勋在三原三中以及驻军王泰吉部中开展工作，发展了一批党员。

中共和共青团三原中心县委相继成立后，以反攻武字区为中心任务，恢复红色武装。习仲勋等首先将冲散后陆续回到武字区的游击队员集中起来，在南原和武字后区各建立了一支游击队。南原游击队和武字后区游击队各有 20 余人。不久，黄子文将这两支游击队合并组建了渭北游击队第一大队，下辖两个中队，各有 20 人枪。

1933 年 1 月，渭北游击队第一大队的两个中队相继回到武字区。21 日，渭北游击队第一大队在富平尚村组织 300 多人分了土豪的粮食。23 日，渭北游击队第一大队第一中队与敌军激战半日。24 日，第一中队遭敌袭击。26 日，两个中队会合，共有 40 余人、枪 20 余支。

1 月中旬，中共三原中心县委将泾阳游击队改编为渭北游击队第二大队，下辖三个中队，有 50 余人。2 月，富平的都村、淡村建立了一支游击队，武字区又建立了一支游击队。渭北游击区的红色武装得到了发展。7 月，红二十六军南下失败后，中共陕西省委决定将渭北游击队改编为红四团。

渭北游击战争是陕甘红军游击战争的一个重要组成部分。习仲勋在渭北带领游击队开展游击战争的斗争经历，也为他后来领导整个陕甘边区游击队总指挥部的工作积累了宝贵的经验。

三、在渭北游击区的工作

在习仲勋等领导的渭北游击队的支持下，1932 年 9 月 22 日，渭北革命委员会（即原富耀革命委员会）在武字区成立。出席成立大会的有中共三原县委、共青团三原县委、农民联合会各分会、雇农工会、少年先锋队的代表共 28 人。大会选举 15 人为革命委员会委员，其中 5 人为主席团委员。会议通过了立即公布和实行苏维埃土地法，改造与扩大游击队组织并向周围发展，各村成立少年队、赤卫队、雇农工会等群众组织，开展肃反，保护青年、妇女、儿童的利益，禁止种植鸦片等 12 项决议。会议还通过了渭北革命委员会宣言和给中华苏维埃共和国中央政府、中国工农红军、东北义勇军的通电。渭北革命委员会下设土地、军事、财政、肃反、教育部。这时，刚刚到达渭北游击区的习仲勋担任了共青团渭北特委委员的职务，参与了游击区的各项创建工作。

为了加强渭北革命委员会的工作，依照陕西省委 10 月 4 日和 6 日关于“巩固与加强原富耀革命委员会的组织与工作”，“立刻实现扩大革命委员会的工作，吸引后区、肃字区、武字区、耀州、富平、高陵的斗争的群众参加革命委员会”的指示，根据中共渭北特委常委会的意见，10月18日，渭北游击区召开了村代表会，改选了渭北革命委员会。改组后的渭北革命委员会，由六人组成主席团，黄子文为主席。随后，三个村的农民联合会、雇农工会、妇女联合会、少年先锋队的代表也选举产生了苏维埃政权。

在渭北游击区红色政权建设的过程中，习仲勋参与领导了土地革命斗争。渭北的土地革命斗争是先从打土豪、分粮食开始。早在1931年5月，武字区的武装赤卫队建立后，就采取白天分散，晚上集中的办法进行活动。主要是在耀县西部、富平石川河以西及三原心字、武字两区，领导和掩护群众收割豪绅地主的庄稼，抗粮、抗税、抗捐、抗债。8月，发动了反区公所、反地亩契税和反豪绅的斗争。10月，武字区反日救国会在大寨堡召开了有1000多人参加的群众大会，会场上群情激愤，斗争区长薛荫堂，迫使其取消按地亩登记契税所摊派的款项，大快人心。豪绅地主、武字区第四分区区长崔福成，对大革命时期农民协会让他将霸占他人的土地归还原主心怀不满，企图反攻倒算。崔福成的行为败露后，被武装赤卫队处决，并烧毁了他记的“变天账”。

1932年3月中旬，武字区区委成员和耀县张仲良、杨仲杰，以及淳化县代表20余人在武字区孙家壕开会，会期七天，讨论了游击区开展分粮斗争等问题。4月上旬，黄子文指示王瑞琪等，组织农民分配了太和堡地主张玉泉家粮食20余石。农民联合会组织分粮委员会，具体组织农民分粮斗争。4月27日，中共陕西省委向中央的报告中说：“渭北一带的农民，已由普遍的抗粮抗租过渡到分配粮食和武装冲突。在三原武字区有五六十人发动，以至很快发展到1500人之多，整个的持续的分配五六天之久，分了武字区20余家所存的粮食与财产。”“富平农民自动起来攻下美原城，抗捐，捣毁区公所，分配了区公所积下的粮食。”

10月，在习仲勋领导的渭北游击队第二支队的有力掩护和参与下，游击区的群众得到普遍发动，土地革命成燎原之势，中共渭北特委决定在武字区南原分配土地。20日，特委召开各支联席会议，决定在有利于贫农、雇农的原则下（如将麦苗地分给贫雇农），立即以农民联合会为单位进行土地分配工作。26日，特委和三原县委召开联席会议，要求各党支部加强对土地分配工作的领导，并决定由县委各委员分片负责指导。27日，党团特委召开党、团支部书记联席会议，习仲勋参加了会议，会议决定各支部用革命竞赛方式，集中五六天的时间，在武字区进行土地分配工作。28日，党团特委和革命委员会召开武字区38村代表会议，总结南原土地分配经验，进一步学习苏维埃土地法，习仲勋在会上也介绍了中国工农红军陕甘游击队在陕甘边区开展土地革命斗争的经验教训，使与会者受到启发。

土地分配斗争开始后，渭北武字区38村的群众积极参加，斗争坚决，表现出了很高的革命精神。1932年10月4日，中共陕西省委在给三原县委的指示信中说：三原农民“分粮斗争的开展已经深入到分土地的阶段。农民对土地的要求非常迫切坚决，一般农民说‘分粮不是根本出路，一定要分土地。’事实上农民已经自己动手分配土地。如义和村农民没收了地主杨海清的土地”。[①] 上河村党支部书记张建忠带领贫苦农民分地220亩（其中公地20亩），有10余户无地少地农民分得了土地。口外庄的13户农民分得土地83亩，其中常庆绪分得的5亩土地一直耕种到全国解放。

习仲勋在渭北工作时，和黄子文有过较长时间的接触，受到过黄子文的支持和引导。渭北游击区的群众领袖黄子文，是陕甘边区武装斗争的领导者之一。黄子文入党早，经验丰富。陕甘边区领导人之一的刘景范曾经赞扬黄子文，说他是个诚实人，讲实际的人[②]。早在1928年，黄子文就开始在渭北搞武装斗争，1932年成立的渭北革命委员会（原富耀革命委员会），就是黄子文领导的。黄子文、黄子祥兄弟俩在渭北很有影响，全家

---

① 陈永恭、秦生：《西北革命根据地创建史》，中共党史出版社2007年版，第124页。

② 《刘景范1985年4月13日谈麻子掌、梁掌堡会议》，刘凤阁、任愚公主编：《红二十六军与陕甘边苏区》，兰州大学出版社1995年版，第363页。

为革命牺牲了好几个人。习仲勋在渭北游击区直接得到了黄子文的言传身教。在黄子文的影响下，习仲勋逐步提高了驾驭根据地各项建设工作的能力。

1933 年 3 月，中共陕西省委调习仲勋回省委分配工作。习仲勋离开了渭北游击区。

习仲勋走后，渭北游击区继续坚持了一段时间。8 月，国民党“渭北剿匪司令”刘文伯率领六个团以上的兵力，对以武字区、心字区为中心的渭北游击区进行了疯狂的进攻。敌军进入武字区、心字区后，大肆逮捕和屠杀群众。据当年 8 月 9 日的《新秦日报》披露：仅杨竹荪团到达武字区后，其“第一营在老户沟一带获嫌疑犯百余名”。并“对各该地区中之高窑、地洞继续搜查破坏”。敌见人就抓，大肆捕杀，据一些健在的老人回忆，仅这次被捕的共产党员、共青团员和革命群众就有四五百人之多。在敌人的重兵“围剿”之下，红四团退出渭北游击区，转移到照金苏区，渭北游击区失陷。

渭北游击区的斗争虽然失败了，但习仲勋在渭北游击区从事的军事斗争、农村根据地建设斗争、群众斗争、土地革命斗争等多方面工作的实践活动有重要的历史意义，它丰富了习仲勋的革命经历，为习仲勋后来在陕甘边区开辟革命根据地积累了宝贵的经验。渭北苏区斗争实践，使习仲勋的思想认识有了质的飞跃，他不仅懂得了武装斗争和根据地建设的重要性，而且也懂得了在敌人统治的中心地区是不可能成功地建立和发展革命根据地的，建立根据地必须考虑地理环境等因素。在当时的西北地区的党组织中，能够有这样的认识水平的人如凤毛麟角。比如当时的陕西省委就仍然坚持截断渭河交通，建立城市苏区的观念，这种观念后来甚至酿成了红二十六军南下渭华全军覆灭的惨剧的发生。由此可见，习仲勋不仅是一个出色的革命活动家，也是一个成熟的思想家，他在革命实践中发现着、思考着、探索着客观规律，又用实践斗争去完善着对客观规律的认识。习仲勋说：“我们从渭北苏区长期斗争的经验中，可以看出，在敌人统治的中心地区是不能建立根据地的。要采取灵活的进攻政策，保守一隅是要失败的。并且要有正确的政策，而‘左’倾机会主义的路线被证明是条失败的路线。”[①] 为什么在渭北地区不能建立起巩固的革命根据地呢？习仲勋是这样分析的：渭北游击区在平原上，四面都受敌人包围，红军的游击战争没有广大的回旋地区，在敌强我弱的条件下，保守一隅是要失败的。而当时的“左”倾机会主义者迷信城市中心论，从夺取西安、三原等中心城市出发，反对所谓“上山逃跑主义”，在根据地内不顾实际情况强令分配土地，一再反对所谓“富农路线”、“右倾机会主义”。这种“左”倾的路线，实践证明是行不通的。

既然在渭北地区因地理条件的限制，不能建立起巩固的革命根据地，那么，根据地应当建立在什么样的地区呢？当时，习仲勋并没有明确的答案，他又开始了新的探索。1933 年春，习仲勋受中共陕西省委的派遣，又到照金去肩负开辟陕甘边革命根据地的艰巨任务，又开始了新的战斗。

---

① 习仲勋:《关于渭北苏区》(1945 年 7 月 11 日)，中共中央党史研究室编:《习仲勋文集》(上卷)，中共党史出版社 2013 年版，第 36–37 页。

第四章 | 创建照金革命根据地

一、开辟照金苏区

1933 年春，习仲勋受中共陕西省委的派遣，离开渭北游击区，回到照金，参与领导陕甘边革命根据地的全面建设工作。是年，习仲勋还不到 20 岁。

照金位于陕西耀县、栒邑、淳化三县的边界，属耀县管辖。这里是子午岭的南端，山岳连绵纵横，地形崎岖不平，便于小规模红军开展游击战争。

照金具有良好的群众基础。这里的群众大多是外来农民，生活十分贫困，他们不断进行抗捐、抗租和抗债斗争，有迫切的土地革命要求，有发自内心的革命愿望。

照金又是红军的老游击区。1932 年，习仲勋曾经在这里领导特务队，就地坚持游击活动，传播革命火种，为照金根据地的开辟奠定了工作基础。

1933 年初，红二十六军从陇东地区南下后，投入了照金根据地的创建斗争。在此之前，1932 年 9 月，刘志丹将特务队交给习仲勋领导后，与谢子长一道率领中国工农红军陕甘游击队北上保安。9 月中旬，陕甘游击队在奔袭保安的战斗中失利，部队伤亡严重。10 月，陕甘游击队退往陇东子午岭南梁的平定川、豹子川一带的荒无人烟地区。为了克服困难，谢子长在合水莲花寺主持召开了队委会会议，决定分散活动，发展革命力量。会后，刘志丹带领一个大队70余人到合水拓儿塬一带活动；杨森、黄子文带领60余人到陕西三原武字区活动；阎红彦、杨仲远带领骑兵大队到陕西耀县一带活动；谢子长、吴岱峰带领30余人留在南梁平定川、豹子川一带的梢山掩护高鹏飞等60余名伤病员。经过艰苦斗争，英雄的红军熬过了严寒，克服了困难。经过几个月的分兵游击，发动群众打土豪，陕甘游击队筹集到大量粮款物资，部队恢复了战斗力。12月上旬，各路游击部队在合水县黑木塬会合。12月中旬，陕甘游击队再出桥山，迎接创建根据地的新任务。

还当陕甘游击队在寺村塬一带从事根据地建设时，中共中央于4月20日作出了《关于陕甘边游击队的工作及创造陕甘边新苏区的决议》。这个决议明确提出："在积极地开展当地的游击运动中创立新的红军的队伍及陕甘边苏维埃的任务"，并指出，为了实现这一任务，首先应该从现在的游击队中选拔中坚队伍编成正式红军第二十六军第四十一师，在泾渭三水之间创造较大的根据地。

1932年12月中旬，陕甘游击队南下到达陕西淳化县境内时，陕西省委指示陕甘游击队开赴宜君休整待命，准备改编为红二十六军。1932年12月19日，红军陕甘游击队转移到宜君县的杨家店子（今属栒邑）集结。20日，陕西省委常委杜衡召集陕甘游击队党员会议，宣布省委改编中国工农红军陕甘游击队为中国工农红军第二十六军第二团的决定。会上，杜衡指责刘志丹、谢子长、阎红彦、杨仲远等的正确主张是"右倾机会主义""逃跑主义""土匪路线""梢山主义"等等，撤销了谢子长、刘志丹、阎红彦、杨仲远等同志的职务，强令谢子长、刘志丹、阎红彦、杨仲远到上海"受训"。在广大干部战士的强烈要求下，杜衡才勉强把刘志丹、杨仲远留下来。杜衡不相信陕甘游击队的各级干部，他把杨仲远、吴岱峰、杨琪以及排以上干部的枪全部收缴，还剥夺了他们的选举权和被选举权，规定排以上干部，必须从班长和战士中选举，并由自己任命产生。

12月22日，红二十六军第二团召开党员和军人大会，推选王世泰为红二十六军第二团团长。24日，在宜君转角镇（今属栒邑）召开全体军人大会，宣布中国工农红军陕甘游击队正式改编为中国工农红军第二十六军第二团，并举行改编授旗仪式。杜衡任红二十六军政委兼红二团政委，王世泰任红二团团长，郑毅任参谋长，刘志丹任政治处长，汪锋任团党委书记，下辖骑兵连、步兵连、少年先锋队、政治保卫队，全军共200余人。

红二十六军第二团诞生后，按照党中央关于在泾渭三水之间的栒邑、正宁、三原一带建立根据地的指示，确定在陕甘边山区开展游击战争，建立以照金为中心的陕甘边新苏区。为此，部队在完成改编后，立即南下开赴照金地区。

12月27日，红二十六军第二团首战焦家坪。红军以声东击西的战术，攻占了焦家坪，全歼敌民团60余人，然后进军香山寺一带。此时正值年荒，农民流离失所，红二十六军第二团即在香山寺一带打土豪，组织数万农民分粮，帮助群众度过年荒，歼灭了照金和栒邑民团各一部，接着奔袭淳化，攻占铁王镇，横扫了照金腹地和外围的反动势力。在此基础上，红二十六军第二团广泛发动群众，组织贫农会和赤卫军，开辟了香山寺和九保两个游击区。此后，红二十六军第二团又消灭了一些民团武装，使红色区域扩大到照金薛家寨地区。这时，第二十六军第二团扩大到300人，并成立了随营学校。

为了巩固和发展革命根据地，1933年1月，红二十六军第二团由照金南下，协助地方党组织先后建立了栒邑、照金、香山、宜君、芋园等五支游击队。2月上旬，红二十六军第二团北上正宁，在三嘉塬、湫头一带开展了游击活动，发动群众打土豪、分粮食、分财产，活动了20多天时间，并在湫头塬与三嘉塬的交通要道石炭沟口设伏，全歼王郎坡民团，击毙敌团总赵世坤。3月，第二十六军第二团东进同官，攻占金锁关，之后又乘胜南下，与渭北游击队协同作战，在三原心字区全歼敌军一个排。

这时，习仲勋回到了红二十六军，任红二团先锋连指导员，参加了此后红二十六军创建照金根据地的一系列作战行动。4月，红二十六军第二团奇袭了泾惠渠吊儿嘴民团、淳化南村堡民团据点，消灭了栒邑土桥河工队和邠县龙马、高村民团。经过这些战斗，开辟了红军新的游击区域。在此基础上，渭北游击队总指挥部正式成立，李平任总指挥，金天华任政委，李天保任参谋长，辖渭北、泾阳、富平三支游击队，共300余人。随后，又在渭北组建了10余支游击队。

3月7日，中共陕西省委根据陕甘边区游击队迅速发展的形势，向红二十六军发出了指示："应即成立一指挥部，指挥边区耀县、宜君一带的游击队，积极开展游击战争。"同时指示："在三原富平另外成立一游击队指挥机关，指挥当地游击战争。这一指挥机关与二十六军发生横的关系。"①

根据陕西省委的指示，3月中旬，红二十六军正式在照金建立了陕甘边区游击队总指挥部，李妙斋任总指挥，习仲勋任政委。这是19岁的习仲勋第一次担任统率全陕甘边区所有的游击队武装的重要领导职务。刘志丹鼓励习仲勋说："打仗一定要灵活，不要硬打。能消灭敌人就打，打不过就不要打。游击队要善于隐蔽，平常是农民，一集合就是游击队，打仗是兵，不打仗是农民，让敌人吃不透。"习仲勋按照刘志丹的指示去工作，"确实有效"。②

由于各地游击运动发展很快，不少游击队混进了坏人，组织严重不纯，屡次侵犯群众利益，给革命工作造成危害。陕甘边区游击队总指挥部成立后，习仲勋作为党在游击队的主要负责人，进一步加强了边区20余支游击队武装的政治领导工作，整编各县游击队，加强党的工作力量，并从政治上、组织上进行彻底整顿，先后淘汰一些纪律涣散、成分不纯的游击队，开展思想教育和纪律教育，建立起政治工作制度，提高了游击队的政治素质和军事素质。

习仲勋等还大力开展发动群众、武装群众的工作。1933年，刘志丹在照金苏区见到习仲勋后说："现在我们党的领导干部，大部分是中学生或大学生，不了解实际。基层干部又大都不识字。你是中学生，又会做庄

---

① 《中共陕西省委1933年3月关于游击队指挥问题给红二十六军的信》，刘凤阁、任愚公主编：《红二十六军与陕甘边苏区》，兰州大学出版社1995年版，第243页。

② 习仲勋：《难忘的教诲》，1993年10月24日《人民日报》。

稼，了解农民，这是你的长处。”他让习仲勋多作社会调查，学会团结各阶层的人士，听取不同意见。[①] 习仲勋按照刘志丹的嘱咐去做工作，一村一村地调查研究，一家一户地做群众工作，同时发动群众进行分粮斗争，收效显著。当时，这一带1929年大旱之后灾情严重，群众生活还没有恢复过来，分粮斗争进展顺利，并很快就扩大到了栒邑、耀县一带，游击活动也随之扩大起来。在各区、乡、村相继组织起农会、贫农团、游击队，组建了农民赤卫军和少年先锋队。赤卫军和少年先锋队均由贫苦农民和少年儿童组成，在站岗放哨、肃清敌特、维护革命秩序、保卫斗争成果、配合红军和游击队开展游击战争等方面发挥了重要的作用。

为了保卫根据地，习仲勋等还发动根据地群众在薛家寨据险筑堡，改造山寨，整修岩洞，建成防守严密的红军后方基地，先后设立了红军医院、被服厂、修械所、仓库等后勤机构。

通过这些活动，初步形成了以红二十六军第二团为主力、以地方游击队和赤卫军相配合的多层次的革命武装力量体系，使根据地的开辟有了坚强的支柱。随着军事斗争的胜利和群众工作的开展，到4月底，以薛家寨为中心，东至沮河，西抵淳化塬畔，北至马栏川，南至爷台山，东西相距50余里，南北相距80余里的照金根据地已初步形成。从此，红二十六军第二团又有了一个可靠的后方，使红军在游击战争中有了一个依托点和落脚点。

二、全面负责党政军工作

随着创立照金根据地的革命斗争的深入，党的建设也得到进一步加强。“陕西省委提出了设立苏区各级党政军组织的紧急任务，并先后派金理科、习仲勋等到照金具体筹备。”[②] 1933年3月8日，中共陕甘边区特委在照金

① 习仲勋:《难忘的教诲》，1993年10月24日《人民日报》。

② 张秀山:《照金革命根据地忆述》，刘凤阁、任愚公主编:《红二十六军与陕甘边苏区》，兰州大学出版社1995年版，第666页。

兔儿梁正式成立，金理科任特委书记，习仲勋任特委军委书记，史克泰任团委书记。中共陕甘边特委成立后，习仲勋领导照金人民深入开展了打土豪、分田地的土地革命斗争，进一步发动群众支援红军的游击战争。

随着武装斗争和土地革命的深入进行，照金根据地的红色政权建设就成为摆在陕甘边特委和红二十六军面前的一项迫切而又紧要的任务。据此，3 月 15 日，中共陕西省委致信红二十六军，认为边区的革命斗争“已提到土地革命与建立苏维埃政权的阶段”，要求“立刻由农联、游击队、共产党、红二十六军代表共同组成”“边区革命委员会”。陕甘边区革命斗争的实践已经充分证明，如果没有红色政权做后盾，革命武装就不能在人民群众中生根发芽、开花结果，游击战争就会受到极大的妨碍，根据地就有被敌人破坏的危险。为此，中共陕甘边区特委根据省委的指示，领导根据地军民开展了创立红色政权的工作。

1933 年 4 月 5 日，在中共陕甘边区特委的领导下，陕甘边第一届工农兵代表大会在照金召开。经过民主选举，成立了陕甘边区革命委员会，雇农周冬至当选为主席，习仲勋为副主席兼党团①书记。这时，习仲勋又与周冬至这个早年在家乡的挚友并肩战斗在一起了。陕甘边革命委员会下设土地、肃反、粮食、经济等组织机构。王满堂任土地委员，姬老六任粮食委员，杨宇霆任经济委员，王万亮任肃反委员，杨载泉任秘书长。习仲勋和周冬至当时面临的紧迫任务是：迅速发动群众，打土豪，分田地、粮食、牛羊等，组织雇农工会、贫农团、青年团、赤卫军等群众团体，组织群众清除敌探奸细，颁布各种法令，实行戒烟、禁赌、宣传妇女放足等，其中心工作是开展游击活动，扩大苏区。由于习仲勋等领导人员和群众休戚相关，生死相依，受到广大农民拥护。为了保卫红色政权，许多青年要求参军，陕甘边区的游击队如雨后春笋般建立起来。

陕甘边区革命委员会成立不久，习仲勋领导陕甘边区特委、陕甘边区革命委员会配合红二十六军又在桃渠原、照金、香山、芋园、老爷岭、马

① 党团：指中国共产党在政府和群众团体中设立的党的领导机构。在党的七大之前称“党团”，之后称“党组”。

栏、七阶石一带相继建立了 24 个公开或秘密的基层革命委员会，选举一大批有觉悟、有威望的群众骨干担任红色政权的领导职务，在根据地建立了革命的新秩序，至此，根据地的红色政权建设已初具规模。

在建党建政的同时，习仲勋和陕甘边区特委的金理科、周冬至、李妙斋、王满堂等领导同志，还深入山寨，组织群众，在苏区掀起了土地革命热潮。① 在根据地彻底摧毁了地主豪绅的统治势力，地主豪绅在政治上被打倒，苛捐杂税被取消，贫苦农民翻身做了主人，昔日的泥腿子今天掌握着红色政权的印把子。根据地的面貌发生了很大变化，土豪劣绅威风扫地，贫苦农民扬眉吐气。

革命委员会不仅从政治上摧毁封建统治势力，还从经济上铲除封建的剥削制度。革命委员会下设的土地委员会的职责就是领导群众打土豪、分财产，并逐步开始把土地分配给贫苦农民，以解决农民的土地要求。土地分配是按照中华苏维埃中央政府颁布的土地政策进行的。原则是按劳动力和人口的混合标准分配，贫雇农享有优先权，对土地不足的中农予以适当补充。② 习仲勋回忆说："早在 1932 年我们就开始了分土地，这时就有一些经验。其中主要内容为：1. 没收富农出租部分的土地，地主参加劳动的可以分地；2. 分川地不分山地，这因为山地很多没有人种，川地也就种一年休息一年；3. 中心地区分土地，边境地区则不分，这因为边境区的群众自己的牛羊都不保，还要什么土地，而边境区因苏区的扩大而变成中心区时，仍进行分土地；4. 田、苗一起分，因农民最需要的是苗，若分田不分苗就会降低农民的情绪；5. 没收地主富农多余的土地、牛羊分给没有地没有牛羊的雇农、贫农和中农；6. 阶级划分是依据该户的主要生活资料的来源，及其剥削与被剥削的程度来决定的；7. 争取与改造流氓参加生产；8. 红军家属分好地，具有分地的优先权。" ③ 随着土地革命

---

①② 张秀山：《照金革命根据地忆述》，刘凤阁、任愚公主编：《红二十六军与陕甘边苏区》，兰州大学出版社 1995 年版，第 668 页。

③ 习仲勋：《在西北党历史座谈会上的发言》（1945 年 7 月 11 日），陕西省档案馆全宗 33 号，案卷 1 号。

斗争的开展，根据地群众的革命热情日益高涨，斗争蓬勃兴起。

在照金根据地的建设问题上，习仲勋与当时省委领导人杜衡的“左”倾错误也进行了斗争。当时有的人只知道按省委指示办事，不顾敌强我弱的客观条件，一定要打硬仗，去攻占敌人强固的城镇据点，刚打下一块地方，还没有很好地把群众组织起来，就要马上平分土地，结果中农恐慌，富农逃跑。① 习仲勋坚决反对这种“左”的错误做法，他非常赞同刘志丹提出的“革命要建立统一战线，敌人越少越好，朋友越多越好。我们增加一份力量，敌人就减少一份力量”的主张，注意开展统一战线工作，努力争取团结同国民党政权有矛盾的地方武装。他对根据地周围的民团作了认真分析，能团结就团结，能使其中立就使其中立，只打击顽固的。对一时不明白党的政策的国民党内开明人士、老知识分子，习仲勋也首先尊重他们，向他们讲道理，当他们知道共产党人是为国为民有大志的人，都点头称赞：“上面把你们说成是反贼，我也以为你们是草莽英雄，胡闹哩。你们原来都是治世英才。”后来一些群众中有威信的知识分子参加了革命，群众说：“共产党本领真大，人们都愿意跟他们走。”② 这样，力量就越来越大，使革命根据地的建设工作有了新的发展。习仲勋后来回忆说：“我一生注意听不同意见，听民主人士的意见，注意做好统一战线工作，就是遵从志丹同志的教导和从那时的实际经验得来的。”③

正当红二十六军和陕甘边革命委员会领导照金根据地人民深入开展土地革命斗争之际，杜衡却继续顽固地推行“左”倾错误方针，使根据地的建设又陷入了严重的危机。

当时红军力量比较薄弱，为了最大限度地孤立敌人，争取中间力量，壮大自己的队伍，红军与某些民团建立了暂时的统战关系。由于建立了这种统战关系，中部县建庄何世兴民团，小石崖罗连城民团等，都和红军关系友好，他们为红军掩护伤员，代购弹药物资等，对红军帮助很大。但居于红军领导地位的杜衡，却不要统一战线，主张打倒一切，对白军、民

① 习仲勋：《群众领袖　民族英雄》，1979 年 10 月 16 日《人民日报》。

②③ 习仲勋：《难忘的教诲》，1993 年 10 月 24 日《人民日报》。

团、土匪不加区别，一律反对。1933 年 1 月，他命令红军攻打与红军友好的庙湾夏玉山民团，结果战斗失利，部队遭到一些伤亡，郑毅被撤销了参谋长职务，由刘志丹继任参谋长。此后，夏玉山遂联合附近民团，联合起来进攻照金苏区。这时，杜衡又借口说，敌军可能占领香山寺对于红军不利，命令火烧香山寺，结果引起数百名和尚和广大群众的不满。因树敌过多，苏区的地盘越来越小，最后只剩下一个孤立的薛家寨，还处于敌人的四面包围之中，伤员无法安排，粮食无法补给，红军主力在照金一带的活动越来越困难。

2 月，国民党正规军三个团纠集庙湾夏玉山民团，联合进攻照金苏区。2 月 4 日，渭北游击队在照金芋园阻击庙湾夏玉山民团，掩护红二十六军第二团冲出了国民党军骑兵团、特务团和夏玉山民团的包围。红二十六军第二团转入外线作战。根据地的游击队积极袭扰和打击敌人，使敌人疲惫不堪，被迫退出根据地。3 月，红二十六军第二团在取得外线作战胜利后，返回了照金根据地。

4 月下旬，国民党正规军四个团及六个县民团的兵力，分四路“进剿”照金根据地。杜衡不顾敌我力量悬殊的现实，提出“死守照金”的口号，结果连打败仗。这时，杜衡去省委汇报工作。杜衡离开后，陕甘边区特委、边区游击队总指挥部、边区革命委员会及红二十六军举行了联席会议，决定金理科、习仲勋、李妙斋留在苏区，领导游击队、赤卫军开展游击战争，红二十六军转入外线寻机歼敌[①]。此后，红二十六军第二团转入外线，向西进击，在栒邑地区消灭了一些敌人的民团，后转兵北上，到宁县盘克塬一带开展游击活动。5 月上旬，部队进入宜君地区稍事休整，并与陕北一支队会合，加强了陕北一支队的力量。随后，红二十六军第二团继续西进，到达宁县金村庙，消灭了一些民团，收编了国民党军一个连的兵变部队，部队发展到近 500 人。

红二十六军转入外线后，习仲勋等领导了内线的反“进剿”作战，照

① 张秀山:《照金革命根据地忆述》，刘凤阁、任愚公主编:《红二十六军与陕甘边苏区》，兰州大学出版社 1995 年版，第 669 页。

金根据地军民团结一致，以各种机动灵活的战术袭击敌人，取得了很多胜利。加之，此次“进剿”的总指挥王泰吉原系共产党员，同情革命，不打红军，并对上假报战绩，使这次“进剿”草草收场。

照金根据地的创建工作，凝结着习仲勋的智慧和心血。当时任红二团团长的王世泰后来回忆说，习仲勋是陕甘边区特委军委书记和总指挥部政委，很多军事活动需要他去领导和指挥；他又是筹建根据地民主政权的主要负责人，有许多具体工作要他去做。革命委员会主席虽然是周冬至，他是按照省委要求必须选出一位雇农来担任主席的原则提拔上去的，人老实又没有文化，大量的工作是习仲勋做的，大大小小的事情都得他去过问。凡熟悉这段历史的同志，都为习仲勋同志扎实的工作作风、任劳任怨的品德、身先士卒的精神所感动，认为他是搞地方工作的一个典范，为照金根据地的民主政权建设，付出了心血，做出了贡献。[①]

三、坚持陕甘边区斗争

照金根据地终于创建起来了！习仲勋感到无比欣慰。不料，一场始料未及的大灾难又降临到他和陕甘边区党、红军和红色政权的当头，又把陕甘边区的革命推到了生死存亡的紧要关头。

6 月初，习仲勋遭遇了自己一生中最危险的时刻。当时，红二十六军第二团还在外线作战时，根据地附近的几股民团和叛徒陈克敏匪帮经常窜进根据地骚扰祸害群众，习仲勋、黄子文等边区领导干部亲自带领政治保卫队和游击队开展保卫边区、保卫群众的斗争。一天，当习仲勋、黄子文带领政治保卫队来到陈家坡保卫群众麦收时，突然遭到敌人重兵的伏击，情况万分危急，习仲勋叫黄子文带着队伍赶快走，自己带着一个班的人员留下负责掩护，阻击敌人。黄子文带着队伍突围后，敌人拼命进攻，在激烈的战斗当中，习仲勋身负重伤，血流不止，其他游击队员也大都受伤，

① 《习仲勋传》编委会编:《习仲勋传》(上卷)，中央文献出版社 2008 年版，第 132 页。

敌人乘机冲了上来，抓住了身受重伤的习仲勋。一个名叫周致祥的民团小头目押着习仲勋，半路上，周致祥趁其他匪徒不注意，悄悄放了习仲勋。习仲勋刚挣扎着跑出不远，几十个匪徒就发现了，他们边放枪边喊叫地追了上来，习仲勋跑到一条大沟坡旁，奋力滚了下去，结果在坡下被一棵树挡住了，匪徒们打了一阵枪后离开了，习仲勋乘机逃脱。原来，周致祥虽然是民团小头目，但他同情共产党，曾经向习仲勋写信要求参加红军。当时习仲勋还没有来得及核实清楚信里内容的真伪，周致祥就暂时留在了民团中，这次正好救了习仲勋。习仲勋脱险后，先到柳林的贫苦农民郑老四家中，休息治疗了四五天，几天后又被黄子文、周冬至带领群众用担架送到薛家寨养伤。

6月17日，红二十六军第二团完成外线作战任务，返回照金。这时一场灾难也即将降临主力红军和照金根据地。当天，中共陕甘边区特委和红二十六军第二团的领导干部在照金苏区北梁召开联席会议，讨论边区工作和红二十六军第二团的行动方针等重大问题。陕西省委领导人杜衡也回到照金苏区，又开始指手画脚，顽固地推行“左”的错误方针。杜衡被敌人的疯狂“围剿”吓破了胆，主张放弃照金根据地，南下渭华，并提出四条理由：渭华地区有渭华暴动的影响；党的工作基础好，群众觉悟高；人烟稠密，物产丰富，便于扩大红军；配合红四方面军和陕南红二十九军，可以切断陇海铁路，直接威胁西安等。[①] 实际上，陕南的红二十九军在1933年5月已经失败，红二十六军南下只会陷于孤军深入的险地。杜衡的南下方针遭到了刘志丹和绝大多数同志的反对。刘志丹说：“渭华暴动失败后，那里的群众受到极大摧残，有失败情绪。我们费尽心血，才搞起这一块根据地，哪能轻易放弃！只要我们坚持创造和发展陕甘边苏区，形势是会好转的！红军脱离根据地，就是自己毁灭自己。”[②] 但杜衡对刘志丹的意见横加指责，给他扣上了“右倾机会主义者”的帽子。当时，习仲勋

---

① 王世泰：《刘志丹和陕甘边根据地》，《刘志丹纪念文集》编委会编：《刘志丹纪念文集》，军事科学出版社2003年版，第117页。

② 习仲勋：《群众领袖　民族英雄》，1979年10月16日《人民日报》。

也认为红军不能离边区，如远离根据地部队行动困难，有了伤兵都没有办法解决。但习仲勋因身负重伤，无法出席这次重要会议，他将自己的上述意见认真梳理后，由金理科带到会上，表明了自己的态度。与会的其他同志大都主张应当以陕甘边区为中心，不要离开苏区。但在杜衡的个人专断领导下，联席会议还是作出了红二十六军南下渭华的错误决定。

6 月 21 日，在杜衡的专断命令下，红二十六军第二团被迫从北梁出发，离开照金，踏上了南下渭华的悲壮征程。22 日，红二团在三原二台子与渭北游击队会合。渭北游击队负责人再次提出同刘志丹等一致的意见，对红二十六军第二团南下提出异议，杜衡拒不接受意见，强令部队尽快南渡渭河。23 日，杜衡借口有事要向陕西省委汇报，私自离开部队。杜衡逃跑后，汪锋代理红二十六军政治委员，与刘志丹一道率领部队渡过渭河，越过陇海铁路，进至灞桥五里店，歼灭敌地方民团一部，击毁杨虎城部军车 10 辆，缴获许多物资。这时，杨虎城知道了红二十六军主力红二团南下的消息，立即在西安宣布戒严，并调驻渭华的警备旅，到高塘各坳口布防阻截，调商洛一个团在南山峪口市镇把守，又从西安派两个特务团向红二十六军第二团尾随追击。敌人总共调动了 5000 余人的兵力，比红军力量大十余倍。在异常艰苦的环境中，刘志丹带领红二团坚持战斗两个多月，后在敌人加强围攻、红军弹尽粮绝的情况下，为了保存革命力量，分散和化装突围。①

至此，党在陕甘边地区历经千辛万苦创建起来的久经锻炼、英勇善战的红二十六军，被杜衡的“左”倾错误断送了。

红二十六军南下失败后，陕甘边区的形势急转直下。1933 年 7 月，陕西省委在获悉红二十六军南下失败的惨痛消息后，在三原县武字区又将习仲勋曾经参与创建的渭北游击队和富平游击队扩大后正式编为红四团，团长黄子祥，政委杨森，参谋长王伯栋，经理处长杨玉亭，共 120 余人。红四团成立后，担负起主力红军部队的职责，转战三原、富平等地开展游

---

① 中共陕西省委党校党史教研室、陕西省社会科学院党史研究室编:《新民主主义革命时期陕西大事记述》，陕西人民出版社 1980 年版，第 229-230 页。

击活动。国民党反动派调兵遣将，向渭北游击区发动进攻。在强敌围攻下，红四团为避免受损，撤离了渭北游击根据地，于8月初转移到照金苏区。渭北游击区遂告陷落。

7月28日，中共陕西省委在西安福盛楼饭馆开会，出席会议的有省委书记袁岳栋，省委成员杜衡、贾拓夫、高岗等人。会议正在进行期间，发现有形迹可疑人员进进出出，以后又发现特务盯梢，即决定会议马上停止，由贾拓夫到账房开钱，袁岳栋、杜衡首先离开。但袁岳栋、杜衡刚到门口即被敌人特务逮捕。乘着混乱的机会，贾拓夫、高岗破门而出，逃离了福盛楼饭馆。①

袁岳栋、杜衡被捕后，立即叛变投敌，出卖了自己知道的所有党组织和党员，省委的一些文件被敌人抢走，西安地区的大批党员陆续被敌人逮捕，省委机关遭到了严重破坏。中共陕西省委被破坏后，敌人的气焰更加嚣张。在加紧"围剿"陕甘边根据地的同时，敌人还在西安成立了以特务头子宋志先为首的肃反委员会，并向渭北、陕南、临潼等地派去了肃反委员，利用叛徒疯狂破坏党的组织。关中各地，如三原、富平、高陵、大荔、合阳、渭南、华县等地的地下党组织先后被敌人破坏，在敌军警备师、警备团、十七路军、绥靖公署内的中共地下组织和陕南、甘肃的地下党组织也被破坏，许多党员和革命群众牺牲在敌人的屠刀下，仅在渭北一地，就逮捕和屠杀共产党员和革命群众500余人。杜衡等人叛变投敌后，还可耻地充当奸细，开列了各县党员的名单，带领密探特务，冒充我地下工作人员，在西安大街上盯梢捕人。在杜衡的出卖下，敌人很快就逮捕了前来西安汇报工作的陕甘边区特委书记金理科及中央交通员冯鸣玉、省委技术科长刘政远等重要干部。白色恐怖笼罩陕甘地区。1934年，新任的陕甘边区特委书记秦武山再次来到西安寻找上级党组织，遭敌逮捕。陕甘边区特委与上级党组织及中央失掉了组织联系。②

一时间，腥风血雨弥漫陕甘大地，西北地区的革命斗争转入低潮，处

---

①② 陕西省档案馆编:《中共陕西省委历史简介》第一辑（1927—1937年），1981年10月20日。

在了存亡绝续的紧要关头。

红二十六军南下失败后，习仲勋等领导陕甘边区特委、革命委员会和根据地军民苦撑危局，继续坚持着陕甘边照金根据地的斗争。

当时，敌人调动大批兵力，妄图一举荡平陕甘边照金革命根据地。照金根据地的局面非常危急。红二十六军南下时把地方游击队的枪也调走了，照金游击队只有 40 余人，枪不满 30 支，子弹很少。敌人对渭北、照金到处进攻，习仲勋等根据地的领导人因失掉红军主力的依靠，无处安身，吃饭都成了问题。尽管如此，习仲勋等还是充满信心，坚持斗争，他们采取的方针是保存力量，以游击战保卫陕甘边照金革命根据地。习仲勋等在淳化、栒邑、耀县一带及薛家寨周围，发动群众，壮大游击队，全力保护着这个危机中的红色区域。

1933 年初夏，杨虎城部王泰吉骑兵团由三原移防耀县。党曾多次指示杨虎城部队的地下党员秘密进行组织起义的工作。王泰吉也派人与三原县委书记赵伯平等联系，表示要发动骑兵团起义。后经陕西省委研究同意，7 月 21 日，王泰吉率骑兵团 1700 多人，在耀县宣布起义，成立西北民众抗日义勇军。起义部队迅速肃清了耀县的反动武装，组织宣传队，张贴抗日标语，召开群众大会，打开监狱，释放了全部犯人，处决了几个罪大恶极的民团头子和恶霸地主。起义部队还打开县政府和城里几家大地主的粮仓，发动贫苦农民进行分粮斗争，开展游击活动，得到广大人民热烈拥护。接着，王泰吉率起义部队向三原进发，本想争取驻防三原的杨竹荪团也来参加起义。不料在辘轳把一带被敌孙友仁团击溃，1700 余人的队伍大部分逃散，耀县起义失败，余部 100 余人改编为西北民众抗日义勇军大队。王泰吉率领西北民众抗日义勇军大队撤退到照金根据地。

耀县起义时，习仲勋身上的枪伤还未痊愈。当得知起义部队失利的消息后，他立即带领特务队和耀西、淳化、栒邑三支游击队来到耀县让牛村准备迎接王泰吉，途中碰到一些溃散的士兵，才知道王泰吉率领西北民众抗日义勇军大队已从西边奔向照金。习仲勋即向西追赶。傍晚的时候，在薛家寨下的绣房沟，习仲勋与王泰吉以及西北民众抗日义勇军大队官兵终

王泰吉

于会面，双方都很激动。

习仲勋握着王泰吉的手说："泰吉同志，欢迎你！党和同志们都欢迎你和抗日义勇军！"

王泰吉紧紧握着习仲勋的手激动地说："不容易！今天我总算回到党和革命的怀抱了！"

习仲勋说："在目前这样艰苦的形势下，你率部起义难能可贵，意义很大。"

王泰吉却以自责的口吻指着正在休息的义勇军战士说："你看看，我才带来这么一点人！"

习仲勋笑着宽慰他说："兵不在多而在精，比起义时人数虽然少了，质量却高了。想跑的跑了，革命意志坚定的都留下来了。有了这个力量，咱们就好大发展了！"

耀县起义虽然失败了，但有着重要意义。当时，陕甘边区革命正在处于低潮的时刻，红二十六军第二团南下失败，渭北游击根据地陷落，杜衡等在西安被捕叛变，陕西省委被破坏，陕甘地区地下党组织遭到严重破坏，与陕甘边区革命遥相呼应的陕南红二十九军也已失败。在这种形势下，王泰吉毅然率领骑兵团发动耀县起义，犹如石破天惊，使陕甘边区革命的烽火又现出耀眼光芒。在它的支援下，陕甘边区革命武装力量得到扩大，照金根据地渡过了难关并有新的发展，这个历史功绩不容忽视。起义失败的原因是多方面的，就起义部队内部而言，缺乏坚强的党的力量是一个重要原因。王泰吉是一位革命意志坚定而又富有情感的人，在部队中党的力量十分薄弱的情况下，他与部属的关系都是建立在私人感情的基础上。他原想带出两三千人投奔革命，可是那些人在捞到了一笔钱，腰里装满银元、元宝、大烟土后就跑了。这件事情再次证明，革命，特别是在那生死相搏、条件极其艰苦的战争年代，没有远大的革命理想和坚定的政治情操，是经不起严峻考验的，只相信和依靠个人情感是维系不住的。

四、主持陈家坡会议

耀县起义失败后，陕西省委派高岗来照金开展恢复红二十六军的工作。张邦英、陈学鼎、陈国栋、张仲良、封正宝等带领耀县三支队和红四团等几支革命武装，也相继来到照金。照金根据地的游击队也发展为一、三、五、七、九、十一支队等6支地方红军部队，还有淳化、栒邑等10余支游击队。一时间，各路红色兵马都在照金会合，习仲勋在红二十六军南下渭华后继续坚持保存照金根据地的意义在这个时候进一步凸显出来。

但此时危机依然存在，由于来自渭北游击区、耀县三支队、红四团、王泰吉领导的西北民众抗日义勇军大队等各个地区和各个方面的干部初到照金，对于巩固和发展陕甘边革命根据地的认识和对于革命形势的认识并不统一，分歧严重。从总的倾向来看，主要是两种观点：一种是失败主义的悲观情绪，部分干部看到红二十六军主力南下失败，陕西省委被破坏，耀县起义被敌镇压，渭北游击区陷落，红四团也退到了照金苏区，因而感到陕甘边区的革命没有前途，主张“埋枪”，搞秘密工作，把红四团带到渭北，分散游击，反对集中红军，统一领导；另一种意见是继续坚持革命的主张，认为我们还有红军，陕甘边根据地和红军也能够巩固和发展，因此，红军和游击队应集中领导，成立总指挥部统一指挥，扩大和创造陕甘边根据地。

在这种形势下，正确统一党和红军干部的思想认识就成为习仲勋的急迫任务。为了统一思想，8月14日，在陕甘边区特委军委书记习仲勋主持下，陕甘边区特委在耀县陈家坡召开了党政军联席会议，参加会议的有：秦武山、杨森、高岗、习仲勋、李妙斋、张邦英、陈学鼎、陈国栋、黄子祥、王伯栋、张秀山，红四团和西北民众抗日义勇军连以上党员干部也参加了会议。会议从当天下午一直持续到15日的上午，经过激烈的争论，最后统一了认识，作出了正确的决定。

这次会议上激烈争论的首要问题是：红军主力队伍今后是坚持集中领

导，统一行动，还是继续分散活动。[①] 在会上，黄子祥、王伯栋等同志不同意将红军主力部队统一行动，提出红四团应回到三原地区去打游击。他们认为：现在陕西省委已经被敌人破坏了，红军又从渭北游击区退了出来，西北民众抗日义勇军经过几次战斗，减员很大，就目前这点力量，还是分散打游击好些。与此同时，还有一些来自三原地区的干部，仍然留恋渭北地区，要求红军主力队伍打回武字区，而这在当时的条件下，是不可能实现的。

习仲勋等坚持认为红军主力应集中领导，统一行动。习仲勋、张秀山等都在渭北游击区战斗过，对渭北游击区的情况非常熟悉，他们认为渭北游击区的地理环境不利于红军的发展，明确反对将红四团开回渭北地区的错误主张。张秀山在会上说：渭北根据地各方面条件的确很好，但是在目前情况下，敌人能允许红四团在那里立足吗？因为它离敌人太近了，距敌人的统治中心西安才 100 多里，距渭北重镇三原县城仅 20 多里，敌人是决不会让红四团在那存在的。再说，大家都很清楚，我们现在的力量很弱，渭北游击队改编为红四团后，还是那么多人，那么多枪，即使我们回去了，敌人打来，我们能坚持住吗？我们现在的这几支力量，如果分散作战打游击，那只会被敌人逐个消灭，不可能形成红军的主力部队，形成一个拳头去打击敌人，根据地也就不可能建立和巩固。

与会绝大多数同志也认为，目前的形势确实是严重的。但是，我们还有主力红军和游击队，特别是党政军的一部分骨干还在，这是主力红军和游击队能够巩固和发展的重要力量。大多数同志坚决主张红军和游击队应该集中起来，加强领导，统一指挥。在陕甘边区特委的正确领导下，红军和根据地一定能够得到巩固和发展。

会议经过认真讨论和正确分析形势，纠正了部分干部中产生的右倾悲观情绪和分散红军的错误主张，统一了认识，会议决定成立陕甘边红军临时总指挥部，统一指挥红四团、耀县三支队、西北民众抗日义勇军大队、

---

① 张秀山:《我的八十五年——从西北到东北》，中共党史出版社 2007 年版，第 55 页。

陈家坡会议旧址

陕北一支队及各路游击队，继续创建和扩大陕甘边苏区。

会议讨论了当前的形势和红军的任务等问题，仍以创建和扩大陕甘边苏区为中心任务，制定了不打大仗打小仗，积小胜为大胜，集中主力红军深入陕甘边地区打击敌人，广泛开展游击战争，深入开展群众工作，巩固和扩大照金根据地的正确战略方针。

会议第二个争论的问题，是红军临时总指挥部总指挥的人选。① 与会的大多数同志主张由西北民众抗日义勇军的王泰吉任总指挥。但黄子祥、王伯栋等同志则认为：由王泰吉来任总指挥，这就成了义勇军领导红军了。他们不同意王泰吉担任这一职务。实际情况是，王泰吉经党组织审查批准已经恢复了党籍，已经是党的领导干部。西北民众抗日义勇军在耀县起义时，部队的成分比较复杂，但经过三原辘轳把战斗、耀县小邱战斗以及照金战斗之后，抗日义勇军剩下了百余人，不坚定的人都被淘汰掉了。这时的西北民众抗日义勇军大队已经是红军部队，根本不存在什么抗日义勇军来领导红军的问题。会议最终任命王泰吉为总指挥，刘志丹为参谋长

① 张秀山：《我的八十五年——从西北到东北》，中共党史出版社 2007 年版，第 56 页。

（因刘志丹当时南下尚未归来，会议没有宣布他的职务）。

会议第三个争论的问题，是红军临时总指挥部的政委人选。[①]会上，推举高岗任临时总指挥部的政委。陕西省委被破坏后，省委组织部长贾拓夫写信给陕甘边区特委，派高岗来边区从事军事工作。高岗到薛家寨后，特委曾开会研究，任命高岗为西北民众抗日义勇军大队政委。黄子祥、王伯栋同志反对高岗担任红军临时总指挥部的政委一职，他们以省委已被敌人破坏为理由，不承认高岗是省委派来的。在会上，习仲勋等证明高岗来边区时，带有贾拓夫开的介绍信。会议经过讨论，决定高岗任红军临时总指挥部的政委。

历史证明，习仲勋主持召开的陈家坡会议，统一了党政军领导干部的认识，对于加强党对红军和游击队的统一领导，巩固和扩大陕甘边根据地，坚持和发展陕甘边的游击战争起了重要推动作用。陈家坡会议是在西北革命转折的重要关头召开的一次很关键的会议。

10 月 4 日，刘志丹、王世泰在地下党组织的掩护下，从终南山脱险后辗转归来。刘志丹立即被陕甘边区特委任命为陕甘边区红军临时总指挥部参谋长。习仲勋又见到了朝思暮想的刘志丹，心里顿时感到有了主心骨。对于这次见面，习仲勋后来深情地回忆说："中秋节的夜晚，我们日夜盼望的刘志丹同志历尽千辛万苦，和王世泰等同志一起，回到了照金。大难之后又重逢，个个心里都无比激动，彼此紧紧拉着手，眼里冒出泪花。经过这场折磨，刘志丹同志更瘦了，但他的意志更坚强了，仍然是那样的精神抖擞，没有一点灰心丧气的样子。他拉着我的手说：'你的伤好了么？这次我们又上了机会主义的大当，又吃了一次大亏！'"[②]

习仲勋向刘志丹详细汇报了陈家坡会议的召开以及会议作出的决定情况，刘志丹兴奋地说："这就好了！陈家坡会议总算清算了错误路线，回到正确路线上来了。现在需要把部队集中起来，统一领导，统一指挥。我们重新干起来，前途是光明的！"[③]

---

① 张秀山：《我的八十五年——从西北到东北》，中共党史出版社 2007 年版，第 56 页。

②③ 习仲勋：《群众领袖　民族英雄》，1979 年 10 月 16 日《人民日报》。

五、浴血保卫薛家寨

陈家坡会议后，在习仲勋的周密部署和协调下，陕甘边红军临时总指挥部正式成立，王泰吉任总指挥，高岗任政委，统辖红四团、西北民众抗日义勇军大队、耀县三支队等主力红军和10余支地方游击队。陕甘边红军主力组建后，首先进攻耀县让牛村、庙湾据点，歼灭敌雷天一、夏老么的民团武装各一部，然后乘胜袭击了柳林民团，并与陕北一支队会师，红军力量进一步壮大。

国民党反动派多次围攻照金根据地的失败，引起了国民党最高当局的震惊，蒋介石数次电令西安绥靖公署派重兵“围剿”照金根据地，限期攻克薛家寨。

1933年9月下旬，国民党刘伯文部纠集耀县、富平、铜川的民团近千人，向照金根据地发动了进攻。与薛家寨仅隔一条山沟的龙家寨也被土

陕甘边区党政领导机关所在地——照金薛家寨

匪陈克敏占领，他勾结民团一起向薛家寨发起了进攻。

薛家寨，是一个在陕甘边区声名远播的山寨，据说它是薛刚反唐时修建的，石峰千仞，拔地而起，三面悬崖，高不可攀，仅西北角和兔儿梁相接，直通桥山山脉。寨东是黑田峪，寨西隔着绣房沟，能与对面山上的龙家寨遥遥相望，四周灌木丛生，十分隐蔽。登上悬崖吊桥，再过两道石门，内有大小天然石洞数孔，地势险要，易守难攻。

当时，陕甘边红军主力在外线作战，陕甘边游击队总指挥部所属的一支队、五支队、七支队、九支队、十一支队在绣房沟、老爷岭一带与敌军作战。薛家寨兵力空虚，只有陕甘边革命委员会政治保卫队留守。薛家寨是陕甘边红军唯一的后方，陕甘边区特委和陕甘边区革命委员会、游击队总指挥部等领导机关都住在薛家寨。这里聚集了习仲勋等一批党和红色政权的领导骨干，陕甘边红军也在这里储存了大批物资，安置有伤病员，也关押了一些被俘人员。山上的气候较冷，9 月份的天气，山下下雨，山上已开始降雪了。

一天拂晓，敌人向薛家寨发起猛烈进攻，陈克敏带领土匪从龙家寨冲过来。游击队及时赶到绣房沟，在沟口阻击敌人。不料，敌人的民团又从薛家寨的后山攻了上来。战斗激烈进行，在习仲勋的指挥下，后方修械所、被服厂、红军医院的干部、工人都拿起武器，与敌人展开殊死的搏斗，他们打得英勇顽强，敌人的几次进攻都没有得逞。正在危急时刻，陕甘边游击队总指挥李妙斋率领游击队从绣房沟回援薛家寨，及时投入了战斗，敌人仓皇撤退。李妙斋看到敌人逃跑，连忙集合部队，准备反击。敌人逃跑时，在树林里埋伏下几个伏击手，李妙斋被伏敌射来的子弹击中，英勇牺牲。

敌人对根据地的几次“围剿”、进攻，都没有能够攻下薛家寨。9 月下旬，红军攻占栒邑县的张洪镇，缴枪 200 余支和大批物资，这使国民党反动当局更加惶恐不安。《西安日报》上登过这样一条消息：“蒋（介石）再电邵（力子）杨（虎城），肃清薛家寨的残匪。”

10 月中旬，杨虎城任命杨子恒为总指挥，调集了四个团兵力，并纠集周围几个县的民团，有6000余人，携带大炮和重机枪等重武器，又向照金根据地发动“围剿”。敌人的部署是：以孙辅承团（附属一个炮兵营）及三原、淳化、耀县三县的民团，进攻照金根据地；以冯钦哉师的一个团在黄陵、宜君一带堵击；以何高侯团在栒邑、淳化一带堵击；以陇东赵文治团为追击部队。

为了粉碎敌人的新进攻，刘志丹、习仲勋等在一起制定了反“围剿”斗争的部署，决定由刘志丹率领红四团、西北民众抗日义勇军大队、耀县三支队、陕北一支队等主力红军主动跳出外线，北上陇东，转战敌后，消灭敌人；习仲勋领导地方武装坚持照金根据地的内线斗争。

10月12日，红军主力转入外线作战。照金根据地还有不少游击队和群众武装，陕甘边游击队总指挥部所属的一支队、五支队、七支队、九支队、十一支队约200人仍留在照金地区，陕甘边区革命委员会还有一个政治保卫队，这些地方武装都归习仲勋等指挥，仍然坚持在照金一带打土豪，开展游击战争，保卫照金根据地。

敌人对照金根据地进攻的重点还是薛家寨。敌到处抓捕老百姓来修建到照金和兔儿梁的车道。道路修通后，敌人用马把大炮拉到兔梁山的龙家寨山顶上，敌人的指挥部也设在山顶上，准备围攻薛家寨。

面对敌人的大规模进攻，秦武山、习仲勋再次召开陕甘边特委会议，讨论研究坚守薛家寨的问题。在讨论中，有人希望红军主力部队能够尽快打回来，以打破敌人对根据地的“围剿”，这显然是不切实际的。习仲勋经过冷静思考，提出了自己的意见：“在敌我力量悬殊的情况下，地方红军部队也应全部撤退，来个空城计，不能死守根据地。”特委书记秦武山和大多数同志都不同意撤退，主张坚守薛家寨，习仲勋的正确意见未被采纳。鉴于习仲勋伤未痊愈，特委决定让习仲勋和黄子文先下山撤退。

习仲勋与黄子文刚走到薛家寨山梁下，敌人对薛家寨的进攻就开始了。敌人首先用炮兵营的几门平射炮、曲射炮猛烈轰击薛家寨。敌人的炮打得很猛烈，但由于炮兵的技术太差，打了几天，没有一发炮弹击中要害，石洞和红军修的工事也没有落上一发炮弹，红军无一人伤亡。敌人又猛攻薛家寨石门，在通往石门路上红军有一个分队把守着，阵地前沿修筑了比较坚固的防御工事，还埋设了地雷，易守难攻，敌人的进攻未能得逞。敌军对薛家寨石门久攻不下后，就在对面的山上观察红军阵地的情况，结果发现在薛家寨石门工事与后山崾岘阵地之间的悬崖峭壁上，有一条几百米长的石缝，石缝内长了许多小柏树。在这条石缝上面，红军没有修筑防御工事，也没有布置防守人员。这是红军在防御上的一个疏忽。于是，敌人调整了部署，酝酿着新的阴谋。

15 日，敌军调集 100 余人组成突击队，在夜间由土匪陈克敏带路，沿着石缝攀登，拂晓时分偷偷地爬上了薛家寨，然后散开埋伏起来。天亮后，对面山上的敌人只打了三炮，就停止了炮击。当红军从战壕里进行反击时，才发现自己身后已经布满了爬上薛家寨来的敌人，这时，敌人全部展开，向红军的防御工事发起了冲锋。红军腹背受敌，处境危急，边区党政军领导被迫决定保存实力，分路突围，一路由秦武山、惠子俊、刘约三带领，从黑田峪撤退；一路由张秀山、吴岱峰率领，向党家山方向突围。突围部队 200 余人转移到安全地带。

红军突围后，敌人占领了薛家寨，行动不便的红军伤病员和防守石门分队的少数战士被俘。薛家寨失守后，红军储备在薛家寨的一些棉花、布匹、迫击炮弹和 100 挺轻机枪的零件等物资，被敌人抢去。边区革命委员会主席周冬至、土地委员王满堂、肃反委员王万亮等先后被敌人逮捕杀害，照金根据地遭到敌人的野蛮洗劫。

照金根据地失陷后，习仲勋仍在照金地区坚持革命斗争。由于习仲勋与人民群众联系密切，他得到了群众的有力掩护和精心照料。当时，敌人在照金一带反复“进剿”，不安全，习仲勋白天躲进梢林隐蔽起来，晚上出来开展群众工作。在南李村，老贫农王大妈无微不至地照料习仲勋，她常常半夜里把习仲勋从山上叫回来，在家里吃饭，有时还把白糖给习仲勋送上山。后来，环境更加险恶，工作无法开展，习仲勋只好离开这里，王大妈又给他做了一身买卖人的衣服，让本村的秦老六背上一个褡裢，把习仲勋的短枪和子弹放进去，将习仲勋安全送到让牛村、高山槐和七界石一带，与张秀山、吴岱峰、刘约三等人率领的后方机关和游击队的同志们会合。

10月下旬，习仲勋和陕甘边区特委、革命委员会和游击队的同志们一道北上陇东，与刘志丹率领的主力红军会合。

对于照金根据地失败的主要原因，习仲勋做了认真的思考，他总结说：（1）没有广泛地开展游击战争，扩大苏区和根据地，把自己株守在一个很小的苏区内。（2）距离国民党统治的中心很近，我们的群众力量不大和不够巩固。（3）红二十六军南下的全部失败，军事上暴露了自己的弱点，助长了敌人进攻苏区的气焰。

习仲勋接着说："虽然薛家寨子被敌人占领了，可是给了我们一个很大的经验教训，领会了根据地的重要性，和它对中国革命的重大意义。"①照金根据地的斗争历程，使习仲勋进一步懂得：选择合适的地理环境，对于农村根据地的巩固和发展有着至关重要的意义。常言道：失败是成功之母。在照金根据地失败的挫折中，习仲勋对于真理的认识进一步深化了，在他的思想中，对于"到哪里去建立革命根据地"的思路日益清晰起来。如果说，习仲勋在他最初寻求革命道路的时候，对于这一问题的认识还是不够明确的，那么，当照金根据地失陷后，他对于建立南梁根据地的认识就更加深刻更加清晰了，他现在要一步一个脚印地按着这个革命道路勇敢坚定地向前迈进。生活就是这样：每个人在自己的生活道路上，总是留下自己的各种各样的脚印。可是，只有每一步都能踏出为革命、为真理斗争的铿锵作响的音符的人，他的一生才能谱写成一曲英雄的乐章。正是以这样的认识为基础，建立南梁根据地的信念即在习仲勋的头脑中牢牢地扎下了根。

不久，习仲勋就全力投入了开辟陕甘边南梁革命根据地的伟大斗争。

① 习仲勋：《关中党史简述》，中共庆阳地委党史资料征集办公室编：《中国共产党领导的陕甘边区（陇东部分）》，第102页。

第五章 | 领导南梁政府工作

一、制定创建南梁革命根据地的战略和策略方针

照金苏区陷落后，陕甘边区党和红军已无立足之地，危困重重，濒临绝境，弱小的红军到哪里去建立革命根据地？这是一个必须立即解决的理论和实践问题。在总结革命斗争经验的基础上，刘志丹、习仲勋等力挽狂澜，及时、正确地回答了这一战略重大问题，作出了创建南梁革命根据地的重大战略和策略决策，开创了陕甘边区根据地建设的新局面，在危难当中挽救了西北党和红军。这个重大决策，事实上也为后来党中央将革命大本营放在西北准备了根据地的基本条件。

1933 年 10 月中旬，为粉碎国民党反动派对照金苏区的“围剿”，陕甘边红军临时总指挥部率领红四团、西北民众抗日义勇军大队、耀县三支队和陕北一支队等部队 300 余人北上陇东，转入外线，寻机歼敌。为了慎重初战，务求必胜，陕甘边红军临时总指挥部决定，首战奔袭甘肃合水县城。10 月 18 日，经一个多小时的激战，红军攻克合水县城，国民党合水县长康磷带少数人弃城逃跑，敌公安局局长李彦率部起义，红军毙、伤、俘敌县党部书记长、民团团总等以下 300 多人，处决了一批罪大恶极、民愤很大的土豪劣绅、反动官吏，缴获了大量的武器弹药和一些军用地图。红军威名大震，陕甘边的贫苦人民欢欣鼓舞。合水战斗胜利后，红军打开

了监狱，解救了被关押在狱中的党员干部和革命群众 80 余人，其中有前西北反帝同盟军二支队二大队长杨培盛。这时，刘志丹得到了照金苏区陷落的消息，立即回师照金，但败局已定，无法挽回。

10 月下旬，红军主力在宁县盘克塬与退出照金根据地的陕甘边特委和革命委员会的领导成员张秀山、习仲勋等人以及游击队会合。10 月 27 日，红军主力在庆阳三十里铺歼灭陇东民团军谭世麟部 40 余人，并且捣毁了帝国主义者开设的天主教堂，抓获 2 名反动主教。战后，红军主力在转移至庆阳城壕川时，与陇东民团军谭世麟部 500 余人遭遇。紧急关头，杨森率领 12 名骑兵突然出击，打乱了敌人的阵势，随后主力红军投入战斗，以少胜多，击溃了 500 多人的敌军，俘敌 10 余人。

10 月下旬，国民党反动派在陇东地区调集重兵“追剿”处于外线作战的红军部队，敌杨子恒旅的一个团赵文治部和谭世麟的陇东民团军骑兵营充当先锋，紧追红军。针对这一情况，陕甘边红军临时总指挥部决定，采用疲敌战术，先牵着赵文治部兜圈子，待敌军疲惫不堪时，选择有利地形予以消灭。

红军在庆阳、合水、正宁、宁县与敌军巧妙周旋，敌军被红军牵着鼻子转了个大圈子，疲惫不堪。10 月 28 日，红军主力转移至庆阳县北川毛沟门村，敌军虽经长途跋涉，精疲力竭，但仍尾追而来。毛沟门村位于东西方向的一条山沟中，南北两面都是大山，地形十分有利，红军临时总指挥部认为歼敌时机成熟，决定在毛沟门村歼灭这股敌军。28 日拂晓，敌赵文治部向红军发动进攻，情势非常危急。王泰吉带领身边的警卫人员从北山坡冲下去，蹚过小河，顽强阻击，顶住了敌人的凌厉攻势。红军抢占制高点，控制了有利地形。王泰吉又赶到山顶上组织部队反击，他果断地命令骑兵连全部下马注意隐蔽，准备冲杀，义勇军和各路游击队坚守山头，又命令把手榴弹全部收集起来送上前线，集中使用。当敌人一窝蜂似的向山上涌来时，王泰吉手提驳壳枪高喊：“敌人不到跟前不许乱放枪！”随后他又喊道：“敌人已经追击我们好多天了，今天我们一起冲锋把这一股敌人消灭掉！”在王泰吉的号令下，密集的步枪、机枪子弹和手榴弹打得敌人不是倒地一片，就是抱头鼠窜，后面的敌人不战自溃。红军展开全线反击，在冲锋号中，王泰吉身先士卒，带部队直冲山坡，顷刻间将多于我军三倍的赵文治团完全击溃，敌军全线崩溃，四处逃跑，溃不成军。谭世麟见势不妙，带着他的骑兵营仓皇逃遁。红军追击作战一直持续到晚上，获得胜利，毙俘敌军200余人，缴枪200余支，弹药、辎重不计其数，胜利粉碎了敌人的“追剿”。

毛沟门战斗后，军情稍有缓解。鉴于照金根据地已经陷落，刘志丹及时向陕甘边区党政军领导机关提出了研究解决今后红军和根据地发展的战略和策略方针的建议。中共陕甘边区特委、革命委员会和红军临时总指挥部采纳了刘志丹的建议，决定在包家寨召开联席会议研究解决这些重大问题。11月3日至5日，中共陕甘边区特委、陕甘边区革命委员会和红军临时总指挥部在甘肃合水县包家寨召开联席会议，清算杜衡的“左”倾错误。[①] 刘志丹、习仲勋、张秀山、高岗、王泰吉、秦武山等党政军负责人出席了这次会议。会议在认真总结寺村塬游击根据地和照金根据地失败的经验教训的基础上，经过认真讨论，集中全体与会同志的智慧，作出了三项重大决策：

（一）撤销陕甘边红军临时总指挥部，恢复红二十六军，成立四十二师，将西北民众抗日义勇军大队和耀县三支队合编为红三团，将红四团改编为骑兵团，以适应长途奔袭、快速出击和步骑协同作战的需要。

（二）向陇东南梁进军，坚持在陕甘边界桥山山脉中段的南梁地区建立中心根据地，发展和壮大主力红军，建立红色政权，开创“工农武装割据”的新局面。

（三）划分三个游击战略区，组建三路游击队总指挥部。陕北为第一路游击区，以安定为中心；陇东为第二路游击区，以南梁为中心；关中为第三路游击区，以照金为中心。三路游击区又共同以南梁为中心，红二十六军居中策应，并沿桥山子午岭山脉向南北发展。

---

① 李忠全、胡民新：《陕甘革命根据地史研究综述》，中共中央党史研究室编：《党史通讯》1986年第三期，第26页。

包家寨会议作出的三项重大决策是相辅相成的，其核心是开辟以南梁为中心的陕甘边革命根据地，将陕甘边武装斗争重点转移到陇东南梁地区。这样，就解决了“在哪里建立根据地”这个关乎全局而又长期没有解决好的问题。习仲勋后来说：“从一九二七年大革命失败后到一九三五年的八个年头内，在与敌人斗争中，在与地方党内机会主义斗争中，在毛泽东和朱德在南方发展革命武装与建立革命根据地的号召下，使我们在摸索中，找到了正确的道路，锻炼出了一条正确的路线。”[①]明确创建以南梁为中心的陕甘边革命根据地，对于习仲勋来说，是其思想认识的一个新的飞跃。从开展武装斗争的思想，到建立革命根据地的思想，再到明确以南梁为中心创建陕甘边革命根据地的思想，习仲勋的思想发展呈现出逐步深化着对革命规律认识的轨迹。

长期艰苦的武装斗争经历使刘志丹、习仲勋等陕甘边区党和红军的领导成员认识到，在西北地区，由于敌强我弱，红军孤军奋战，要想保存革命力量，壮大红军，开展广泛的游击战争，就必须选择一个适当的地区作为红军活动的中心区域。包家寨会议经过认真研究，采纳了包括习仲勋在内的大多数领导同志的意见，决定将根据地的中心区域放在南梁地区，这是一个符合实际的决定，因为南梁的地理环境和革命的主、客观条件都非常适合开展根据地中心区域的建设。

南梁位于陕甘交界桥山山脉中段的陇东境内，包括玉皇庙川、脚扎川、荔园堡川、二将川、凤川、豹子川等与陕西交界的广大地区，方圆几百里。这里沟壑纵横，森林茂密，回旋余地大，便于红军的游击活动，进可直逼关中，瞰制咸榆大道，退可扼守山林，易守难攻，对于开展陕甘边游击战争十分有利。

南梁地区的群众深受封建地主阶级的剥削和压迫，有着强烈的革命愿望。当时，林镇、南梁一带的 295 户农民中，无地户多达 198 户，他们大多为庆阳大地主韩少文、李弟的佃户。这一带的 2 万余亩土地中，仅韩

① 习仲勋：《跟着毛泽东走就是胜利》（1951 年 7 月 1 日），中共中央党史研究室编：《习仲勋文集》（上卷），中共党史出版社 2013 年版，第 227 页。

少文、李弟及当地几户中小地主就霸占了1.8万亩，每年收地租4000至5000石。南梁一带兵匪横行，又给农民带来了深重的灾难。广大农民有着强烈的土地要求和革命愿望，这是建立革命根据地和发展主力红军的良好群众基础。

南梁地处陕甘边境地区，是国民党反动派统治的薄弱地区。当时，陇东民团军谭世麟部驻防庆阳，陕西军阀杨子恒部驻守平凉，军阀井岳秀所属的高双城部驻延安，张廷芝部驻靖边一带，军阀之间矛盾重重，南梁一带敌人兵力空虚，是建立革命根据地，发展革命力量的理想地方。

南梁地区是陕甘边红军的摇篮和发源地，群众受革命的影响较为长久。1928年初，清涧起义军余部曾经在这里进行过革命宣传，1930年至1931年南梁游击队和陕北游击支队都曾在这里活动，1932年冬中国工农红军陕甘游击队也曾在这里休整。刘志丹、谢子长等共产党人在这里开展过革命活动，进行过打土豪、分浮财的土地革命斗争。南梁一带的贫苦农民对党和红军有比较深厚的感情，便于红军在这里立足和发展。

在解决了到哪里建立革命根据地这一重大战略问题后，就必须解决怎样建立巩固的革命根据地的这一策略问题。当时，在整个西北乃至北方地区，除陕甘边区外，还没有任何的红色区域，陕甘边区红军孤立无援，建立起来的根据地很快会受到敌人的重兵“围剿”，如果不能创造出一种新的根据地建设模式，南梁根据地也不能巩固和发展，也同样会面临陷落的命运。“红军一个根据地就吃不开。我们要经常调个窝，调换着住，这样才能够存在。”据此，刘志丹、习仲勋、张秀山等在一起研究这个问题，集思广益，逐步提出了划分关中、陇东、陕北三个游击区，“红军要以这样的原则建设根据地”[①]的一套完整的根据地建设新模式。这种根据地建设的新模式，是对毛泽东“工农武装割据”思想的重大发展。

长期革命战争的经验教训使刘志丹、习仲勋等共产党人认识到，南梁中心区域的开辟，必须在更广大区域的游击战争的配合下才能成功。

① 张秀山:《我的八十五年——从西北到东北》，中共党史出版社2007年版，第60页。

习仲勋说："我们吸取了过去的教训，决定分三路建立游击区：第一路陕北，以安定为中心；第二路陇东，以南梁为中心；第三路关中，以照金为中心。"[①] 由此，包家寨会议作出了建立陕北、关中、陇东三路游击区的策略方针，这样既可保证南梁地区革命根据地的开辟和巩固，也使陕北、关中、陇东游击区的斗争得以开展，从而达到扩大根据地，壮大主力红军的战略目的。毛泽东后来赞扬说，刘志丹用狡兔三窟的办法建立根据地，很高明。在抗日战争时期，毛泽东将刘志丹、习仲勋等在陕甘边区创造的这种以一个根据地为主，多个根据地相互配合的根据地建设模式推广到整个华北敌后抗日根据地的建设实践当中，并将这种模式用围棋中的术语"做眼"称之，形象地说明了多个根据地的相互依托、相互配合，敌我相互包围和反包围这种根据地建设的新模式。我们知道，在下围棋时，任何一方要想在对方的包围中生存，必须"做眼"，而且必须做两个以上的"眼"才能生存和获胜。用"做眼"来比喻刘志丹、习仲勋等创造出来的根据地建设的新模式是再恰当不过了。

刘志丹、习仲勋主持召开的包家寨会议，是在陕甘边革命斗争的危急时刻召开的一次重要的会议。这次会议确定了开辟以南梁为中心的陕甘边革命根据地的重大战略决策，明确了开辟根据地的新模式，它是陕甘边武装斗争由失败走向胜利的重要转折点，从此陕甘边区的革命进入了辉煌的大发展时期。

二、莲花寺整编，红二十六军进军南梁

莲花寺，位于合水县葫芦河北岸的平定川口。这里川道比较宽阔，两面山上林木茂密，环境十分隐蔽。包家寨会议之后，红军临时总指挥部率红四团、西北民众义勇军大队、耀县三支队、陕北一支队等部队来到这里。一个多月的外线作战，连获全胜，使部队情绪高涨，但是几百里的无

① 习仲勋：《红日照亮了陕甘高原》（1978 年 12 月 20 日），中共中央党史研究室编：《习仲勋文集》（上卷），中共党史出版社 2013 年版，第 426 页。

后方的艰苦转战，也使部队极为疲惫。于是，陕甘边区特委和刘志丹、习仲勋等决定在莲花寺一带将部队休整一下，并按照包家寨会议的决定，对红军临时总指挥部及所属部队进行改编。

1933年11月8日，在刘志丹、习仲勋等陕甘边区党政领导同志的主持下，陕甘边红军全体军人大会在莲花寺召开。会上正式宣布恢复红二十六军，成立四十二师。师部设司令部、政治部、供给处和直属警卫连。红四十二师师长王泰吉，政委高岗，参谋长刘志丹，政治部主任黄子文，供给处主任刘约三①。下辖2个团，5个连，共500余人，战马200余匹。红三团由西北民众抗日义勇军大队、耀县三支队和红四团少年先锋队合编，有280余人，王世泰②任团长，李映南任政委，一连连长赵国卿，二连连长陈学鼎，指导员张邦英，少年先锋连连长王有福。骑兵团由红四团一、二连编成，有180余人，黄子祥任团长，杨森任政委，一连连长李志柏，二连连长高占胜。

陕甘边区特委和刘志丹、习仲勋等按照红军的建军原则，在红二十六军第四十二师建立了各级党组织，师、团成立了党委，师党委书记杨森。在各个连队都成立了党支部，以加强党对基层组织工作的领导。刘志丹、习仲勋对建党工作非常重视，他们经常以过去多次起义和革命斗争的经验教训为借鉴，要求党员干部发挥先锋模范作用，做好思想工作。

由于陕北一支队在安定一带打过游击，地形较熟，刘志丹、习仲勋等决定派队长强世卿、政委魏武率领一支队作为第一路游击区的基本部队，回到陕北开展游击战争，创建根据地，因此，莲花寺整编时，该部100余人未编入红二十六军第四十二师。刘志丹、习仲勋等还抽调魏武、惠泽仁、康健民等一批优秀干部加强了陕北一支队的领导力量。莲花寺整

---

① 据王世泰《刘志丹和陕甘边根据地》记载，供给处主任王世泰，《刘志丹纪念文集》，军事科学出版社2003年版，第127页。此处依据王世泰:《回忆红二十六军四十二师》,《甘肃党史资料通讯》总第51期。

② 一说王泰吉兼红三团团长，此处依据王世泰:《回忆红二十六军四十二师》,《甘肃党史资料通讯》总第51期。

编后，红四十二师在东华池举行欢送大会。杨森代表红四十二师在会上讲话，他勉励陕北一支队回到陕北后，根据包家寨会议精神，以安定为中心，开展第一路游击区的活动，活动地区逐步向四周发展，以达到与南梁根据地连成一片的目的。陕北一支队政委魏武在会上表示，坚决执行包家寨会议决议，发挥陕甘边区红军的好传统，积极开展游击战争，以实际行动配合红军主力在南梁中心地区创建根据地的活动。

莲花寺整编是陕甘边区党的历史上一个具有重要意义的事件。在这次整编中，刘志丹、习仲勋等恢复了红二十六军，建立了四十二师，加强和扩充了主力部队，对陕甘边武装斗争和根据地建设产生了深远的影响。

为了实现建立南梁根据地的战略任务，莲花寺整编后，红四十二师立即兵分两路，扫荡陕甘边界的反动地主武装。

东路由师部率红三团向东北出击，进击咸榆公路，横扫沿线敌人的地主武装。在甘泉县道佐铺一带消灭地主民团武装 40 余人，随后奔袭甘泉县城未克。部队转入洛河川，行至葡萄沟门时，遭到敌二五六旅一个营和地主民团武装 200 余人的联合进攻。刘志丹利用葡萄沟门庄子两侧的有利地形，命令红三团设伏待机，派一小部分部队佯装游击队，将敌军诱进埋伏圈。但敌军几次遭红军打击，进军慎重，行动缓慢。到了离村庄二三里的地方时，停止了前进，使红军的伏击计划未能实现。在这种情况下，刘志丹下令撤出战斗，返回南梁。

西路由骑兵团向西北出击，经柔远川、二将川直捣南梁地区的敌军据点，沿途横扫反动武装。当时，张廷芝匪部营长梁邦栋率陕西警备骑兵旅第二团新兵营在荔园堡、阎家洼子一带为非作歹，随意派粮派款，敲诈勒索，强奸妇女。南梁人民深受其害，无不切齿痛恨。为此，骑兵团决定拔掉这个楔在南梁中心地区的反动据点。骑兵团秘密运动到荔园堡的东、西两山，包围了梁邦栋营的匪军。接着，红军派出一支小股部队化装成老百姓，秘密进入荔园堡内，突然向梁邦栋营发动了袭击，敌猝不及防，仓促迎战。这时，红军骑兵团疾驰而来，梁邦栋带领残部拼命向山上逃窜，山上的红军也发起攻击。在骑兵团的两面夹击下，敌军被围困在老鸦沟的半山腰中，突围无望，只好缴枪投降，全部当了俘虏。

荔园堡战斗后，南梁地区的反动武装闻风披靡。骑兵团乘胜追击，在阎家洼、赵家沟一带肃清了地主民团，后又全歼新堡民团。红四十二师的这次行动，为建立南梁根据地扫清了障碍。

11 月中旬，红三团、骑兵团两路部队于南梁会合，驻扎在荔园堡至林锦庙一带。这时，陕甘边区特委和红四十二师党委决定，趁战斗间隙，配合地方干部，开展工作。部队以连、排为单位协同地方干部分别在平定川、豹子川、太白川、白马庙川、玉皇庙川、二将川、东华池、葫芦河川一带宣传群众，组织群众，帮助建立第二路游击队。同时决定在南梁一带建立后方留守处，把伤病员安置在平定川、豹子川一带治疗、休养。为了进一步发动群众，扩大游击战争的区域范围，红四十二师还抽出刘约三、吴岱峰等人员，带领伤病员及后方机关，来到了平定川一带，一面照顾伤病员，一面着手组建游击队。

三、重建陕甘边区革命委员会

莲花寺整编前后，习仲勋在艰苦转战中患了严重的伤寒病，行动困难，暂时不能跟随刘志丹和主力红四十二师部队进行长途行军和作战。习仲勋的严重病情牵挂着刘志丹的心，离开主力红军后面临的安全问题也让刘志丹放心不下。在刘志丹的亲自安排下，习仲勋住在莲花寺附近豹子川的一户非常可靠的贫农李老五家中养病。主力红军走后，敌军在这里不断骚扰，白天习仲勋住在这里很不安全，李老五就把他送进山里隐蔽起来，晚上再接回家中吃饭。他不辞劳苦，日夜奔忙，无微不至地保护和照料着习仲勋，就这样度过了几十个日日夜夜。在李老五的精心呵护下，习仲勋终于恢复了健康。在这期间，习仲勋开始从事了南梁根据地的建设工作。据后来任南梁政府保卫大队中队长的王殿斌回忆：“1933 年 11 月，刘志丹来南梁，在芋子庄开会、宣传，留下习仲勋、张策、吴岱峰开展群众工作，组织农会、工会。首先在小河沟、豹子川开展，白家洼子村会张社宗负责、芋子庄村会王建保负责，老庄河村会邵凤山负责，焦台沟村会张子修负责，白峁村会田月喜负责。”[①] 从王殿斌以及王生金等许多人的回忆中，我们可以了解到，习仲勋最早来到南梁豹子川一带，开展根据地建设工作的时间是在1933年11月间。

春日载阳，东风解冻。习仲勋的心情格外高兴，他仿佛在南梁的山峁河道中看到了根据地的美好前景，黄土高原上郁塞肃杀之象一变为清和明媚之象。1934年春节前，大病初愈的习仲勋来到南梁附近的二将川，全面领导南梁根据地的各项建设工作。习仲勋回忆说：“当我们确立了建立一、二、三路根据地，即以南梁堡、华池县为中心建立基础，再向南北发展，主力二十六军依据这个中心地区，南北策应，把一、二、三路根据地打成一片，创造大块的陕甘苏区。据此任务，我们的方针是准备与成立武装，开展游击运动。首先扫清阎家洼子、东华池、南梁堡民团赵老五及二将川这些地方的地主武装。又因这一带的群众很落后，高岗与我们就挨家挨户地进行宣传工作。并在该地缺乏牛羊的情形下，发动他们配合游击队分牛羊，就这样的提高了群众的觉悟。发展了二将川、白马庙川、南梁堡、豹子川、平定川、义正川、吴堡川等地的群众组织。”[②]

当时，习仲勋吸取照金斗争的经验教训，采取了新的工作方针：先通过打土豪，解决群众的实际生活困难，在此基础上开展耐心细致的群众工作，建立群众组织，发展革命武装，开展游击活动，再逐步开辟根据地，建立苏维埃政权，使根据地以南梁为中心，波浪式地向四周发展。根据这样的工作方针，习仲勋等领导游击队首先扫清阎家洼子、东华池、南梁堡民团赵老五和二将川地主武装。1934年6月，习仲勋带领游击队打了华池紫坊畔塔儿掌土豪胡克申，没收500余石粮食、100多头牛、2000多只羊、1000多块银元，大部分都分给了贫苦农民。秋季，又领导庆阳游

---

① 《王殿斌1979年6月谈南梁一带的群众组织、政权建设》，刘凤阁、任愚公主编：《红二十六军与陕甘边苏区》，兰州大学出版社1995年版，第427页。

② 习仲勋：《在西北党的历史座谈会上的谈话》（1945年7月11日），陕西省档案馆全宗33号，案卷1号。

击队打开了庆阳大地主“恒义和”在华池悦乐上堡子的粮仓，开仓三日，给贫苦农民分配粮食2000余石。在此基础上，习仲勋挨家挨户地做宣传发动群众工作，先后深入到二将川、南梁堡、豹子川、白马庙川、玉皇庙川、荔园堡川、小河沟、平定川、义正川、吴堡川等地的贫苦农民中，扎根串联，访贫问苦，热情向农民宣传革命道理，发动群众，配合游击队分粮食、分牛羊、分财产，逐步提高了群众的觉悟。开始，南梁贫苦农民也并不完全了解红军和共产党的政策，经过教育发动，才逐步觉悟起来。家住林镇的王殿斌回忆说：“红军到后，群众都吓跑了，为了以实际行动影响教育群众，红军吃群众的饭后，要折算成钱，作价付给群众，并给群众留下纸条子，上面写着‘我们是穷人的军队，是要打土豪、分田地，解放你们，你们不要怕’等等，走时对住的地方打扫得干干净净。这样群众慢慢就不怕红军了。他们对红军的印象很好。”① 在群众觉悟水平提高后，习仲勋再去逐步地组织群众，武装群众，建立雇农工会、贫农团和农民联合会等群众组织和游击队、赤卫军等武装组织。

通过艰苦细致的群众工作，南梁地区的广大贫苦农民认清了封建剥削和国民党反动统治的本质，认清了只有拿起枪杆子才有出路，表示要为改变受压迫受剥削的命运而斗争。习仲勋、张策等又领导广大贫苦农民组建农民联合会。经过习仲勋的认真筹备，第一个农民联合会首先在金岔沟成立，白阳珍任主任，贺二任副主任。此后，习仲勋等在白马庙、玉皇庙一带相继建立了农民联合会，又在南梁、小河沟村、荔园堡、豹子川、东华池等地建立五个赤卫大队，达1000余人，用梭镖、大刀、猎枪和少量步枪武装自己，站岗、放哨、送信、监视土豪恶霸、转移伤病员、保护群众，积极配合红军和地方游击队作战，巩固保卫南梁根据地。同时还成立了贫农团、雇农工会。仅华池一地就成立了12个雇农工会，每个工会选举了一名主席。1933年11月25日，在小河沟的四合台，建立了南梁地

① 《王殿斌关于南梁根据地情况的谈话》，中共庆阳地委党史资料征集办公室编：《中国共产党领导的陕甘边区（陇东部分）》，第210页。

区的第一个乡级苏维埃政权。[1]就这样，经过几个月的艰苦工作，在南梁的荔园堡和周围的几道沟川，广大贫苦农民都被组织起来了。

在当时，雇农工会和贫农团这样的群众组织只吸收雇农（长工、无地的农民）、贫农参加。农民联合会这种组织由贫农和中农参加，雇农也可以参加。农民联合会是贫苦农民自己的革命组织，在当时，实际上是临时基层红色政权性质的组织。农民联合会通过选举产生主要负责人。它的任务是组织农民，发动群众，宣传革命道理，领导农民群众进行土地革命斗争，维护社会治安，配合红军和游击队作战，打土豪，分财产等。赤卫军主要由贫苦的青年农民组成，它的主要任务是，搞好递步哨，每个村都设哨口，白天一人，夜间两人，负责值勤；传递消息，一发现敌情立即向乡主席和红军报告，当地绝大多数人都不识字，送的信大都是用纸折叠的一个角，在上面插上一根鸡毛，表示情况紧急，这些信传递很快，一村转一村都按时送到了政府和红军手中；清查外人，对进入本地区的陌生人立即报告给乡政府进行审查；打土豪，在苏维埃政府的组织下，赤卫军打击土豪劣绅，没收财产和田地分配给贫苦农民；赤卫军还同地主武装进行战斗，保卫农民的胜利果实和根据地的安全。

陕甘边革命根据地的群众组织和群众武装广泛建立起来后，地方游击队得到了迅速发展，第二路和第三路游击区各地游击队纷纷建立。

第二路游击区的地方武装力量主要包括：

庆阳游击队，杨培盛任队长，习仲勋任政委。这支队伍于1933年11月下旬在南梁小河沟成立，活动于华池县二将川、柔远川一带。据马仰西回忆："杨培盛的抗日义勇军，是庆阳游击队的前身。这个游击队经过习仲勋同志的改造，正式成了庆阳的工农游击队，人数二三十名，习仲勋同志任政委。"[2]为了搞到武器，庆阳游击队闯入二将川刘坪堡敌据点，收缴民团枪支30多支，手榴弹70余枚，接着又将作恶多端的二将川民

① 王世泰:《回忆红二十六军四十二师》,《甘肃党史资料通讯》总第51期。

② 马仰西:《庆北苏区的创建与路线的执行》，刘凤阁、任愚公主编:《红二十六军与陕甘边苏区》，兰州大学出版社1995年版，第945页。

团团总赵富奎的眷属10余人抓获，迫使赵富奎交出65支枪。部队很快发展到100多人枪。到1934年夏，庆阳游击队发展到200多人，扩编为两个支队和一个骑兵队。一支队长张志孝，二支队长邵怀德，骑兵队长马福吉。

合水游击队，张振东任队长，孙铭章任政委①。这支队伍于1933年11月下旬在南梁豹子川王街成立，活动于东华池、太白一带，张振东利用他曾与东华池民团团总张怀治“换帖”的关系，将游击队埋伏在堡子外，自己进入敌巢，与张怀治叙“兄弟情谊”，乘张怀治不备，下了他的枪，并迫使他下令全团缴枪，共缴获步枪25支，摧毁了这个反动据点。接着，游击队吸收了20多名贫苦农民参加，然后向合水方向开展游击活动。几个月内，部队扩大到100余人。到1934年夏，合水游击队发展到180余人，下辖三个中队，一中队队长朱虎虎、二中队队长赵生、三中队队长夏松柏。

保安游击队，刘约三任队长，王英任政委。这支队伍于1933年11月下旬在南梁成立。初建时只有10余人，不久，在豹子川吸收了10余名新战士，队伍扩大到30人。他们抓紧修理主力红军部队留下的破旧枪支，很快武装起来。这时，保安一带的贫苦农民30余人前来参加游击队，使保安游击队扩大到了60余人。随后部队向洛河川一带出击，在金鼎山歼灭敌张廷芝部一个排，缴枪30余支。在游击活动中，保安游击队很快发展成一支100余人的地方红军武装。

安塞游击队，曹满栋任队长，王士贵任政委。这支队伍于1933年12月在南梁成立，安塞游击队刚组建时仅有七八人，为缴获敌人武器，化装成农民，进入义正川民团盘踞的据点，突然袭击敌人，缴获步枪15支。此后，安塞游击队进入安塞境内活动，不久发展到50多人。

随着游击战争的广泛开展，继庆阳、合水、保安、安塞游击队之后，南梁地区还陆续成立了庆北游击队、定边游击队、华池游击队、环县游击

① 据刘约三《革命战争年代的回忆》和王世泰《回忆红二十六军四十二师》记载，合水游击队政委为孙帝国。此处依据《中国共产党甘肃省庆阳地区组织史资料》。

队、庆华游击队、柔远游击队等。这些游击队同主力红军互相响应，互相支援，同时，又为主力红军输送了几百名战士，在创建南梁革命根据地的战斗中立下了不可磨灭的功勋。

1933年12月，红四十二师党委在林锦庙的梁沟门召开会议，讨论了军事斗争的方针和南梁根据地的建设等问题。这次会议决定，成立第二路游击队总指挥部，杨琪任总指挥，高岗任政委，习仲勋任第二路游击队总指挥部党委书记，统一领导庆阳游击队、合水游击队、保安游击队、安塞游击队，发展壮大革命武装力量。

1934年1月上旬，为了促进正宁、宁县、淳化、耀县、栒邑等地的游击活动，红四十二师挥师南下，沿途取得了歼敌合水固城民团，正宁王郎坡民团、南邑堡民团等战斗的胜利。这时，王泰吉请求去豫陕边开展兵运工作，师党委经过慎重研究，考虑到他的安全问题，劝阻他不要去。但王泰吉认为他有许多老同事、老部下，搞兵运工作比较有把握，坚持要去，师党委最终同意了他的要求，并决定刘志丹接任红四十二师师长，杨森任政委。王泰吉离开部队后东行，途经淳化县通润镇时，被一个旧相识、时任淳化县第四区民团团总的马云从出卖，遭敌逮捕，惨遭酷刑折磨，但威武不屈，后被押往西安，2月12日被敌杀害。王泰吉的英勇就义，使陕甘边党的红军失去了一位优秀的红军干部，给陕甘边的武装斗争造成了不可弥补的损失。

其间，红四十二师南下第三路游击区，在正宁、栒邑、淳化一带活动，发动群众，扩大游击区，帮助地方党组织建立和整编游击队，扩大地方红军武装，使第三路游击区的革命形势又高涨起来。1934年2月，在红二十六军四十二师的帮助下，第三路游击队总指挥部正式成立，第一任总指挥张以吾，上任不久，被叛徒杀害，由王安民担任第二任总指挥，后在老爷岭战斗中，王安民英勇牺牲，总指挥由陈国栋接任，政委张仲良。

第三路游击区的地方武装力量主要包括：

宁县一支队，杨德民任队长，乔占才任政委。这支队伍于1934年冬组建，是一支战斗力强、影响较大的地方武装。当时，庙湾夏玉山民团的杨德民率七八人起义后在长武一带活动，党组织派罗金财等人去该部进行教育和争取工作。杨德民接受教育，表示愿意加入游击队，后又收编了潘老幺的农民武装。第三路游击队总指挥部即以此为基础组建了宁县一支队，由杨德民任队长。不久宁县一支队与宁县二支队合编，仍称宁县一支队，后来杨德民患病离队，队长先后由张占荣[①]、樊登甲、王得胜、崔瑞山担任，乔占才任政委。这四任队长在战斗中先后英勇牺牲。在宁县一支队处境十分困难之时，党组织派王秉祥到宁县一支队任队长，他与乔占才一起，打开了局面，领导宁县一支队由失败转向胜利，队伍发展到200余人，曾在盘克塬的南仓、金村的木瓜塬、九岘的柴桥子、合水的吕家堡等地多次打击消灭敌人，声威大震。宁县一支队后来扩编为新宁独立营。

宁县三支队，王德宽任队长，李士新任政委。这支队伍于1934年秋季成立。当时，因受革命思想影响，宁县平子半坡村民刘永培、杨兴才、王占义等，联合正宁县永正乡西堡柱村农民王清殿等人，仿效平子游击队的方法，组织了40余名农民武装，在1934年10月发动“半坡暴动”，杀死豪绅地主赵新玉、赵老五等人，后在平子游击队的帮助下，到正宁湫头塬一带寻找红军，受到第三路游击队政委张仲良的欢迎。第三路游击队总指挥部将这支暴动队伍编为宁县第三支队，补充了一些枪支弹药，指示其回平子一带开展游击活动。随后，宁县三支队在北柴桥的南沟，中部县的上畛子、鸭子梁等地多次消灭土匪民团，袭击宁县平子镇敌据点，处决劣绅魏奎元，两次攻克梁掌堡、麻子掌的反动据点，处决民团头子庞老五、梁廷珍、汪兆明等。后来王德宽叛变，卜富民、杨兴才先后继任队长，刘永培、刘玉才先后任政委。

正宁四支队（又称平子游击队），何秉正任队长，殷云山任政委。这支地方武装于1933年11月成立。1933年9月下旬，国民党正宁县的5名催款人员在榆林子一带勒索钱财，侮辱妇女，为非作歹，激起了群众的强烈反抗。贫苦青年农民何秉正带领十几名贫苦农民杀了这些国民党贪官

① 一说樊登奎。此处依据《中国共产党甘肃省庆阳地区组织史资料》。

污吏，夺取了五支枪，在榆林子与平子交界处组成了一支武装队伍。随后，这支队伍进入合水一带活动，与红军取得联系。1933 年 11 月，平子游击队正式成立，有 50 余人，分为两个分队。从此，这支游击队便由农民武装成为一支党领导下的革命武装。1934 年 2 月，三路游击队总指挥部成立后，平子游击队发展到 100 余人，被改编为三路游击区第四支队，通常称为正宁四支队。不久，何秉正、殷云山调离，刘玉才继任队长，郭秉坤任政委。

回民支队（又称回民游击队），王世平（回族）任队长，王世英（回族）任政委。这支队伍于 1933 年秋季成立。当时，在正宁县的龙嘴子、西渠两个地方聚居着 300 多户，2000 余名回族群众，他们多是不堪剥削压迫，从陕西商洛和甘肃平凉一带逃荒来到这里的。在红军的革命影响下，1933 年秋，由王世平、马彦林等 19 名回族青年组成了一支武装队伍，取名为“回民支队”。三路游击队总指挥部成立后，被编为三路游击区第十六支队，又称“正宁十六支队”，回民游击队共有 20 余人枪，经常与其他游击队协同作战，是一支英勇善战的队伍。这支队伍后来虽几经改编，群众却一直亲切地称呼为“回民支队”。回民支队以后在抗日战争、解放战争中为保卫陕甘宁边区屡建战功。

后来，第三路游击队总指挥部又相继组建了正宁二支队、正宁三支队、正宁五支队（队长张占英）、正宁八支队（队长刘富奎，政委赵德荣[①]）、正宁十七支队、特务队、底庙游击队、耀县游击队、赤水游击队、鄜甘游击队、中宜游击队等地方武装，共计 500 余人。这些游击队在第三路游击队总指挥部的领导下，时而集中作战，时而分散活动，经历了多次艰苦的战斗，锻炼了部队，打击了敌人，巩固和发展了根据地，为革命作出了卓越的贡献。

这一时期，第一路游击区遭受了挫折。1933 年 11 月 15 日，陕北一支队由陇东到达安定县境内。由于陕北一支队指战员求战心切，对敌情估

① 即赵铁娃。

计不足，11 月 20 日，仓促向驻守枣树坪的井岳秀部一个连发动攻击，经过激烈战斗，未能攻克据点，部队伤亡很大。惠泽仁等牺牲，总指挥强世卿身负重伤，离队养伤，后被叛徒出卖，惨遭敌人杀害。陕北一支队由政委魏武率领向北转移，途中遭敌袭击，魏武不幸牺牲。为了摆脱困境，陕北一支队分两路继续北上至安定北部地区开展游击活动，但因损失过大，得不到补充，被迫分散活动。陕北一支队虽然未能实现预定的任务，但在群众中留下了深刻的影响，其中有不少革命骨干坚持战斗，为后来恢复陕北一支队，扩大陕北红军部队作出了重要贡献。

由此，在南梁革命根据地中，革命群众组织和乡村红色政权普遍建立，主力红军、地方游击队、赤卫军三位一体的武装力量体系正式形成。到 1934 年 2 月，以南梁为中心的陕甘边红色区域经过短短四个月的发展，已经扩大到包括保安、安塞、甘泉、鄜县、庆阳、合水、宁县、正宁、栒邑、淳化、耀县、宜君和中部等十几个县的部分地区。

在这样的形势下，为了统一领导根据地政权建设工作，党又将领导整个陕甘边南梁革命根据地红色政权的任务交给了习仲勋。这时，习仲勋只有 20 岁。

1934 年 2 月 25 日，中共红四十二师党委在南梁小河沟四合台村召开群众大会，再次选举成立了新的边区临时政权组织——陕甘边区革命委员会。习仲勋当选为陕甘边区革命委员会主席，白天章、贾生秀为副主席。革命委员会下设土地、劳动、财政、粮食、肃反、军事、文化等委员会。张步清任土地委员长，张钦贤[①]任劳动委员长，杨玉亭[②]任财政委员长，呼志录任粮食委员长，贾生秀任肃反委员长，边金山任军事委员长。同时还成立了保卫队，郭锡山任队长，直属革命委员会领导，负责革命委员会的安全保卫工作。

---

① 据刘力贞、张光编著:《人民英雄刘志丹》记载，劳动委员朱永清，三秦出版社 1998 年版。此处依据《中国共产党领导的陕甘边区（陇东部分）》第 43 页。

② 据刘力贞、张光编著:《人民英雄刘志丹》记载，财政委员武生秀，三秦出版社 1998 年版。此处依据《中国共产党领导的陕甘边区（陇东部分）》第 43 页。

在此期间，由于中共陕甘边区特委书记秦武山赴西安寻找陕西省委恢复关系未果，其他委员分散活动，中共陕甘边区特委解体，红四十二师党委代行陕甘边区特委职权，统一领导陕甘边红军和地方党的工作。随着苏区日益发展和壮大，为了加强和改善党对苏区工作的领导，确保四十二师党委集中精力加强军队的组织建设和思想建设，5月28日，红四十二师党委在南梁寨子湾召开会议，决定恢复中共陕甘边区特委，张秀山任书记，刘志丹、习仲勋等任委员，下设组织部、宣传部等工作机构，同时成立陕甘边区革命军事委员会，统一指挥陕甘边苏区的革命武装力量，刘志丹任主席。红四十二师师长由杨森接任，高岗任政委，刘志丹兼任参谋长。

以习仲勋为主席的陕甘边区革命委员会成立后，立即在吴堡川、脚扎川、白豹川、柔远川开展土地革命，打土豪、分牛羊、分粮食，成立农民联合会、赤卫军大队，使南梁革命根据地不断得到巩固，成为陕甘边革命斗争的坚固堡垒。

随着陕甘边南梁中心苏区的开辟，陕甘边南区的革命根据地得到恢复和发展。第三路游击队指挥部在红军四十二师主力的配合下，首先恢复了正宁县寺村塬一带的根据地，接着照金苏区也逐步恢复。5月，为了加强陕甘边南区的政权建设，习仲勋领导陕甘边革命委员会在陕甘边南区成立了第三路游击区办事处，代行政府职能，任命黄子文为主任。在发展武装斗争的同时，着手进行政权建设，率领各地的游击队不断袭击敌军，拔掉了正宁南邑、鄜县直罗镇、宁县麻子掌和中部小石崖等敌据点，整顿被敌人破坏的革命组织，清除奸细，打击反动分子，救济贫民，为建立陕甘边南区根据地进行不懈的努力。

至此，经过刘志丹、习仲勋等的不懈努力，陕甘边区党和红色政权在陕甘边交界地区建立了一块以南梁为中心，东西约200公里，南北约150公里的革命根据地，星星之火，开始呈现燎原之势。

四、参与领导第一次反“围剿”斗争

陕甘边红二十六军的不断发展，第二路、第三路游击区的开辟，陕甘边南梁根据地的巩固和扩展，直接威胁着国民党反动派在陕甘地区的反动统治。从 1934 年 2 月开始，国民党陕甘军阀对南梁革命根据地发动了第一次反革命“围剿”。敌军采取分片负责的划区“驻剿”和竭泽而渔的“进剿”“堵剿”手段，对陕甘边红军实施反复“清剿”。这次“围剿”中，敌使用部队有八个团正规军及各地方民团，总兵力达一万余人，分八路向南梁革命根据地中心区逐次推进，以达到逐渐缩小红军主力的活动区域，限制红军的机动作战能力，压迫红军主力于南梁地区，迫使红军在狭小区域与其作战，进而达到全歼陕甘边红军，摧毁南梁革命根据地的罪恶企图。

其具体“围剿”部署是，以驻守庆阳、合水一线的甘肃警备第二旅两个团配以陇东民团军谭世麟部向陕甘边革命根据地分兵“进剿”；以驻守耀县、栒邑、洛川、正宁、保安等地的六个团陈兵堵截。敌人的用心十分险恶，妄图实现其在中宜一带截击红军不能东进，封锁洛河一带阻止红军不能北退，南面大军压境使红军不能交锋，西部重兵扼守使红军不能突围，最后逼迫红军与其在南梁地区决战，达到聚而歼之的目的。

刘志丹、习仲勋等陕甘边区党政军负责干部紧急召开会议，制定和研究反“围剿”的方针和军事计划。大家认为，敌军虽然人多势众，但也存在着不少弱点和困难：一是战线过长，无法集中兵力作战，只能分片分段地“剿防”和“追剿”，无法立刻形成与红军主力决战的条件。二是参加“围剿”的国民党部队都是杂牌军，有的还遭受过红军的沉重打击，心存疑虑，各军阀之间都想扩大地盘，保存实力，因而各自为战，不执行统一的指挥，因此各部之间很难协同作战。据此，刘志丹、习仲勋等制定了打破敌军大规模“围剿”的方针：充分发挥游击战争的优势和特点，集中主力红军，跳出外线，诱惑敌人，寻找战机，歼灭弱敌，达到彻底粉碎敌军

"围剿"的目的。在军事部署上，以习仲勋、杨琪等率领第二路游击队一部坚持在南梁中心区内线，防御打击"进剿"之敌；以第三路游击队各部牵制和袭击南线敌军，使其不能分兵冒进；以红四十二师主力红三团、骑兵团和第二路游击队的一部跳出外线打击和消灭敌军。在作战的策略上采用机动灵活，声东击西，避敌主力，击其虚弱，各个击破的战术，积小胜为大胜，最后彻底粉碎敌军的"围剿"。

2月上旬，红四十二师主力红三团、骑兵团500余人由南梁出师作战，习仲勋带领根据地干部群众热烈欢送出征的红军将士。据当时在刘志丹身边工作的张明科回忆："1934年2月5日，红二十六军主力在南梁堡西边的荔园堡召开大会，宣布部队北上安定，和谢子长的部队会合。陕甘边革命委员会主席习仲勋同志，还带领群众敲锣打鼓给我们送行。当时我们还不知道军队行动的真正意图，仅从这盛大的场面和隆重的送行感到这次行动意义的重大，战士们个个情绪高涨，摩拳擦掌，准备迎接新的战斗。"① 此后，红军东出宜君，北上保安，西进庆阳，迂回外线，转战千里，歼灭敌陕军第四十二师、陕西警备骑兵旅、甘肃警备二旅及民团各一部，达到了调动敌人，迷惑敌人的目的，为红军以后作战创造了良好的战机。

4月2日，红军抓住战机，以少胜多，在西华池歼灭国民党军甘肃警备二旅的王子义团两个营和一个机炮连，毙伤敌军近百名，俘敌500余人，缴枪600余支，迫击炮两门，重机枪两挺，炮弹数十枚，骡马50余匹。西华池大捷后，刘志丹率领红军主力回到南梁革命根据地，将部队驻扎在东华池一带进行休整补充。

经过短暂的休整，红军主力部队再次南下关中，支援第三路游击区的游击活动。5月初，在淳化县三里原，杨森率红四十二师骑兵团，将敌陕西保安团两个连紧紧包围。敌据守村落负隅顽抗，红军经过激烈拼杀，全歼敌军180余人，取得了三里原战斗的胜利。

从三里原战斗中缴获的敌军机密文件中，红军得到了敌人重要的情

① 张明科：《保卫南梁》，刘凤阁、任愚公主编：《红二十六军与陕甘边苏区》，兰州大学出版社1995年版，第886页。

报：因西华池大捷震动陕甘，国民党反动派调整了“围剿”部署，以甘肃警备第二旅的一个团仇良民部和陇东民团军谭世麟部为主攻部队，由庆阳、合水一带向南梁根据地中心区域长驱直入；冯钦哉部一个营配以几百名地方民团武装由鄜县黑水寺一带向太白堵击；敌井岳秀部驻延安、保安的一个团从东、北两线作战略配合，进击南梁，妄图一举将南梁中心区的红色政权摧毁。与此同时，为对付活动在第三路游击区的红军主力，增调马弘章骑兵团由南向北“追剿”红军，晁团在正宁山河一线负责堵击，何高侯部一个营和几百名地方民团武装在淳化、土桥一线负责堵击，邢团在马栏镇、转角镇一线进击，冯钦哉部的两个营在杨家店、转角镇一线拦截，敌人企图切断第三路游击区与南梁中心区的联系，堵死红军回师通道，将红军主力合围歼灭于照金地区。

敌情严重，形势紧急。三里原战斗后，红四十二师党委在照金召开会议，研究反“围剿”部署。鉴于红军主力在第三路游击区处境险恶，师党委决定：红军主力迅速北上，跳出合击圈，回师南梁根据地，争取战场主动权。会后，立即进行了紧张的动员和部署。

5月中旬，红四十二师主力离开第三路游击区北返南梁。红军由耀县照金一带出发，经香山河、油房沟、黑牛撅，准备从马栏一带跳出敌人的合围圈。但部队在行军途中，经侦察得知沿马栏至刘家店一线都有敌重兵严密封锁。刘志丹当即召开干部会议，重新研究行军路线，决定部队稍事休息、吃饭，转兵西北，连夜急行军，天亮前赶到正宁五顷塬，绕道跳出敌军的包围圈。

红军主力随即以红三团为前卫，骑兵团为后卫，经一昼夜急行军，次日早晨到达五顷塬下面的岘子。由于人马极度疲劳，部队准备休息。不料，敌马弘章的骑兵团突然尾追而至，同红军后卫部队骑兵团展开混战。前卫部队红三团团长王世泰带一个连在五顷塬西侧山峁通道上阻击，其余部队继续突围。由于敌我骑兵混战一团，红三团阻击部队火力无法展开，敌骑兵部队攻势猛烈，红三团阻击部队抵挡不住，向沟底森林撤退，敌人继续追击。红三团先锋连在五顷塬西侧高凤坡阻击敌军，掩护主力突围。

先锋连在众寡悬殊的形势下，打得十分英勇顽强，终于阻止了敌军的攻势，保证了主力部队的安全转移。红军主力转移至雕翎关时，又遇敌冯钦哉部一个营及200余民团的堵截，部队奋勇冲杀，跳出了敌人的合击圈。

由于在高凤坡战斗中，红军损失严重，刘志丹立即改变了回师南梁的计划，决定红三团、骑兵团兵分两路转移外线作战。在这种形势下，坚持内线斗争的习仲勋身上的担子就更重了，他立即领导南梁根据地的游击队、赤卫军动员群众坚壁清野，进山隐蔽，相机袭扰敌人。

因主力红军在外线作战，南梁根据地内部仅留下少数游击队员和习仲勋等地方干部坚持战斗，无力抗击敌人重兵进攻，敌甘肃警备第二旅仇良民部和谭世麟的陇东民团军1000余人，于5月9日窜入南梁中心区。仇良民和谭世麟匪军所到之处，烧房屋，毁窑洞，砸碎锅碗、水缸，赶走群众的牛羊，放火烧粮，掠夺财物，无恶不作。共计烧毁房屋40余间，毁坏窑洞数百孔，仅在小河沟、老庄河就烧毁群众藏粮10余石。国民党反动军队还在马背上驮着铡刀，到处搜捕和杀害南梁根据地的党政军干部及革命群众，白色恐怖笼罩着整个南梁大地。

在国民党匪军的烧杀抢掠面前，受到刘志丹、习仲勋革命思想哺育的南梁人民为保卫党的干部和红军的物资，英勇无畏地同敌人展开了悲壮的斗争，表现出可歌可泣的英雄气概。阎家洼子群众的护枪斗争，就是其中一例。

阎家洼子，位于白马庙川、玉皇庙川、荔园堡川的三岔路口上，是南梁根据地的中心区域。红军在转入外线作战时，曾将各种枪支60支，子弹两口袋（五六千发），马鞍、马镫40套，以及当地群众给部队捐献的几千个鸡蛋、数千枚铜元，10余石粮食，留存在这里。当接到习仲勋和革命委员会发出的敌人要对南梁根据地进行“围剿”的通知后，全村的父老乡亲在干部武生荣的带领下，迅速进行坚壁清野。他们在本村的一个大场边上，挖了一个长坑，将红军留存下来的东西全部埋藏起来。乡苏维埃主席武海潮，又将红军打土豪得来的30头牛赶进深山密林中隐藏起来。全村的乡亲们只有一个心愿：红军留下来的东西，决不能让敌人抢去。

5月10日中午时分，国民党匪军窜至阎家洼子搜查。在埋藏军用物资的大场上，发现了翻起的新土，引起敌军的怀疑。一个敌营长立即指挥十几名士兵动手挖了起来。听到这个消息，全村人都顾不得敌兵在家里乱搜乱抢，纷纷向大场赶去。

这时，埋藏在上层的几口袋粮食已被挖了出来，继而装在一口大铁锅里的2000颗鸡蛋也被刨了出来。但敌人还在继续挖，眼看一场大祸就要来临！

在这紧急关头，老雇农武万有挺身而出，大吼一声："不能挖老百姓的东西！"在武万有的带动下，乡亲们一齐围上去斥责敌人，并坐在土坑上面，任凭敌人拳打脚踢，枪把捣，鞭子抽，死活不肯离开这个地方。这样，闹腾得敌人实在没有办法再挖下去，只得抓住带头"闹事"的武万有，离开了大场。

红军的军用物资被保护住了，而武万有却遭到敌人毒刑拷打，折磨得昏死过去，然后抛到荒郊野外。乡亲们发现后才抬回家，但留下了终生残疾。

在此同时，敌人分兵"清剿"南梁根据地的其他村庄，进行骇人听闻的洗劫和烧杀。

九眼泉村的李青山，人称"李炮匠"，是红军修械所的工人。一天，他在自家院畔上望见转咀子川台上过来几名搜查的骑兵，误以为是红军回来了，高兴地跑出院子前去接应。当他走近时，发现这几个骑兵衣冠不整、面带凶相，才知道不是红军，转身就走。敌兵喊了声："站住！"随即向他猛扑过来，把他围在中间搜身。李青山与红军联络的信条被搜了出来，敌兵立即把李青山五花大绑，拉到了南梁的阎家洼子。

谭世麟匪军为了从李青山口中掏出红军的机密和坚壁起来的物资、枪械、弹药，对李青山采用了压杠子、灌辣椒水、用烧红的烙铁烙等酷刑，李青山被敌人折磨得几次昏死过去，但他宁死不屈，一字不吐！

恼羞成怒的谭世麟匪军，从李青山口中得不到任何情况，便大发淫威。13日晚，敌人将李青山、张侯福、曹思聪等26名红军游击队员、苏维埃政府干部和革命群众五花大绑拉到阎家洼子台地里，那里早已挖好了埋人坑。敌人在深坑前再次逼讯，并把他们一个个推下去。英雄的革命烈士们在惨遭活埋前与万恶的敌人进行了最后的搏斗。他们被敌人用铁锨砍下土坑，又爬上来，再砍下去，再爬上来，双手被捆绑着，就用牙咬，用脚踢，用头撞敌人。李青山被敌人推下土坑后，敌人还向他盘问红军的枪炮在哪里，他仍骂不绝口连续几次扑上去和敌人拼搏。这时，一个军官模样的家伙发出了一声冷笑："这是一个地地道道的红军，留着他再用刑！"

敌人为了能从李青山口中最后得到情报，又把他拉回来，软硬兼施，又折腾了半个晚上，结果还是一无所获。面对这个钢铁汉子，谭世麟匪军也无可奈何，于次日凌晨把李青山杀害在阎家洼子半坡上。李青山牺牲时年仅 34 岁，他用自己宝贵的生命为代价，保住了红军游击队的秘密，保住了主力红军坚壁物资枪械弹药，展现了一个无产阶级革命战士英勇不屈的情操。如今，他的英名镌刻在高耸入云的南梁革命烈士纪念碑上。

在此前后，穷凶极恶的仇良民、谭世麟匪军，还用铡刀将共产党员、南梁地区第一个农民联合会——金岔沟农民联合会主席白阳珍等六名乡村干部杀害。

"人生自古谁无死，留取丹心照汗青。"南梁优秀儿女和人民英雄爱戴刘志丹、习仲勋，心向红军和红色政权，他们用自己的生命保住了红军的军需物资，保护人民群众免遭毒手，为革命立下了不朽的功绩。

在南梁人民的英雄气节面前，仇良民、谭世麟匪军一筹莫展，只得于 5 月 14 日狼狈地退出阎家洼子，窜进刘志丹的故乡——保安县楼子沟，把复仇凶焰集中在刘志丹的家属身上。幸得乡亲们报信，刘志丹的家属提前逃出。谭世麟未抓到刘志丹的家属，竟将他的一位同族弟弟和妹夫拉去杀害，还烧毁了他家的房屋，抢劫毁坏了所有东西，并以自古罕见的卑劣手段，掘开了刘志丹家的祖坟，焚骨扬灰，犯下了千古唾骂的罪行。

习仲勋得知消息，派人将躲进深山老林里的刘志丹的家人接到南梁。刘志丹是一位感情丰富的血性男儿，他对自己的父母、亲人怀着深沉的爱，但为了革命，他早把身家性命置之度外，竟顾不上看亲人一眼。习仲勋还以为他和父亲赌气，就开玩笑地劝慰说：“刘老先生现在变成赤贫了。再说还有刘嫂和孩子，你还是去看看他们吧！”刘志丹说：“军务实在太忙了，待有空时一定去。”后来，刘志丹见到亲人，得悉抄家掘坟的事后，他强压悲愤，对亲人们说：我们要革命，就难免受迫害，株连家庭亲属，虽然痛苦，也在意料之中。

在这期间，转移至外线的两路红军主力部队，采取灵活机动的战术，纵横驰骋，连战告捷。

红三团在从正宁五顷塬向合水太白镇转移途中，于合水县和尚塬与敌冯钦哉部骑兵团一个营和鄜县地方民团200余人激战终日，将敌击溃。然后，红三团神速北上转战洛河川。在保安县马子川，刘志丹、王世泰经过慎重研究部署，给来袭之敌井岳秀部的精锐部队高玉亭营和金鼎山民团700余人以沉重的打击。当时，刘志丹带领的红三团只有三个连200余人，而高玉亭营则是井岳秀的精锐部队，加上民团兵力达700余人，战斗一开始，高玉亭就命其“敢死队”抢占制高点，企图切断红军的后路。红军则先发制人，抢先一步占领山头，夺取了制高点，连续五次击退敌军的集团冲锋，然后二连和先锋连在团长王世泰的率领下，以机枪为掩护，喊杀声震天动地，向敌人发起冲锋，红军以英勇顽强的作风，一鼓作气冲下山去，将“敢死队”歼灭大半，其余敌人望风披靡，退回保安。此战，红军歼敌400余人，缴获大批枪支弹药。

接着，红三团挥师南下，挺进大风川，连夜与甘肃警备第二旅窜犯南梁根据地的一个营展开白刃搏斗，歼敌大半，残敌大败而逃。

此时，红军骑兵团在中部县小石崖休整后，配合第三路游击队各部东出咸（阳）榆（林）大道，截获敌军汽车一辆，缴获大批军用物资。此后，骑兵团又转战延长、临镇一带，在交道塬取得歼敌一个连的胜利。

在主力红军的支援下，习仲勋等带领各路地方红军游击队也主动出击，接连获得重大胜利。庆阳游击队袭入保安柳村洼，直捣张廷芝匪军的后方，夺取了大批财物和20余匹骡马，震惊了敌人。保安游击队连续袭击吴起镇、宋家砭、金鼎山、王家桥等敌军据点，重创和消灭大批敌人。

合水游击队继两次袭入合水县城之后，又在宁县盘克塬、合水固城川连续伏击敌军骑兵，重创敌军，歼敌 100 余人，缴获枪支 70 余支，战马 40 余匹。

至此，陕甘边红军和游击队、赤卫队经过大小 30 多次战斗，共歼敌 3000 余人，胜利地粉碎了敌人的第一次军事“围剿”。在中心区域，以南梁为中心，东起蔡家沟，西至五蛟堡，南到固城川，北抵吴起镇，方圆 200 多平方公里内的敌据点都先后被拔除，陕甘边革命根据地已发展到包括淳化、耀县、中部、宜君、栒邑、正宁、宁县、合水、庆阳、保安、安塞、靖边、鄜县、甘泉等 18 个县的部分地区，面积达 2.3 万平方公里的广大地区。

1934 年 5 月下旬，红军主力部队满载着第一次反“围剿”的辉煌战果，凯旋回到南梁根据地。

粉碎敌人的第一次大规模“围剿”后，陕甘边革命根据地得到迅猛的发展。陕、甘、宁三省军阀对此极为恐惧和仇视，于是又调兵遣将，于 1934 年 10 月中旬，对南梁根据地发动了所谓的“六路进攻”。第一路是陕西警备骑兵旅第二团张廷芝部，经吴起、金佛坪沿河西岸直至保安金汤镇、芦方坪一带向根据地进攻；第二路是陕西警备骑兵旅第三团张廷祥部 200 余人，由铁角城的头道川、二道川、三道川一带向根据地进攻；第三路是陕西警备骑兵旅第三团另一部，经宁塞川五城镇到金鼎山一带，向洛河两岸推进；第四路是敌八十六师井岳秀部五一二团二营高玉亭部和旦八寨民团，向麻地台川、义正川一带进攻；第五路是敌八十六师二五八旅一部向下寺湾、丈八寺、黑水寺一带进攻；第六路是陇东警备第二旅第六团和甘肃骑兵旅向庆阳、合水一带的革命根据地进攻。敌“六路进攻”的特点是，分路向根据地的边沿蚕食，逐渐向中心区域推进。

面对陕甘宁三省军阀所谓的“六路进攻”，刘志丹、习仲勋决定：留少数地方红军游击队配合赤卫军与敌周旋，主力红军猛烈向敌后大胆穿插迂回，消灭其一路，破坏敌人联合“进剿”的计划。在敌人的六路兵马中，陕西警备骑兵旅第二团张廷芝部可以说是红军的老冤家。从南梁游击队到陕甘红军游击队，直至红二十六军，红军不知和这股敌军打了多少次仗。但因该敌在惯匪张廷芝的多年苦心经营下，马匹肥壮，武器精良，其匪兵又多是凶悍亡命之徒，战斗力较强，故而红军一直未能将其全歼。南梁根据地创建以来，这股匪军经常对我边沿地区袭扰，闹得鸡犬不宁，人心惶惶，对发动群众影响尤为严重。在这次“六路进攻”中，该敌也想乘机捞点稻草，占点便宜，竟然窜进南梁根据地吴堡川一带，烧杀抢掠，为非作歹。为了消除南梁根据地和红军的心头大患，刘志丹、习仲勋决心给张廷芝部以致命性打击。10 月 30 日，按照预定的作战方案，保安游击队前往吴堡川诱敌追击，骑兵团则选择有利地形中途设伏。在保安游击队的引诱下，骄傲的张廷芝果然上了钩，他率领匪徒向保安游击队紧紧追击而来，钻进了红军骑兵团的伏击圈。霎时，枪声骤起，杀声动地，骑兵团跃马挥刀，迅猛冲杀，将张廷芝匪军打了个措手不及，溃不成军。张廷芝见势不妙，带领匪徒拼命逃窜，骑兵团穷追不舍，一口气追击敌军 60 里，杀得敌军人仰马翻，落荒而逃。这次伏击战，骑兵团砍杀张廷芝部悍匪 70 余人，还缴获了大批枪支弹药和战马，给张廷芝以沉重的打击。张廷芝“偷鸡不成，反倒蚀了把米”，仓皇地逃出了南梁根据地。

此时，红二团出击洛河川，歼灭旦八寨民团 50 余人，击退了高玉亭的进攻。红二团和骑兵团还袭击了楼房坪的张廷芝匪军。红三团挺进头道川，消灭了新寨、白家屯等地的民团。红一团也连续打击了湫头、麻子掌、梁掌堡、直罗镇、王郎坡等反动据点的敌军和民团。由于红军在敌后发动攻击，各路敌军首尾难顾，加之见张廷芝落了个惨败而归的下场，更是不敢贸然进兵。于是，这次所谓“六路进攻”就这样草草收场了。

五、支援陕北游击区的第一次反“围剿”斗争

在陕甘边游击战争的影响和支援下，陕北游击战争逐步开展起来。1933 年 7 月，陕北特委在葭县高祁家坬召开扩大会议，决定开辟安定、绥（德）清（涧）、神（木）府（谷）三个游击区。后陆续创建了陕北第

二、第三支队。

1934 年 1 月，中央驻北方代表派谢子长回到陕北，任驻西北军事特派员，协助陕北特委加强对陕北游击队的领导，恢复了陕北一支队，扩大了二、三支队。2 月 3 日，郭洪涛、李铁轮等领导吴堡县抗日义勇军举行暴动，成立了陕北第四支队，活动于绥（德）米（脂）葭（县）吴（堡）边地区。3 月 18 日，陕北第五支队在绥德成立，活动于绥德东南和吴堡南区。当时，陕北游击战争遍布 11 个县，逐渐形成了安（定）清（涧）、绥米葭吴和神府三个小块游击区。1934 年 5 月，敌八十六师向陕北各游击区发动了第一次“围剿”。敌人以连、排为单位，进入游击区烧杀、抢劫，进行破坏村庄活动。为粉碎敌军的“围剿”，7 月 8 日，陕北红军游击队总指挥部在安定县阳道峁正式成立，谢子长任总指挥，郭洪涛任政委，贺晋年任参谋长。下辖第一、二、三、四、五支队，共 300 余人。7 月 17 日，在谢子长指挥下，陕北红军游击队一、二、五支队攻克安定县城，打开监狱，救出了被捕的党员和群众。这次战斗的胜利，鼓舞了陕北人民的革命斗志，扩大了红军的影响。此后，国民党军八十六师井岳秀部配合地方民团对陕北游击区的“围剿”行动更为猛烈。由于敌我力量众寡悬殊，仅凭陕北红军游击队的力量无法粉碎敌军的进攻。7 月 25 日，谢子长率领陕北红军游击队第一、二、五支队来到南梁，与红四十二师共同协调粉碎敌人“围剿”的行动。

7 月 28 日，陕甘边区特委、红四十二师党委与陕北特委、陕北红军游击队总指挥部在南梁阎家洼子召开联席会议。阎家洼子会议的主要议题是应陕北特委的要求，分析红二十六军北上陕北地区帮助打开陕北游击战争的局势，讨论两个根据地武装力量协调行动的问题。[①] 陕甘边区特委书记张秀山、特委组织部长张邦英、军委主席刘志丹、革命委员会主席习仲勋，第二路游击队总指挥杨琪、政委惠子俊，红四十二师师长杨森、政委高岗及连以上干部与谢子长、郭洪涛、贺晋年及陕北游击队一、二、五队

① 张秀山:《我的八十五年——从西北到东北》，中共党史出版社 2007 年版，第 74 页。

阎家洼子会议旧址

支队干部共 30 余人，出席了会议。

这次会议，先由杨森代表红二十六军党委汇报了红二十六军第四十二师扩大和创建南梁革命根据地的情况。会议对杨森代表陕甘边党和红军所作的关于党政军建设的汇报以及今后发展的路线、方针、政策等建议，表示赞同。

这次会议作出两项决定：派红二十六军主力第三团由谢子长率领去陕北，与陕北游击队配合作战，共同粉碎敌人对陕北第一次“围剿”，并调拨 100 支步枪和数百块银元支援陕北游击战争；撤销高岗的红四十二师政委职务，谢子长接任红四十二师政委。

会议宣读了上海中央局和北方代表给红二十六军的两封指示信。信中对红二十六军的战略转移进行了莫须有的批评，指责红二十六军领导人犯了“右倾机会主义”“逃跑主义”“梢山主义”“枪杆子万能”“浓厚的土匪色彩”的错误。

会议的《政治报告》，从国际讲到国内，从无产阶级发展讲到反对资产阶级的斗争，又讲到中共陕甘边区特委的“右倾机会主义”问题和红二十六军不能正确执行党的正确路线的问题，重复了北方代表指示信中的那“五顶大帽子”。[①]

在无端指责面前，刘志丹、习仲勋、张秀山、杨森等陕甘边党和红军的领导干部以实事求是的态度，严肃认真地总结了陕甘边区的工作，坚持了以南梁为中心逐步扩大根据地的正确方针。

阎家洼子会议通过深入讨论分析陕甘边和陕北的革命斗争形势，第一次使陕甘边根据地与陕北游击区确立了互相配合和协调作战的正确方针。但是，在阎家洼子会议上，对陕甘边区特委和红二十六军的无端指责是错误的。由于刘志丹、习仲勋等共产党人顶着压力，排除了“左”倾错误的干扰，坚持正确路线、方针和政策，保证了陕甘边党和红军及根据地建设的顺利开展。

阎家洼子会议结束后，陕甘边区特委进行了组织上的调整，决定由工人出身的惠子俊担任特委书记，张秀山调到庆阳游击队任政委。

阎家洼子会议上的争论，引起了习仲勋的深思，使他对于“左”倾错误的认识更加清楚。后来在 1942 年中共西北中央局召开的陕甘宁边区高级干部会议上，习仲勋严肃地批评了强加在陕甘边区特委和红二十六军头上的“右倾机会主义”“逃跑主义”“梢山主义”“枪杆子万能”“浓厚的土匪色彩”等五顶大帽子。他引用刘志丹的话说：“有梢山主义也不错呀！没有梢山主义就不行，谁说不能以南梁堡、二将川、豹子川为中心开展新的进攻呢?”他说，“左”倾错误的执行者指责陕甘边区党和红二十六军的领导者刘志丹等都是“右倾机会主义”“逃跑主义”“窜山林主义”“枪杆子主义”。我们大家想想在那个时候，谁不愿在一个大平原上建立一个根据地，省得上坡、下坡。但是国民党不让我们这样干，要存在，只有实行梢山主义。他的风趣的语言感染了与会的每一个人，博得了与会同志一阵笑声。[②]

在阎家洼子会议前后，陕北游击区的形势更为严峻，敌八十六师井岳

---

① 张秀山：《我的八十五年——从西北到东北》，中共党史出版社 2007 年版，第 74 页。

② 《习仲勋传》编委会编：《习仲勋传》（上卷），中央文献出版社 2008 年版，第 329–330 页。

秀部配合民团，已经进入安定、绥清、神府、葭[①]吴四块游击区腹地。在谢子长率一、二、五支队去南梁的情况下，中共陕北特委领导第三支队、第四支队及7月间组建的第七支队积极袭扰敌人，开展异常艰苦的游击战争。8月，刘志丹、习仲勋派出的陕甘边区红二十六军主力红三团和谢子长率领的陕北一、二、五支队从南梁来到安定，参加反“围剿”斗争，扭转了危局。8月17日，红三团和陕北一、二、五支队在安定县金武家塌一带包围了敌军一个连，担任主攻的红三团奋勇冲杀，一举将该敌全歼，缴枪近百支，首战告捷。接着，红三团挥戈东进，于8月25日在清涧张家圪台，又歼敌两个排40多人，并击溃增援之敌一个连。8月26日，红三团在清涧河口镇战斗中，击溃敌军一个连，拔除了这个对根据地威胁很大的据点。不幸的是，在这次战斗中，谢子长身负重伤。河口战斗后，红三团挥师北上，在横山的董家寺击溃敌军一个营。

刘志丹、习仲勋派出红三团到陕北战场后，四战四捷，胜利地粉碎了敌人对陕北游击区的第一次“围剿”，推动了陕北革命根据地建设事业的蓬勃发展。反“围剿”胜利后，红三团掩护谢子长到安定、延川根据地养伤。9月中旬，红三团凯旋而归，回到南梁。

此后，陕北的武装斗争和革命根据地建设新局面被打开，各地的游击队发展到20余支，共1000余人，赤卫军达2000余人。1934年8月28日，中共陕北特委在清涧寺墕里召开会议，决定建立中国工农红军陕北独立师。9月18日，第一支队和第八支队在安塞会合，编为陕北红军独立师第一团，团长贺晋年，政委马佩勋，全团共200余人。由此，陕北的第一支正规红军诞生了。

为了配合和支援陕北红军游击队进行的开辟根据地的斗争，10月初，刘志丹、习仲勋再次派红四十二师第三团转战陕北。10月5日，红三团与陕北九支队一道，在清涧县折家坪全歼敌军一个连。10月10日，红三团与陕北红军独立一团协同作战，击溃敌军驻安定县长蛇湾的一个连，歼

---

① 1964年，因“葭”字生僻，改为佳县，本书仍用葭县。

其大半。接着，红三团与独立一团挺进安定县玉家湾，敌高双城部一个炮兵营闻风而逃，红三团返回南梁根据地。

在刘志丹、习仲勋领导的陕甘边区特委、革命委员会和红二十六军的有力支援下，陕北红军队伍不断壮大。陕北三支队在神木改编为陕北独立师第三团，团长王兆相，政委杨文谟，全团共200余人。接着，陕北二支队在大冯家山改编为陕北独立师第二团，团长郭育仁，政委马万里，全团共300余人。1934年11月中旬，为了加强陕北根据地的军事工作，刘志丹、习仲勋和陕甘边特委派杨琪到陕北苏区，任中国工农红军陕北游击队总指挥部巡视员，协助开展陕北地区的革命武装斗争。经过陕北军民的英勇战斗，逐渐使被敌分割的苏区连成一片。1935年1月25日，在安定县白庙岔召开了陕北苏区第一届工农兵代表大会，选举成立了苏维埃政府，马明方任主席，霍维德、崔田民任副主席。为了适应斗争形势的需要，1935年1月30日，红军陕北独立师在安定县白庙岔，改编为中国工农红军第二十七军第八十四师，杨琪任师长，张达志任政委，朱子修任参谋长，下辖第一、二、三团。

陕甘边红二十六军北上陕北，陕甘边、陕北两块苏区密切配合，协调作战，使国民党反动派陷于被动，处于固守据点的境地。西北人民革命斗争的烈火则在更大的、更广泛的区域内猛烈地燃烧起来。

六、扩大南梁革命根据地

1934年7月下旬，在刘志丹、习仲勋的主持下，陕甘边区特委在南梁的荔园堡召开会议，经过充分讨论，制定并发布了《中共陕甘边区特委关于陕甘边区党的任务的决议》(即《七月决议》)。《七月决议》在党的建设、政权建设、红军建设、土地革命、群众工作、游击战争、抗日工作等各个方面提出了新的任务。在《七月决议》的指导下，以南梁为中心的陕甘边革命根据地进入了大发展时期。

对于这一时期的工作，习仲勋后来总结说：“与敌人斗争，主要采取什么方式？我们制定了主要采取武装斗争的方式，拿起枪杆子。为着长期地进行武装斗争，就要建立革命根据地。这种根据地，又必须是在乡村，在敌人统治力量薄弱的山区。开始是在陕、甘边的桥山中段建立了一处根据地，以后，为了在敌人优势兵力面前获得高度的回旋余地，便在陕北、关中建立了几处根据地。在根据地里，建立了革命政权，发动了农民，没收了地主的土地财产及富农的出租土地，加以分配；发动了农民斗争，开展广泛的游击战争，并建立了红军和赤卫队（即民兵），采取游击战争的战术，与敌人作战，不断地消灭敌人，壮大自己，取得胜利。”①

在刘志丹、习仲勋的领导下，陕甘边革命根据地迅速得到了扩大。

陕甘边南区根据地红色政权的恢复。根据《七月决议》提出的恢复陕甘边南区红色政权的任务，在习仲勋和陕甘边区革命委员会的统一领导下，第三路游击区积极发展革命武装力量，相继组建了平子游击队、回民游击队、新正五支队、特务队、八支队、二支队、三支队、十七支队、宁县一支队等游击部队，共达1000余人的武装力量。各游击队积极打击地主豪绅，为民除害，如剪除长乐原的恶霸任茂祥，月明原的劣绅李自来、马五娃等，这些活动对于发动群众，恢复和巩固南区红色政权起了积极的作用。随着第三路游击区的游击队力量的日益壮大，1934年9月，红四十二师以第三路游击区各游击队为骨干，组成红一团，团长陈国栋，政委张仲良。红一团组建后，配合第三路游击区各游击队进行了一系列战斗，消灭了大量的地方民团反动武装，使南区革命根据地的基层红色政权得到恢复和发展，相继在以湫头、照金、小石崖为中心的正宁、淳化、耀县、宁县、中部、宜君、同官各县的一部地区建立了红色政权。由此，陕甘边南区革命根据地在更广大的区域中恢复和发展起来。

为了适应南区革命形势的发展，习仲勋领导陕甘边区革命委员会开始在南区筹建一个统一的政权机构——南区革命委员会，以便于有效地开展陕甘边南区根据地的各项建设事业。1934年9月，陕甘边南区革命委员

---

① 习仲勋：《跟着毛泽东走就是胜利》（1951年7月1日），中共中央党史研究室编：《习仲勋文集》（上卷），中共党史出版社2013年版，第227页。

会在中部县的小石崖正式成立，黄子文任革命委员会主席。随着形势的发展，南区革命委员会于1935年7月移驻正宁县三嘉塬，后又移至南邑，张邦英继任南区革命委员会主席。南区革命委员会所辖区域南与渭北游击区相呼应，北与南梁中心区相连接，它领导的新正、新宁、赤水、淳耀、永红等诸县红色政权是以南梁为中心的陕甘边革命根据地红色政权的重要组成部分，因而在陕甘边区红色政权建设史上占有重要地位。

南梁中心根据地的扩展。为保证华池中心区红色政权的巩固，习仲勋领导第二路游击区各武装力量积极在东西两线扩展南梁根据地。

在东线，1934年春，第二路游击区的革命武装从保安县境内沿洛河向东推进，到同年秋已经在以下寺湾为中心，西起方家河、东至石门子的百里大川建立起根据地。这块根据地，东进依托黄龙山，可连接甘泉、鄜县、宜川、洛川地区的游击区，直抵韩城，威胁关中；北去安塞、延长，可与陕北苏区衔接，在战略上处于十分重要的地位。在游击战争开展的过程中，第二路游击队总指挥部所辖的武装也达1000余人。1934年10月10日，红四十二师以第二路游击区各游击队为骨干组建了红二团，团长刘景范，政委胡彦英。红二团组建后，积极战斗，迅速使游击区变成了正式的根据地，并在保安、安塞、靖边、鄜县、甘泉等县相继建立了正式或临时的红色政权。

在西线，庆北地区的局面也逐渐打开。1934年2月，习仲勋等带领庆阳游击队在柔远一带发动群众，揭露土豪劣绅勾结民团欺压群众的罪恶，宣传革命道理，随后在柔远、杜家河、武家河、城壕川先后建立了三个农民联合会和十几个农民联合会小组。6月，在杜家河召开了农民大会，选举成立了庆北办事处这一县级红色政权组织。办事处下设土地、劳动、经济、肃反、文化等委员会，马仰西任办事处秘书长兼文化委员长，主持办事处的日常工作。办事处机关设在田窑李培福家中。不久，庆北办事处改为庆北县苏维埃政府筹备处，边金山任主席。庆北办事处成立后，领导庆阳县城以北今华池县中、西部地区的广大人民，组织赤卫军、贫农团、雇农工会等群众组织，建立了许多农民联合会这种群政合一的组织。“农民联合会是半政权性质的，他们代表农民管理地方上一切行政事宜，如召集群众开会，传达上下级之意见，以及革命之各种设施，并且领导农民分配豪绅地主之牛羊、土地之斗争事情等。”[①]由于庆北苏区东与南梁中心区相接，因此，就成为南梁中心苏区西部的重要屏障。

在开辟庆北苏区的斗争中，习仲勋率领游击队还向环县扩展红色区域。1934年11月，刘志丹、习仲勋带领红军游击队从华池进入环县八珠塬及樊川一带活动。当时，国民党反动派在八珠一带大肆进行反共宣传，所以红军游击队一来，这里的多数群众都跑了。只有当地农民李凤存因与刘志丹早就相识，没有离开。习仲勋找来李凤存，要他帮助把逃走的群众找回来。习仲勋对群众讲了话，他说：我们共产党是为穷人办事情、谋利益的，大家不要听信国民党的谣言。共产党是为千千万万劳苦大众过上好日子，是为推翻黑暗的反动统治、解放被压迫人民而斗争的先进组织。共产党游击队是人民的队伍，需要广大人民群众的大力支持，只要我们团结一致，不懈奋斗，一定能使我们穷人翻身做主人。群众听了都很振奋。一天，侦察员报告说，环县土匪赵老五一伙在苟家塬一带抢劫，习仲勋立即派游击队出发，前往苟家塬解救乡亲们。中午，游击队与这伙土匪遭遇在苟家塬的一个崾岘，游击队迅速占领了有利地形，当场打死打伤几名土匪。匪众见势不妙，扔下伤员逃跑。习仲勋安排游击队对俘虏的土匪及伤员进行治疗和教育后，释放回家务农。这件事在苟家塬传开后，老百姓对共产党和游击队有了更深的了解。当天，苟家塬的乡亲们积极张罗着为游击队做饭做菜，犒劳游击队员。为了庆贺游击队胜利归来，李凤存宰了一只羊慰劳游击队，习仲勋吃着羊肉加黄米饭，高兴地说：“真香，真是美味佳肴。”后来，习仲勋在1935年初，再次带领庆北游击队来到八珠塬一带活动，并召开了群众大会。习仲勋在讲话中说：游击队要坚持集中行动，分散打扰的原则，广泛开展对敌军士兵的宣传工作，扩大革命武装。[②]党

① 《庆北苏区的创立与路线的执行》，中共庆阳地委党史资料征集办公室编：《中国共产党领导的陕甘边区（陇东部分）》，内部资料，第116页。

② 李鸿章、李海红：《习仲勋在曲子县》，环县政协文史资料委员会编：《环县文史资料》第五辑，内部资料。

和红军在环县的活动，使陕甘边革命根据地向北延伸和发展到环江两岸。

总之，在习仲勋的领导下，陕甘边南区红色政权得到了恢复，南梁中心区在东、西两线都得到进一步扩大，陕甘边区的革命斗争形势进一步高涨。红军先后解放了庆阳、合水、保安、靖边、安塞、甘泉、鄜县、正宁、宁县、栒邑、耀县、淳化、宜君等20多个县的广大农村，扫除敌人的反动据点，摧毁反动的保甲制度，建立乡村苏维埃政府和农民联合会，贫民团、雇农工会、赤卫军等群众组织，以南梁为中心的陕甘边革命根据地，东到洛河，西至元城川，北至宁条梁，南到耀县。此时，除华池中心苏区直接由陕甘边区革命委员会领导外，先后建有赤安县革命委员会、甘洛县革命委员会、庆北县革命委员会、安塞县革命委员会，还成立了正宁、宁县、栒邑等县的工作委员会。这些红色政权建立后，领导人民迅速打土豪，分田地，开展各项社会工作，发展生产、支援前线，从而使陕甘边根据地更加巩固。

在此同时，刘志丹、习仲勋为使陕甘边区和陕北苏区的革命斗争相互配合，还派骑兵团北上安定，支援陕北的革命斗争。骑兵团在陕北横扫敌军，鼓舞了陕北军民的革命热情，促进了陕北苏区政权建设的开展。这些活动的开展，为陕甘边区革命委员会这个临时革命政权转变为正式的陕甘边工农民主政府奠定了牢固的基础，正式成立陕甘边区苏维埃政府的条件成熟了。

七、创立陕甘边区苏维埃政府和各县红色政权

1934年秋，根据《七月决议》关于将陕甘边区革命委员会转变为正式的陕甘边区苏维埃政府的精神，刘志丹、习仲勋着手筹备召开陕甘边区工农兵代表大会。刘志丹为大会起草了政治决议案和军事决议案，习仲勋为大会代表的推选办法广泛征求各方面的意见和建议，蔡子伟等起草了土地、财政、粮食等决议案及其他文件。经过集思广益，习仲勋确定了陕甘边区工农兵代表大会代表的推选办法：雇农5人选一名代表，贫农10人

选一名代表，中农20人选一名代表，地主、富农都没有选举权和被选举权，这种选举方法体现了很强的阶级性，保证了贫雇农在陕甘边区苏维埃政府中的政治和组织优势。

经过两个多月的筹备，陕甘边区工农兵代表大会于1934年11月1日在南梁荔园堡召开，到会的工农兵代表100多人。在历时七天的会议期间，代表们认真讨论了根据地政权建设的许多重大问题。会上，刘志丹、习仲勋、蔡子伟等人向代表们介绍了全国革命斗争及其抗日救亡运动的形势，介绍了中央苏区政权建设的基本情况，总结了陕甘边革命根据地政权工作的经验，并分别作了关于土地革命、武装斗争、政权建设的报告和讲话。

大会一致通过了《政治决议案》《军事决议案》《土地决议案》《财政决议案》《粮食决议案》等重要文件。会议经过充分酝酿讨论，决定正式成立陕甘边区苏维埃政府，并采取无记名投票的方式，选举产生了苏维埃政府的领导成员。

陕甘边区苏维埃政府的组成人员是[①]：

陕甘边区苏维埃政府主席：习仲勋
陕甘边区苏维埃政府副主席：贾生秀、牛永清
政治秘书长：蔡子伟、张文华
土地委员会委员长：李生华
财政委员会委员长：杨玉亭
文化委员会委员长：蔡子伟
工农监察委员会委员长：惠子俊
肃反委员会委员长：郝文明
劳动委员会委员长：张钦贤
粮食委员会委员长：呼志录
妇女委员会委员长：高敏珍

① 《陕西省志》编辑委员会编：《陕西省志·政务志》，陕西人民出版社1997年版，第208页。

保卫大队大队长：郭锡山
保卫大队副大队长：宋　飞
《红色西北》报编辑负责人：蔡子伟

会上，还选举成立了陕甘边区革命军事委员会和赤卫军总指挥部，刘志丹任军委主席，朱志清任赤卫军总指挥，郑德明、梅生贵任副总指挥兼参谋长。在原陕甘边区革命委员会保卫队的基础上，组建了陕甘边区苏维埃政府保卫大队，辖三个中队，共100余人。

11月7日（即苏维埃革命纪念日），陕甘边区苏维埃政府成立大会在荔园堡隆重召开，参加大会的除正式代表外，还有南梁地区的群众、红军、游击队员、赤卫军共计3000余人。主席台上悬挂着“陕甘边区苏维埃政府成立大会”的巨幅红色会标，整个会场，红旗和彩旗迎风招展，锣鼓喧天，呈现出一派节日的热烈景象。会上，刘志丹、习仲勋等领导同志和各界代表都讲了话。习仲勋郑重地从刘志丹手中接受了陕甘边区苏维埃政府的大印，并代表陕甘边区苏维埃政府庄严表示：要进一步发展壮大武装力量，广泛发动群众，把武装斗争推向新高潮，争取更大的胜利。①

大会之后，在荔园堡马洼子台地上举行了威武雄壮的阅兵仪式，红军、游击队、赤卫军全副武装，接受了刘志丹、习仲勋和其他陕甘边区苏维埃政府领导成员的检阅。

陕甘边区苏维埃政府和军事委员会的驻地在南梁的寨子湾（今属林镇乡四合台村）。寨子湾，位于陕甘交界的山岭之上，周围是茂密的梢林，连接着玉皇庙川、小河沟川、豹子川、平定川以及瓦子川、白沙川、樊川、麻台地川等几条主要川道，地势险要，十分隐蔽，易守难攻。刘志丹和习仲勋就在这里紧张地工作着，指挥着陕甘边区红色武装的千军万马，领导着数十万劳苦群众，从事着繁重的根据地建设。这里是陕甘边区的心脏，这里发出的一个个指令，不仅关系着陕甘边区的发展前途，后来在南

① 蔡子伟：《陕甘边根据地政权建设回忆》，《陕西文史资料》1980年第九辑。

陕甘边区苏维埃政府原址全貌

陕甘边区苏维埃政府、陕甘边区革命委员会印章

陕甘边区工农兵代表大会会址——荔园堡老爷庙大殿，后为陕甘边区苏维埃政府所在地

陕甘边区苏维埃政府成立大会上，作为检阅台的荔园堡老爷庙戏台

方红军长征后也影响着中国革命的命运。

陕甘边区苏维埃政府成立后，在习仲勋的积极组织下，各县的革命委员会或办事处等临时红色政权相继转变为正式的苏维埃政府。当时，习仲勋领导的陕甘边区苏维埃政府管辖着十几个县级红色政权，其中，在陇东地区的各县红色政权的发展情况如下：

（一）华池县苏维埃政府。“华池”是指庆阳县北部区域，随着南梁中心苏区的开辟与发展，在这一带建立了革命政权，开始形成华池县。1934 年 11 月 7 日，华池县苏维埃政府与陕甘边工农民主政府同时宣告成立。随后，在何沟门召开了华池县工农兵代表大会，出席会议代表 100 多人，正式选举成立了华池县苏维埃政府，贾生秀任主席，李彦任副主席。政府下设土地、劳动、财粮、肃反、青年等委员会。华池县苏维埃政府管辖着四个区：一区苏维埃政府（主席高生荣），管辖小河沟、豹子川、东华池、林锦庙一带；二区苏维埃政府（主席崔生荣），管辖玉皇庙、郭峁畔一带；三区苏维埃政府（主席白登贵），管辖荔园堡、何沟门、白马庙川、白沟门、郭峁湾一带；四区苏维埃政府（主席边海旺），管辖二将川、刘坪一带。

（二）庆北县苏维埃政府。1934 年 12 月，在庆北办事处的主持下，在柳湾沟柏树掌村正式成立了庆北县苏维埃政府，强家珍任主席，高世清任副主席，县苏维埃政府下设土地委员会（委员长李培福），劳动委员会（委员长党生喜），财政委员会（委员长高登州），肃反委员会（委员长朱培福），文化委员会（委员长马仰西），政府秘书长马仰西（兼），县址设在龙门庄。庆北县苏维埃政府下辖三个区：一区苏维埃政府（又称田河区苏维埃政府），主席李培福；二区苏维埃政府（又称柔远区苏维埃政府），主席张天孝；三区苏维埃政府（又称城壕区苏维埃政府），主席黄兴仁。1935 年 4 月，国民党反动派向陕甘边根据地发动第二次大规模“围剿”，庆北县失陷，苏维埃政府机关转移到陕西甘泉洛河川一带，苏维埃政府许多工作人员转入地下坚持斗争。同年秋，在反“围剿”取得胜利后，庆北办事处再次成立，李培福、李树林先后任办事处主任，恢复了柔远、温台、城壕三个区，并逐步向五蛟、元城方向发展。

（三）庆北县革命委员会。1935 年春，受陕甘边区苏维埃政府主席习仲勋委派，王英等人在吴旗县三道川以南，华池县元城以北的地区建立了赤卫军、贫农团等群众组织，并成立了临时红色政权——庆北县革命委员会，这个临时的红色政权大约存在了三个月左右的时间，它和庆北县苏维埃政府之间是并列的关系。

（四）合水县革命委员会。合水县太白镇一带的地区属南梁革命根据地的中心区域。1934 年 11 月中旬，在连家砭老城成立了太白区苏维埃政府，潘应乾任主席、高清荣任副主席。1935 年 2 月，在太白镇成立了合水县革命委员会，李彦任主席。同年 4 月，因国民党反动派对陕甘边革命根据地发动第二次反革命“围剿”，合水县革命委员会转移至陕西甘泉洛河川一带，太白区苏维埃政府的干部转入地下斗争。9 月，合水县革命委员会主席李彦在错误“肃反”中被杀害，合水县革命委员会和太白区苏维埃政府均解散。

（五）新正县苏维埃政府。正宁县南塬一带是陕甘边红军最早开辟的游击根据地，有着良好的群众基础。1934 年 7 月，五顷塬乡革命委员会成立，郭自发任主席，何正兴任副主席。同年冬，南邑、湫头、巩家斜、西城、西沟、石家湾子以及龙嘴子回民乡的临时革命政权相继成立。在此基础上，还建立了湫头、三嘉、长舌头三个区的临时红色政权。1935 年春，成立了新正办事处，郭廷藩任主席，封振宝、杜宛协助工作，机关驻地先在槐树沟，后迁至两顷塬。新正办事处下辖湫头、三嘉、阳坡头（今属陕西）三个区革命委员会。三嘉区革命委员会（主席唐世英），机关驻南庄子村；湫头区革命委员会（主席赵思廉），机关驻湫头镇。此后，新正办事处即开始着手筹建苏维埃政府。但是，由于国民党反动派向陕甘边苏区发动第二次“围剿”，新正县办事处遭到敌人的破坏。

1935 年 8 月，陕甘边南区党委和革命委员会在正宁、栒邑、邠县接壤地区重新设立新正县。新正县委书记卢永财，副书记李科，下设组织部、宣传部、统战部、青年部、妇女部等工作机构。在南区革命委员会主席张邦英的主持下，新正县在湫头召开工农兵代表大会，正式成立新正县革命委员会[①]，郭廷藩任主席，左怀玉、李进荣为副主席，下设财政部（部长高仰月）、粮食部（部长高学智）、军事部（部长张占英）、土地部（张崇林任部长）、劳动部（部长左怀玉）、文教部（部长张化民）、公安部（部长张有本）等七个工作机构，不久又成立了湫头坡、长乐、底庙三个区革命委员会，加上原来的三个区革命委员会，共辖六个区革命委员会，新正县革命委员会机关驻湫头镇。同年10月，新正县革命委员会正式转变为苏维埃政府，工作人员的任职未有变动。全县辖六个区，人口三万余人。

（六）新宁县苏维埃政府。1934年11月，陕甘边南区革命委员会在宁县设立办事处，南区革命委员会副主席刘永培兼任宁县办事处主任，李尚勤任副主任，机关先驻九岘，后驻金村。办事处的主要任务是开辟子午岭山区根据地，发动群众，筹建革命政权。在基层党组织和政权组织建立起来后，创立新宁县苏维埃政府的条件已经成熟。1935年11月，新宁县在杨家塬子召开了工农兵代表大会，选举成立了新宁县苏维埃政府，杨有鹏任主席，胡金玉任副主席，下设粮食部（部长王立元）、财政部（部长杨万恒）、保卫部（部长王清殿）、教育部（部长屈纪军）、军事部（部长谭得智）、土地委员会（主任胡金玉）等工作机构。新宁县苏维埃政府先后驻杨园子、左家川、石鼓、下齐家等地。县苏维埃政府下辖一区苏维埃政府（又称九岘区），主席张荣德，副主席张恩元，机关先后驻马洼、南嘴子和月牛坡等地；二区苏维埃政府（又称金村区），主席杨玉山，机关先后驻金村、元乐等地；三区苏维埃政府（又称湘乐区），主席朱正元，机关先后驻巴原、石鼓等地，管辖着四个乡苏维埃政府；平子区苏维埃政府，主席刘永康，机关驻平子镇。新宁县所辖区域东至芦宝梁，西至石鼓的黑庄子，南至西坡，北到盘克的史候堡，辖人口三万余。

（七）荏掌办事处。1935年春，受陕甘边区苏维埃政府主席习仲勋委

① 一说为正旬彬革命委员会。

任，共产党人王占奎、吕兴财、许兴堂等来到宁县盘克塬南川荏掌、潘村、罗候、武洛一带开始革命活动，秘密成立了荏掌办事处，许兴堂任主任，王占奎、吕兴财任委员。在合水游击队黄克秀部的帮助下，荏掌办事处组建了游击队，队长张生才，指导员郭秀宁，并建立了农民联合会和赤卫军等群众组织。荏掌办事处管辖范围主要是盘克、荏掌、罗候、武洛一带，在其成立初期与新宁县苏维埃政府没有建立组织联系，直至 1935 年冬，荏掌办事处才与新宁县苏维埃政府取得联系。

（八）永红县苏维埃政府。为巩固和扩大陕甘边南区革命根据地，南区革命委员会派赵红军在正宁的下南坡头、枸邑底庙一带秘密串联，发动群众，建立基层红色政权组织，在此基础上，于 1935 年 11 月，在正宁县下南坡头西村召开工农兵代表大会，正式成立永红县苏维埃政府，选举梁文汉任县政府主席，李银清任副主席，同时，成立永红县委，赵红军任书记，赵清宝任副书记。永红县苏维埃政府管辖南坡头、罗沟圈、郭村、榆家庄、寺村、店子河、底庙、房家塬、牛家坡等十几个村庄。不久，因国民党反动派对边区发动大规模军事"围剿"，永红县苏维埃政府人员转入地下斗争，永红县政权解散。

此外，在陕西省境内，习仲勋还领导陕甘边区苏维埃政府建立了赤安县革命委员会（主席边金山），安塞县革命委员会（主席王巨德），鄜西县革命委员会（主席韩明奎），鄜甘县革命委员会（主席张尚达），赤淳县革命委员会（主席宋飞），中宜县革命委员会（主席张仲良）[①]等县级红色政权。

从各县红色政权的发展规模可以看出，习仲勋领导的陕甘边区苏维埃政府是名副其实的西北地区的第一个边区级的体系完备的苏维埃政府，是建立了边区、县、区、乡、村各级苏维埃政府的组织层次非常齐全的苏维埃政府。为了建立这样一个苏维埃政府，习仲勋殚精竭虑，忘我工作，付出了全部的心血和汗水。

① 刘力贞、张光:《人民英雄刘志丹》，三秦出版社 1998 年版，第 81 页。

八、制定和实施“十大政策”

陕甘边区苏维埃政府成立后，习仲勋等为了推动陕甘边区的经济文化建设，发展生产，改善人民生活，支援前线，巩固与扩大革命根据地，开展了大量的工作，提出并施行了著名的“十大政策”，即土地政策、财经粮食政策、军事政策、对民团政策、对土匪政策、各种社会政策、肃反政策、对知识分子政策、对白军俘虏政策、文化教育政策。今天的许多专家学者都对于习仲勋和陕甘边区苏维埃政府能够制定如此完整的根据地政策发出了惊讶和赞叹！很难想象，如此一大套完整的根据地建设政策竟然出自寨子湾的那些破败的窑洞之中。在那样艰苦的条件下，在寨子湾的那些窑洞里，习仲勋的目光如此深邃，能够提出如此先进的政策，即使从今天的角度来看，这些政策的内容和形式，也是相当完备，非常合乎陕甘边区实际。

以下，我们撷取其中的主要内容加以记述：

开展土地革命，铲除封建的土地所有制

在陕甘边区苏维埃政府成立之前，习仲勋等领导陕甘边区革命委员会就已经开展了以打土豪、分浮财、废除地主债权为内容的土地革命斗争。陕甘边区苏维埃政府成立后，习仲勋等发动根据地人民开展了轰轰烈烈的以分配土地为主要内容的土地革命斗争。陕甘边区苏维埃政府按照中央苏区《中华苏维埃共和国土地法》和陕甘边区工农兵代表大会通过的《土地议案》的精神，并结合陕甘边地区的具体实际，制定了一系列有关土地革命的政策、法令，这些政策、法令的内容主要包括：

没收地主的土地、牛羊、粮食、庄宅和其他财产，没收富农封建剥削部分的土地、财产，分配给贫雇农或缺少土地、耕畜的中农；地主家庭中参加劳动的成员，也留给其能维持生活的土地和财产。

川台地按人口平均分配，山地依需要和耕种能力按户划块；土地和青苗一起分配，以满足贫穷农民的迫切要求，调动农民开展土地革命斗争的积极性。

红军家属有分得好地的优先权，凡家住在苏区的红军战士，都应分配给土地。白军士兵暂不分配给土地，应分部分暂留作公用。

根据地中心区域分配土地，边缘地区暂不分配土地，随着苏区的发展逐步扩大分配土地的区域。中心区域分配土地以区为单位，各地互相调剂余缺。

为了使上述政策得到充分贯彻执行，在习仲勋的领导下，陕甘边区苏维埃政府土地委员会和各县苏维埃政府土地委员会认真履行土地革命法令、政策，组织群众、发动贫苦农民打土豪、分田地，解决农民的土地问题，满足农民的土地要求。南梁中心区域的分配土地工作是从 1934 年春开始的，在华池县及庆北县的柔远、温台、城壕三个区进行了分配土地工作。整个苏区分配土地工作是从 1935 年秋季全面展开的，中心是解决土地的所有制问题。陕甘边南区革命委员会也先在阳坡头等乡村搞分配土地的试点，接着在正宁县湫头区的西头、范家洼、南邑、吕家沟圈、洼坡岘、岘子等地开始分配土地。不久，新正县苏维埃政府派出工作组在三嘉、长舌头区及湫头区各乡分配土地，确定了农民的土地所有权。

当时根据地的土地革命也是经历了曲折的。开始时，陕甘边区革命委员会土地委员长是张步清，他是横山县人，逃荒来南梁，本来家境贫困，但在分配土地时，他的家庭经济地位发生了改变，开垦了大片荒地，还雇工耕种。此后，张步清对土地革命斗争不热心了，当刘志丹批评他时，他还辩解说:“白手起家，自食其力嘛！他们（指地主、富农）和我一样，有什么可以分的。”刘志丹听了非常生气，对习仲勋说:“你不把土地委员长换了，看土地革命能搞下去吗?”习仲勋和革命委员会经过研究，撤销了张步清的土地委员长职务，委派了工作积极认真的李生华担任土地委员长，使分配土地的工作得到了顺利开展。

陕甘边区分配土地工作历时两年之久。在分配土地的过程中，习仲勋领导陕甘边区苏维埃政府及时研究新情况，总结新经验，制定并发布了

《陕甘苏区土地斗争中一些问题的决定》，提出了划分阶级的标准，规定了豪绅、地主兼商人，游民无产者（习惯上叫做流氓），宗教职业者，红军战士中地主富农阶级出身的分子，土地革命前去当白军团丁的分子及其家属，逃跑的群众、反革命分子等特殊问题的处理办法，领导广大群众正确地开展了土地革命斗争。1936年，依据农户经济状况，按雇农、贫农、中农、富裕中农、富农、地主划分了阶级成分。

陕甘边区的土地革命，消灭了千百年来存在的封建剥削制度，解决了农民最迫切的土地要求，极大地调动了广大贫苦农民的革命积极性，为扩大红军和革命根据地，巩固新生的红色政权，奠定了可靠的群众基础。

开展商业贸易活动，发展根据地经济

在习仲勋的心里始终有一个坚定的信念，那就是要让广大群众过上幸福的生活。为了达到这个目的，在深入进行土地革命的基础上，习仲勋领导陕甘边区苏维埃政府依照陕甘边工农兵代表大会通过的《财政决议案》《粮食决议案》的精神，制定了商业、金融、贸易、财政、粮食等方面的法令和政策，其内容是：

设立集市，发展贸易，保护小商贩，鼓励白区小商贩来苏区做生意。发行边区货币，建立苏区金融体系。繁荣苏区经济，改善边区人民群众生活。解决红军的财政供给。

鼓励农民发展生产，保障军粮供应，保证人民生活。苏区政府的财粮主要取之于豪绅、地主，或在市场购买。建立流动仓库，分散储备，对农民不征粮。争取“二流子”① 参加生产。

对红军家属、社会残废、孤寡者实行救济。建立牧场，喂养猪羊，减轻人民负担。加强廉政建设。

当时，南梁地区地处偏僻的山区，农村经济十分萧条，没有商业贸易活动。正像当时参与南梁根据地建设的张策后来回忆的那样：“原来当地

① “二流子”指那些游手好闲、骗钱害人、装神弄鬼、不务正业的人。

没有什么贸易，只有几个行商，拿几匹布在山沟换些羊皮，除此没有什么生意，老百姓粮食卖不出去，没有什么家庭副业，自己打粮自己吃，完全是落后的自给自足经济。”①

为了繁荣农村经济，发展根据地的生产，满足群众的生活需要，习仲勋等十分注重商业贸易工作，领导陕甘边区苏维埃政府在荔园堡设立了集市，确定每月初一、十一、二十一日为集日，为当地农民提供了互通有无、调剂余缺的市场。每逢集日，荔园堡周围数十里的群众纷纷前来赶集，买卖猪羊、牲畜、家具、山货、布匹、粮食、小吃及其他生活用品，生意兴隆。习仲勋经常到集市上了解情况，鼓励群众发展生产，活跃经济。对白区来的商贩，陕甘边区苏维埃政府也采取了争取、欢迎和保护的政策，并采取各种办法，同白区比较开明的商人建立合作关系。为了鼓励商贩来苏区做生意，在习仲勋的指示下，苏维埃政府将苏区的山货和羊畜廉价卖给白区的商贩，使他们有利可图，又通过白区的商贩把苏区缺少的布匹和其他物资想办法运进来。

当时，有个白区商人第一次来边区，见了红军哨兵就塞纸烟和钱，红军战士把钱摔到商人脸上，气愤地说：“糟蹋人！”商人吓得不得了，习仲勋闻讯后，赶快派干部去向白区来的商人道歉，说明道理，并当着商人的面，批评了战士不懂礼貌，告诉那个红军战士，应该讲明红军纪律，再退钱，这样鲁莽是不好的。商人连连说：“我不知红军纪律这样严明，这样我们商人还怕啥哩。”经过一段时间，一些商人受到革命思想的影响，逐渐变得同情革命，千方百计地给苏区输进货物。为了安全通过敌人的封锁线，商贩们或者昼伏夜出，或者买通敌人的稽查关卡人员，疏通了白区与苏区的物资流通渠道。红白区间的经济交流一天比一天活跃，根据地的生产也发展了。红军用上了洋瓷碗，干部用上了手电筒。②

---

① 《张策谈南梁根据地的创建》，中共庆阳党史资料征集办公室编：《中国共产党领导的陕甘边区（陇东部分）》，第230页。

② 马文瑞：《群众领袖 革命楷模》，《刘志丹纪念文集》编委会编：《刘志丹纪念文集》，军事科学出版社2003年版，第81页。

可是，过了一段时间，荔园堡的集市交易活动却慢慢清淡下来，出现了低潮，“集市来的人不少，就是没有做生意的”。[①] 对此，习仲勋等高度重视，积极了解情况，研究对策。习仲勋和刘志丹通过深入开展社会调查，访问群众，终于摸清了底细：“原来群众吃够了国民党钞票的苦头，今天到手的票子明天就不顶用了；那时，我们边区政府还没有自己的货币，银洋和食物又不便携带，这就给经济流通带来了困难。”[②]

为了稳定市场，繁荣边区经济，习仲勋决定自己动手，印制货币，建立陕甘边区苏维埃政府自己的金融货币体系。但是，当时条件非常艰苦，既没有纸张，也没有印刷机器，怎么印制货币？习仲勋与刘志丹在一起琢磨研究，没有印钞机器，就刻制木板印刷货币；没有纸张，就用粗布代替，制成布币；怕布币褪色，就在印刷好的布币上刷麻油，用热油处理；缺乏技术人员，就从敌占区“请”人才上“梁山”。边区苏维埃政府在南梁寨子湾附近的东沟设立了政府银行，在白马庙川的油坊沟设立了造币厂。造币厂共有三名工人，其中就有 1934 年 3 月底在第一次反“围剿”斗争时，红军在元城战斗时“请”来的那位绅士高明山。在习仲勋和边区苏维埃政府的感召下，高明山为根据地的经济建设积极出力献策，他利用自己的技术，反复实验，用手工印制成了苏币，票面分一元、五角、二角、一角四种。苏币共印制了 3000 元，群众称之为“苏票”。

但是，“苏票”刚开始进入市场流通时，并不顺利，群众对“苏票”持怀疑态度，到集市去时也只观望，不做买卖，商人们更不乐意要“苏票”，怕亏本。为了打消群众和商贩的顾虑，习仲勋指示边区财政委员会在荔园堡市场上设立了四个苏币与银元兑换处，一元苏币兑换一元银元，群众和商人都可以直接用苏币兑换银元，但不允许用国民党的货币兑换银元。这样，苏币获得了很高的声誉，集市又活跃起来。据张策后来回忆：“苏票与银元等值。为了取信于民，解除群众和商人的后顾之忧，边区政府财政委员会在荔园堡设立了‘苏票’与银元兑换处，使‘苏票’获得了

①② 王西林、高有才、张怀仁：《在南梁的几件事》，《刘志丹纪念文集》编委会编：《刘志丹纪念文集》，军事科学出版社 2003 年版，第 311–312 页。

1934 年陕甘边革命委员会财政委员会发行的布钞（背面）

很高的信誉。这样，老百姓对‘苏票’这种印刷很粗糙的票子和银元一样喜欢。”[①] “苏票”终于在市场上站稳了脚跟，将国民党的货币驱逐出边区市场，打破了国民党反动派的经济封锁，为繁荣边区经济奠定了基础。这是一场金融战争，其意义不亚于反“围剿”战争，习仲勋和陕甘边区苏维埃政府凭着自己的智慧，赢得了胜利，在经济上站稳了脚跟。

陕甘边根据地长期以来经济落后，广大农民生活极其贫困。为了改善边区群众的生活，习仲勋十分注意解决群众的实际困难。刘志丹曾经对习仲勋说：“打仗为了和平，有了和平环境，就要建设，就要帮助农民搞好生产。”[②] 习仲勋根据刘志丹的指示，决定边区苏维埃政府采取予民生息方针，对农民不征粮不派款，边区各级苏维埃政府和红军的经费开支，主要向豪绅地主索取，依靠打土豪作为主要财政来源。政府在各地设立了收购站，按市价收购上市的粮食。没收豪绅地主的粮食、牛羊和财产，除分配一部分给贫苦农民外，还留一部分作为政府、红军和游击队的公粮、公畜。政府办了一些小牧场，把留下来的牛羊集中牧养，以备军需。苏维埃政府机关工作人员及红军、游击队一律实行供给制，从领导干部到一般工作人员，从干部到战士，经济待遇一律平等。所有费用都由政府财政委员会筹措，统一安排，减轻了农民的负担，促进了根据地的经济发展，密切

① 《张策谈南梁根据地的创建》，中共庆阳党史资料征集办公室编：《中国共产党领导的陕甘边区（陇东部分）》，第 230 页。

② 习仲勋：《难忘的教诲》，1993 年 10 月 24 日《人民日报》。

了党群关系、军民关系。

廉政建设问题，事关老百姓的根本利益，习仲勋和边区苏维埃政府对此高度重视，建立了严格的法规制度。习仲勋后来回忆说："我们政权建立后，把廉政当做头等大事，志丹同志说：'群众最痛恨反动政权的不廉洁，无官不贪。我们一开始就要注意这个问题，穷要有骨气，要讲贞操'。我们定了法，贪污十块大洋就要枪毙。"[①] 他又说："现在看起来这处分未免太重，但那时因为刘志丹了解群众的心情，才制定了严格的法规，以警戒自己的同志。而且，那时的十元也是一个不小的数目。有了这条法令，在干部中确实没有发生过贪污事件。对干部，特别是负责干部，要求更严格，犯了纪律，犯了严重的错误，都要处分。高岗犯过错误，也受到撤职的处分。"[②] 由于边区苏维埃政府对于党政工作人员犯法不但严厉惩处，而且加重处分，或者从重治罪，党政工作人员中的贪污腐化现象被杜绝。边区上下，从边区苏维埃政府主席习仲勋，到基层各区、乡的干部，都做到了廉洁奉公，维护了人民群众的根本利益，受到了群众普遍的赞扬和拥护。

值得注意的是，习仲勋在陕甘边区领导经济工作的实践中，采取从实际出发，搞活经济、搞活贸易、解决民生的种种措施，与时隔数十年后他领导广东改革开放的实践竟然有着一定的因果联系。正是在陕甘边区的成功实践，使习仲勋形成了务实、开放、创新、亲民的工作风格，也正是陕甘边区乃至后来陕甘宁边区的成功典范，给了邓小平为代表的第二代领导集体推行改革开放政策的勇气和目标。1979 年 4 月，当改革开放刚刚开始之际，习仲勋就在中央工作会议上向中央大胆提出了一个设想和要求：要利用毗邻港澳的有利条件，实行特殊政策和灵活措施，加快对外开放和经济建设。散会后，邓小平同习仲勋进行了谈话，话题就是从陕甘宁边区谈起，谈到当年那么小小的一块边区，后来竟打出那么大的一片江山；谈到解放几十年了，老边区人民还不富裕。邓小平陷入了沉思，过了良久

① 习仲勋：《难忘的教诲》，1993 年 10 月 24 日《人民日报》。

② 习仲勋：《群众领袖　民族英雄》，1979 年 10 月 16 日《人民日报》。

说:“你们上午的那个汇报不错嘛，在你们广东也划出一块地方来。”这块地方应该叫什么？邓小平思考了一会儿后说:“就叫特区，陕甘宁开始就叫特区嘛！中央没有钱，可以给些政策，你们呢自己去搞，杀出一条血路来!”习仲勋听了邓小平的话不禁喜出望外，他脱口而出:“特区，好!”[①]中国沿海地区的开放思路竟来源于深处内陆的陕甘宁边区，由此，我们应当以全新的视角去审视南梁那开放的集市，那粗糙的货币，那吸引外来商人的政策!

加强军事斗争，开展“扩红”运动

习仲勋领导陕甘边区苏维埃政府制定了各种战斗动员条例和一系列的军事政策，内容包括:

在扩大红军活动中，实行自愿兵役制度；在赤卫队、少先队的基础上广泛成立游击小组；成立民间递步哨，帮助红军做情报工作。

群众参加游击队后，经过一个时期的战斗锻炼和军事训练，成连、成排地编入红军主力部队；红军、游击队、赤卫军的武器弹药主要靠向敌人夺取，并收缴豪绅地主的武器，收缴到的武器归收缴者使用；鼓励群众购买武器，买到新武器给予特别奖励。

对红军阵亡战士，不论是正规红军还是赤卫军、少先队，均发给埋葬费，对其家属实行抚恤政策。

这些法令和政策实行后，收到了显著的成效，根据地人民立即掀起了“扩红”运动，红色武装力量得到了源源不断的补充和扩大。红四十二师的兵力扩大到2000多人，各路游击区的游击队扩大到3000多人，赤卫军也发展到5000多人，红军的战斗力得到了新的提高。

在习仲勋和陕甘边区苏维埃政府的帮助下，陕甘边红军兵强马壮，向敌人发起了一次又一次的攻势，克敌制胜，捷报频传。

陕甘边区苏维埃政府成立后，红军主力依托根据地，首先向敌人的

① 余玮:《邓小平与中国经济特区》，中共甘肃省委党史研究室编:《甘肃党史工作》2008年第四期，第77–78页。

环县政府所在地曲子新城发起了进攻。曲子新城是1932年修筑的。1933年，国民党环县政府由环城南关迁驻曲子新城。城内驻有环县民团100余人，另有环县保安队20余人。民团团总李恒泰、保安队长崇敬义立场反动，处处与红军为敌。他们加紧训练，积极配合国民党对红军和陕甘边根据地进行“围剿”。

1934年11月15日，刘志丹、习仲勋获悉敌环县县政府正在集中五个区的反动民团整训，决心拔掉这个隐患。于是，命令骑兵团从南梁出发，到达悦乐附近与庆阳游击队会合。当时，骑兵团三个连有200余人，庆阳游击队60余人，两部会合，红军共有步、骑兵战士300余人。当晚骑兵团干部和游击队干部一起在悦乐镇召开了军事会议，制定了具体作战方案，然后部队连夜行军。途中消灭了庆阳孙家湾民团。按照预定方案，骑兵团一连一排作为先头部队，提前到达曲子新城，他们将马匹隐藏后化装进城。16日拂晓，红军骑兵团和庆阳游击队到达曲子，立即向敌发起猛攻。提前化装进城的红军战士也突然拔出手枪投入战斗。敌民团和保安队有的还在蒙头大睡，有的见城内外一起响枪，不知所措，遭到突然袭击后，顿时乱作一团，稍作抵抗就四散逃命。环县民团团总李恒泰被红军堵在群众家中活捉，保安队长崇敬义率保安队20余人逃到曲子北台，也被红军包围在打瓜洼的山头上活捉。整个战斗仅用了半个小时就胜利结束。此次战斗，红军击毙国民党区长朱文成，俘敌近百人。缴获战马十几匹，长短枪60余支，子弹及其他物资一批，红军无一伤亡。在战斗中，国民党县长见势不妙，化装后仓皇逃遁。敌人的一个顽固反动据点就这样被红军拔除。

战斗胜利结束后，红军在曲子新城召开了群众大会，公审并处决了李恒泰、崇敬义等反动分子三人。并将缴获的一部分粮食和衣物分给了当地的贫苦农民和群众。群众见平日里作威作福的民团头子和保安队被红军除掉，搬掉了压在他们头上的一块石头，无不拍手称快。从四面八方赶来的群众，会后又把红军在曲子的革命活动传向四方，一传十，十传百，越传越远，贫苦人民听了欢欣鼓舞，反动分子听了魂飞魄散。

红军骑兵团和庆阳游击队在完成预定任务后，于当天晚上撤离曲子新城，回到南梁根据地。

接着，在习仲勋领导的陕甘边区苏维埃政府的支持和帮助下，红军主力又发起了拔除反动据点——五蛟堡和刘坪堡的战斗。五蛟堡和刘坪堡是陇东民团军谭世麟部在庆北苏区边沿上的最后两个反动据点。这两个据点的敌军经常对庆北苏区进行骚扰，敌军对群众敲诈勒索，派粮派款，滥杀无辜，奸淫妇女，穷凶极恶，干尽了坏事，庆北苏区人民深受其害，无不切齿痛恨。11 月 29 日，红二团、红三团、西北抗日义勇军和庆阳游击队，包围了五蛟堡和刘坪堡这两个谭世麟匪军的反动据点。在红军的强大攻势下，两个据点的敌军早已成了惊弓之鸟，不敢抵抗，赶紧弃寨而逃。红军乘胜追击，一举将敌军消灭。这样，敌军在庆北境内的反动据点被扫荡无遗。

不久，为了给习仲勋领导的陕甘边区苏维埃政府筹集经费和军需物资，红军主力长途奔袭长武县城。1935 年 1 月，骑兵团从南梁根据地出发，越子午岭，经正宁、宁县，强行通过敌军的三道封锁线，直插泾河川，挺进和越过西兰公路。在获悉敌长武县城兵力空虚的情报后，决定化装奇袭，打敌人一个措手不及。骑兵团利用在洛河川交道塬战斗中缴获的敌军服装，化装成敌军，然后浩浩荡荡向长武进发。沿途民团见正规军来到，恭敬相待，不敢怠慢。红军骑兵团在没有受到任何抵抗的情况下抵达敌后方重镇长武。杨森师长一声令下，数百名红军骑兵战士跃马挥刀，向长武县城发起了猛烈进攻。霎时间，长武城外，烟尘飞扬，战马嘶鸣，杀声动地。敌军还没明白是怎么回事，红军骑兵战士已冲进了长武城内，敌军溃不成军，狼狈逃窜，乱作一团，鬼哭狼嚎。红军以摧枯拉朽之势冲向敌群，只见子弹呼啸，马刀闪光，红军战士猛杀猛砍，杀得敌军人仰马翻，落花流水。战斗进行了不到一个小时就胜利结束，歼敌守城自卫团 100 余人，缴获武器百余支，还在长武城内打了土豪，筹集到经费万余元及一些食盐、布匹、鞋袜、香烟等物资。泾川县城守敌吓得闻风丧胆，弃城而逃。杨森即率领骑兵团乘胜消灭了瑶店等据点的反动民团，然后途经西峰董志塬又抓获了三名劣绅，胜利地返回了南梁根据地。

红军闪击长武的战斗和奔袭曲子新城的战斗影响极大，尤其是闪击长武的战斗，切断了敌交通要道西兰公路，对陕甘两省都产生了强大的震动。各地的报纸都对此作了报道。《大公报》上说，陕甘边区的红军"攻曲子，陷长武，陇东震动"。《晋阳日报》报道说："共匪刘志丹红军五万余人进攻长武。"这说明，曲子战斗和长武战斗对敌人的震动有多大！由于敌人的报纸对陕甘边红军的行动作了大量的报道，这就使长征途中的中共中央和中央红军及时了解到了西北红军及陕甘边根据地发展的最新消息，从实际效果来看，这几次战斗起到了沟通中央红军与西北红军联系的作用。

在西线作战取得一系列胜利后，陕甘边红军主力又转锋向东，对陕北延安、安塞一带的敌军发起了猛烈的攻势。

1935 年 2 月上旬，红四十二师骑兵团又挺进延安西北的高桥川等地开展游击活动。2 月 12 日，在延安游击队的配合下，诱出延安城守敌井岳秀部一个营和民团 300 余人。在高桥川口，红四十二师骑兵团向敌人发动突然袭击，歼敌 100 余人，缴获枪支近百支，残敌仓皇逃回延安。高桥川战斗后，延安守敌成了惊弓之鸟，被安塞游击队和赤卫军团团包围起来，龟缩城内，不敢轻举妄动。红四十二师骑兵团横扫延安周围地区的反动民团，首先歼灭了延安三十里铺民团，接着相继歼灭了临镇、金盆湾、云岩、北池镇等地的反动民团，还迫使后湫天、狗头山两地的民团主动放下武装，接受红军的改编。红四十二师骑兵团还截获敌军的运输队，缴获货物 300 余驮，敌军新军装 200 余套。骑兵团兵锋所向，势如破竹。

在四十二师骑兵团驰骋疆场的同时，红四十二师第二团和陕甘边根据地的各路游击队，也进军陕北，向敌军展开强大的攻势。1935 年 1 月上旬，在刘志丹亲自率领下，红四十二师第二团和庆阳游击队、陕甘游击队五、六支队向陕北挺进，沿途消灭了安塞隆安、平桥等地的反动民团，冲破了敌人的封锁线，护送刘志丹到安定县水晶沟看望了伤势日趋恶化的谢子长。此后，红二团和庆阳游击队、陕甘游击队五、六支队在南下返回南梁途中，在延安蟠龙镇、榆树峁等地又歼敌数百人。

胜利的捷报，频频传到南梁根据地，这些捷报向人们宣告：在习仲勋领导的陕甘边区苏维埃政府的掩护和帮助下，陕甘边红二十六军主力已经成熟起来，发展成为具有一定规模的铁的西北红军。

创办红军干部学校、列宁小学

习仲勋十分重视发展根据地的文化教育事业。在这方面，陕甘边区苏维埃政府颁布了一些法令和政策，主要内容包括：

成立军政干部学校，培养干部；兴办列宁小学，提高根据地人民及子女的文化水平。

颁布禁烟、禁赌、放足等条例，广泛地向根据地人民宣传禁烟、禁赌、放足的优越性。

信任政治上可靠的知识分子，分配适当工作，并注意予以培养。

当时，南梁根据地的文化教育事业十分落后，南梁地区没有一所学校。边区政府成立以后，习仲勋等发动群众办学校，首先在荔园堡办起了第一所列宁小学。郝建德、张景文（女）任教员，在校学生六七十名，校舍是没收地主的一所房子，设备十分简陋。师生们自力更生，架木板当课桌，垒土台当凳子，用石板当黑板，扫锅黑当墨汁。教材先用“三字经”，后来自编了油印或手抄的课本。开始编的课本有些空泛，如讲“共产主义就在眼前”一类的话。刘志丹说：“要先讲爱国爱民道理。”他还说：“老先生讲孝道是可以的，孝就是尊重老人，这是中国的优良传统。如果红军不孝顺，那就会失去民心。”①后来，文化委员长蔡子伟自己动手为学生编写课本，这些教材通俗易懂，完全是新的革命内容，多采用顺口溜的形式，朗朗上口，好学易记，既是文化课，又是思想教育课。以后，苏维埃政府又在太白等其他乡村陆续办起了几所列宁小学。

习仲勋领导陕甘边区苏维埃政府积极开展成人文化教育，在一些村庄

① 马文瑞：《群众领袖 革命楷模》，《刘志丹纪念文集》编委会编：《刘志丹纪念文集》，军事科学出版社 2003 年版，第 81 页。

办起了成人扫盲识字班。同时，广泛开展破除陈规陋习，移风易俗的活动，建立了禁烟、禁赌、放足委员会，发布了相应的法规，并制定了反对封建包办婚姻、反对封建迷信等条例，开展了以“劝破除迷信、劝戒赌博、劝戒鸦片烟、劝禁止买卖婚姻、劝妇女放脚、劝男子剪辫子”为内容的“六劝”活动，用新思想、新文化教育影响群众，引导群众从封建思想的枷锁下解放出来。

习仲勋在陕甘边区坚持了正确的知识分子政策，他非常尊重和关心知识分子，能够发挥每个知识分子的作用。张景文是一名从繁华都市西安来边区的女知识青年，她写得一手好字，左右两手能同时挥毫，性格开朗。习仲勋非常重视发挥她的作用，分配她搞宣传，做发动群众的工作，派到列宁小学当教员，后来担任了政府妇女委员会委员长，为边区的文化教育

列宁小学的学生在学习

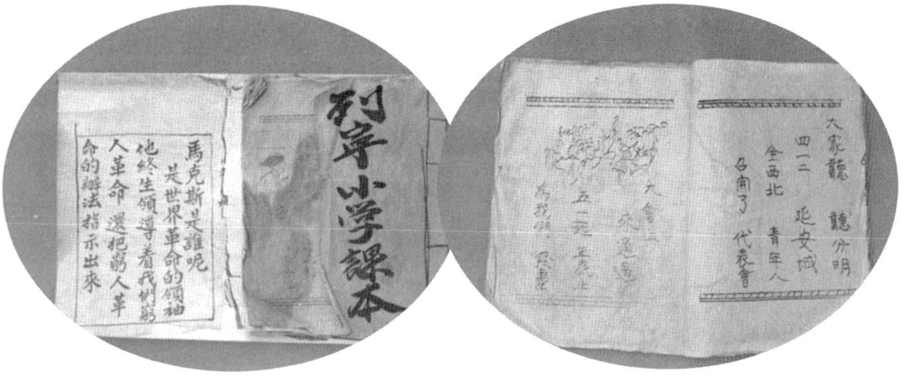

列宁小学课本

事业作出了贡献。

后来的党史学者们注意到，习仲勋领导的陕甘边区苏维埃政府实行了完全正确的知识分子政策。在王明“左”倾错误统治全党的时期，习仲勋却能够在陕甘边区坚持实行实事求是的知识分子政策，这确实需要有很大的气魄和胆识。由此展开联想，我们将陕甘边区的这些知识分子政策与张国焘在川陕根据地推行的什么“知识分子犯错误罪加三分，工农分子犯错误罪减三分”[①]这种非常荒谬的知识分子政策进行比较，孰优孰劣不是一目了然了吗？

为了宣传党和政府的方针、政策，团结教育广大干部和人民，陕甘边区特委创办了党内刊物《布尔塞维克》作为特委机关报，习仲勋还领导陕甘边区苏维埃政府创办了不定期的刊物《红色西北》。这两个油印小报，对革命根据地的政权建设和经济建设起了宣传鼓动的作用。

随着南梁根据地的不断扩大和武装斗争的深入发展，部队和地方政权都迫切需要大批党政军骨干。1934 年 10 月，在刘志丹、习仲勋的主持下，陕甘边区特委和苏维埃政府在南梁张家岔创办了红军干部学校，刘志丹兼任校长，习仲勋兼任政委，吴岱峰任军事主任，主持日常工作，马文瑞、蔡子伟等兼任教员。学员主要来自部队中下级干部，还有少量地方干

① 《徐向前回忆录》，解放军出版社 2007 年版，第 218 页。

部。教学内容主要有政治、军事、文化和政权建设问题。政治课包括“工农红军”“共产党”“土地革命”“六大决定”。文化课因学员文化程度较低，基本以扫盲为主。军事课包括“制式教练”“尖兵活动”“游击战术”等，刘志丹亲自担任军事课教学。一次，刘志丹正在给军事干部学校学员讲话，看见习仲勋前来检查工作，刘志丹喊了一声口令：“立正！”并向习仲勋敬了一个军礼，要习仲勋检阅学员队伍，并欢迎习仲勋给大家讲话。习仲勋一向把刘志丹当作领导者，论年龄刘志丹比习仲勋长10岁。这突如其来的场面，使习仲勋不知如何是好。事后，刘志丹对习仲勋说：“我们共产党员拥护我们自己建立起来的政权，如果我们不尊重，老百姓也就不在乎了。”刘志丹的行动真是有感召力，从此，20岁的习仲勋更受到大家的拥护，特别是比习仲勋年长的同志，也都很尊重他。

陕甘边区苏维埃政府成立后，刘志丹、习仲勋进一步加强了干部教育工作，红军干部学校改建为陕甘边区党政干部学校。培训对象除来自红军外，还有各级苏维埃政府选派的地方干部，办了两期培训班。前后共培训干部200多人。这些干部结业后，多数回到了原工作单位。党政干部学校的创办提高了军政干部的政治和军事素质，推动了各项工作的开展。随着革命形势的发展，1935年7月，刘志丹、习仲勋创建的这所陕甘边区党政干部学校迁至陕北延川县永坪镇，发展成为西北红军干部学校，校长吴岱峰，政委张秀山，政治部主任李登瀛，教育长张文舟。10月，中央红军长征到达陕甘根据地后，西北红军干部学校又与中央红军的干部营（即原中央红军干部团）合编为中国工农红军学校。1936年2月，中共中央和中央军委决定，将中国工农红军学校易名为西北红军大学。6月，中共中央决定，西北红军大学定名为中国抗日红军大学（简称“抗大”），毛泽东兼任中国抗日红军大学教育委员会主席，林彪任校长，后来，抗大几经变迁发展成为今天的国防大学。由此可知，刘志丹、习仲勋创建的陕甘边区红军干部学校正是后来的抗大和今天的国防大学的前身，在红军教育机构和制度的发展史上，具有十分重要的地位。

陕甘边区军政干部学校旧址

开展统一战线工作

习仲勋吸取了以往革命斗争中的经验教训，重视开展统一战线工作。他后来说："为了胜利地进行武装斗争，就必须用最大力量，去争取同盟者，分化和孤立敌人，而避免自己陷于孤立。当时，我们曾经和受蒋介石排挤的杂牌军、西北军的许多部分有联络，有来往。对那些不坚决反对革命运动的地方团队、帮会势力，做争取工作，使他们保持中立。这些都很有成效。"①

习仲勋领导的陕甘边区苏维埃政府在统一战线方面主要做了以下工作：

对国民党杂牌军积极开展统一战线工作。习仲勋说："我们党在十七路军活动的历史一直没有间断过。我在陕甘边工作的时候，同我联系的同志大都是在这个部队，并且通过十七路军搞来了枪支、经费和人员。我们

① 习仲勋：《跟着毛泽东走就是胜利》（1951 年 7 月 1 日），中共中央党史研究室编：《习仲勋文集》（上卷），中共党史出版社 2013 年版，第 228 页。

党同十七路军的统战工作比东北军还要早。”[①] “当时孙殿英到宁夏后，曾写信与我们联系”，[②] 陕甘边区党政组织给他回信做统一战线工作。习仲勋在国民党军队中开展的统战工作很有成绩，为后来党中央在西北建立抗日统一战线的新局面准备了条件。

对有政治背景的土匪，为群众所痛恨的惯匪，坚决消灭，对一般土匪，则采取各种办法去争取改造。如对政治土匪张廷芝部和惯匪杨谋子部等，红军采取了坚决打击和消灭的方针、政策。而对黄龙山郭宝珊率领的绿林武装，苏维埃政府采取了团结、争取、教育的政策。在党的教育和政策感召下，1934 年 10 月，郭宝珊在庆阳新堡宣布起义，率领 120 余人进入苏区，参加了红军。11 月 10 日，陕甘边区特委和军委在荔园堡将郭宝珊所部改编为西北抗日义勇军，郭宝珊任司令员，任浪花任政委，下辖三个大队。西北抗日义勇军后来发展成为红四十二师的一支主力团队。

对极端反动的地主民团坚决消灭，对同情、靠近共产党、红军及苏维埃政府的民团，则与之建立统战关系，互不侵犯。对那种既不反对，也不愿接近共产党、红军及苏维埃政府的民团，在实际斗争中教育他们，使之转变对共产党、红军和红色政权的认识，并向苏维埃政府靠拢。

对哥老会采取争取政策，建立长期的统战关系，对其中的反革命分子，发动群众去清除。对扇子会、红枪会、硬肚、软缠等会道门组织，采取争取的政策，逐步予以改造。对白军俘虏一般采取教育、改造的政策。

刘志丹、习仲勋坚持实行的统一战线方针，是陕甘边革命根据地建设事业的一个非常了不起的创举，有着非常重大的意义。如果我们把视角转到全国其他根据地，就会发现因受到“左”倾思想的干扰，在当时许多根据地中，几乎都视统一战线为禁区。比如，徐向前同志就说过，川陕根据地搞得民穷财尽，红四方面军后来被迫离开根据地长征，一个重要的原因，

① 《习仲勋冯文彬谈原十七路军》，中共中央党史研究室编：《党史通讯》1984 年第一期，第 12 页。

② 《郭洪涛 1945 年 7 月在西北党的历史座谈会上的发言》，刘凤阁、任愚公主编：《红二十六军与陕甘边苏区》，兰州大学出版社 1995 年版，第 434 页。

就是张国焘在川陕根据地推行的还是王明的那一套，许多东西是“左”的。如对地方政策，不分青红皂白，只要当过保长的，多要杀掉；认定是地主、富农的，也要杀掉。把小经纪人当资本家打倒，搞得根据地商业凋敝，连日用生活资料都很难买到。俘虏政策上，要兵不要官，放兵不放官，尤其是对营以上被俘军官，杀掉不少，增加了敌军的对抗、报复心理。徐向前还沉痛地说:“左”的东西，开始往往被轰轰烈烈、有声有色的革命形式掩盖着，一时不易被人识破。然而，它的灾难性后果，总要集中爆发的。一旦爆发，局面即难以收拾。[①] 真理往往是在比较中被认识和把握的。我们之所以进行横向比较，是因为通过这种比较，我们就可以更好地揭开陕甘根据地“硕果仅存”的秘密所在。毛泽东说过，统一战线是中国革命的三大法宝之一。习仲勋在陕甘边区就已成功地认识和掌握了这个重大的法宝。

正确开展肃反工作

为了保卫革命根据地的各项建设事业的顺利进行，开展肃清反革命分子的工作，在当时是一项重要的任务。在肃反工作中，陕甘边区苏维埃政府也采取了正确的政策，明确作出如下的政策规定：对犯人分别主犯与从犯。对属于敌探及确有证据的反革命分子一般采取坚决镇压的政策；若群众愿出面作保，且不杀也无损于革命的，可以保释予以感化；对确有证据的反动豪绅地主，采取镇压的政策；一般豪绅地主只向其要粮索款，并不杀掉；处决人犯需经过群众大会，不搞秘密杀人。

“十大政策”的制定和实施，使习仲勋领导的陕甘边区苏维埃政府创造出了非凡的革命业绩，有力地促进了武装斗争、土地革命及根据地建设的顺利进行，陕甘边南梁革命根据地的各项事业取得很大进步，南梁成为贫苦农民向往的好地方。

习仲勋领导的陕甘边区苏维埃政府是中国共产党在西北地区创建最早

① 《徐向前回忆录》，解放军出版社 2007 年版，第 300–301 页。

和延续时间最长的正式的工农民主政府，它是毛泽东红色政权理论在西北地区的具体实践结晶，它为陕甘边革命根据地的进一步发展奠定了基础，为党中央把中国革命大本营放在西北创造了必要的条件，为党中央和全国红军的长征准备了落脚点和抗战的出发地，为全国革命的胜利作出了杰出的贡献。正如毛泽东后来在延安大学开学典礼上说的，人总是要落在一个地方，像飞机早上出去，晚上也得回来，落在一个地点。不能到处飞不落地。从这点上说，中共中央有边区这个稳定的落脚点，对抗战对中国革命具有十分重大的意义。①

对于刘志丹、习仲勋领导的陕甘边区党和苏维埃政府的工作成效和影响力，当时，国民党统治区的《大公报》记者范长江通过在西北的实地采访，做了如下生动的描述："他针对着政府（指国民党）的缺点，来宣传组织民众。分大地主的土地与羊子给一般农民，反对捐税，反对派款。因此在消极方面，取消了民众的负担，积极方面增加了民众的所有。以实际利益为前提的民众，当然赞成刘志丹之组织，使民众更不得不为之用。更经数年来赤化教育之结果，民众心中只知有苏维埃、瑞金、莫斯科、列宁、斯大林等，而不知有西安、兰州、北平、南京等名词。某县长曾在合水以东召集民众训话，数次申传，到者寥寥。而苏维埃召集开会，则二十四小时之内，可以立刻齐集数百里以内之民众。"② 得民心者得天下，这是一条千古不变的真理，刘志丹、习仲勋领导的陕甘边区党和苏维埃政府赢得了最广大人民群众的衷心拥护和支持，才使其不断地得到了发展壮大，最终立于不败之地。

正是由于刘志丹、习仲勋领导的陕甘边区党和苏维埃政府的坚强领导，陕甘边以及后来发展的陕甘根据地成为全国"硕果仅存"的革命根据地。对于它之所以能成为"硕果仅存"的革命根据地的原因，习仲勋作了深入的分析，总结了它的发展规律。

---

① 中国抗日战争史学会编：《抗战时期的陕甘宁边区》，北京出版社 1995 年版，第 698 页。

② 范长江：《刘志丹之鼓动与民众之背向》，《刘志丹纪念文集》编委会编：《刘志丹纪念文集》，军事科学出版社 2003 年版，第 793–794 页。

习仲勋深刻地指出：陕甘边根据地的革命斗争，是全国革命斗争的一个组成部分，它的形成和发展的历史，与全国各个根据地一样有着共同的发展规律，这就是以马列主义、毛泽东思想为指导，坚持走井冈山的道路。但是由于历史、地理和社会的具体环境不同，在斗争实践中这块根据地又形成自身的特点和具体经验，成为它能够由小到大、由弱到强，克服内外重重困难，战胜强大于自己好几倍的敌人的基本原因和历史条件。

首先，党组织把革命斗争的重点始终放在农村，贯彻工农武装割据的思想很坚决。大革命失败后，党组织把工作重点及时转移到农村，主要党员到农村去、到兵营去，发动和领导农民进行土地革命战争。先后发动了清涧起义、渭华起义、栒邑起义、两当兵变、靖远兵变、西华池兵变、蒿店兵变等，创建了陕甘游击队、红二十六军和以南梁为中心的陕甘边革命根据地，使革命的星星之火逐渐燃遍了陕甘。虽然当时“左”倾机会主义在党内占据统治地位，他们对中国革命的长期性和农村根据地的重要性认识不足，热衷于城市斗争，主张军事冒险，使党组织在创建红军、开展土地革命、创建革命根据地的斗争中不可避免地受到一定影响，带来曲折和失败的教训。但是曲折和失败，从反面使我们更加坚定了贯彻工农武装割据，农村包围城市，最后夺取城市的思想。

其次，武装斗争是革命之本，枪杆子里面出政权。陕甘边根据地斗争史，实际上就是一部武装斗争史。只要枪杆子拿在共产党人手里，与红军、苏区结合起来，那就是“能”的。大革命后期，以刘志丹、谢子长为代表的一批共产党员打入敌人部队，从事兵运工作，搞了 70 多次兵变，就是为了拿起武器进行斗争。这些斗争虽然都失败了，却使我们领悟到军事运动不同农民运动和建立根据地结合起来，我们就难以存在和坚持下去。我们开始把开展游击战争与三分（地、粮、财物）、五抗（税、租、债、粮、款）结合起来，把建立革命武装同开创根据地和建立红色政权结合起来，在战略战术上，不打硬仗、不死守一地，在运动中消灭敌人，积小胜为大胜等，使我们取得了主动，打开了局面。

其三，“梢林主义”是创建根据地的马列主义。我们把苏区叫做“梢林”，这是从三原、渭北平原碰钉子碰出来的。在敌我力量对比上，我们处于劣势，处于敌人的四面包围之中。在平原上于敌人有利，于我们则是有害。“梢林”，距敌人统治中心较远，其统治力量鞭长莫及，有利于革命力量的生长和存在，有利于根据地的开拓和发展。虽然“梢林”人口稀少，经济文化落后，环境极其艰苦，但是群众有强烈的土地革命愿望。因此我们总是先进行群众工作，一村一村做调查，一家一户做工作；此后组织武装，开辟苏区，建立政权。对于根据地建设，我们不搞孤立主义，在确定中心区的基础上，以主力红军为骨干，建立多处游击区，扩大回旋余地，互相呼应配合，把革命力量的积聚和扩大统一起来。

其四，陕甘边的斗争史，是统一战线的又斗争又联合的历史。对于同国民党政权有矛盾的地方武装，我们总是努力争取。凡同情、倾向革命的都热诚相待，一些哥老会头目、民团团总、保安团、红枪会，经过我们的团结争取，他们都为革命做过许多好事。对于某些土匪，能不能改造他们成为游击队呢？庆阳杨培盛领导的游击队，开始是有土匪成分的，后来经过长期改造把土匪成分洗刷了，吸收一些新的农民成分，就成为游击队了。黄龙山的“大王”郭宝珊，经过刘志丹等的多方面工作，终于把他引上革命道路，从红军时代直到解放战争时期，立了许多战功。

其五，陕甘边根据地有一个坚强、正确的领导核心。在长期的革命斗争中，形成了以刘志丹为代表的领导核心。这个核心的坚强正确，表现为政治上的坚定性，始终不渝地坚持党的正确路线，克服“左”的和右的干扰，经受得住挫折和失败的考验，在危险的时刻力挽狂澜，转危为安，尤其是在与中央中断联系的情况下，不盲目依靠上级指示和抽象教条，善于把党的正确路线方针同陕甘的实际相结合，正确地估量敌情我情，按照客观情况去决定自己的政策，独立地处理重大问题，表现出政治上的成熟和独创，为探索中国革命正确道路作出重大贡献。

第六章 | 巩固和扩大陕甘革命根据地

一、筹划陕甘边区第二次反“围剿”斗争

就在刘志丹、习仲勋领导陕甘边根据地革命斗争走出低谷，不断取得胜利的时候，中央革命根据地的第五次反“围剿”战争却在“左”倾教条主义的错误领导下遭到失败。1934年10月，中央红军被迫退出中央苏区，开始进行长征。此时，蒋介石一面调集重兵对长征途中的中央红军进行围追堵截，一面加紧准备对陕甘边和陕北两块根据地的第二次大规模军事“围剿”。敌人对陕甘边和陕北的这次“围剿”完全袭用了对中央革命根据地第五次“围剿”采用过的反革命策略，其特点是：

在政治上，实施《剿共临时施政纲要》的方针和“三分军事，七分政治”的口号，厉行保甲制度，设立地方保安队，加强特务活动，实行“一户通共，十户杀绝”的所谓“十户连坐法”。侵入根据地后，立即破坏根据地的党政机构和群众组织，搜罗当地的反动地主、富农、兵痞、流氓组成“还乡团”、“便衣队”，配合其正规军搜捕根据地的党政干部、共产党员、红军战士，用酷刑残杀革命人民、逼迫自首、威胁利诱等方法“策反”根据地的党政干部和地方红军。

在经济上，加紧实施《封锁匪区办法》《匪区食盐、火油、药料、电器封锁办法》等反动法令，在根据地周围构筑了大量碉堡，加紧封锁，禁

止一切工业品运入根据地。据敌三十五师马鸿宾部在陕甘边境庆阳、正宁等地带与红军刘志丹部作战报告中披露:“本师自奉命进剿赤匪，关于碉堡构筑法均遵照南昌行营颁布碉堡构筑方法，于赤匪活动地带构筑碉堡，以便断绝交通而选地点：庆阳西川三十里铺碉堡五座，东川新堡碉堡二座，悦乐堡碉堡一座，连堡垒一处，元城镇、五蛟两处碉堡四座，桥沟门碉堡二座，赵家梁碉堡二座，梁家沟门碉堡一座，荔园堡碉堡二座，白豹川碉堡二座，柔远川碉堡三座。”①以上合计，仅在庆北苏区至南梁中心区一带狭小地区，敌构筑碉堡二三十座。敌军侵入根据地后，大肆搜刮民脂民膏，破坏根据地的工农业经济，实行焦土政策，制造无人区，企图使根据地经济枯竭，红军无以自存。

在军事上，敌人采取“稳扎稳打，步步为营，分割包围，各个击破”的作战方针。在战略上，用6个师、30个团的兵力，对陕甘边、陕北根据地采取大包围圈战法，分割包围；在战术上采用分路“进剿”，驻点筑碉、修壕，步步为营，稳扎稳打，合并村庄，抢光杀光，制造无人区，加强地方民团武装、还乡团，建立“铲共义勇队”，配合正规军抢劫烧杀。对红二十六军和红二十七军采取各个击破的策略。

为了达到上述战略目的，蒋介石从1934年10月就开始调整兵力，部署第二次“围剿”。在北线，蒋介石将敌八十六师井岳秀部3个团的防地收缩到保安、定边、靖边、横山、榆林、葭县、神木、府谷一带“剿防”，进攻神府苏区；在东线，蒋介石调集山西军阀阎锡山的晋军七十一师，集结在黄河东岸各要点驻防，并派遣第二〇六旅2个团西渡黄河进驻吴堡和宋家川、辛家沟，绥德县的义合镇、定仙墕镇；在南线，敌杨虎城部第四十二师的4个团摆在宜君、中部、洛川、鄜县、甘泉一线，固守咸（阳）榆（林）大道，担负战略警戒任务；在西线，敌三十五师马鸿宾部的3个旅，加上陇东警二旅，共7个团的兵力分别进驻曲子、庆阳、合水，布成新月形的战线，向南梁根据地逐次推进；在西南面，蒋介石嫡系

① 《国民党军队马鸿宾部一九三五年“围剿”陕北、陕甘边根据地时的部署》，中共庆阳地委党史资料征集办公室编:《中国共产党领导的陕甘边区（陇东部分）》，第283页。

胡宗南部第六十一师杨步飞部6个团分别进驻合水、宁县、正宁地区，楔入南梁根据地和南区根据地之间待机。为了分割陕甘边和陕北两块根据地的联系，蒋介石从河南洛阳地区调来第八十四师高桂滋部4个团进驻延安、安塞、延川、清涧、绥德、米脂一带，并向陕北苏区进攻。蒋介石在第二次“围剿”中调集陕西、甘肃、山西、宁夏、河南五省军阀及嫡系部队6个师约30个团共4万余人的兵力。蒋介石的上述“围剿”部署至1935年4月完成，历时半年。

面对严峻的形势，刘志丹、习仲勋等陕甘边区党政军干部一道认真研究敌情，分析反“围剿”的主客观条件，谋划反“围剿”斗争的方针和策略。

刘志丹、习仲勋等领导人认为，国民党蒋介石策划的第二次“围剿”战争虽然经过长期的精心准备，但仍存在着许多不可克服的弱点和困难。一是陕甘边和陕北苏区地域宽广，敌军战线过长，只能采取分线、分段“剿防”的办法，一时无法创造与红军主力决战的条件；二是参加“围剿”的国民党军，除第六十一师杨步飞部外，其余均是杂牌军，各军阀都想保存实力，扩大地盘，因而同床异梦，各自为战，不敢打硬仗，不执行统一号令；三是敌八十四师高桂滋部虽然装备精良，驻防在陕北和陕甘边根据地之间的要点地区，但初到陕北作战，人地生疏，与陕北老军阀八十六师井岳秀部之间旧有私仇，现在又因占了井岳秀的地盘，互有戒备，很难协同作战；四是敌军各部驻防的城镇据点处于陕甘边、陕北两个红色区域的包围之中，各据点之间联系十分困难，缺乏机动兵力“进剿”；五是敌嫡系六十一师杨步飞虽装备优良，兵力较强，但为消灭异己，尽量促使杂牌军打头阵，出力卖命，自己保存实力，冒功领赏，因此不能形成部队之间的有效配合。上述敌军在“围剿”行动中的弱点和困难，对陕甘边和陕北红军来说，就成了十分有利的条件。只要红军作战方针正确，部署得当，各部队英勇奋战，粉碎敌人的这次大规模“围剿”是完全可能的。

刘志丹、习仲勋高兴地看到，陕甘边区和陕北苏区的革命形势的发展为反“围剿”奠定了良好的基础。在粉碎了敌军的第一次大规模“围剿”之后，陕甘边革命根据地有了很大的发展，包括淳化、耀县、中部、宜君、栒邑、正宁、宁县、合水、庆阳、保安、安塞、靖边、鄜县、甘泉等18个县的部分地区，面积约达2.3万平方公里，并在这些地区建立了正式的或临时的红色政权。正规红军红二十六军第四十二师发展到5个团的建制、2000余人的兵力，第二路、第三路游击区也形成了2000余人的地方红军游击队，合计兵力4000余人。与此同时，陕北苏区也得到了大发展。到1935年初，陕北苏区已建立了赤源、秀延、延水、延川、安塞、绥德、清涧、葭芦、神木、府谷、米西、靖北、吴堡、横山等14个县的红色政权，推翻了封建势力，实行了土地革命。为了统一领导和开展陕北苏区的各项工作，1935年1月9日，陕北苏区第一次工农兵代表大会，在安定县白庙岔召开，选举成立了苏维埃政府，推选马明方为主席。1935年1月30日，陕北苏区红二十七军八十四师在安定县白庙岔正式成立，杨琪任师长，张达志任政委，下辖3个团，共1000余人。另外地方红军游击队还有1000余人的兵力，主力红军、地方红军合计共有2000余人的兵力。

当时，陕甘边和陕北两块苏区的反“围剿”作战是有许多有利条件的：一是陕甘边红二十六军成立两年多来，经历大小战斗数百次，积累了丰富的反“围剿”作战经验，红二十六军已具有一次歼敌一个团规模的作战能力，红二十七军也在战斗中成长起来，发展成为一支能打硬仗的红军部队；二是陕甘边和陕北苏区地域辽阔，红军回旋余地大，加之地方红军游击队、赤卫军坚持各地的斗争，主力红军不用分兵固守，大大增强了主力红军的机动作战能力；三是陕甘边和陕北苏区群众条件好，群众在地方党和政府的领导下，坚壁清野，封锁消息，敌人进入苏区后，立即陷入人民战争的火海之中，耳目失灵，饥渴交加，处处受到游击队和赤卫军的袭扰，行动十分困难；四是陕甘边和陕北苏区山大沟深，地形复杂，易守难攻，敌军大兵团作战困难；五是陕甘边和陕北苏区的党和红军领导人，从实际出发摆脱和抵制“左”倾冒险主义的错误指挥，从根本上保证了反“围剿”的正确战略方针的制定和贯彻。

刘志丹、习仲勋也分析了陕甘边和陕北苏区的反“围剿”作战面临的困难和不利条件：第一，敌我力量众寡悬殊。两块苏区红军主力部队不到4000人，名义上红军是两个军、两个师，实际上没有军的领导机构。与敌军相比，在兵力上和装备上，敌人占明显的优势，红军仅及敌军兵力的十分之一。第二，陕甘边和陕北苏区被敌军分割包围。陕甘边和陕北两块苏区还没有完全连成一片，各根据地之间也被敌军点线封锁割裂，不能完全畅通，互相支援不便，与敌周旋范围受到限制。第三，陕甘边和陕北两块苏区未形成统一的领导机构。在反“围剿”战争开始前，陕甘边和陕北两块苏区存在着两个领导体系。陕甘边苏区党和红军属陕西省委领导，陕北苏区则受中央驻北方代表领导。1935年1月31日的《陕甘边红二十六A来件》中对此说得很清楚：“在陕北各县有陕北特委，在陕甘边有陕甘边特委，此两特委，谁领导谁，不清楚，关系不密切。”[①] 这种情况不利于反“围剿”的统一行动和统一部署。第四，红军主力未形成攻坚作战能力。当时，敌军驻守在城镇和重要交通据点，修筑碉堡、工事，加固阵地，步步为营，红军没有强大的炮兵、工兵等重武器装备的部队，缺乏攻坚作战的经验，尚不能强攻敌军重兵防守的城镇。

根据上述分析，刘志丹、习仲勋等开始在陕甘边区组织和实施反“围剿”斗争，党政军民齐动员，根据地军民众志成城，严阵以待，投入紧张的反“围剿”准备工作。

二、西北工委和西北军委的成立

在刘志丹、习仲勋认真谋划陕甘边区反“围剿”斗争的同时，陕北党组织的上级中央驻北方代表也在思考着这一问题。1934年10月，中央驻北方代表派出特派员黄翰来到陕北苏区视察工作，根据陕甘边和陕北苏区的革命斗争的客观要求，黄翰作了三点指示：成立中国工农红军第二十七

---

① 《陕甘边红二十六A来件》，中共庆阳地委党史资料征集办公室编：《中国共产党领导的陕甘边区（陇东部分）》，第88页。

军，以八十四师为骨干，并任命杨琪为师长，张达志为政委；成立中共西北工作委员会和西北军事委员会，统一指挥陕北和陕甘边两块苏区的武装斗争；积极做好准备，粉碎敌人的第二次反革命“围剿”。黄翰的上述指示为统一领导陕甘边和陕北苏区的反“围剿”斗争奠定了思想和组织基础。

根据中共北方代表特派员黄翰的指示精神，中央北方代表驻西北军事特派员谢子长在伤势恶化的情况下，邀请陕甘边特委的负责人和陕北特委的负责人召开联席会议，共同商讨两苏区粉碎敌人第二次“围剿”的大计。

1935 年 1 月上旬，在红二十六军第二团和庆阳游击队、陕甘游击队五、六支队的护送下，刘志丹离开南梁，前往陕北，同在安定县水晶沟养伤的谢子长，商谈了反“围剿”的方针和加强陕甘边、陕北两个根据地统一指挥、统一领导等问题。经过商讨，刘志丹和谢子长取得了一致意见。

1935 年 2 月 5 日，陕甘边特委和陕北特委在安定县的周家崄召开联席会议，深入讨论统一陕甘边和陕北两块根据地党政军领导和制定第二次反“围剿”作战方针问题。谢子长因伤势严重，没有出席会议，刘志丹传达了他和谢子长共同商讨的意见。会议决定，成立中共西北工作委员会，原中共陕甘边区特委书记惠子俊任书记，习仲勋等为委员。中共西北工委成立后，原陕北特委随即撤销，原陕北特委所领导的各县委，改由西北工委直接领导。陕甘边特委仍然保留，继续领导陕甘边各县委的工作。会议同时决定成立西北军事委员会，统一指挥两个根据地红军和游击队的反“围剿”作战，选举刘志丹为西北军委主席（一说谢子长）。

经过认真讨论，周家崄会议通过了刘志丹、谢子长商讨的关于粉碎敌人第二次“围剿”的作战方针和战略战术原则的建议，通过了土地革命的政策和策略、抗日反帝工作政策和策略方针等，统一了陕甘边和陕北苏区的组织和反“围剿”军事行动，从组织上统一了陕甘边和陕北两块苏区党的领导工作和红军指挥工作，对后来粉碎敌人的大规模“围剿”和土地革命蓬勃深入开展起了很重要的推动作用。

为了粉碎敌人的“围剿”，西北军委确定了集中红二十六军、红二十七军主力，组建西北红军主力兵团，集中兵力打击和消灭敌八十四师高桂滋部，打通陕甘边和陕北苏区的联系，使两个根据地联成一片的反“围剿”行动部署。2月18日，刘志丹起草并发布了西北革命军事委员会动员令和调红二十六军四十二师主力北上陕北作战的命令。

就在反“围剿”部署刚刚下达，反“围剿”斗争即将展开的关键时刻，谢子长终因伤势恶化，于1935年2月21日逝世。谢子长的逝世是西北红军和陕甘边、陕北根据地人民的重大损失。

刘志丹的反“围剿”动员令发布后，习仲勋根据刘志丹的统一安排并结合陕甘边区的实际，立即在陕甘边根据地进行反“围剿”的动员和部署。习仲勋说：“在马鸿宾以10个团向陕甘边进攻时，我们粉碎‘围剿’的战略计划是：放弃南梁苏区到敌人的后方去发展。在果果川、头道川一带创造发展了新苏区。骑兵团在韩城、宜川、白水、蒲城一带切断冯钦哉的后路。关中红一团向正宁一带敌后进攻，并配合关中游击队坚持斗争，王宝珊带游击队向陇东发展，二团向三边发展，红三团、义勇军则上陕北配合红二十七军消灭高桂滋敌军。在这个计划下，进行了反‘围剿’的战争，在这次战争中，南梁群众受到了很大的摧残，但总是和我们一起坚持战争，终于在刘、高统率下的红军主力在杨家园子、延长、靖边等战役后粉碎了敌人的二次‘围剿’。”①

三、南梁中心区的艰苦斗争，陕甘边区苏维埃政府移至下寺湾

1935年1月15日，敌三十五师马鸿宾部率先发起了向陕甘边苏区的进攻。敌军由宁夏出发，兵分两路：一路经中卫、环县、曲子进抵悦乐；另一路经固原、西峰、庆阳进驻六寸塬。2月21日，敌占领了庆阳、新

① 《习仲勋1945年7月11日在西北党的历史座谈会上谈陕甘边苏区的创建》，刘凤阁、任愚公主编：《红二十六军与陕甘边苏区》，兰州大学出版社1995年版，第409页。

堡、悦乐、元城、柔远城子等地。敌人采取了“堡垒”战术，在到达悦乐后，一面强迫群众移民并村，建立“战略村”，企图割断游击队和群众的联系；一面选择有利地形，构筑工事，修筑碉堡，仅在新堡、悦乐、五蛟、柔远、白豹等地就修筑碉堡35座。

在敌军大兵压境的情况下，陕甘边区苏维埃政府主席习仲勋、赤卫军总指挥朱志清、副总指挥梅生贵率领第二路游击区各游击队、赤卫军用疑兵之计，迷惑打击敌人。游击队、赤卫军在老爷岭的山头搭起了许多毛毡帐篷，在密林中升起了许多红旗。白天，游击队高举红旗到处游击；夜晚，漫山遍野点燃篝火，并派出小股部队不断袭扰敌军，造成了主力红军在老爷岭一带据险抵抗的假象，迫使敌军在老爷岭以西地区滞留了一个多月，从而有力地掩护了红军主力部队的战略行动。

按照刘志丹、习仲勋等确定的作战部署，红四十二师第三团、西北抗日义勇军、骑兵团向东挺进，迎击由宜君、中部、鄜县、甘泉等地向根据地进犯的敌四十二师冯钦哉部，歼敌两个排。后因敌军密集，无法捕捉战机，遂回师陇东，迎击进犯陇东之敌。3月下旬，骑兵团经元城川南下奔袭，消灭了进犯五蛟的敌骑兵部队两个排，歼敌50余人。

在此前后，红二团和西北抗日义勇军发起了田崾岘战斗。当时，敌三十五师一〇五旅马殿邦团占领悦乐后，以一个营的兵力防守田崾岘。敌军进占后，一面强迫群众集中，建立“战略村”，一面选择有利地形，修工事筑碉堡，准备在摸清红军虚实后，向南梁发动进攻，在未摸清红军主力部署之前，固守悦乐。驻守在田崾岘的敌军以一个连的兵力控制附近的制高点，并在上面修筑了大量工事。根据敌军的兵力部署情况，红二团和西北抗日义勇军决定进攻田崾岘据点的敌军。红军部队兵分三路：红二团、西北抗日义勇军和南梁政府保卫大队担任主攻，从正面直插田崾岘制高点；合水游击队、庆阳游击队从两翼左右夹击，对制高点上的敌军实施迂回包围，并阻击来援之敌。拂晓，战斗打响，红二团和西北抗日义勇军向敌军发起猛攻，敌军猝不及防，从梦中惊醒，仓促应战，经半小时激战，红军将制高点上的敌军一个连全部歼灭。在附近的敌营部和另外两个连慌忙赶去增援，被合水游击队、庆阳游击队阻击而无法前进。红二团和西北抗日义勇军及政府保卫大队在歼灭了制高点的敌人之后，乘胜追击，与合水游击队、庆阳游击队配合，从三面包围敌军。敌军见三面被围，处境孤立，怕遭全歼，仓皇逃回悦乐。这次战斗打得干脆漂亮，歼敌100余人，缴获了大批武器弹药。

在红二团等部队取得田崾岘战斗胜利后，红三团、骑兵团、西北抗日义勇军又发起了“六寸塬战斗”。

当时，红四十二师接到合水游击队报告，敌三十五师马鸿宾部一〇五旅冶成章部的一个营进驻合水县六寸塬，修筑工事设营扎寨，杨森和张秀山（谢子长负伤后，师政委由张秀山担任）决定，趁敌立足未稳之机，奔袭歼灭之。

六寸塬是一个沟壑纵横的小土原，有很多小山包，形成一道山梁。敌人在山梁上修了很多工事，并设置鹿砦，上挂手榴弹，以防红军偷袭。

红军经长途行军，于4月3日凌晨到达六寸塬山梁下的村子附近。拂晓前，西北抗日义勇军首先攻进村子，歼敌20余人，缴枪20余支。天亮后，开始向山梁上的敌军阵地发起进攻。

敌军听见沟下枪响，立即进入阵地，凭借有利地形和工事，拼命进行抵抗。担任主攻任务的红三团一、二连和西北抗日义勇军，由东南面向山梁上发起多次冲锋，均被敌军火力阻止，激烈的战斗一直进行到中午12点多钟。当红三团一、二连再次攻到敌人阵地前沿时，骑兵团突然由左面的山梁上向敌人阵地冲锋，但被敌人密集的火力阻止。骑兵团伤亡很大，团长赵国卿负重伤，在这种情况下骑兵团被迫后撤。在撤退时，红三团一、二连的步兵队伍被冲乱。此时，敌一〇五旅赶到，趁机反攻。红三团一、二连和西北抗日义勇军遂主动撤退。在撤退途中，红三团团长王世泰受伤，六寸塬战斗遂告失利。

六寸塬战斗后，为了加强主力红军，“由习仲勋决定吴岱峰任三团团长，派赵启明、李启民、张文舟任连排长。随后举行党政军会议，习仲勋主持会议，具体分析了敌我情况，肯定估计到敌军必然要进占南梁地区。”[①] 红三团、西北抗日义勇军由张秀山率领开赴陕北，参加西北红军主力兵团在陕北地区的作战。骑兵团、红一团、红二团和各路游击队，由杨森指挥，坚持陕甘边根据地的反“围剿”斗争。

4月14日，敌三十五师马鸿宾部在得悉红军主力已撤离南梁，转兵陕北的消息后，恼羞成怒，倾巢出动，占领了南梁根据地的中心区二将川、荔园堡和陕甘边区苏维埃政府驻地寨子湾。习仲勋率领陕甘边区苏维埃政府机关和保卫大队、赤卫军100余人安全转移。敌人不甘心，又调集500余骑兵紧紧追击刚刚转移的习仲勋和陕甘边区苏维埃政府机关。4月16日，敌军在豹子川、白沙川的交汇处张岔岭将习仲勋率领的陕甘边区苏维埃政府机关包围。赤卫军副总指挥兼参谋长梅生贵率部阻击敌军。习仲勋在赤卫军的掩护下，奋力拼杀，冲出重围。

习仲勋和陕甘边区苏维埃政府机关突围进入白沙川后，敌人又紧追而来。在危急关头，习仲勋等临危不惧，沉着地指挥政府保卫大队和赤卫军掩护边区苏维埃政府机关转移。经过激烈战斗，赤卫军伤亡惨重，最后只剩下梅生贵一个人，还英勇地击退了敌军的数次冲锋。梅生贵终因伤重被俘，壮烈牺牲。政府保卫大队第三中队长王殿斌奉命率部苦战，掩护习仲勋等突出重围。突围后，习仲勋才发现，自己的双脚都被马镫磨出了两个血洞，所骑的白色战马也被条条鞭痕染得血红。对于这次难忘的战斗，王殿斌后来是这样回忆的：“当时，省政府经白沙川向洛河川迁移途中，被马家军队追了10余里路，后被敌人包围，习仲勋同志被围在当中，我与习的警卫员且战且退，到后半夜，行至瓦子川，才摆脱了敌人的追击。但不见了习仲勋同志，找了很长时间，才在一个梢沟里找到了他。我们集合了40余人，在瓦子川驻了七天，后到大东沟驻了三天，被马家军发现追杀，我们又被打散，习仲勋同志骑马脱险。后又集合了一些人，才到阎家

① 《张文华1983年11月谈陕甘边区党政军机关东迁》，刘凤阁、任愚公主编：《红二十六军与陕甘边苏区》，兰州大学出版社1995年版，第480页。

湾驻下来。”[①] 这次南梁突围斗争的经历，给习仲勋留下终生难忘的记忆，突围战斗的残酷情景常常在后来他的梦中再现，战马的奔跑声和激烈的枪声常常将他从酣睡中惊醒。对于在南梁突围战中掩护过自己的王殿斌，习仲勋心里充满感激之情。全国解放后，习仲勋先后五次邀请王殿斌到北京，每次都要王殿斌住上一段时间。王殿斌没有儿子，心里多少有点遗憾，习仲勋就爽朗地让自己的儿子远平给他做儿子。2000 年，王殿斌逝世后，习仲勋让秘书发了唁电，还叫夫人齐心和儿子远平、女儿桥桥去南梁时，专程到林镇黄渠村王殿斌的家中看望其家属，给王殿斌唯一的女儿王玉萍留下 600 元现金，习仲勋一生不忘与他同生死、共患难的战友，展示了老一辈无产阶级革命家真挚的情怀和伟大的人格魅力。[②]

习仲勋脱险后，带领陕甘边区苏维埃政府保卫大队、赤卫军和机关工作人员，转移到陕甘边东区洛河川的石峁湾。20 多天后，敌军又尾追而来，习仲勋又率领陕甘边党政机关转移到洛河川的阎家湾，并在胡皮头村召开群众大会。会议由安塞县苏维埃政府主席王聚德主持，习仲勋同志讲了话。赤卫军、群众 2000 余人参加了会议。会议宣布：陕甘边区苏维埃政府正式进驻洛河川，原属安塞县苏维埃政府管辖的桥扶峪区、下寺湾区、王家坪区转为边区政府直辖一、二、三区。[③]

6 月上旬，陕甘边党政机关迁至距甘泉县城 70 余里位于洛河川的下寺湾。从此以后，下寺湾就成了中共陕甘边区特委和陕甘边区苏维埃政府的驻地，习仲勋当时住在下寺湾的义子沟。

习仲勋到达下寺湾后不久，担任中共陕甘边区特委代理书记。据当时的陕甘边区军委主席刘景范回忆：“陕甘边特委在南梁时书记惠子俊后调西北工委任书记，陕甘边由特委书记李生华继任，李生华担任后又去陕北

---

① 《王殿斌谈苏区的创建》（1959 年 4 月 23 日西北局党校访问记录），刘凤阁、任愚公主编：《红二十六军与陕甘边苏区》，兰州大学出版社 1995 年版，第 420 页。

② 张新民：《走南梁，怀习老》，见《陇东报》。

③ 《王华等七人 1984 年 7 月 24 日至 27 日座谈创建洛河川苏区》，刘凤阁、任愚公主编：《红二十六军与陕甘边苏区》，兰州大学出版社 1995 年版，第 469、472 页。

下寺湾义子沟边区政府驻地旧址

学习，实际特委书记是由习仲勋兼着。”[①] 与此同时，陕甘边区苏维埃政府根据形势的发展，设立了南区和东区革命委员会，政府各委员会的领导人亦有变动：[②]

陕甘边区苏维埃政府主席：习仲勋
陕甘边区苏维埃政府副主席：贾生秀
土地委员会委员长：李生华
劳动委员会委员长：牛永清
财政委员会委员长：杨玉亭
粮食委员会委员长：马锡五

---

① 《刘景范 1984 年 5 月谈陕甘边苏区党政军机关移住洛河川》，刘凤阁、任愚公主编：《红二十六军与陕甘边苏区》，兰州大学出版社 1995 年版，第 479 页。

② 《陕西省志》编辑委员会编：《陕西省志 · 政务志》，陕西人民出版社 1997 年版，第 209 页。

文化委员会委员长：冯锡玉
肃反委员会委员长：郝文明
妇女委员会委员长：张景文
南区委员会主席：黄子文（后张邦英、秦善秀）
东区委员会主席：马文瑞

此刻，身兼陕甘边区特委和边区苏维埃政府领导职务的习仲勋肩负着整个陕甘边根据地反“围剿”斗争的神圣使命，领导根据地军民与敌人展开了殊死的较量。

敌三十五师侵入南梁根据地后，根据地人民在游击队的带领下，坚壁清野，将粮食、灶具掩埋转移，把牛羊赶进山里隐藏起来，敌人找不到粮食，做饭又没有锅，就四处搜山、烧山，向山林开枪。一些群众不得不返回家里。敌人又对群众严刑拷打，企图从群众口中得到习仲勋和陕甘边区苏维埃政府的去向。敌人还到处张贴告示，悬赏银元3000块，马两匹，缉拿陕甘边区领导人习仲勋。南梁人民一心向着红军，向着党和苏维埃政府，始终坚持革命的气节。敌人在坚强的人民面前终究还是一无所获。气急败坏的敌人为了彻底摧毁根据地，实行法西斯的保甲制度，将南梁中心区的南梁堡、小沟门、平定川、豹子川一带的房屋全部烧毁，所有的村庄变成了一片废墟，南梁人民又遭受了一场浩劫。

国民党反动派在摧毁根据地的同时，还网罗地主“还乡团”对人民实行反攻倒算。这些地头蛇，由于情况熟悉，对革命有着刻骨仇恨，对人民的残害更为狠毒。他们四处搜捕共产党员和红军干部战士伤病员。骑兵团长赵国卿在六寸塬战斗中受伤，因伤势严重，不能行动，被安置在南梁附近的森林里，后被敌人搜山捕去，遭到杀害。“还乡团”的反革命报复活动，残暴之极，加重了根据地的灾难。

主力红军北上陕北后，习仲勋在极端恶劣的斗争环境中，领导着陕甘边根据地军民的革命斗争。在反“围剿”斗争中，习仲勋发动根据地群众行动起来，家家户户磨面，碾小米，做豆腐，准备蔬菜，杀猪宰羊。男女老少人背、驴驮，川流不息地把军粮、羊肉、鸡蛋、蔬菜送到红军部队。干部、赤卫军、游击队员还分头给红军带路，侦察敌情，广大人民群众严格保守军事秘密，严密封锁消息，造成了有利于我不利于敌的良好条件。战斗中，赤卫军、游击队和人民群众踊跃参战，救护伤员，送水送饭，打扫战场，不惜大批人力、物力，甚至生命，全力支援反“围剿”战斗。

当时，南梁地区的游击队、赤卫军战士，除跟随主力红军转战陕北，迂回外线外，大部转入地下秘密活动，侦察敌情，积极打击敌人，袭扰敌人，使敌人一夜数惊，疲于奔命。奉命坚持陕甘边苏区斗争的红二十六军第四十二师骑兵团、红一团、红二团纵横驰骋在陕甘边苏区的广大地区，牵制和打击敌军三个师的兵力，占敌军投入“围剿”作战总兵力的60%以上，有力地袭扰了西线、南线、西南线三个方面的敌军的“围剿”行动。

按照刘志丹、习仲勋的指示，红二十六军骑兵团由下寺湾进入宜川、甘泉一带活动。5月21日，红二十六军骑兵团在宜川的屯石崾岘歼灭敌民团武装160余人。然后北上临镇。此时，西北前敌总指挥部命令骑兵团开赴延长作战，当骑兵团到达延长时，战斗已经胜利结束，西北前敌总指挥部遂将缴获的170余匹战马补充给骑兵团，扩建了第四连。此时骑兵团已拥有兵力500余人，战马500余匹。此后，骑兵团配合红一团又分别到宜川、鄜县、澄城、合阳、宜君、中部一带开展游击活动，扫荡了观音堂、芝川、甘井镇、咨村等50余个反动民团据点，打土豪，分粮食，摧毁反动政权，又开辟了洛川、中部、宜君游击区，控制了咸榆大道，切断了敌军的交通运输线，牵制了南线敌四十二师冯钦哉部的进攻，有力地配合了西北红军主力兵团的作战。7月，骑兵团在完成任务后，又回到下寺湾地区。为了巩固骑兵团开辟的新苏区，习仲勋和陕甘边区党政组织决定设立东路指挥部。“习仲勋派马文瑞到东路指挥部当政委兼红泉县县长，曹力如任总指挥，当时发展到400多名党员。”①

① 《张文华1983年11月谈陕甘边区党政军机关东迁》，刘凤阁、任愚公主编：《红二十六军与陕甘边苏区》，兰州大学出版社1995年版，第481页。

红二十六军第一团遵照刘志丹、习仲勋的部署，进军宜君、中部一带开展游击战争，后红一团退回陕甘边南区根据地，配合第三路游击区各游击队，以正宁湫头塬为中心，广泛开展游击战争。1935年3月，国民党军驻底庙的一个骑兵连进犯下南坡头，新正四支队阻击失利。红一团闻讯迎战，毙敌数人，余敌溃退。4月，回民支队在龙嘴子一带设伏袭击敌军一个骑兵连，俘敌连长以下7人，缴获步枪6支，机枪1挺。4月1日，红二十六军第一团和宁县三支队开赴宁县金村塬一带开展游击活动。当红一团由瓦扇子行军到金村庙附近，得知金村庙已驻扎敌三十五师马培清骑兵团。红一团立即向湘乐川转移。敌三十五师骑兵团倾巢出动，穷追不舍。当红一团由湘乐川北上盘克塬时，在半坡受到优势敌人前后夹击。在十分危急的情况下，红一团二连连长张治怀率领全连战士抢占盘克塬的一个高地，凭借有利地形阻击敌军，掩护主力突围。在二连的有力掩护下，团部及一连、先锋连、宁县三支队安全突围。但二连却陷入了敌军的重重包围之中。二连顽强抵抗，战斗从上午11时进行到下午3时，打退了敌军多次强攻，击毙敌补充营副营长以下10人。但因众寡悬殊，二连难以在白天突围。夜幕降临后，二连跳崖突围。金村庙战斗，红一团损失严重，团长陈国栋负重伤，二连长张治怀等30余人壮烈牺牲，20余人被俘。但这次战斗表现了红一团这支新组建的红军部队顽强作战、不怕牺牲的品格和优秀的政治素质。红一团突围后，转移到九岘塬桃树庄一带休整补充。战后第四天，宁县三支队指挥员刘永培受党组织派遣从小石崖前往金村庙一带收容失散和受伤的红军战士，失散的战士陆续回到红军部队，被俘的红军战士也最终返回红军的怀抱，表现了坚定的革命立场。

红二十六军第二团根据刘志丹、习仲勋的命令，坚持在陕甘边苏区的西北部和东北部开展游击活动。4月21日，红二团在杨青川伏击敌八十六师井岳秀部警三团一个骑兵连，全歼敌军，并将缴获的战马扩建了一个骑兵排。5月20日，又在保安县顺宁川和安塞川的五城镇，全歼敌民团100余人。接着北上定边，深入敌八十六师的后方地区活动，摧毁了张廷祥匪部设在韩家集的一个修械所，扫荡了敌人的保甲政权，迫使张廷芝、张廷祥匪部逃回了靖边、安边老巢。然后，红二团又挥师南下，奔袭驻守吴起镇之敌民团，解放了吴起镇。红二团在两个来月的游击活动中，粉碎了敌八十六师警三团对保安苏区的“围剿”，开辟定边以东靖边以西、以北的大片游击根据地。6月，红二团奉西北军委的命令，参加西北红军主力兵团作战序列，北上靖边作战。

习仲勋在下寺湾，不仅思考着、筹划着整个陕甘边区的军事、政治、经济斗争，他还时刻关心着南梁，关心着老根据地群众的安危。1935年1月，习仲勋将王英找去谈话，叫他去庆北开辟新苏区。不久，敌人“围剿”庆北苏区，王英带领庆北保卫队坚持斗争，后转移到保安休整。习仲勋闻讯后，写信叫王英带着庆北保卫队到洛河川，当王英带着队伍来到陕甘边区苏维埃政府驻地阎家湾时，早已等候在窑洞前面半坡上的习仲勋高声喊：“王英同志，你们回来了，叫部队到村子住下休息！”接着，习仲勋详细听取了王英对庆北工作的汇报，并叫总务人员杀猪宰羊，慰劳来自庆北的全体指战员。后来，习仲勋又安排王英开辟中宜苏区，叫杨占鳌带领庆北保卫队返回庆北，恢复苏区。①

习仲勋还领导着南梁中心区的地方红军武装积极开展对敌斗争。第二次反“围剿”开始后，庆阳游击队大部编入红四十二师第三团，随主力北上陕北作战后，剩余人员在元城进行整编。整编后，庆阳游击队时而集中，时而分散，灵活机动地开展游击，部队得到很快发展，达到100余人。4月中旬，庆阳游击队突破敌三十五师马鸿宾部的包围后，在麻地台又一次进行整编，正式成立庆北游击队，下辖2个大队、7个分队。奉习仲勋命令，庆北游击队成立后，立即在保安、吴起、定边、靖边一带开展游击活动。8月，李培福联络失散的老游击队员李树林、田生弟等12人，以此为骨干，在二将川一带重新组织起庆华游击队，发展到60余人。庆华游击队在南梁地区打击敌人，发动群众，恢复红色政权。

此时，红二十五军长征来到陇东泾川一带，敌三十五师前去阻击，南

---

① 王英：《在庆北开辟新苏区的斗争》，刘凤阁、任愚公主编：《红二十六军与陕甘边苏区》，兰州大学出版社1995年版，第972、978–979页。

梁中心区一带敌人大部撤离，习仲勋加紧南梁根据地的恢复工作，先后恢复了温台区、柔远区、城壕区、白豹区的红色政权。9月，恢复建立了庆北办事处，这时，南梁根据地中心区基本上得到了恢复。1935年9月下旬，在习仲勋领导的陕甘边区特委和边区苏维埃政府的组织下，华池战区在南梁的恢复地区正式设立。华池战区管辖原庆北县和华池县的红色政权。此后，在习仲勋的领导下，南梁根据地人民拆碉堡、平战壕，重建家园，迅速消除战争创伤，各区、乡、村的红色政权都逐步恢复和建立。南梁又回到了人民的手中。

四、第二次反“围剿”斗争的胜利，陕甘革命根据地的扩大

当习仲勋领导陕甘边区红二十六军第四十二师第一团、第二团、骑兵团及各路地方红军游击队坚持在以南梁为中心的广大根据地牵制和打击南线、西线、西南线“进剿”的敌军主力的时候，陕北战场捷报频传。

3月，红四十二师第三团和西北抗日义勇军离开南梁，挥师陕北。4月15日，红四十二师第三团和西北抗日义勇军到达陕北安定县李家岔、黄家峁一带，受到陕北苏区人民的热烈欢迎。红二十六军主力所到之处，群众敲锣打鼓，夹道欢迎，杀猪宰羊，犒劳红军、赤卫军，少先队站岗放哨，做向导，传递情报；妇女缝补衣服，做鞋袜，看护伤病员。陕北人民的拥军热情使红二十六军指战员深受感动，纷纷表示杀敌的决心，要积极勇敢地作战，消灭更多的敌军，来报答陕北人民的期望。

红二十六军四十二师第三团和西北义勇军及陕北游击队第三纵队，经靖边进军横山。4月22日，在横山寺儿畔歼敌八十六师井岳秀部一个精锐连，大大鼓舞了陕北苏区军民的反“围剿”斗争的热情。

5月1日，红二十六军第四十二师第三团、西北抗日义勇军与红二十七军第八十四师在安定县白庙岔胜利会师，组成西北红军主力兵团。会师时，红二十六军第四十二师第三团和西北抗日义勇军兵力近1000人，

红二十七军第八十四师第一、二、三团共有兵力1250余人。两部共2100余人，长短枪1500余支，轻机枪4挺。这时，西北军委根据周家崄会议的决定，组建了中国工农红军西北军事委员会前敌总指挥部，刘志丹任总指挥，高岗任政治委员，白鉴任政治部主任，黄子文任秘书长，朱子休任参谋长。前敌总指挥部下辖红二十六军第四十二师、红二十七军第八十四师，统一指挥陕甘边、陕北红军主力和游击队。前敌总指挥部的成立，使西北红军主力兵团有了统一的作战指挥机构，保证了反“围剿”作战的顺利进行。

4月下旬，敌八十四师和八十六师各部向陕北苏区实施向心挤压。4月30日，敌八十四师一个营进驻清涧县与安定县之间的杨家园，修筑碉堡，建立据点。西北军委前敌总指挥部和刘志丹决心乘其立足未稳，歼灭敌人。5月7日拂晓，西北红军主力兵团向杨家园据点的敌军发起攻击，在吴家寨歼敌500余人。同日，敌八十四师一个营护送400余驮军用物资及军官家属，由绥德经清涧前往安定县瓦窑堡，陷入陕北游击队、武工队及万余名赤卫军的包围之中。9日，刘志丹率西北红军主力兵团赶到，发起围歼战。经两个小时的激战，全歼敌军。

吴家寨战斗和马家坪战斗的连续胜利，打开了陕北反“围剿”斗争的新局面。这两次战斗，共计歼敌八十四师两个营又一个连，俘敌近千人，缴获步枪千余支，轻重机枪56挺，迫击炮两门，给敌以沉重的打击，使其收缩据点。5月10日，敌安定县城和延川永坪镇的守军在西北红军主力兵强大威力的震慑下，弃城而逃。红军乘胜前进，解放安定县城。

5月10日，中共西北工委在安定县玉家湾举行会议，决定西北红军主力兵团向南出击，在运动中歼灭敌人，并要求在5月底打通陕甘边和陕北两个根据地的联系，使两块根据地连成一片。

5月中旬，西北红军主力兵团东进至清涧县无定河边一带地区。5月20日，红军以长途奔袭战术，全歼驻守绥德、清涧交界张家圪台的敌八十四师一个连。接着，又在三皇峁歼敌一个连。5月22日，西北红军主力兵团转移至清涧店子沟地区，制造攻击清涧和绥德县城的假象，红军则隐蔽行动，星夜南下。30 日，红军向延长发起攻击，全歼守敌，解放延长县城。6 月 1 日，延川县城守敌八十四师一个营及地主民团，惧遭歼灭，弃城而逃，退往清涧县城，红军乘胜解放了延川。接着，前敌总指挥部按照打通陕甘边和陕北苏区的联系，使两块苏区连成一片的方针，决心拔除两块苏区之间的敌军据点，为此制定了先打甘泉县城，后攻安塞县城，孤立延安城敌军的作战计划。

6 月 4 日，西北红军主力兵团由延长县城出发，昼夜兼程南下，奔袭甘泉县城。甘泉守敌四十二师一个营已知悉红军解放延长、延川的消息，加紧戒备，严密防守。西北红军主力兵团赶到甘泉时，发现敌军戒备森严，偷袭计划无法实现。刘志丹立即改变计划，沿洛河川西进，到陕甘边中心苏区下寺湾一带休整补充，待机破敌。

6 月上旬，刘志丹率领西北红军主力兵团来到下寺湾后，在习仲勋主持下，陕甘边区苏维埃政府在阎家沟灵台召开了反“围剿”祝捷大会。“群众为自己的军队杀猪宰羊进行慰劳，习仲勋主持在下寺湾北召开了有军民几千人参加的祝捷大会，军容整齐，轻机枪、重机枪摆在台前一大片，后边又伴有从延长缴获的大批战马。刘志丹、习仲勋都在大会上讲了话。实际这次祝捷大会，也是一个新的大进军誓师大会，紧接着部队出发打高桥、新洛寨、李家塌、靖边等，胜利捷报不断传来，全区上下人心振奋。”①

6 月 20 日，西北红军主力兵团围攻敌安塞县城兴隆寨。该城三面环沟，一面靠山，地形险要，易守难攻。战斗开始后，红二十六军第三团担任主攻。红二十七军第二团挖地道爆破。当天，红军炸开城墙，攻进城内，歼敌 200 余人，俘获敌新、旧两任县长，缴获了全部敌伪公文档案和关防印信，解放了安塞县城。

6 月 22 日，红军全歼李家塌寨子据点的地主恶霸、土豪劣绅和民团武装 400 余人。战后，安塞境内各据点的敌军望风披靡，安塞游击队和陕

① 王华:《陕甘边东区的创建》，刘凤阁、任愚公主编:《红二十六军与陕甘边苏区》，兰州大学出版社 1995 年版，第 1014 页。

北游击队第四纵队扫荡残敌，安塞全境获解放。从而使陕甘边、陕北苏区连成一片，形成了陕甘革命根据地。西北红军主力兵团由组建时的2100余人，发展到3000余人，全部装备了新式武器，并配备了轻、重机枪和迫击炮等火力较强的武器，作战能力有了很大提高。

此后，北线的敌八十六师井岳秀部继续向根据地进攻。前敌总指挥决定以敌八十六师作为西北红军主力兵团下一阶段作战的打击目标。经过慎重分析，刘志丹和前敌总指挥部决定攻克靖边县城，打击敌八十六师，解除陕甘根据地北线的威胁。

按照前敌总指挥部的作战方针，6月28日凌晨，西北红军主力兵团进入进攻阵地，红二十六军第三团发起强攻，在东南城角打开了突破口，夺取东门。上午，红二十七军第一团投入战斗，突破敌军的防御，夺取了敌军城隍庙据点，与红二十六军部队形成夹攻态势。经过反复争夺，红二十六军部队攻占钟鼓楼，全歼守敌。此时，西北抗日义勇军也经过激战，歼灭西山寨守敌，控制了制高点。红二十七军第一团一部攻占北城门楼。城内大部敌军被歼灭。残敌退踞祖师庙，负隅顽抗。红军各部向敌发起最后攻击，敌营长屈子鹏见大势已去，带领几个残兵逃窜，被红军击毙，红军歼灭600余人，靖边战斗胜利结束。

6月30日，西北红军主力兵团解放了保安县城，保安境内仅剩下旦八寨土围子一个敌人据点。至此，北线敌八十六师的“围剿”行动被彻底粉碎，南线进攻敌军被迫撤退，西线敌三十五师马鸿宾部闻风而逃。蒋介石精心部署的第二次反革命“围剿”被彻底粉碎。这时，陕甘革命根据地发展到北至长城，西到环江，南到淳耀，东到黄河，形成了南北1000余公里，东西500余公里，包括30余个县的广大的红色区域。红军主力发展到5000余人，游击队扩大到4000余人。在反“围剿”作战中，红军的战术技术水平有了较大的提高，不仅学会了打游击战、运动战，而且初步积累了阵地攻坚战的经验，红军主力的正规化建设也有了较快发展。

第七章 迎接长征红军到陕甘

一、第三次反“围剿”斗争

1935 年 7 月，国民党反动派在对陕甘边、陕北苏区的第二次“围剿”失败后，又向陕甘根据地发动了更大规模的第三次军事“围剿”，妄图在中央红军长征到达陕北之前，消灭西北红军和陕甘革命根据地。这次“围剿”规模更大，先后调集了东北军、中央军和陕、甘、宁、晋、绥五省军阀部队，兵力达 15 万余人。1935 年 11 月 1 日，为了统一指挥这次“围剿”，国民党反动派在西安成立了“西北剿共总司令部”，蒋介石自任总司令。敌军的“围剿”兵力部署是：在东线，阎锡山的晋军主力沿黄河一线从陕甘革命根据地东线进攻；在西线，除原来的陕、甘、宁三省军阀部队外，又投入东北军八个师的兵力，沿环县、庆阳、合水至邠县、长武一线向根据地推进；在北线，敌八十六师和八十四师在清涧、绥德、米脂、横山、神府等地驻防；在南线，东北军主力第六十七军等部沿洛川一线向根据地大举进攻。蒋介石在这次“围剿”中采取的作战方针是以东北军为进攻主力，以根据地南线为主攻方向，运用南进北堵、东西夹击的战术，企图聚歼西北红军主力兵团于陕甘地区，一举摧毁陕甘根据地。

7 月 21 日，前敌总指挥部率领西北红军主力兵团到达杨家园，刘志丹召集团以上干部召开反“围剿”军事会议，研究反“围剿”的战略战术原则及军事部署。会议决定，集中西北红军主力兵团，乘敌之隙，各个击破，积小胜为大胜，粉碎敌人的“围剿”。在蒋介石的“围剿”部署尚未完成以前，首先打击伸入我东线一带根据地的晋军先头部队，挫败晋军西渡黄河的企图，然后挥师南下，趁敌立足未稳之际，寻机歼灭深入根据地南线一带的东北军六十七军一部，粉碎敌人的“围剿”。

为了保证西北红军主力兵团的作战行动，习仲勋仍然在陕甘边区负责统一领导红军主力在洛河以南和咸榆大道东西两侧坚持斗争，开展游击战争，牵制和迟滞南线敌军的行动。同时负责发动陕甘边各路游击队、赤卫军，广泛开展游击战争，牵制西线敌军的行动。8月1日，在习仲勋主持下，陕甘边区党政军机关在史家河滩召开赤卫军检阅大会。洛河川、安塞、保安等地的游击队、赤卫军4000余人参加了大会。[①] 在这次大会上，习仲勋对于陕甘边区的反“围剿”斗争作了动员和部署。

按照既定的作战方针，西北红军主力兵团和游击队、根据地群众迅速做好了反“围剿”的准备工作。西北红军主力兵团乘敌人整个“围剿”部署尚未完成之机，先发制敌，迎头痛击西渡黄河的晋军先头部队。8月11日，刘志丹率领红军主力突然挥师吴堡，向慕家塬晋军据点发动进攻，经过苦战，歼灭慕家塬据点敌军及增援部队，歼敌600余人。敌军误以为西北红军主力兵团要北上神府，在黄河两岸增兵加强防御。根据敌情特点，刘志丹用声东击西战术，声言北上打通葭（县）、吴（堡）、神（木）、府（谷）苏区的联系，造成敌军部署上的失误，西北红军主力兵团则秘密南下，寻机再战。

8月中旬，西北红军主力兵团在延家畔打垮敌军一个营后，转进到绥德东南部的新庄一带待机。这时，阎锡山的晋军孙楚、李生达率2500余人，由宋家川渡过黄河，到达吴堡寻找主力部队决战。当敌“进剿”部队到达定仙墕时，前敌总指挥部决定，乘敌立足未稳之机，采取“围点打援”战术，消灭敌人。8月21日，西北红军主力兵团在定仙墕歼晋军李

---

① 《王华等七人1984年7月24日至27日座谈创建洛河川苏区》，刘凤阁、任愚公主编：《红二十六军与陕甘边苏区》，兰州大学出版社1995年版，第472页。

生达部2000余名，缴获长短枪1980余支，轻机枪69挺，“八二”迫击炮2门，骡马80余匹及其他军用物资一批。定仙墕战斗打垮了东线之敌的攻势，东线战场形势得到扭转，西北红军主力兵团可以集中兵力对付南线敌军。

8月下旬，西北红军主力兵团迅速向南运动，准备寻机歼灭南线的敌东北军。8月25日，红军抵达延川县文安驿一带。这时，中央驻北方代表派驻西北代表团书记朱理治等人来到文安驿。8月27日，在文安驿召开前敌总指挥部会议。会议执行“左”倾方针，要求红军全线出击，提出不让敌人蹂躏苏区一寸土地的口号。在红军的作战形式上，要求红军运用基本的运动战的策略，配合着阵地战。在红军的行动方向上，要争取神府和吴、绥、川南苏区打成一片，巩固宜川一带的苏区向韩（城）发展。要以洛川作中心，积极向定边、陇东发展，以马栏为中心，向同官、富平、泾阳发展。要主力红军配合地方暴动，消灭苏区内敌人的支撑点，攻打延安、清涧和瓦窑堡敌军的中心据点。[①]

文安驿会议之后，前敌总指挥部被迫进行攻击瓦窑堡的准备。西北红军主力兵团沿永坪川、青坪川两路向瓦窑堡城郊外围运动。同时，刘志丹命令红二十六军第三团到南线侦察敌情，了解东北军的作战规律和装备情况，以保证尔后红军主力南下作战的胜利。8月30日，红二十六军第三团在团长黄罗斌、政委马佩勋的率领下，南下鄜县地区。9月10日，红三团与鄜县游击队、甘泉游击队密切配合，诱出驻中部龙坊镇的敌东北军一一〇师两个营，并采用伏击战术，歼敌一个营，俘敌200余人。此时，从俘虏口中得知东北军进驻延安后，准备发动大规模进攻的重要情报，红三团上报前敌总指挥部，刘志丹命令红三团转移至洛河川的下寺湾一带集结待命，习仲勋动员群众，加紧为红军准备粮食和必要的物资。

这时，西北红军主力兵团进抵瓦窑堡郊外集结。在勘察敌人城防工事后，刘志丹认为在敌人这样的防御体系下，依红军现有的装备和兵力，硬

① 张秀山:《我的八十五年——从西北到东北》，中共党史出版社2007年版，第82页。

打强攻必遭失败。经过研究，刘志丹决定放弃强攻瓦窑堡，另寻战机，歼灭敌人。

此后，刘志丹又对清涧县城守敌的布防情况进行了调查，发现清涧县城的敌人兵力更多，防御工事更强，地形更险要，更不能硬攻。刘志丹决定奔袭北线的横山县城，乘敌不备，歼灭敌人。得手后，石湾镇守敌二五八旅高双城部可能不战自退，根据地能进一步巩固，还可以牵制敌八十六师对神府苏区的行动，有利于集中力量打击南线的东北军。

9 月 11 日，西北红军主力兵团各部向横山县城发动偷袭行动，虽攻城未克，但还是达到了打击北线敌人，巩固苏区的战略目的。敌八十六师为了加强横山地区的防御，被迫撤回“围剿”神府苏区的部分兵力，减轻了红军独立三团和神府各游击队的压力，使神府苏区的危急局面得到扭转。

二、喜迎红二十五军

就在刘志丹、习仲勋等领导西北红军和陕甘根据地人民紧张进行反“围剿”斗争时，红二十五军长征向陕甘革命根据地进发。

习仲勋为迎接红二十五军做了大量的准备工作，尤其是粮食和物资方面的准备。对于这个方面的工作，过去研究的比较少，但是，从一些资料中，我们还是可以清楚地看到，习仲勋为迎接长征红军，未雨绸缪，及早动手，细心地筹划着、安排着各方面的准备工作。据当时任甘洛县第一区赤卫军大队长的李世俊回忆：1935 年 7 月，陕甘边区苏维埃政府在下寺湾的河滩上，召开了有数千人参加的大会。红二十六军的部分部队，陕甘边区苏维埃政府机关干部及政治保卫队，甘洛县各区赤卫队及延安、富县几个邻近区的赤卫队代表，都参加了这次大会。在大会上，陕甘边区苏维埃政府主席习仲勋同志首先讲话，他说，我们根据地的形势发展很快、很好。最近，我们的一支兄弟部队要到陕甘苏区来，我们要积极做好迎接他们的一切准备工作。接着，是陕甘边区苏维埃政府粮食委员长马锡五同志讲话。马锡五在讲了形势问题后，重点讲了粮食工作。他说：“现在我们根据地军民要十分重视粮食问题。习仲勋同志讲了，我们的兄弟部队要来。这样，粮食就更显得重要。常言道，兵马未动，粮草先行。兄弟部队一到，我们就需要比现在还多的粮食。但是，我们现在还不能向农民要更多的粮食，咋办呢？我的意见，今后打下地主、土豪劣绅的粮食，都要节约使用，要保管好这些粮食，防止霉烂，使兄弟部队来我们这里后有足够的粮食供应。我们的部队越来越多，我们粮食的主要来源还只是打土豪、打地主，所以，大家要十分注意节约粮食；同时，还要争取多种、多打粮食，迎接兄弟部队的到来。”马锡五同志讲完后，甘洛县第一区区委书记王英同志也在会上讲了话，表示要响应苏维埃政府的号召，种好庄稼，多打粮食，迎接兄弟部队的到来。李世俊接着回忆说，当时，我们还不知道是哪个兄弟部队要来。过了不久，到这年 8 月，红二十五军果然在徐海东、程子华同志的带领下，转战陕南、陇东来到陕北苏区，有好多部队还在我们甘洛县一区的永宁山附近宿了营。这时，我已担任甘洛县一区区主席，为了迎接他们的到来，仅我们一区就送了十多头猪、100 多只羊等许多慰劳品。①

1934 年 11 月 16 日，遵照中共中央的指示，红二十五军以“中国工农红军北上抗日第二先遣队”名义，踏上了征途。1935 年 4 月，红二十五军在鄂豫陕地区建立了游击根据地。为适应新的形势，鄂豫皖省委改组为鄂豫陕省委。5 月初，敌军集中 41 个团的兵力，向鄂豫陕游击根据地发动了“围剿”，红二十五军奋力抗击，经两个月战斗，歼灭敌军 7 个团，牵制了敌军 37 个团的兵力，主力红军也发展到 3700 余人。7 月，红二十五军翻越秦岭，跨过终南山，前锋抵达西安南面的王曲、杜曲、引驾回、子午镇一带，直接威胁敌人在西北的统治中心——西安。在这期间，鄂豫皖根据地的地下交通员石健民由上海来到红二十五军军部，报告说，中央红军与红四方面军已在西北会师，并有北上的动向。这个消息，与红军捡到的一张《大公报》上的报道内容基本一致。红军并从侦察中得

① 李世俊：《回忆马锡五同志》，《陇原星火》（革命回忆录），甘肃人民出版社 1981 年版，第 146–147 页。

知敌毛炳文、于学忠所部已从西安西调，妄图在四川北部进行堵截。根据这一重要情报，鄂豫陕省委在子午镇附近召开紧急会议，讨论红二十五军的行动方向。会议一致认为，配合主力行动，是当前最重要的任务。会议决定，红二十五军立即西征北上，与红二十六军配合，首先争取陕甘根据地的巩固，牵制和消灭敌人，迎接党中央和红一、四方面军北进。

7月16日，红二十五军从子午镇出发，向甘肃挺进，部队连续行军十几天，经陕南各地，于8月1日占领了陕甘交界的双石铺，消灭了胡宗南部四个连，俘获一名少将参谋。从这个少将参谋的口中了解到，红一、四方面军的先头部队已越过松潘，正向北挺进。胡宗南的主力部队已全部西调去阻击北上的红军，其后方留守处设在天水。8月2日，红二十五军向天水发动进攻，刚打下北关，援敌一个旅赶到，红二十五军放弃攻占天水的计划，强渡渭水，攻占秦安，挺进通渭，截断西兰公路，进抵静宁县城以北的兴隆镇。在这里部队休整三天时间，仍然得不到党中央和一、四方面军北进的消息。8月17日，红二十五军向陕甘根据地转移，部队沿西兰公路东进，一举打下了隆德，连夜翻越六盘山。20日，红二十五军进至平凉、泾川、镇原、合水一带时，敌人步步进逼。红二十五军在平凉的白水镇和马莲铺以东的打虎山高地，打垮了敌三十五师马鸿宾部一〇五旅，歼灭其一个营，在泾川城西南的四坡村，冒雨消灭了前来突袭的敌一〇四旅二〇八团，击毙敌团长马开基。在这次战斗中，红二十五军政委吴焕先英勇牺牲。9月初，红二十五军强渡泾水，经镇原、庆阳、合水，进入陕甘边根据地的中心区域——南梁大凤川、豹子川、平定川、白豹川、瓦子川一带。

9月7日，红二十五军在到达豹子川后，鄂豫陕省委召开会议，鉴于吴焕先政委在泾川四坡村战斗中牺牲，决定由徐海东任军长，程子华改任政委。此后，红二十五军开始进入根据地，但因为说话口音不同，有些群众不知道红二十五军是什么队伍，纷纷逃走。可是，当群众知道是红军时，就相继归来，分外亲切。徐海东后来回忆道："消息传得很快，习仲勋、刘景范等同志先后找来了，并且召开了群众大会欢迎我们。来到陕甘根据地，我们好像到了家一样。”[①]

陕甘边区特委代理书记兼苏维埃政府主席习仲勋立即将这一重大喜讯报告了中共西北工委，并与陕甘边区军委主席刘景范等一起立即前往永宁山迎接远道而来的战友们。9月9日，习仲勋终于见到了想念已久的徐海东，他和徐海东同时伸出双手紧紧地握在一起。

徐海东紧紧地握着习仲勋的手，激动得半天说不出话来，过了好一会儿才说：“可找到你们了！”

习仲勋沉静地望着徐海东，内心深处也翻卷着激动的浪花，他使劲握着徐海东的手，告诉他说：“党中央和中央红军正向陕甘边区开来。”

徐海东是个急性子，一听党中央和中央红军就要上来了，立即说：“那我们赶快和刘志丹会合，商量一下迎接党中央和中央红军的事。”

习仲勋说：“那我们马上走，志丹同志也正带着部队往永坪镇开进，准备在永坪镇迎接你们。”[②] 习仲勋还向徐海东等同志详细介绍了陕甘根据地的情况。

随之，陕甘边区党政军各界在屈家沟召开大会，热烈欢迎红二十五军长征到达陕甘边根据地。会后设宴招待了二十五军连以上干部。[③]

红二十五军的到来，使陕甘根据地军民欢欣鼓舞。习仲勋发动根据地群众积极支援红二十五军。红二十五军所到之处，根据地“群众也像接待亲人一样，腾房子，碾米磨面，送猪羊，热情慰劳”，[④] 到处洋溢着喜迎亲人的欢乐景象。在下寺湾一带休整的红二十六军第三团也立即派团长黄罗斌为代表，前往刘家堡欢迎红二十五军先头部队。

接着，习仲勋主持了欢迎红二十五军的大会，并在大会上致欢迎词。徐海东、戴季英到会。红二十五军两位代表讲了话。会后，还演出了眉户

---

① 徐海东：《会师陕北和刘志丹》，《刘志丹纪念文集》，军事科学出版社2003年版，第386页。

② 杨正发：《南梁之光》，甘肃人民出版社2005年版，第232页。

③ 《王华等七人1984年7月24日至27日座谈创建洛河川苏区》，刘凤阁、任愚公主编：《红二十六军与陕甘边苏区》，兰州大学出版社1995年版，第472页。

④ 习仲勋：《群众领袖　民族英雄》，1979年10月16日《人民日报》。

剧，款待红二十五军的将士。徐海东看后连声称赞道："好戏！好戏！"①

在习仲勋领导的根据地军民的精心照料下，红二十五军将士很快恢复了体力。而后，红二十五军又经四天行军，到达延川县永坪镇。

9月16日，红二十五军与闻讯赶来的西北红军主力兵团在永坪镇胜利会师。9月17日，在永坪镇召开了中共鄂豫陕省委和中共西北工委联席会议，会议主要解决统一领导和下一步军事行动的方针问题。中央驻北方代表派驻西北代表团决定改组党的领导机构，除代表团全面负责陕甘根据地的党、政、军各项工作的领导外，还决定成立陕甘晋省委，朱理治任书记，郭洪涛任副书记。同时，改组军事领导机构，聂洪钧任西北军委主席。为了统一指挥两支兄弟红军部队，决定成立中国工农红军第十五军团，徐海东任军团长，程子华任政治委员，刘志丹任副军团长兼参谋长，高岗任政治部主任，郭述申任政治部副主任。下辖第七十五师、第七十八师、第八十一师，分别由原红二十五军、红二十六军、红二十七军改编，全军团共7000余人，随后部队进行了整编。永坪镇的整编，使相隔几千里地的两支红军部队，在会师后的短短几天时间内，整编成一支部队，充分显示了红军的高度纪律性和组织观念。

1935年9月18日，正值九一八事变四周年国耻纪念日，红十五军团在永坪镇召开了万人大会，徐海东、程子华、刘志丹等同志在大会主席台上就座。会场红旗飘扬，刀枪如林，歌声嘹亮，到处张贴着红红绿绿的标语。

参加大会的除红二十五军、红二十六军、红二十七军的7000余名指战员外，还有中共陕甘晋省委和西北军委的干部及附近的游击队、赤卫军、少先队。周围几十里的群众、男男女女、老老少少，也赶着毛驴，带着慰劳品，来参加大会。会场上洋溢着两支兄弟红军亲如手足的战斗友谊和西北人民对子弟兵的炽热感情。

红十五军团成立后，刘志丹和徐海东密切配合，率领红十五军团南下。这时，东北军七个师分两路由洛川、鄜县疯狂地向陕甘根据地进犯。

① 张文华：《陕甘边领导机关在洛河川》，中共陕西省委党史研究室编：《西北革命根据地》，中共党史出版社1998年版，第338页。

敌一一〇师、一二九师已进抵延安，一〇七师和六十七军军部也到达洛川一带。红十五军团为了挫伤敌人的锐气，决定采取“围城打援”的战术，以少量部队围困甘泉县城之敌一一〇师一个营，诱延安之敌来援，将主力红军布置在延安、甘泉之间的劳山一带，设伏歼敌。甘泉守敌被红军围困后第三天，东北军一一〇师急忙从延安出发增援，途经劳山进入红军预伏阵地时，红十五军团指挥部一声令下，机枪、手榴弹劈头盖脸地向敌猛烈开火，接着，红军主力以迅雷不及掩耳之势，猛打猛冲，杀入敌阵。顿时，敌人乱作一团，无处逃奔。经过六个小时的激战，敌一一〇师两个团和师直属部队被红军全部歼灭，敌师长何立中、参谋长裴焕采均被击毙，俘虏敌官兵3700余人，缴获武器装备堆积如山。在劳山战斗过程中，习仲勋领导陕甘边区人民大力支前，保障了部队的后勤供应。

劳山战斗结束后，红十五军团乘胜扩大战果，挥师南下，七十八师（原红二十六军四十二师）师长杨森率部队去羊泉塬侦察敌情，消灭敌一〇七师一个营。10月，强攻甘泉榆林桥，又消灭东北军一〇七师四个营，团长高福元被红军俘获。

10月上旬，在习仲勋主持下，陕甘边区党政军机关在史家河滩召开劳山战役祝捷大会，刘志丹、习仲勋等同志都讲了话。①

红十五军团取得了劳山和榆林桥作战的胜利，驻瓦窑堡的高桂滋部和井岳秀部，惧怕被红军消灭，不战而逃，红军乘势解放了瓦窑堡。此后，陕甘晋省委和西北军委移驻瓦窑堡，此后瓦窑堡成为陕甘根据地的首府，安定境内的敌人据点全部被拔除。但此时，南线东北军不甘心失败，又重新组织进攻，东北军军长董英斌率六个师分两路向陕甘根据地猛扑过来；东边一个师沿洛川、鄜县大道大举北上，西面五个师，即东北军五十七军的一〇九师、一一一师、一〇八师、一二〇师、一〇六师，从甘肃庆阳、合水一带沿葫芦河东进，妄图在鄜县地区夹击红军。反“围剿”的严重战斗还在后面，陕甘根据地仍然面临着严重的敌情。

① 《王华等七人1984年7月24日至27日座谈创建洛河川苏区》，刘凤阁、任愚公主编：《红二十六军与陕甘边苏区》，兰州大学出版社1995年版，第472页。

三、错误“肃反”的阴云，刘志丹、习仲勋等蒙冤

正当第三次反“围剿”战斗激烈进行的关键时刻，“左”倾错误的执行者却在陕甘根据地党的领导机构取得了统治地位，使“左”倾错误在陕甘根据地恶性膨胀，酿造了一场严重的灾难。这一次，习仲勋又遭遇了一场牢狱之灾，只不过，上一次他坐的是国民党的监狱，这一次却要在自己人的监狱中遭受折磨。从习仲勋的心里来说，这一次的坐牢比上一次在敌人监狱中坐牢更加心痛不已。

早在 1935 年 6 月，上海临时中央局驻北方代表就派出了中央驻西北代表团来到陕甘根据地，执行“左”倾方针。7 月 15 日，在中央驻西北代表团的主持下，西北工委扩大会议在永坪镇召开。会议的中心内容是，决定要在陕甘根据地反对“右倾机会主义”和进行“肃反”。9 月间，“左”倾错误的执行者制定了错误的“肃反”方针，任命戴季英为陕甘晋省委政治保卫局局长，负责“肃反”事宜。

“左”倾错误的执行者提名要被捕的同志承认刘志丹是“右倾反革命的首领”。后来，他们根据从被捕人员口中刑讯逼供出来的材料，硬说刘志丹、习仲勋、杨森、张秀山、刘景范、高岗等陕甘边党和红军的领导都是反革命右派，并有很大的阴谋活动。10 月 6 日，为了逮捕在前线指挥作战的刘志丹，他们将刘志丹调到后方以主持军委工作之名，把刘志丹骗到瓦窑堡后加以逮捕。当时，刘志丹因公去瓦窑堡，半路上碰到传送命令的通讯员，通讯员不知底细，把信交给了刘志丹。刘志丹看到逮捕自己的命令后，镇定自若，立即赶往瓦窑堡，打算向中央驻西北代表团申诉，宁愿自己被捕，也不要逮捕前线其他红军指挥员。但他一到瓦窑堡即被打入监狱。

随后，“左”倾错误的执行者又以“党棍”的罪名开除了习仲勋的党籍，撤销了他的领导职务，并在下寺湾附近的王家坪将他逮捕，后来又给他头上套了一个只露两只眼睛的黑帽子，将他押往瓦窑堡关押起来。

在此前后，“左”倾错误的执行者还在前线和后方逮捕了高岗、张秀

山、刘景范、马文瑞、杨森、蔡子伟、张文舟、郭宝珊等一大批陕甘边苏区党和红军的领导干部，陕甘边区地方县以上干部和红二十六军营以上干部几乎全部关押。他们对被捕的同志进行严刑逼供，有的关押在狱，有的被惨杀，陕甘边区第一任特委书记金理科、陕甘边区苏维埃政府妇女委员会委员长张景文、陕甘边南区党委组织部长杜宛、陕甘边区军委副秘书长杨浩等优秀的党政军干部遭到杀害。据不完全统计，这次“肃反”惨杀陕甘边党和红军干部达 200 多人。错误的“肃反”制造了一场大冤案，给西北红军和陕甘根据地带来了严重的危机。

对于这次错误“肃反”，习仲勋回忆道：“不幸，王明‘左’倾机会主义路线也影响到陕北。他们不作调查研究，不了解陕甘革命历史，不了解敌情、我情，全凭主观臆断，强调对外是一切斗争，否认联合；对内凡不同意他们错误观点的就残酷斗争，无情打击。他们指责刘志丹同志等只分川地，不分山地（陕甘边某些地方土地多，光川地平均每人就有十几亩、几十亩，群众只要川地不要山地），不全部没收富农的东西，不在游击区分配土地，是‘不实行土地改革’；指责我们纠正一些违犯纪律的土匪行为是‘镇压群众’；还说我们同杨虎城有联系，是‘勾结军阀’。他们无中生有，无限上纲，先说我们是‘右倾’，继而说我们‘右倾取消主义’，更进而说我们是‘右派’，诬陷我是‘右派前线委员会书记’，诬蔑刘志丹同志‘和杨虎城有勾结’，是‘白军军官’。当时，蒋介石正在对陕甘边区进行第三次‘围剿’。于是出现了这样一种怪现象：红军在前方打仗，抵抗蒋介石的进攻，不断取得胜利，‘左’倾机会主义路线的执行者却在后方先夺权，后抓人，把刘志丹同志等一大批干部扣押起来，红二十六军营以上的主要干部，陕甘边县以上的主要干部，几乎无一幸免。”①

习仲勋等被捕后，在监狱受尽折磨。习仲勋回忆道：“我被扣押了。起初关在王家坪，后来押到瓦窑堡，和刘志丹同志一起被关在一个旧当铺里。‘左’倾机会主义路线的执行者搞法西斯审讯方式，天气很冷，不给

① 习仲勋：《红日照亮了陕甘高原》（1978 年 12 月 20 日），中共中央党史研究室编：《习仲勋文集》（上卷），中共党史出版社 2013 年版，第 427–428 页。

我们被子盖，晚上睡觉绑着手脚，绳子上都长满了虱子；一天只放两次风，有人拿着鞭子、大刀，看谁不顺眼就用鞭子抽，用刀背砍，在莫须有的罪名下，许多人被迫害致死。”[①] 刘志丹、习仲勋等蒙受不白之冤，面对随时都可能被处死的残酷现实，始终泰然处之，体现了一个伟大共产主义者的胸怀和情操。

“左”倾的执行者制造错误“肃反”的灾祸，给西北红军和陕甘根据地带来了严重的危机。在反“围剿”作战的关键时刻，把陕甘边区党和红军的许多领导干部抓起来，严重地挫伤了部队的士气。此外，“左”倾错误的执行者还在前线部队中，就地惨杀了许多忠诚的红军干部战士，造成了红军部队和根据地群众人人自危的恐怖混乱局面。“左”倾错误在陕甘根据地造成的恶果是很大的，它使许多忠实于党的革命事业的红军干部蒙受冤屈，并引起了红军内部很大的恐慌，使红军力量受到削弱。更严重的是在红二十五军与西北红军部队之间，在红二十五军与陕甘根据地人民之间关系也顿时紧张起来。根据地基层干部和群众，只要听到南方战士来了，就慌忙地上山逃跑，使苏区一天天缩小。地主、豪绅、反革命分子乘机捣乱，进行挑拨煽动，根据地的一些县、区发生反水现象。这时，敌人也增调兵力，完成了对根据地“围剿”的新部署，妄图从南北两路夹击红军而消灭之。在内忧外患的严重威胁下，本来形势大好的陕甘革命根据地，一下子陷入岌岌可危的境地。

四、迎接中央红军到陕甘苏区，刘志丹、习仲勋等获解救

中共陕西省委被敌人破坏后，陕甘边区与中央失去了联系，刘志丹、习仲勋等多次派人与中央联系，但都没有结果。中央红军开始长征后，身处陕甘边区的习仲勋时刻关心着党中央和中央红军的长征，他通过地下党及统战关系，多种渠道了解中央的最新消息。据当时陕甘边区苏维埃政府

---

① 习仲勋：《红日照亮了陕甘高原》（1978 年 12 月 20 日），中共中央党史研究室编：《习仲勋文集》（上卷），中共党史出版社 2013 年版，第 427–428 页。

秘书长张文华回忆："我们收到甘泉、延安、鄜县教育局和高等学校转来上海中央局发出的'八一宣言'材料，知道了中央红军北上抗日，号召组织地方抗战队等，也知道了中华苏维埃政府主席毛泽东、项英、张国焘。军事委员会朱德、周恩来、王稼祥。7月下旬，陕甘特委代书记习仲勋同志主持召开扩大会，由我起草决议案和形势报告以及动员1600人参加红军通知，经会议通过后印发各地。"①

1935年7月下旬至8月初，习仲勋主持召开了中共陕甘边区特委扩大会议，这次会议在研究陕甘边区工作的同时，也专门研究迎接党中央和中央红军的工作，在8月5日通过的《中共陕甘边区特委关于目前形势和党的任务的决议案》明确指出："中央红军与红四方面军胜利的会合，且更顺利的向北进攻。"在这种形势下，陕甘边区要高度重视中央红军将要到达地区——甘肃的工作，因为"向甘肃发展，在策应中央红军与红四方面军方面有着重大意义"，"虽然合水、曲子以至宁（县）、正（宁）是人烟稀少的千百荒山，但为了与中央红军的呼应，必须争取陇东的发展，而宁（县）、正（宁）、庆（阳）、合（水）、环（县）是争取陇东的必要阵地"。②

在这次会议后，为了迎接党中央和中央红军，习仲勋领导陕甘边区特委和苏维埃政府积极开展甘肃敌占区的工作。在甘肃敌占区，广泛发动群众，宣传革命思想和陕甘根据地红军胜利的消息，这就为中央红军在甘肃顺利长征准备了群众基础。后来，中央红军来到甘肃后，当地群众因早就听说了红军的英名，所以一听来的部队是红军，立即开门迎接，并热情地为红军腾出房屋，置办粮草。③《杨尚昆回忆录》中还记载了这样一件有趣的事情：中央红军到达陕甘根据地时，杨尚昆见到习仲勋后，高兴地对习仲勋说：我们长征到达哈达铺时，看见了一份油印的红军传单，这个传单

---

① 《张文华1983年11月谈陕甘边区党政军机关东迁》，刘凤阁、任愚公主编：《红二十六军与陕甘边苏区》，兰州大学出版社1995年版，第481页。

② 《陕甘边区特委决议案》（1935年8月5日），中共庆阳地委党史资料征集办公室编：《中国共产党领导的陕甘边区（陇东部分）》，第91页。

③ 秦生：《西北红军长征史》，中共党史出版社2007年版，第95页。

上印着《红军占领中心城市的伟大胜利》，仔细看了内容后才知道这个中心城市就是瓦窑堡。杨尚昆接着以开玩笑的口吻问习仲勋："瓦窑堡就那么一点点大，还算什么中心城市啊？"习仲勋也笑着答道："瓦窑堡在陕北也算个很大的地方了。这里早有'米脂的女子，绥德的汉，清涧的石板，瓦窑堡的炭'，当然是很有名气的地方！"杨尚昆说，毛主席和中央领导同志见了这些材料的确很高兴，因为这说明陕甘有红军、有根据地，并且就在瓦窑堡附近。① 哈达铺位于甘肃南部，在岷县和西固县（今宕昌县）之间，距离陇东根据地很远，但从杨尚昆在哈达铺能看到红军宣传材料这件事中，我们也可以得出这样的结论：为了迎接中央红军，习仲勋领导陕甘边区特委和苏维埃政府当时甚至派人将西北红军的宣传材料散发到了甘肃南部一带，在当时那样困难的条件下，这实在是令人难以想象的奇迹。

在陇东，习仲勋领导陕甘边区各级组织，积极开展根据地恢复工作，摧毁敌人的政权，为红军进入陕甘革命根据地扫清道路。9 月，在习仲勋领导下，陕甘边区苏维埃政府恢复建立了庆北办事处。9 月下旬，华池战区成立，崔凤鸣任党委书记，高生荣任苏维埃政府主席，机关驻地在南梁李沟门。一区苏维埃政府（又称白马区苏维埃政府）由原二、三、四区的部分地区合并组成，机关驻南梁阎家洼子，辖玉皇庙、白马庙、刘坪三个乡苏维埃政府，区政府主席李兴高；二区苏维埃政府（又称林镇区苏维埃政府），由原一、四区部分地区组成，机关驻林镇梁沟门，辖三个乡苏维埃政府，区政府主席安仲成。在华池战区党和政府的领导下，南梁根据地人民拆碉堡、平战壕，重建家园，迅速消除战争创伤，各乡、村的红色政权都逐步恢复和建立。陇东根据地的恢复对于迎接党中央和中央红军起到了重大作用。

但在当时，党中央进入了雪山草地，处于被敌封锁、信息隔绝状态，并不能全面了解到西北红军和陕甘革命根据地的发展情况。9 月 12 日，中共中央在俄界召开了政治局紧急扩大会议，在点名揭发批判张国焘分裂红

① 《杨尚昆回忆录》，中央文献出版社 2001 年版，第 152 页。

军、退却逃跑和军阀主义等反党错误的同时，着手研究和讨论了中央红军目前的行动方针问题。毛泽东在俄界会议的报告中说：“目前应经过游击战争打到苏联边界去，这个方针是目前的基本方针……我们可以首先在苏联边界创造一个根据地，来向东发展。不然就永久打游击战争，我们不应把自己变成瓮中之鳖，中央要到能够指挥全国革命的地区去。”张闻天在发言中说：“我们目前的战略方针是改变了，因为一、四方面军分开，我们力量是削弱了，所以我们的战略方针不能不改变，在陕甘创建根据地，建立全国革命中心，在目前是较少的可能，所以目前战略方针是用游击战争来打通国际联系，更大规模地来进行国内战争。”这时，党中央因为不知道陕甘根据地和西北红军的存在，作出了以游击战争方式打到苏联边界去的决策。

1935 年 9 月 20 日，中央红军进占哈达铺。毛泽东急切地需要了解西北的情况，他告诉红一军团直属侦察连指导员曹德连：“指导员你注意，给我找点‘精神食粮’来。国民党的报纸、杂志只要近期和比较近期的，各种都给搞几份来。”从缴获到的敌人报纸和发现的陕甘红军宣传材料中，毛泽东和中央领导人终于了解到了陕甘根据地和西北红军发展壮大的详细情况。9 月 22 日，中央军委在哈达铺召开了团以上干部会议，毛泽东在会上作了关于形势和红军整编的报告。他指出，现在民族危机在一天天加深，我们一定要完成北上抗日的原定计划。我们要抗日，首先要到陕北去，那里有刘志丹领导的红军。

会后，中央军委将一、三军团及干部团等部队共 6000 余人改编为陕甘支队，彭德怀任司令员，毛泽东任政委，林彪任副司令员。陕甘支队组建后，以佯攻天水的动作，把敌军主力吸引于天水方向，然后以急行军自武山、漳县之间，迅速通过了渭水。9 月 26 日，陕甘支队进抵通渭县榜罗镇。中央政治局在这里召开了扩大会议，讨论了当前的政治形势和党的任务。贾拓夫同志介绍了陕甘根据地的情况。会议确定了以陕甘根据地为中央红军长征的落脚点的方针。

随后，中央红军在毛泽东率领下连续突破两道敌封锁线，翻越六盘山高峰，进入陇东地区。美国作家哈里森·索尔兹伯里在《长征秘闻》一书中记叙了刘志丹派人在陇东根据地迎接毛泽东和中央红军的动人情景："10月14日或15日，正当他们即将离开环县的羊肠小道，到达陕西边界的时候，毛的警卫员陈昌奉看到了五个人骑着马朝他们奔驰而来。他们身强力壮，年纪不大，身挎驳壳枪，头缠白头巾。到了面前，急忙翻身下马，开口便问：'毛主席在哪里？'陈问他们是谁，其中一个人说：'老刘派我们来给毛主席递交一封信。他在哪？'据陈说，他们是红军二十六军司令员、毛的朋友刘志丹派来的代表。毛会见了这几位代表，然后走到一些正在休息的红军连队，大声告诉他们，二十五军和二十六军的代表来迎接我们了，我们即将进入陕北苏区了。"[①] 毛泽东接到的这封信其实是刘志丹在入狱前写的，当时毛泽东还不知道刘志丹、习仲勋等一大批陕甘根据地领导干部被"左"倾冒险主义逮捕的消息。

中央红军在陇东经镇原、环县、华池境内的12个区、48个行政村、113个自然村、176个村庄，行程510华里。10月19日，中央红军胜利到达吴起镇（当时属于华池县，1940年6月，陕甘宁边区政府设立吴旗县时，将华池县所辖的吴起、水泛划归吴旗县），至此，中央红军的二万五千里长征胜利结束。此时，敌东北军骑兵第二军何柱国部第六师师长白凤翔率四个骑兵团尾追中央红军，紧紧跟了上来。毛泽东在吴起镇集合陕甘支队的干部讲话，动员大家要坚决打退敌人，割掉"尾巴"，进入陕甘根据地。10月21日，在毛泽东的亲自指挥下，中央红军向敌展开英勇反击。红军战士以排山倒海之势猛攻敌阵，顷刻间将敌截为数股。敌军指挥系统顿时失灵，敌军乱作一团，仓皇上马，妄图夺路逃窜。红军猛攻猛打。敌人在红军的猛烈打击下，东奔西窜，无路可逃，伤亡甚大。经过两个小时的激战，一举歼灭敌一个团，击溃三个团，俘敌700余名，缴获战马1000余匹和大量武器弹药，痛快淋漓地割掉了这个"尾巴"。

对于中央红军在陇东的顺利长征情形以及吴起镇切"尾巴"战斗的胜利原因，当时的《大公报》记者范长江道出了其中的奥秘："此次毛泽东以

---

① ［美］哈里森·索尔兹伯里：《人民的英雄——刘志丹》，《刘志丹纪念文集》编委会编：《刘志丹纪念文集》，军事科学出版社2003年版，第812页。

不及万人之疲惫的徒步之师，截击与追击之者，不下数万，如跟踪以入陕北，不但毛泽东一路将散亡大半，即刘志丹之老家，亦将大受影响。然而政府军追过环县以北后，此寥若晨星之民众，皆避不见面，使政府军之饮水粮秣，皆无法解决，道路亦无人引导，陷于进退失据之苦境中。彭德怀于洞悉此种情况后，乃集结其饥疲的红军约五千之众，于陕北边境上作猛烈反攻，追击军乃不得不相继退下，未敢再行深入。此种反攻之动作，或为'老毛不弱'的表示，而其反攻之可能，不能不归功于刘志丹之民众组织基础。"[①] 才华横溢的范长江在当时就能直接将中央红军长征经过陇东地区时顺利行军直至取得吴起镇战斗胜利的原因，归结为刘志丹、习仲勋在陕甘边区的有效的群众发动和组织工作，这种认识是很中肯的，颇有见地的。

毛泽东率领中央红军到达陕甘根据地，给根据地干部群众以极大的鼓舞，也给习仲勋带来了喜讯。

吴起镇的人民用鸡毛信将这一特大喜讯传遍了各个村庄。习仲勋回忆说："在这十分危急的关头，党中央派的先遣联络员带来了令人无比高兴的喜讯：毛主席来了！"[②] 赤源县委派了一个赤卫军大队长，抬着牛、羊慰劳中央红军，陕甘晋省委也派人前去迎接中央和中央红军，苏区人民全体行动起来，为中央红军赶制棉衣、棉鞋。

中央红军到达吴起镇后，毛泽东等详细了解陕甘根据地党和红军的情况，听取了保安县游击队负责人张明科和红二十六军骑兵团政委龚逢春关于陕甘根据地错误"肃反"，逮捕刘志丹、高岗、习仲勋、张秀山、郭宝珊等同志的情况汇报。党中央和毛泽东了解到这一严重情况，决定派刘向三、贾拓夫、王首道等三人，带一个排、一部电台，先行前往陕甘边区苏维埃政府驻地下寺湾，制止错误"肃反"的发展。毛泽东明令："刀下留人""停止捕人"。吴起镇"切尾巴"战斗之后，毛泽东立即挥师沿洛河川

① 范长江：《刘志丹之鼓动与民众之背向》，《刘志丹纪念文集》编委会编：《刘志丹纪念文集》，军事科学出版社 2003 年版，第 794 页。

② 习仲勋：《红日照亮了陕甘高原》（1978 年 12 月 20 日），中共中央党史研究室编：《习仲勋文集》（上卷），中共党史出版社 2013 年版，第 428 页。

南下。10 月 24 日，中共中央到达陕甘边区苏维埃政府驻地下寺湾后，召开工作会议，吸收地方党支部书记以上同志参加。会议决定撤销中共西北代表团和陕甘晋省委，成立中共中央西北局；撤销西北军委，成立中央军委西北办事处和中央民主政府驻西北办事处，承认陕甘边区苏维埃政府和陕北省苏维埃政府。同时决定：张闻天、李维汉、驻西北办事处主席秦邦宪、新任西北政治保卫局局长王首道和董必武等先行瓦窑堡，解决错误"肃反"问题。11 月初，中央组成了秦邦宪领导下由董必武任主任，王首道、张云逸、李维汉、郭洪涛组成的五人"党务委员会"，审查错误"肃反"问题。11 月 7 日，经过认真审查，中央五人小组彻底推翻了强加于刘志丹等同志的罪名，首批释放了刘志丹、习仲勋等受诬陷被逮捕的 18 人。11 月 11 日，在第二高小礼堂召开平反昭雪大会，王首道代表党中央向受害同志道歉，向冤死的烈士致哀。[①] 12 月 3 日，毛泽东来到瓦窑堡后，立即听取了王首道等同志的汇报。他严肃地指出：这次肃反事件是完全错误的，逮捕刘志丹完全是莫须有的诬陷，是机会主义的狂热病，所有被冤屈的同志均应释放，恢复领导工作。同时，为严明党纪，党中央决定给直接执行这次错误肃反的聂洪钧、戴季英以纪律处分，并在中共中央党校批判戴季英的严重错误。

刘志丹出狱后，毛泽东亲自接见了他。毛泽东亲切地安慰和鼓励刘志丹说："你和陕北的同志受委屈了。"刘志丹立即代表全体获释干部感谢党中央和毛泽东的英明处理，激动地说："中央来了，今后的事情都好办了。"随后不久，毛泽东、党中央给习仲勋也安排了工作。毛泽东知道习仲勋的名字还是因为在中央红军抵达陕甘根据地后，他在几处村落墙壁和大树上，看见张贴时日已久的《陕甘边区苏维埃政府布告》，上面署名"主席习仲勋"。12 月，他在瓦窑堡结识了刚出狱不久的年仅 23 岁的习仲勋后，感到十分惊讶："这么年轻！"为了培养习仲勋，毛泽东亲自安排他到中央党校学习。习仲勋回忆道："红军长征到达陕北以后，我们党各个

---

① 林浓、赵振军、温瑞茂：《中共中央在陕北住址变迁和工作初探》，中国人民解放军党史资料征集委员会编：《军史资料》1985 年第十期，第 36–37 页。

时期的大批优秀干部集中到陕北来了，为培养地方干部提供了有利条件。毛主席一方面派外来干部到地方工作，以熟悉情况，帮助地方干部；另一方面，让地方干部到中央办的各种干部学校学习提高。我长期在地方工作，毛主席就让我到中央党校学习，以后相继在地方、党校、部队和领导机关工作。十余年间，我多次同毛主席接触，受到他的关怀、爱护。他有时吸收我参加中央有关会议，有时找我谈话，有时写信给我，以至题词勉励我，使我不断受到教育。毛主席在我们这些人身上倾注了许多心血，这鲜明地体现了他为党制定的爱护地方干部和广大干部的政策。”①

1936年初，刘志丹率部东征抗日。那时，习仲勋在中央党校任三班主任。在从安定回瓦窑堡的途中，习仲勋遇到了红二十八军军长刘志丹和政委宋任穷。刘志丹、宋任穷见到习仲勋，跳下马来，同习仲勋紧紧握手。刘志丹对习仲勋语重心长地说：“仲勋，向受过整的同志都说说，过去了的事，都不要放在心上，这不是哪一个人的问题，是路线问题，要相信党中央、毛主席会解决好。要听从中央分配，到各自岗位上去，积极工作。后方的工作很重要，我们有了巩固的后方，前方才能打胜仗。你要带头做好地方工作。”②在刘志丹的影响下，习仲勋和许多受害同志不去计较个人的恩怨，勤恳为党工作。西北红军和中央红军团结得亲密无间。

党中央和毛泽东及时制止了“左”倾错误的执行者在陕甘革命根据地的错误“肃反”，保护了刘志丹、习仲勋等一大批党的好干部，从内部消除了根据地和西北红军的危机局面。习仲勋后来说：“毛主席挽救了陕北的党，挽救了陕北革命，出现了团结战斗的新局面。”③可以这样说，正是党中央的到来以及实行了正确的政策，消除了根据地内部严重隐患，才能使陕甘根据地得以巩固，从而使全国红军长征有了巩固的落脚点。

---

① 习仲勋：《红日照亮了陕甘高原》（1978年12月20日），中共中央党史研究室编：《习仲勋文集》（上卷），中共党史出版社2013年版，第432页。

② 习仲勋：《群众领袖　民族英雄》，1979年10月16日《人民日报》。

③ 习仲勋：《红日照亮了陕甘高原》（1978年12月20日），中共中央党史研究室编：《习仲勋文集》（上卷），中共党史出版社2013年版，第428页。

五、直罗镇战役——中国革命大本营的奠基礼

1935 年 11 月 3 日，为粉碎国民党反动派对陕甘革命根据地的第三次“围剿”，毛泽东、周恩来等率领中央红军到达甘泉以南的象鼻子湾，与刚刚结束张村驿战斗的红十五军团胜利会师。为了统一陕甘根据地红军部队的指挥，中共中央决定，恢复中国工农红军第一方面军的番号，彭德怀任司令员，毛泽东任政治委员，叶剑英任参谋长，王稼祥任政治部主任，李富春任政治部代理主任，张云逸任副参谋长，杨尚昆任政治部副主任，下辖第一军团、第十五军团。

红一方面军编制序列及领导人是：

第一军团（由红军陕甘支队编成）：林彪任军团长，聂荣臻任政治委员，左权任参谋长，朱瑞任政治部主任，罗荣桓任政治部副主任。下辖第二师（师长刘亚楼、政治委员萧华）、第四师（师长陈光、政治委员彭雪枫）及直属第一团（团长朱水秋、政治委员黄振堂）。

第十五军团（由西北红军主力兵团和红二十五军组成）：徐海东任军团长，程子华任政治委员，周士第任参谋长，郭述申任政治部主任，冯文彬任政治部副主任。下辖第七十五师（师长张绍东、政治委员赵凌波）、第七十八师（师长杨森、政治委员张明先）、第八十一师（师长贺晋年、政治委员张达志）。

在整编中，原陕甘边区红二十六军部队被整编为红十五军团七十八师。红二十六军第四十二师的红二团、红三团、骑兵团及西北抗日义勇军被整编为二三二团、二三三团、二三四团和骑兵团。红一团仍留在陕甘边南区坚持游击战争，因而未能参加整编行动。

这时，敌东北军又调六个师的兵力，分两路向陕甘根据地大举进犯。东路六十七军之一一七师沿洛川、鄜县北上，西路五个师，即东北军五十七军一〇九师、一一一师、一〇八师、一二〇师、一〇六师，从甘肃庆阳、合水一带沿葫芦河东进，企图在鄜县地区夹击红军。党中央和毛泽

东正确地分析了反“围剿”的形势，决定由甘泉向南作战，诱敌深入，集中兵力，首先歼灭敌西路沿葫芦河进攻的一至两个师，继之视情况转移兵力各个歼灭敌人，以打破敌人的“围剿”；而后向洛川、中部（今黄陵）、宜君、宜川、韩城及关中、陇东一带发展，扩大根据地和红军。作战计划是：将敌放进直罗镇，乘敌立足未稳，集中红军兵力，采取侧击、包围、突然攻击等战法，歼灭突入之敌；得手后再歼灭敌后续部队。为保证直罗镇歼敌行动的顺利，以红十五军团第八十一师之二四一团继续围攻甘泉城，以调动敌人东进，以第二四三团在鄜县西羊泉镇，牵制鄜县、中部之敌西援，保证直罗镇歼灭战的胜利。

直罗镇位于鄜县[①]西南，距鄜县约120华里，三面环山，一条从西到东的大道穿镇而过。镇子的东头，有一座古老的小寨，里面的房屋虽然已经倒塌，但石头砌成的寨墙基本完好。镇子的北面，是一条流速缓慢而平静的小河。河川南北两侧是高山，山顶多灌木，山坡多乔木森林，便于屯兵隐蔽。这样的地理条件，对红军作战十分有利。

为了保证直罗镇战役的胜利，毛泽东和彭德怀亲临直罗镇观察地形。决定以红十五军团主力隐蔽埋伏在直罗镇的南山，并以一部分兵力隐蔽在直罗镇与黑水之间的张家湾南山，当敌进入包围圈后，即截断敌人的前后联系；以红一军团主力隐蔽埋伏在直罗镇北山，并以部分兵力隐蔽在张家湾北山，准备抗击敌军增援部队，追击溃逃之敌，红一方面军指挥所设在直罗镇北山的宝塔一带。按照统一部署，红一军团和红十五军团主力立即在直罗镇一带隐蔽集结，进行战前的准备工作，红军情绪高涨，以逸待劳，决心打好会师后的这一仗。11月20日下午，敌一〇九师牛元峰部在六架飞机的掩护下，果然到达直罗镇，落入红军的“口袋阵”之中。当天傍晚，毛泽东一声令下，红一军团从北向南，红十五军团从南向北，向敌人展开包围行动，在拂晓前，红军将敌一〇九师紧紧合围在直罗镇。天刚亮，两路红军就像两只铁拳，砸向敌军，顿时冲锋号响起，红军奋勇冲入

① 1964年，因“鄜”字生僻，改为富县，本书仍用“鄜县”。

敌人的阵地，步枪声、机枪声、手榴弹声，汇合成轰轰隆隆的巨大声响，震动着大地。敌人遭此突然打击，晕头转向，指挥失灵，建制混乱，被紧紧夹在两山之间的川道里，失去了抵抗力。经过不到两个小时的激战，红军攻占了敌一〇九师师部所在地直罗镇，大部分敌军被歼灭，只剩下敌师长牛元峰率残部逃到镇东头那个小寨里，率领残部负隅顽抗，等待援兵。这时，毛泽东下令，以部分红军围困寨子，主力红军急行军迎击敌援军一〇六师。在追击战中，敌一〇六师一个团被红军歼灭于黑水寺，一〇六师被击溃。23日傍晚，主力红军回师直罗镇，再次攻击寨子中的残敌。敌师长牛元峰见固守待援成了泡影，慌忙弃寨逃跑，又被红军追击部队歼灭，牛元峰也被红军俘获。至此，直罗镇战斗胜利结束。此战红军歼灭一个整师及一个团，缴获了大量武器装备。

直罗镇战役给进攻之敌以沉重的打击，此后敌六十七军退回了甘肃合水一带，敌一一七师退出了鄜县。至此，蒋介石精心策划的对陕甘根据地的第三次“围剿”以失败告终。

直罗镇战役的胜利，保卫了陕甘革命根据地的安全，改善了红军的装备，极大振奋了根据地军民的革命热情。11月30日，红一方面军举行营以上干部大会，毛泽东作了总结。他指出：直罗镇战役胜利的原因是：“（一）两个军团的会合与团结（这是基本的）。（二）战略与战役枢纽的抓住（葫芦河与直罗镇）。（三）战斗准备的充足。（四）群众与我们一致。”[①] 这四个条件决定了我们胜利与敌人失败。12月1日，《红色中华》报以《陕甘苏区的空前胜利》为题，向陕甘根据地军民报道了这一喜讯。27日，毛泽东在瓦窑堡党的活动分子会议上对直罗镇战役作出高度评价，指出：“长征一完结，新局面就开始。直罗镇一仗中央红军同西北红军兄弟般的团结，粉碎了卖国贼蒋介石向着陕甘边区的‘围剿’，给党中央把

① 中共中央文献研究室编：《毛泽东年谱（1893—1949）》修订本（上卷），中央文献出版社2013年版，第491页。

全国革命大本营放在西北的任务，举行了一个奠基礼。”[①]

刚刚走出牢狱的习仲勋，虽然没有能够直接参加直罗镇战役，但直罗镇一带是陕甘边区的中心区域，他在那里长期战斗过，对于那里的一草一木都了如指掌，他时刻关注着直罗镇战役的进展情况。当得知直罗镇战役取得辉煌的胜利后，习仲勋由衷地感到高兴。后来，在《红日照亮了陕甘高原》一文中，他还欣喜地说："毛主席挽救了陕北的党，挽救了陕北革命，出现了团结战斗的新局面。在毛主席亲自指挥下，中央红军和西北红军在直罗镇战役歼敌一〇九师和一〇六师一个团，粉碎了蒋介石的第三次'围剿'，给党中央把全国革命大本营放在西北的任务，举行了一个奠基礼。”[②] 使习仲勋感到欣慰的是，直罗镇战役不但消除了外患，使陕甘边区得到了巩固，而且巩固和发展了陕甘革命根据地，提高了陕甘边区的历史地位，使其成为全国革命的大本营。从此，自己和陕甘根据地的人民就可以在党中央的直接领导下进行更加伟大的事业。作为一名亲手创建这块根据地的领导人，习仲勋感到“迷雾顿散，信心倍增”，决心以更加坚定的信念和高昂的斗志迎接新的斗争的考验。

---

① 毛泽东：《论反对日本帝国主义的策略》（1935 年 12 月 27 日），《毛泽东选集》第一卷，人民出版社 1991 年版，第 150 页。

② 习仲勋：《红日照亮了陕甘高原》（1978 年 12 月 20 日），中共中央党史研究室编：《习仲勋文集》（上卷），中共党史出版社 2013 年版，第 428 页。

第八章 | 两赴关中特区

一、纠正“左”倾错误，开展关中工作

习仲勋被平反后，遵照中共中央的指示，进入中央党校学习，并担任了中央党校训练班第三班的班主任。在中央党校学习期间，习仲勋认真学习了党的抗日民族统一战线的方针和政策，进一步提高了自己对于党的新政策的掌握和理解水平，为今后开展新的工作奠定了思想认识基础。

这一时期，中共中央加紧开展着巩固和恢复根据地政权的工作。1935年11月，中华苏维埃共和国中央执行委员会决定设立中华苏维埃共和国中央政府西北办事处（简称“西北办事处”），并决定撤销陕甘晋省委，将陕甘革命根据地划分为陕北省、陕甘省、关中特区和神府特区，统归西北办事处领导。同时，成立了中共西北中央局，领导两个省委和两个特委的工作。

在陕甘革命根据地的行政区划调整后，原陕甘边南区根据地划为关中特区，中共中央决定在这里建立关中特区党委和苏维埃政府，归陕甘省领导。这时，中共中央决定派习仲勋去关中特区担任领导职务。习仲勋结束了在中央党校的学习生活，走上了新的工作岗位。

为了让习仲勋更好地理解和贯彻党的抗日民族统一战线的新政策，毛泽东安排习仲勋参加了瓦窑堡党的活动分子会议。习仲勋回忆说：

“一九三五年十二月二十七日，在瓦窑堡党的活动分子会议上，我第一次见到了毛主席。会上毛主席作了《论反对日本帝国主义的策略》的报告，系统地分析了当时的形势和任务，完整地阐述了我党的政治策略，批判了党内过去长期存在的‘左’的倾向。我凝神谛听毛主席的报告，觉得他讲的完全合乎实际，路线完全正确。我感到迷雾顿散，信心倍增。这是我第一次听到毛主席的讲话，心里高兴极了。”①

当时，南区根据地的工作局面与陕甘边南梁中心区相比，有一定的特殊性。从 1935 年春至同年冬季，国民党反动派集中兵力对陕甘根据地的中心区域进行了第二、三次大规模的“围剿”，华池中心区一带几经反复，斗争残酷。但在此时，陕甘边南区根据地因为没有遭受敌人大规模的军事进攻，局面相对比较平静，这种形势为南区根据地红色政权的发展提供了机遇。1935 年 10 月，陕甘边南区革命委员会转变为正式的陕甘边南区苏维埃政府，并陆续正式建立起新正、新宁、永红、赤水、淳耀等五个县级苏维埃政府，共辖 19 个区的党政组织，还组建了新正、新宁、淳耀等县的独立营。在建党、建政和建立地方武装的基础上，南区根据地广大农村开展了轰轰烈烈的打土豪、分田地的土地革命斗争。南区党委还在 1935 年冬举办了训练班，培训干部，并在试点的基础上，逐步在新正、赤水、淳耀、新宁等县进行了全面的土地改革运动，初步打击了乡村封建势力的经济基础，满足了贫苦农民对土地的要求。

正当南区根据地各项工作呈现良好发展局面之际，错误“肃反”的阴影也开始蔓延到陕甘边南区根据地。1935 年 10 月，陕甘晋省委派鲁贲任南区党委书记，执行“左”倾错误政策，在南区进行错误“肃反”，逮捕杀害了一批干部，使革命事业的发展受到影响。但此时，由于陕甘边南区距离陕甘根据地中心区域较远，“左”倾错误影响时间不长，加之南区党和政府领导广大干部群众在实际工作中自觉抵制“左”倾错误，使“左”倾错误的发展受到限制，当时这块苏区仍然相对比较巩固。

① 习仲勋:《红日照亮了陕甘高原》(1978 年 12 月 20 日)，中共中央党史研究室编:《习仲勋文集》(上卷)，中共党史出版社 2013 年版，第 428 页。

在习仲勋离开瓦窑堡去关中工作前，周恩来同志专门找他谈了话。习仲勋后来回忆说："第一次和恩来同志正式接触是在一九三六年二月，党派我到关中苏区去担任苏维埃政府副主席、党团书记。恩来同志在瓦窑堡找我和张仲良同志谈话，从整个形势对我们讲了敌情，指出我们的任务是发动群众，扩大和巩固陕甘苏区，开展游击战，配合中央整个战略部署，威胁西安，迎接将要到来的抗日高潮。恩来同志对敌情了如指掌，高瞻远瞩地制订战略部署，他那种卓越的军事才能，给我留下极其深刻的印象。"[①] 谈话后，习仲勋立即前往关中特区，途经陕甘省苏维埃政府驻地鄜县王家坪时，应来自江西的长征红军干部、时任陕甘省主席的朱开铨的邀请，热情帮助其尽快熟悉陕甘边区的工作情况。朱开铨回忆说："习仲勋、张策同志被中央派往关中特委，在上任途中经过王家坪。我们陕甘省苏维埃政府，是在习仲勋同志任主席的原陕甘边区政府的基础上建立的，现在使用的干部大部分都是他在职时使用的。对这些干部，我认为绝大多数都很好，既有一定的工作水平，又比较忠厚老实，我接任陕甘省主席后感觉工作很顺手。为了对这些干部加深了解，我绝不放过这个机会。于是，我把习仲勋、张策同志留了几天，请他们给我介绍这个地区的情况，他们很详尽地把这些情况都告诉了我，以后，不管是去中央开会还是从中央回关中，经过这里他们一般都要住个两三天，对我的帮助很大。"[②]

1936 年 1 月，习仲勋第一次赴关中特区。在他的主持下，关中特区正式召开了成立大会，陕甘边南区党委和苏维埃政府从此改名为关中特区党委和苏维埃政府，关中特区党委书记贾拓夫，原陕甘边南区苏维埃政府主席秦善秀、副主席张邦英仍担任关中特区苏维埃政府正、副主席，并增补习仲勋为第一副主席兼党团书记。关中特区党委和苏维埃政府机关驻新正县南邑村，从此，关中特区工作逐步摆脱了"左"倾错误干扰，革命斗争进入新的阶段。

---

① 习仲勋:《永远难忘的怀念》(1979 年 4 月 8 日)，中共中央党史研究室编:《习仲勋文集》(上卷)，中共党史出版社 2013 年版，第 481–482 页。

② 朱开铨:《六十六年之革命生涯》，江西人民出版社 1993 年版，第 139 页。

关中特区党委和政府成立后，习仲勋积极对党员干部进行思想教育，肃清“左”倾错误影响。习仲勋还向特区的广大干部传达了瓦窑堡会议精神，纠正过去实际工作中存在的关门主义错误，并结合错误“肃反”的教训，教育干部正确认识错误“肃反”的危害，特区党和政府还创办了一份油印的关中小报，及时宣传党的路线、方针和政策，反映特区工作情况和经验，使干部和党员开阔了视野，端正了认识，提高了工作效率。在各项工作全面开展的基础上，习仲勋积极培养骨干，吸收了大批群众积极分子入党，参加革命活动，进一步壮大了党的队伍。关中特区新正、新宁、永红、赤水、淳耀等县党的基层组织有了大的发展。新正县由原来的 3 个区委发展到包括甘肃正宁和陕西栒邑[①]、邠县交界地区的 6 个区委、36 个乡党支部，有党员 160 余名；新宁县原来仅有九岘、金村 2 个区委、11 个乡党支部，后来很快又在湘乐、石鼓一带建立了 2 个区委、4 个乡党支部，党员数量有了很大发展；永红县建立了 3 个乡党支部，有党员 90 余名；赤水县建立了 5 个区委、22 个乡党支部；淳耀县建立了 5 个区委、31 个乡党支部，有党员 720 名。[②]

习仲勋还领导关中特区大力加强地方武装建设，为巩固关中根据地创造条件。1935 年 11 月 21 日，《中央关于发展陕甘游击战争的决定》指出：“游击战争不但为着配合红军主力作战，而且它本身带有创造、巩固与扩大苏区的任务。因此，游击战争在这方面，同红军主力的作用具有同等重要的地位。”为了广泛开展游击战争，中央把当时的陕甘革命根据地划分为绥吴、东北、东南、西北、西南、关中六个军区。中央要求每个军区至少要建立一个独立团的基干部队、几个游击队和若干个游击小组。游击队受基干部队的指挥，基干部队受省军事部和特区军事部的直接指挥，并在壮大和巩固的过程中，将其转变为正规红军。

根据中央的指示精神，习仲勋对发展和扩大地方武装工作做了具体部

---

① 1964 年，因“栒”字生僻，改为旬邑，本书仍用栒邑。

② 中共咸阳市委党史研究室编：《中国共产党咸阳历史》第一卷，陕西人民出版社 2006 年版，第 112–115 页。

署，将新宁、新正、赤水三县的独立营依次改编为关中独立第一、二、三营。关中特区成立了关中军区司令部，统一领导红一团和关中独立第一、二、三营。同时，大力加强各县游击队等地方武装建设，发展和整顿地方武装，关中各县地方武装纷纷建立或壮大。淳耀县组建了淳耀六支队、七支队、八支队、九支队、十支队和淳耀警卫队；赤水县组建了赤水十二支队、十三支队和赤水独立三营；永红县扩建了永红保卫队；新正县组建了特务队、五支队、八支队、新正武工队和新正独立二营；新宁县新建了十八支队、十九支队、二十支队、二十一支队和新宁独立一营等地方武装。①

在习仲勋和关中党政机关的统一部署下，关中特区的地方武装采用灵活机动的游击战术，神出鬼没地打击敌人，夺回了被敌人占领的许多地区，永红县保卫队曾配合兄弟部队和主力红军作战，攻克了国民党军固守的底庙城，并开展游击战争，打击进犯的国民党军队，扩大了红军的影响。新宁县的地方武装单独或相互配合作战，寻机打击敌人，开展游击战争，努力扩大、恢复和巩固关中特区。② 各县区还组建了许多游击小组，在苏区内惩处敌人，消灭土匪，为保卫群众的斗争果实作出了贡献。

在游击战争和地方武装大发展的过程中，也出现了一些失误和偏差，主要表现是：由于环境复杂，干部力量薄弱，游击队发展过猛，致使一些出身不好，思想不纯的人，甚至是反革命分子混入游击队，导致个别游击队组织不纯，发生了多起叛变事件。这些偏差给关中特区的工作造成了一定的损失。后来，习仲勋加强了对游击队的整顿和训练，清除了混入游击队的不良分子，提高了游击队的政治素质、战术水平和群众纪律观念，进一步密切了与群众的关系，增强了战斗力。

在地方武装的有力支持下，关中特区不断扩展。1936 年 3 月，新宁县开辟了第三区，辖九龙川、石鼓、湘乐、鲁家原等乡级政权，共辖九岘、金村、湘乐、平子等 4 个区级政权；永红县下辖 5 个乡级政权；新正县下辖 6 个区级政权；淳耀县下辖 5 个区级政权。

①② 中共咸阳市委党史研究室编:《中国共产党咸阳历史》第一卷，陕西人民出版社 2006 年版，第 112–115 页。

在习仲勋的领导下，关中特区在沟通苏区与白区党组织的联系工作方面，发挥了一定的桥梁作用。当时，许多从白区到陕甘根据地或由根据地到白区工作的党员干部，往往经过关中特区，受到当地武装人员或秘密交通的护送。1936 年 3 月，中共中央派刘少奇从瓦窑堡出发，去天津主持北方局的工作，就是经由这里化装出去的。王世英等从上海进入陕甘根据地找党中央汇报工作，也是从这里进入苏区的。习仲勋等对此项工作任务高度重视，想尽办法，出色地完成了一次又一次的艰巨任务，为推动全国抗日救亡运动作出了卓越的贡献。

习仲勋等还领导关中特区进行了土地政策的转变工作。根据中央有关土地政策的指示，关中特区对过去陕甘晋省委采取的一些“左”的土地政策进行了纠正和调整。1935 年 12 月 6 日，中共中央发出《关于改变对富农策略的决定》，依据当时的形势提出：“在苏区当土地革命深入时，我们应当集中力量消灭地主阶级。对于富农，我们只取消其封建式剥削的部分，即没收其出租的土地，并取消其高利贷。富农所经营的（包括雇工经营的）土地、商业以及其他财产则不能没收，苏维埃政府并应保障富农扩大生产（如租佃土地、开辟荒地、雇佣工人等）与发展工商业等的自由。”[①] 对地主的政策，中央也作了调整：“对地主的土地、粮食、房屋、财产，一律没收，没收之后，仍分给以耕种份地及必需的生产工具和生活资料；地主耕种份地之数量与质量，由当地农民群众多数意见决定之。”[②] 陕甘晋省委过去在土地革命中执行的“左”的政策给关中特区工作造成了严重的危害。习仲勋说：“当时由于在土地政策上侵犯了中农的利益，在经济政策上没收了小商人的一些东西，以及左倾机会主义的‘肃反’政策，造成了关中苏区群众的相当恐慌，对外则形成了赤白对立。”[③] 根据中央的土地政策精神，关中特区在土地革命中掌握政策界限，逐步调整了

① 中共中央书记处编：《六大以来》，人民出版社 1982 年版，第 730 页。

② 《中央关于土地政策的指示》，中央档案馆编：《中共中央文件选集》，中央党校出版社 1989 年版，第 1936 页。

③ 习仲勋：《关中党史简述》，陕西省档案馆全宗 33 号，案卷 1 号。

对地主、富农的政策，改变了“将地主赶上山去吃草”的“左”倾观念，使富农也愿意发展生产并进行各种工商业的活动。但在纠正“左”倾过程中，又产生了右的倾向：“把已没收的地主土地又退回了地主，分到土地的雇农和贫农感到地权不稳定，而对革命发生了怀疑。”[①]这种现象在新正、赤水等县比较严重。习仲勋和特区党委政府发现这一新的偏向后，派出工作组纠正错误，“又进行了第三次土地重新调整，按人口与劳动力的混合原则，进行了平均分配土地”。[②]调动了农民春耕的积极性，保障了土地革命政策的准确性，减少了工作中的盲目性，防止了偏差的发生，使土地革命适应了全国革命形势发展的需要。

土地革命的深入，激发了群众的革命和生产积极性。关中特区人民在习仲勋的领导下，努力生产自救，迅速消除战争的创伤，积极参军参战，大力支援前线，使根据地呈现出一派兴旺的景象。

正当习仲勋领导关中特区党和政府准备进一步发动群众进行土地革命斗争的时候，国民党东北军对关中特区发动了大规模的进攻，关中特区工作转入了战时轨道，土地政策调整工作被迫中止。

二、领导关中特区的反“围剿”斗争

习仲勋到关中特区后不久，面临敌人大举进攻根据地的严峻局面。习仲勋领导关中特区地方武装与强大的敌人展开了坚决的斗争。

1936年三四月间，国民党反动派趁红军主力东征之际，调集东北军六个师的兵力，纠集地方保安队、反动地主民团，对关中特区发动了大规模的“围剿”。为了粉碎国民党军闪击关中特区党委和政府机关的企图，红一团和关中独立第一、二、三营与鄜县两个独立营奉命在鄜县杨家原、套洞原阻击敌军的进攻，掩护了关中特区党委和政府机关的安全转移。战斗中，关中独立三营营长卞德荣英勇牺牲。4月，萧劲光在鄜县主持召开

①② 习仲勋：《关中党史简述》，陕西省档案馆全宗33号，案卷1号。

了红一团和关中独立第一、二、三营连以上干部会议，传达了中央的指示，决定将关中独立第一、二、三营合编为关中独立第三团。此后，红一团和关中独立三团开赴瓦窑堡，担负保卫中共中央机关的光荣任务。

红军主力撤离关中特区后，国民党军进入根据地，大肆烧杀，编制保甲，清查人口，搜捕共产党员和革命干部，一些地主豪绅也反攻倒算，实行阶级报复。在敌人的大举进攻下，关中特区全面失陷，贾拓夫、江华等率大部分武装力量参加西征，党和政府的工作被迫转入地下，整个特区陷入白色恐怖之中。

严酷斗争局面到来后，根据中央的指示，习仲勋、汪锋等组成关中工委①，留在关中，率领关中各地方游击队，依靠群众坚持对敌斗争。对于这一时期的艰苦卓绝的反“围剿”斗争情形，习仲勋后来回忆说：“在军事上划关中为两个作战区域，成立南、北两路指挥部，当时，关中整个五个县份，全部被敌人占领，仅有中心区域，敌人都建立了据点，仅余新宁县一个乡（平道川）敌人是没有骚扰到的。红军游击队也是分散的秘密活动。当时国民党则进行清查户口，编制保甲，收买利诱中共干部投诚叛变。而关中的革命运动是处在一个非常困难的严重形势下，整个党的工作是在一个艰巨的恐怖时刻。因此，当时关中党如何的善于退却，如何的保存积蓄革命力量，是当时党的严重任务，于是党决定了凡是一些外来干部和群众关系不很密切的人员，而不能和群众打成一片，甚至不能立足的人员，立即分散撤退，不致遭受敌人的逮捕屠杀。虽然个别干部（高乱娃）向敌人投诚，或个别干部被敌人杀害（秦善秀），可是群众的革命热情是没有被敌人镇压下去的，而始终是站在革命方面的。”②

在习仲勋的统一领导下，关中特区各个县区的地方武装积极行动起来。新正、新宁、永红等县的地方武装英勇地开展了反“围剿”斗争，神出鬼没地与敌军展开殊死的战斗。新正二支队屡建奇功，一次战斗中，新正二支队被敌军重兵包围六天，弹尽粮绝，战士们只靠野菜和酸杏充饥，

①② 习仲勋：《关中党史简述》，陕西省档案馆全宗33号，案卷1号。

但不屈不挠，顽强作战，终于冲出了重围。不久，新正二支队奉命拔除敌军设在西坡的两个碉堡，队长赵铁娃化装成敌军的催粮官，深入敌营探清了敌情，然后在晚上一举端掉了敌人的碉堡，消灭了全部敌军。回民游击队利用熟悉地理环境的有利条件，在子午岭森林中，机智灵活地打击敌人，与敌人兜圈子，搞得敌人筋疲力尽，掩护了群众，取得了很多胜利。新宁一支队奇袭湘乐川的莲花池的东北军一个连，俘敌 20 余人，缴获步枪 20 余支，战马 20 余匹，机枪 1 挺。永红保卫队攻克了底庙的敌军据点，极大地震撼了敌人，敌底庙镇长狼狈逃窜，我地方武装收复了苏区的许多村庄，恢复了县委的工作。

在习仲勋的教育引导下，关中特区各级党政机关及其工作人员表现出顽强的革命英雄主义精神。新宁县干部在敌人“围剿”时，由杨园子转移到子午岭密林中的龙池一带，昼伏夜出，依靠群众与敌人周旋。后来，敌人大军压境，截断了干部与群众的联系。在粮食断绝的条件下，干部们就采集刚刚脱蕾的杜梨和山杏充饥，吃得上吐下泻，浑身打战。但大家的革命意志没有动摇，坚持了一个月才冲出了重围，转移到月明塬开展游击活动。

由于习仲勋领导地方武装积极开展对敌斗争，国民党反动派的嚣张气焰被打了下去，敌人一夕数惊，惶恐不安。曾经不可一世的宁县保安中队长庞明胜吓得逃回了老家，盘踞在盘克的敌人也逃回了早胜。合水的反动民团头子被打得落花流水，连他的卫士也被我地方武装俘获，乘马被缴获，他本人仓皇逃窜，差点送命。一些保安队纷纷缴械投降，有的与我地方游击队订立了互不进犯协定。反“围剿”斗争的开展，也使地方武装的战斗力得到了提升，人民群众的利益得到了维护，受到了群众的赞扬。

5 月间，根据中共中央指示，习仲勋调往甘肃环县参加西征作战，中共关中工委暂时撤销。不久，汪锋等组建了中共关中临时特委，所辖党组织未变。[①] 6 月，汪锋赴保安向党中央汇报关中工作，中共关中特委和关中特区苏维埃政府撤销。

① 中共咸阳市委党史研究室编：《中国共产党咸阳历史》第一卷，陕西人民出版社 2006 年版，第 109 页。

三、主持七界石会议，扭转危急局面

10月，在西征作战取得辉煌胜利的条件下，中共中央再次派习仲勋返回关中特区，任关中特委书记，开展恢复关中特区工作。在返回关中特区之前，习仲勋按照中央的安排，参加了著名的九月政治局会议。习仲勋回忆道："这是我第一次参加中央的会议。毛主席一见到我，便亲切地叫着我的名字，同我握手。这次会议主要讨论《关于抗日救亡运动的新形势与民主共和国的决议》，争取张学良的东北军和杨虎城的十七路军，反对党内'左'倾关门主义倾向。会上，毛主席还总结了根据地建设的经验，指出，在中心区和边沿区、游击区，因情况不同，工作方针和任务也应有所不同。……参加这次会议，我受到了一次深刻的路线教育，进一步懂得了：任何革命理论、原则的实行，都必须同当时当地的实际情况相结合，教条主义之所以错误，就因为它不问实际情况，完全从本本出发，生搬硬套；政治路线错了，组织路线也必然是错的，政治上搞'左'倾机会主义，必然在组织上搞宗派主义。同时，思想上也明确了：必须根据形势的发展，积极扩大抗日民族统一战线。会后，张闻天同志同我谈工作，说对民团、保甲，都可以搞统一战线，可以先试试。"①

10月初，习仲勋再赴关中特区。此时，关中特区的工作局面已经非常困难。据习仲勋后来回忆，当他返回关中特区时，"我们的游击队只能隐蔽在深山里，活动很困难，生活很艰苦"。② 习仲勋首先在淳耀县槐庄子主持召开会议，恢复了关中特委和特区苏维埃政府，习仲勋任特委书记，霍维德任苏维埃政府主席。随后，习仲勋又在赤水县的七界石召开了关中特区党的活动分子会议，讨论继续坚持游击战争和恢复关中各县区政权问题。会议作出如下决定：以县为单位整顿和扩大游击队，成立关中游击队指挥部，郭秉坤任总指挥，习仲勋任政委，统一领导关中游击队。在

①② 习仲勋：《红日照亮了陕甘高原》（1978年12月20日），中共中央党史研究室编：《习仲勋文集》（上卷），中共党史出版社2013年版，第429-430页。

行动上，则以集中打扰、分散活动为原则；积极开展统一战线工作，争取进步和中间的民团、保甲，孤立和打击少数最反动的敌人；进行整顿各地党的工作，健全党的组织生活；恢复各县苏维埃政权；在敌人后方开辟新苏区。①

七界石会议后，关中特区的反“围剿”斗争进入了一个新的阶段。习仲勋后来回忆道：“我们一面恢复各种秘密组织，一面建立和发展各方面的统一战线关系。根据中央九月会议决议的精神，对于每一个人、每一个派别、每一个社会团体、每一支武装队伍，都根据它们不同的情况，在抗日救国的总方针下，同他们接洽、协商、谈判，以订立各种地方的、局部的、暂时的或长久的、成文的或口头的协定，同他们当中的一些人、一些单位，建立起各种不同程度的统一战线关系。有个国民党的县长同我们有老关系，我们也同他建立了联系。在四个县的保安团中，除了一股顽固的地主武装反对我们以外，其余的都和我们建立了统一战线关系，他们向我们提供了许多情报和枪支弹药。这样，到‘双十二’西安事变时，关中根据地就全部恢复了，我们的游击队也壮大了。虽然国民党的政权仍存在，但我们的政权组织也秘密建立起来了，公开的名义叫做‘抗日救国会’。”②

在习仲勋的正确领导下，关中特区全面贯彻党的抗日民族统一战线政策，各方面的工作都得到了顺利的开展，各县的地方武装力量迅速发展起来。仅一个月时间，全特区的游击队便发展到 14 支、500 余人，其中半数是新成立的。国民党反动派虽然对关中特区又组织了一次“进剿”行动，但迅速被地方武装击败。经过新正的前马原、赤水的郭家掌、淳耀的让牛村等几次较大规模的战斗后，敌人龟缩在据点，再也不敢外出骚扰。

习仲勋领导关中特区党政组织有针对性地开展统战工作，针对敌军的不同情况，灵活采取不同的方法。对东北军和十七路军，游击队就向他们宣传“打到东北去，收复家乡”“一家人不打一家人”等抗日号召，教育

① 习仲勋：《关中党史简述》，陕西省档案馆全宗 33 号，案卷 1 号。

② 习仲勋：《红日照亮了陕甘高原》（1978 年 12 月 20 日），中共中央党史研究室编：《习仲勋文集》（上卷），中共党史出版社 2013 年版，第 430 页。

国民党军的官兵以民族利益为重，枪口对外，一致抗日；对马鸿逵部队的官兵，游击队则按照回族的风俗习惯，将被击毙的马部官兵集中起来，送到新正县的两个回民乡，由清真寺阿訇对死者按回族习惯埋葬；对被俘人员，在进行了抗日救国宣传后，每人发给路费 10 元，送回原部。这些工作对敌军的震动极大，使国民党保安队不断分化瓦解，有的向游击队缴械投降，有的逃离苏区，有的与红军游击队签订停战协议。后来，“西安事变”发生，国民党东北军和十七路军基本停止了对苏区的军事行动。习仲勋和关中特委决定，以县为单位，组织力量全面出击，仅用 10 多天时间，不但收复了全部苏区，而且开辟了新的区域。关中特区及其所属的各县党和红色武装完全取得了反“围剿”斗争的胜利。

四、掀起抗日救亡运动的新高潮

反“围剿”斗争胜利后，习仲勋根据“西安事变”后新的形势，逐步转变政策，在关中特区认真开展抗日救亡运动，收到了显著的成效。

1936 年 12 月，国民党东北军将领张学良和十七路军将领杨虎城，受全国抗日救亡运动的影响，接受了中国共产党的抗日民族统一战线的主张，发动了震惊中外的“西安事变”，要求蒋介石答应“停止内战，一致抗日”。

“西安事变”发生后，国民党亲日派何应钦在日本帝国主义的怂恿下，打着“讨伐叛逆”的旗号，调动大批军队，由东、西两个方向向西安推进，企图扩大内战，并乘机夺占蒋介石的统治地位。“讨伐军”由何应钦任总司令，下属两个集团军。东路集团军 10 个师，由刘峙指挥，从东面直逼西安，先头部队 5 个师已进至华县；西路集团军 10 个师，由顾祝同指挥，拟由甘肃靖远、宁夏同心、陇东环县向甘肃陇西、天水集中，而后向东进攻西安。

为了支援东北军和十七路军，粉碎何应钦“讨伐军”的东西两路进攻，中共中央和中央军委决定，红一方面军第一军团、第十五军团，红二方面军第二军团、第六军团，红四方面军第四军、第三十一军，由定边、环县地区南下，经庆阳、宁县、正宁、长武，邠县、咸阳、兴平，进至兰田、商县以南，协同东北军、十七路军突击敌东集团军，力求歼其大部或一部；以红二十八军、红三十二军、陕甘宁独立师，在环县附近牵制敌第一军；以红二十九军、红三十军在定边、盐池、吴旗警戒宁夏之敌；以红八十一师（后恢复红二十七军番号）东进延安。

12 月 26 日，红军主力进至宁县、正宁地区时，蒋介石已被释放。敌东路集团军由潼关东撤，红军即在关中特区一带休整待命。不料蒋介石获释后，背信弃义，扣押张学良将军，并指使其部队对西安进行军事压迫，以东面的 10 个师、西南和西北面的 15 个师，向西安对进。1937 年 1 月，国民党中央军重新进逼西安。1 月 3 日，毛泽东致电东北军将领："时局变化，亲日派回师进攻我抗日联军，唯有万众一心，巩固团结，坚决作战，争取最后的胜利。" 1 月 5 日，由杨虎城将军领衔，在西安发表了一份态度严肃、措辞强硬的通电，抗议南京政府扣押张学良将军和企图重新挑起内战的阴谋。1 月 8 日，中共中央又发表了《为号召和平停止内战通电》，坚决要求南京政府立即下令停止军事行动。与此同时，东北军、十七路军、红军三方高级将领，在杨虎城的主持下，共同协商和拟定了具体的作战方案。红军主力迅速出击，红一军团进至西安之淳化、三原、耀县地区；红十五军团进至西安东南一带；红二十八军、红三十二军进至崇信、灵台地区；红二十七军（即红八十一师）进驻洛川，准备支援东北军、十七路军作战。同时，红军接替了东北军在延安等地的防务。1937 年 1 月 13 日，中共中央、中央军委由保安迁至延安凤凰山麓。从此，延安这座庄严雄伟的古城，成为指引全国人民革命方向的灯塔，成为举世闻名的革命圣地。

由于红军和东北军、十七路军做好了对付蒋介石"讨伐军"进攻的准备，加之周恩来为首的中共代表团和杨虎城将军卓有成效的努力，以及国内外舆论压力，"西安事变"终于和平解决，为国共两党重新合作、共同抗日的局面的形成创造了必要的条件。

2月初，进至三原、泾阳、耀县一线的红一军团返回关中特区的正宁、宁县及枸邑一带驻防，军团部驻正宁宫河镇，第一师驻正宁罗川，第二师驻宁县早胜镇，第四师驻枸邑县境内。不久，红十五军团也返回陇东根据地，进驻庆阳和西峰之间的驿马关一带，军团部驻驿马关城内，直属骑兵团驻庆阳桐川一带，七十三师驻西峰什社，七十五师驻镇原孟坝镇，七十八师驻彭原义门村。这样，红一方面军主力部队全部返回根据地驻防整训。

当时，西峰镇是国民党甘肃第三行政督察专员公署所在地，并由甘肃地方军阀鲁大昌盘踞，红军未能进驻，但红一方面军的驻防分布实际上对西峰构成了包围态势。

西安事变后，红军主力云集关中特区，给习仲勋带来了喜悦和信心。当时，习仲勋身处关中特区反“围剿”斗争的艰苦环境中，对于党在西安事变后政策的变化情况并不了解，他认为发展关中特区的大好时机到来了。习仲勋回忆说：“双十二事变后，全国政治形势起了变化，整个革命运动高涨起来了，党对西安事变发表了团结抗日的统一战线主张，但是因为关中交通不便，没有及时接到中央指示，因此对西安事变的态度和方针没有接到指示，为了不失时机，即决定各地以县为单位的红军游击组织向外出击，扩大恢复苏区，争取民团、保甲自动交枪。”①

借着主力红军到来的这股东风，习仲勋领导关中特区军民展开了大规模的收复失地、扩大根据地的行动，他们发动群众，搜集武器，打击国民党军队，抓捕豪绅恶霸，摧毁国民党地方政权和保甲组织。当时，在习仲勋和关中特委同志们的思想中还没有什么友区、友军的概念。这种情况是很自然的，昨天的“围剿”根据地的敌人今天成为抗日友军，这样一百八十度的转变，在前线战斗的习仲勋和关中特委同志们在思想上不是瞬间就可以实现的，也缺乏这样的精神准备。

一天，习仲勋接到了云阳红军前敌总指挥部的来信，信中说，彭德怀

① 习仲勋：《关中党史简述》，陕西省档案馆全宗33号，案卷1号。

要约见习仲勋和关中特委的同志，传达党中央关于西安事变后形势和任务的指示。习仲勋立即与张策一道去云阳红军前敌总指挥部，见到了在西征战役时曾与自己朝夕相处的彭德怀同志。彭德怀向他传达了党中央和平解决西安事变的方针，要求习仲勋和关中特委的同志们转变观念，注意尊重友区和友军，正确开展抗日救亡运动。对此，习仲勋说："中央红军南下以后，传达了党对西安事变的政策以后，关中党才停止了扩大苏区和消灭国民党军队的行动。"[①]

形势发生重大变化了，中共中央根据时局转变及时制定了新的重大方针和政策，这些都给地处陕甘宁根据地最前沿的关中特区的地方工作提出了许多新的课题，引起了习仲勋的思考。很快，习仲勋领会了中央的新精神，根据关中特区的实际，习仲勋领导党政组织及时调整政策，停止了扩大苏区的行动，把对友区开展统一战线工作放在突出的地位，利用红一方面军主力进驻的极为有利的时机，积极与主力红军密切配合，动员群众，开展了各种形式的抗日救亡活动。

4 月，关中特委和特区苏维埃政府移驻新正县马家堡。为统一指挥关中特区的地方武装，设立关中特区司令部，张仲良任司令员，习仲勋任政治委员。此后，中共中央通知习仲勋作为关中特区代表，到延安出席重要会议。习仲勋遂前往延安。

在延安，习仲勋连续参加了三个会议，这些会议在中国共产党历史上都有着重要的影响。5 月 1 日，中共中央批准成立了中共陕甘宁特区委员会。同日，习仲勋出席了中共陕甘宁特区委员会第一次会议。5 月 2 日至 14 日，习仲勋作为关中特区的代表参加了中国共产党全国代表会议。这次会议将"巩固和平""争取民主""实现抗战"作为当前党的中心工作任务，使习仲勋明确了斗争的任务。5 月 15 日，习仲勋出席中共陕甘宁边区第一次代表大会。在这次会议上，毛泽东根据西安事变后国内形势的发展，提出要将陕甘宁特区转变为抗日民主政治的模范区域、抗日民族革命

---

① 习仲勋：《关中党史简述》，陕西省档案馆全宗 33 号，案卷 1 号。

战争中政治与军事的模范区域、实现民主共和制的模范区域的伟大任务。会上，选举了由 17 名执行委员、6 名候补执行委员组成的中共陕甘宁特区第一届委员会，习仲勋当选为执行委员。会后，习仲勋回到关中特区，在 6 月召开了关中特区各县、区委书记会议，传达了会议精神，为贯彻党中央“巩固和平”“争取民主”“实现抗战”方针，习仲勋对关中的具体工作作了新的部署。

在习仲勋的领导下，关中特区根据新的历史形势，及时调整根据地内部的各种组织，将苏维埃政府改为抗日救国政府；取消了共青团，成立了青年救国会；取消了贫农团，成立了抗日救国会和妇女救国会等广泛的群众组织，停止了扩大苏区和打击国民党军队的行动。为了保证转变政策和调整组织工作的顺利进行，关中特区对干部开展了以转变观念为主要内容的形势教育和政策教育，针对干部群众中存在的许多思想问题做了耐心细致的教育工作，保证了党的抗日民族统一战线政策的正确执行。

习仲勋为了宣传中共中央提出的“停止内战，一致抗日”的主张，增进各界人民对红军基本政策的了解，动员群众参加抗日活动，发动关中特区各级地方党政组织和红军主力一道组成了流动宣传队，深入山区向广大群众宣传党的抗日主张，采取边宣传，边肃清匪患的方式，开展减租减息工作，使群众认识到共产党和边区政府爱护老百姓，是真正的为穷苦人谋利益的，诚心开展抗日救国运动的。群众觉悟起来后，纷纷参加各种抗日救亡活动，从中涌出了不少积极分子。党组织吸收他们入党或参加红军，进一步壮大了抗日队伍。

当时，红一军团政治部主任邓小平在南下关中和北返进驻宁县、正宁、栒邑地区时，也曾参与了关中特区的抗日宣传活动，向关中特区人民群众广泛宣传抗日民族统一战线的政策，启发群众的抗日觉悟。当时红一军团政治部曾在宁县南义井召开了军民大会，邓小平在会上发表了演讲，宣传党的团结抗日的主张。同时为了加强党对抗日救亡运动的领导，邓小平还在南义井听取了关中特区新宁县组织部部长王秉祥、统战部部长李积成的汇报，对关中特区党的各项工作的落实情况进行了检查，促进了关中特区抗日救亡运动的开展。

为了避免国共双方发生军事冲突，保证关中特区在统一战线中的独立自主地位，习仲勋领导关中特委与国民党地方当局开展了划分界线的谈判。这项工作开展得非常成功，在当时影响很大，受到了社会各界舆论的高度赞扬。

当时，关中特区的新正、新宁、永红、赤水、淳耀等五个县与国民党正宁、宁县、栒邑、淳化、耀县等县所辖地域犬牙交错，国民党军在关中特区的边沿地带挖战壕、筑碉堡、设路卡，进行军事威胁。新正、新宁、赤水、淳耀等县为保卫苏区，同国民党军展开针锋相对的斗争。在双方毗邻地区，长期形成了拉锯状态，不利于抗日民族统一战线工作的开展。

“西安事变”的和平解决和抗日民族统一战线的初步形成，为消除红白对立的局面创造了基本条件。习仲勋及时组织和领导关中各县积极与国民党地方当局沟通联系渠道，在各县开展划界谈判工作，分别划定各自辖区的界限。为了指导这项工作，习仲勋还派出关中特委统战部部长杨载泉参与了各县的划界谈判。

新正县与国民党正宁县的划界谈判是在1937年3月进行的。新正方面代表是郭廷藩、杨载泉，国民党正宁县方面代表是其县长朱门、教育科长巩保初等，并邀请驻正宁罗川的红一师政委邓华和国民党平凉党部书记长为评判人员。谈判共进行了三轮，在谈判中，新正方面代表以抗日大局为重，为维护抗日民族统一战线的局面，在有原则、有条件的前提下，作了必要的让步，将已建立区乡政权的长乐原区（即新正红五区）让出。经过新正代表的艰苦努力，双方最终达成了划界协议。协议规定：南起杨家畔、解家川、半川、上南坡头以东，北起西五畔沿沟以西为两县分界线。划界后，新正县辖5个区、28个乡，面积约1500平方公里，人口34000余人。

新宁县与国民党宁县方面的谈判于4月进行。第一轮谈判，因双方对平子、良平、盘克、杨畔的归属问题争执很大，未能达成协议。不久，又举行了第二轮谈判，新宁县代表是王秉祥、杨载泉，国民党宁县方面代表是其县长王序宾、保安大队长师保元、中队长庞明胜。红二师驻宁县代表王子宜也参加了谈判。为了维护抗日大局，新宁县作出了让步，最后双方商定以“西安事变”当天双方占据的区域为准划分区域的归属。协议规定：沿庞家川、黑庄子、马家崖窑、东五畔一线，以东属新宁县，以西归国民党宁县。这样，新宁方面将潘村岘子以西包括盘克镇划归了国民党宁县，平子半坡村虽然从 1934 年起就是红军的游击区，但因未建立苏维埃政权，也划归了国民党宁县方面。协议达成后，因南仓一带百姓强烈要求脱离国民党区域，故而双方再次举行谈判，最终商定将南仓也划归了新宁县。划界后，新宁县辖 3 个区、14 个乡，面积 3000 平方公里，人口 13000 余人。

在此前后，赤水、淳耀等县也经过多次谈判，与国民党地方当局达成了划界协议。关中特区的划界斗争获得了社会舆论的一致好评，促进了国共合作局面的形成和发展，为关中特区的革命政权赢得了宝贵的和平，为红军主力出师华北敌后抗战，建立了巩固的战略后方基地。后来，抗日战争爆发时，关中特区的新正、新宁、赤水、淳耀等各县“均属八路军的后方，军民协作，相安无事，前线之军心赖以维持，后方之团结赖以树立。”①

习仲勋和关中特委还利用红军主力进驻友区，抗日民族统一战线初步形成的时机，在国民党管辖地区开展建党工作，采用派民运干部开展救亡运动，建立群众组织等方式，培养革命骨干，建立和壮大党的队伍。当时，习仲勋和关中特委开展工作的主要区域是宁县、正宁、合水、栒邑、淳化一带，先后在上述地区建立和发展了党的组织，扩大了党的影响。关中特委和红军在宁县建立了中共宫河支部、早胜党支部，在正宁建立了中共纪纲党支部等。4 月，关中特委在栒邑、淳化设立了红军募补处，分别归属关中特委领导。淳化红军募补处，主任王伯栋，对内做党的工作，下

---

① 《朱德彭德怀等通电全国反对枪口对内进攻陕甘宁边区》（1939 年 12 月 25 日），中央档案馆编：《陕甘宁边区抗日民主根据地》（文献卷・上），中共党史资料出版社 1990 年版，第 300–301 页。

辖3个党支部，主要活动于淳化县城和方里、润镇一带；栒邑红军募补处，主任薛和昉，对内代行中共栒邑县委职能，下辖2个区委、9个党支部，主要活动于栒邑县城及张洪、土桥地区。[1]到1937年上半年，在关中特区周围建立了中共合水县委、中共栒邑县委和宁县工委，扩大了革命影响。

为了进行抗日战争的准备，扩大红军、提高红军的战斗力，中央军委在1936年12月发出指示：利用一切机会扩大红军。习仲勋和关中特委按照中央军委的指示，号召各县把扩大红军作为重要工作，积极动员贫苦农民青年参加红军。1937年2月，关中特区新正、新宁两县的所有地方游击队被整编为关中第四游击大队，全大队共400人。3月，第四游击大队在富平补充到红四师中去，扩充了主力红军。

总之，"西安事变"后，习仲勋和关中特委经过半年的艰苦工作，使关中特区实现了由国内战争到抗日战争的战略转变，为抗日战争做了必要的组织、思想和物资准备。同时，习仲勋和关中特委开展的抗日救亡活动进一步发动了各界人民群众，掀起了关中特区抗日救亡运动的新高潮，推动了关中特区抗日统一战线局面的形成，使之与陕甘宁边区的其他地区一起，最终成为八路军敌后抗战的战略后方。

---

① 中共咸阳市委党史研究室编:《中国共产党咸阳历史》第一卷，陕西人民出版社2006年版，第115–116页。

第九章 | 参加红军西征战役

一、参加西征红军在陇东的战斗

1936年5月，“为了巩固和发展陕甘革命根据地，党中央组织工农红军野战军举行西征。”[①] 习仲勋奉中央军委的命令，暂时离开关中特区，随军参加了西征战役。习仲勋后来回忆西征时说：“其时，我跟随彭总在戎马倥偬之中度过了好几个月，几乎每天都向他报告工作情况。他虽然长我十五岁，但完全用平等、亲切的态度对待我，外表严肃而内心热诚，在日常工作和战斗中，那种诚挚的关切之情，使我深为感动。”[②]

习仲勋参加的红军西征是关系陕甘根据地前途和命运的一场重大战役，是中共中央和毛泽东作出的一个重要决策。

1936年5月，红一方面军东征胜利后，发表了《红军要求南京政府停战议和一致抗日通电》（即回师通电）。“通电”指出：“国难当头，双方决战，不论胜负属谁，都是中国国防力量的损失，而为日本帝国主义所称快。”红军回师黄河西岸的陕甘根据地是“向南京政府、全国海陆空军、

①② 习仲勋：《彭总在西北战场》（1980年1月25日），中共中央党史研究室编：《习仲勋文集》（上卷），中共党史出版社2013年版，第587页。

全国人民表示诚意。”[①] 此后，红一方面军西渡黄河回到陕甘根据地，信守承诺，停止了对国民党军的作战行动。但是蒋介石顽固坚持反共内战的政策，拒绝议和，调集重兵，继续“围剿”陕甘革命根据地。其兵力和作战部署为：西北“剿总”，蒋介石自任总司令，张学良任副总司令，晏道刚任参谋长，指挥16个师从四面围攻陕甘根据地。其十三军（军长汤恩伯）所辖第四师、第八十九师、第七十二师，自山西军渡镇西渡黄河，进入陕北，协同八十四师高桂滋部、八十六师井岳秀部，进攻陕甘根据地东北部地区；东北军第六十七军（军长王以哲）第一〇七师、第一一七师、第一二九师、第一〇五师和十七路军第四十二师、第十七师，由延安、鄜县、宜川、韩城向北进攻；东北军第五十七军（军长董英斌）第一一一师、第一一二师、第一一五师，由甘肃合水地区向东进攻根据地南部和中部地区；“宁马”新编第七师、第三十五师驻定边、惠安堡、环县、庆阳一线，防止红军西进。

在敌人的上述兵力和作战部署中，东线的蒋阎军虽是主力，又担负主要进攻任务，但刚刚遭到红军东征战役打击，行动缓慢；南线和西线的东北军、十七路军的广大官兵倾向抗日，不愿打内战；西北的宁夏马鸿逵、马鸿宾部虽反共坚决，但兵力小，地域广，是一个薄弱的方向。

根据新的政治、军事形势，中共中央审时度势，作出了举行西征的战略决策。

1936年5月14日，中共中央在陕北延川县大相寺召开了红一方面军各部队团以上干部会议。在总结东征作战的经验教训后，又提出了西征的战略任务。5月18日，中央军委正式发布《西征战役计划》，提出了西征战役的任务。其内容是：（一）向西北进攻，造成陕甘宁根据地，并向北打通与苏联、外蒙古的联系，向南打通与红二、四方面军的联系；（二）在东线坚持游击战争；（三）南面争取东北军、十七路军和其他国民党军走向抗日。同日，中共中央和中央军委决定，红一方面军部队组成红军西方野战

① 《红军要求南京政府停战议和一致抗日的通电》（1936年5月5日），转引罗瑞卿等著：《西安事变与周恩来同志》，人民出版社1978年版，第89页。

军，彭德怀任司令员兼政治委员，聂鹤亭任参谋长，刘晓任政治部主任。

红军西方野战军统辖的部队是：

红一军团（左权任代军团长兼参谋长、聂荣臻任政治委员），下辖第一师、第二师、第四师、骑兵第二团。

红十五军团（徐海东任军团长、程子华任政治委员），下辖七十五师、七十三师、七十八师、骑兵第三团、警卫团。

红二十八军（宋时轮任军长、宋任穷任政治委员）。

红二十九军（萧劲光任军长、甘渭汉任政治委员）。

红八十一师（文年生任师长、张明先任政治委员）。

红军西方野战军直属骑兵第一团（团长张爱萍）、特务团（团长朱水秋、政治委员邱创成）。

红军西方野战军总兵力共 17000 余人。

红军西方野战军在经过半个月的休整和准备之后，为执行中央、中央军委赋予的进至陕甘宁边界地区作战，打击宁夏军阀马鸿逵、马鸿宾部，创造西方新根据地的任务，于 1936 年 5 月 19 日，从陕北的延长、延川、永坪地区分左、右两路大举西进。左路军为红一军团，经蟠龙、安塞到吴起镇集结，准备向陇东地区的环县、曲子进攻；右路军为红十五军团，经蟠龙到靖边新城堡集结，准备进攻安边、定边；西方野战军指挥部和红八十一师及野战军直属骑兵一团随右路军行动；红二十八军在延川地区机动防御；红二十九军在韩城牵制南线敌人；红三十军在东线坚持游击战争。

5 月 27 日，右路军红十五军团等部队从新城堡出发，向西北前进，28 日袭占靖边宁条梁镇，在强攻安边未得手后，以一部兵力继续围攻之，主力则沿长城西进，威胁宁陕边界的盐池，佯攻宁夏。

当右路军红十五军团发起攻击安边、佯攻宁夏作战行动之时，宁夏军阀马鸿宾慌忙将其三十五师由陇东庆阳、环县抽调回援宁夏，所遗防地交东北军接替。毛泽东得悉上述情报后，一面电请东北军不要妨碍红军占领环县、曲子和洪德的行动，一面电告西方野战军，令左路红军一军团从吴起镇向西南进至甘肃华池元城，派一部兵力向庆阳游击，阻击东北军由庆阳北上，但只坚决打击马鸿宾部，不与东北军作战。

左路军红一军团遵照中央军委和毛泽东的命令，于5月28日从吴起镇出发，习仲勋随同左路军向曲子、环县进击。[①]对他来说，这是一个艰苦而有意义的行程。西征红军越过子午岭山脉，从华池地区直插曲子、环县，一路上经过的陇东的山山水水，都是习仲勋长期战斗的地方，他感到非常亲切。置身于一万余人的红军主力中行军又使他感到喜悦和兴奋。

西征开始后，在习仲勋的推荐下，彭德怀指挥部进入环县的第一站就安排在八珠塬的农民李凤存家里。李凤存腾出三孔窑洞作为指挥部住址。彭德怀在这里召开了西征的第一次会议，习仲勋以及西征红军团以上的干部参加了会议。会议决定西征的第一仗是夺取曲子镇。会后，习仲勋召集当地群众进行支前动员，组织了担架队，跟随主力红军连夜奔赴曲子前线。[②]

6月1日，左路军进至曲子附近。这时，国民党西北"剿匪"总司令部察觉红军西进的动向后，急调敌三十五师马鸿宾部一〇三旅（旅长马玉麟）、一〇五旅（旅长冶成章）于元城、庆阳、曲子一线堵截。

6月1日，左路军红一军团发起曲子战斗。习仲勋参加了这次战斗的全部过程。

曲子是陇东通往宁夏的咽喉，是国民党环县政府所在地，也是红军西方野战军左路军攻击的第一个目标。曲子镇内当时驻守有敌一〇五旅旅部的一个特务连和敌三十五师骑兵团（团长马培清）的一个排以及国民党环县保安大队，共300余人，一〇五旅旅长冶成章也在部署了堵截红军的行动后回到曲子。

6月1日，红一军团第二师（师长杨得志、政委萧华）从庆阳三十里铺、环县八珠塬进至曲子镇附近。下午3时，红二师发起攻城作战行动，经半小时激战，红军从城东南角突破防线，攻入城内，与敌展开巷战。这

① 《习仲勋传》编委会编:《习仲勋传》（上卷），中央文献出版社2008年版，第231页。

② 李鸿章、李海红:《习仲勋在曲子县》，环县政协文史资料委员会编:《环县文史资料》第五辑，内部资料。

时，敌一〇五旅旅长冶成章率领一股光着膀子，手举马刀的亡命之徒，狂叫着从巷子的各个角落钻了出来，疯狂地向正在攻击前进的红军扑来。冶成章是“宁马”部队的一员“勇将”，以临阵强悍勇猛而受到马鸿宾的器重。他性格暴躁，野蛮霸道，平日为非作歹，欺压人民，无恶不作，当地群众十分痛恨他，给他送了一个“野骡子”的绰号。在冶成章这股匪军的疯狂反扑下，入城红军部队立足未稳，便被挤出城外。在这种情况下，红二师总结经验，调整部署，改变战法，再次揳入，经反复冲杀，激烈争夺，至下午 4 时半左右，红军基本控制全城。冶成章被堵在城西北角的一处民宅的空洞中负隅顽抗。为了捕获这个“野骡子”，红一军团长左权、政委聂荣臻亲临战场指挥作战。至晚上 10 点多钟，全歼了残敌，击伤并擒获“野骡子”，曲子战斗胜利结束。此战毙伤俘敌 300 余名，俘获敌一〇五旅旅长冶成章和副旅长杨有福。国民党环县县长郑执中漏网逃窜。

习仲勋对曲子战斗中俘获冶成章的情景记忆很深刻，他还亲眼见到冶成章是个大个子。他回忆说，为了开展对马鸿宾部回民军队的统一战线工作，冶成章被俘后受到了优待，在河连湾，红军还用乐队迎送。因为冶成章受了伤，老百姓用担架抬着他送回了宁夏。此后，冶成章便脱离了马家军，对党在回民军队中统一战线工作上起到了一定的积极作用。[①]

由于习仲勋在八珠塬一带进行过革命活动，有群众基础，西征红军前敌指挥部安排习仲勋到当地工作团，解决部队供给问题。当时，在环县一带的西征红军人数在一万多人，征粮任务十分艰巨。习仲勋召开群众大会，动员群众为红军筹集粮食，还打了黄老四、贺廷炎等几家土豪，除保证部队供给外，还给当地贫苦群众也分了粮食。当时，环县八珠塬一带的粮食作物主要是糜子、小麦，磨面碾米的工作量很大，而这一带的石磨和米碾子数量有限。为了保证部队的粮食供给，习仲勋把附近的石碾子和石磨全部集中到八珠塬，指派专人日夜不停地磨面碾米，加工米面。在习仲勋的亲自组织和动员下，粮食和军需物资源源不断地送到了前线，为红军

① 《习仲勋传》编委会编:《习仲勋传》(上卷)，中央文献出版社 2008 年版，第 232 页。

继续西征作战保障了供给。彭德怀知道这一情况后，十分高兴，赞扬习仲勋是西征红军合格的“催粮官”。[①]

曲子战斗胜利后，红一军团向庆阳进击，占领马岭、阜城一线。6月2日，敌三十五师一〇三旅二〇六团、一〇四旅骑兵团和一〇五旅二〇九团等部共八个营的兵力，在一〇三旅旅长马玉麟的指挥下向马岭、阜城一线的红一军团猛扑过来。红一军团根据敌情和有利的地理环境，决定集中兵力歼灭该敌。红军在阜城地区布下了埋伏圈。6月3日，红军向进入伏击圈的敌军发起全线进攻。经过三个小时的激烈战斗，红军歼敌六个营，击溃敌两个骑兵营，俘敌1100余人。至6月5日，红一军团占领甘肃环县、庆阳附近地区，重创了敌三十五师。与此同时，右路军红十五军团占领定边西南要点红柳沟，打击了定边、安边、靖边等地的敌军。

这时，东北军已接受红军要求，停止于甘肃镇原、庆阳一线，敌三十五师正向固原以北退却。靖边、盐池、同心地区只有新编第七师和地方民团武装，有利于红军分割歼敌。在这种情况下，红军继续向西进攻。从6月7日到11日，左路军红一军团由甘肃环县地区向西进攻宁夏，经毛居井向土营前进；右路军红十五军团进占同心城，向豫旺前进；红二十八军、红八十一师及野战军直属骑兵一团进至安边附近。

红军左右两路军进入宁夏后，敌十五路军司令、宁夏省主席马鸿逵，急令其三十五师马鸿宾部回援中宁地区，加强宁夏腹地的防御，阻止红军进攻。红军西方野战军继续西进，以求歼灭该敌。6月13日，红军西方野战军占领同心、固原之间的土营、王团庄，切断了敌三十五师的北上道路，迫使该敌退回固原的黑城镇地区。

红军在占领大片地区后，继续夺占敌人的城镇据点。6月18日，红十五军团七十八师乘敌不备，一举攻克定边县城。驻守定边之敌马鸿逵部骑兵第一团第二营溃不成军，逃至盐池、灵武一带。20日，七十八师又向盐池发动进攻，于21日凌晨3时攻克该城，歼敌马鸿逵部骑兵一团两

---

① 李鸿章、李海红:《习仲勋在曲子县》，环县政协文史资料委员会编:《环县文史资料》第五辑，内部资料。

个连，击毙敌营长孙光祥，俘敌280余人，盐池县城获得解放。与此同时，红十五军团之七十三师、七十五师等部队，从定边一带，经盐池县南之麻黄山、大水坑等地直插豫旺县境。6月21日夜，红十五军团包围了豫旺县城下马关，并占领了下马关以北的红城水。下马关守敌马鸿逵部骑兵营长孔庆福和敌县长董天祥率领敌军和地方民团死守待援。马鸿逵也从银川派飞机前往助战打气。红军围城一周后，下马关城内无水，人心浮动，红军向敌军喊话，解释党的政策，使守城之敌解除了顾虑，缴械投降。27日，红军兵不血刃解放了下马关。28日，红十五军团进攻下马关以北40里的韦州城。当时驻守韦州的敌军为马鸿逵部骑兵第一团第三营及400余名地方民团武装。7月3日，红十五军团攻至韦州城下，曾一度攻上北城墙。城内守敌向马鸿逵告急求援，马鸿逵认为韦州在军事和政治上都有重要地位，韦州有失，危及金（积）、灵（武）的安全，其老巢银川难保，遂急派骑兵一、二、三、四团及保安处骑兵第一大队，共计1400余人的兵力，另附炮兵一部分，从金积、灵武一带驰援韦州。7月4日，敌援军抵达韦州城下，红十五军团退守红城水。

西方野战军西征的胜利，给敌人以沉重的打击。6月中旬，蒋介石命令国民党军队“以马鸿逵部固守于中卫、五佛寺一线，防止红军北进；朱绍良部在海原、靖远、黑城构筑封锁线，防止红军南下，以东北军骑兵军何柱国部为主力，集结后向同心、豫旺进攻”。蒋介石还在电文中为何柱国打气：“兄部奋勇敏捷，共成伟业，有厚望焉。”

6月中旬，何柱国秉承蒋介石的命令，乘张学良到南京开会之机，指挥东北军七个师和敌三十五师马鸿宾残部，自庆阳、固原一线向北进攻，至7月初，攻占镇原三岔，庆阳马岭、阜城等地，并继续向曲子推进。此后，何柱国又集结东北军四个师及三十五师马鸿宾一部兵力，于固原、土营之间，准备沿清水河北进，与北线的马鸿逵部相配合，南攻北堵，消灭红军于“中宁以南地区”。

在何柱国部进攻的同时，北线敌人也向红军发起反攻。6月24日，横山之敌一个团增援安边，被红军击退。7月5日，敌三个骑兵团又两个营兵力，由韦州南犯豫旺，被红军击溃，毙俘300余人，敌军退回韦州。

在敌军南北夹击的形势下，7月14日，毛泽东致电红军西方野战军司令员兼政治委员彭德怀，提出了关于西征战役的四条作战原则：（甲）在对敌两团以上兵力作战时，似宜集结更优势之兵力，期于一举消灭之；（乙）在作战条件不具备时，不妨再引退些，把敌诱至条件具备之情况下，以便一举消灭，这里须要更多的忍耐性；（丙）扩大与训练部队，使红军生息强大，造成将来战略上大举反攻之主要的条件；（丁）对何柱国指挥“进剿”之全部东北军，宜决定消灭其一部，这样做不会妨碍大局，反有利于大局。[①] 据此，彭德怀电告红一军团代军长左权、政委聂荣臻：“对东北军原则不与之决战，多作政治争取，但敌向我进攻时，消灭其一部也是必要的。”7月17日，何柱国以骑兵第六师由固原向北作试探性进攻。红一军团在土营、豫旺之间的张家嘴、郭家嘴地区设伏，决心予以反击。当敌骑兵六师一个先头团进入埋伏圈后，当即受到红军的迎头痛击，经过一个多小时的激战，歼敌四个连，缴获战马300余匹及大批武器弹药。何柱国见红军早有准备，同时张学良又从南京返回，便停止了进攻。至此，敌人南北两路反击和出扰行动便以失败而告终。

在西方野战军向西进攻的同时，红二十八、二十九、三十军及地方武装、游击队在东线、北线、南线坚持游击战争，钳制敌中央军、晋军西渡黄河部队和陕北、渭北之敌的进攻。

6月初，陈诚指挥一个师又一个旅，由山西省军渡镇西渡黄河进入陕北，在敌人八十四师高桂滋部、八十六师井岳秀部的策应下，向陕甘根据地进攻。陈诚仍然采取堡垒战术推进策略，企图先肃清东线红军，而后向西寻找红军主力作战。红三十军采取游击战术，进入吴堡地区，迟滞敌人的行动。

6月中旬，东北军第六十七军在蒋介石的责令下，由南向北进攻中共中央和中央军委所在地——瓦窑堡，15日进至安塞、蟠龙、永坪一带。

① 中共中央文献研究室编：《毛泽东年谱（1893—1949）》修订本（上卷），中央文献出版社2013年版，第557页。

红三十军据守延川，准备抗击敌人向瓦窑堡的进攻行动。在这种情况下，中共中央与张学良进行了严正交涉。经过交涉，东北军于6月18日退出永坪、蟠龙。但敌八十六师井岳秀部却由北向南乘机向红军发起进攻，6月21日，敌八十六师两个营从石湾出发袭击瓦窑堡，中共中央和中央军委在地方红军的掩护下安全撤出瓦窑堡。6月24日，敌八十六师一个团由横山进攻安边，被红二十八军击退。7月15日，中共中央转移至保安（今志丹），从此，保安又成为陕甘根据地的首府。

红二十八军、二十九军、红三十军、红八十一师及西北野战军直属骑兵一团和地方武装、游击队的抗击和钳制行动，有力地策应了西征红军主力的行动，保证了陕甘根据地后方的安全。

从5月19日至7月底的两个多月时间中，红军西方野战军在西征战役中，给敌以大量杀伤，歼敌两个团又一个营，俘敌旅长以下2000余人，解放了环县、豫旺、同心、定边、盐池等城镇，开辟了东西长约1000里，南北宽数百里的广大地区，扩大了红军，发展了地方武装，征集了大量资财，为开展新局面，为红军三大主力会师，创造了有利条件。

就在习仲勋跟随主力红军在陇东进行西征作战时，他听到了刘志丹已经在数月前的东征战役中英勇牺牲的消息。也许因为习仲勋对刘志丹的感情很深，同志们都不想使他伤心难过，因而在西征作战之前对他隐瞒了噩耗；也许由于戎马倥偬，使同志们没有顾上对他谈及这件伤心事。习仲勋后来回忆说：“但是，没有想到，4月14日，在山西中阳县三交镇战斗中，志丹在前线不幸阵亡。三个月前我和他的那次告别，竟成了永诀。我们敬爱的刘志丹同志为国为民流尽了最后一滴血。那时，我在陇东环县工作，噩耗传来，万分悲痛，许多同志都哭出了声。同志们告诉我，志丹同志牺牲时，衣袋里仅留下半截铅笔、几个烟头。他没有给后代留下遗产，却给我们留下了最宝贵的精神财富。”①

① 习仲勋:《群众领袖　民族英雄》，1979年10月16日《人民日报》。

二、领导陇东新苏区的革命和建设

1936年5月17日，中共中央在决定西征的同时，为了统一领导和管理将来开辟的大片新解放区，决定成立陕甘宁省，省委书记李富春，省苏维埃政府主席马锡五，副主席兼政府党团书记朱开铨。陕甘宁省成立初期，驻地在吴旗县刘家渠。随着西征战局的胜利发展，6月份，又迁至环县河连湾。陕甘宁省建立的同时，陕甘省被撤销，陇东境内的华池县划归陕甘宁省管辖，其余陕西境内的五个县都划归陕北省管辖。

曲子、阜城战斗胜利后，红军主力解放了曲子、环县一带，并立即开展创建苏区的工作。习仲勋任曲环工委书记，带领地方工作干部在红军西方野战军和陕甘宁省委的领导下，随同红军主力一道西征。红军解放一处地方，习仲勋就立即从事各种建党建政工作，发动群众，开展根据地建设。对此，习仲勋回忆道："为了稳定陕甘根据地，在取得东征的胜利之后，毛主席命令红军打退西面和北面的敌人。我也随军西征，在李富春同志为首的中共陕甘宁省委领导下，在陇东的环县、曲子一带做群众工作。"①

习仲勋在曲子、环县的工作和战斗对于西征战役是有重要意义的。曲子、环县位于陕、甘、宁三省的枢纽地带，向西、向北可进攻宁夏腹地，南面和东面与陕甘根据地紧密相连，是实现中央关于夺取宁夏、打通苏联的战略方针的关键环节，战略地位非常重要。6月5日，曲子、阜城战斗胜利后，彭德怀决定红军在曲子、环县地区的下一步行动任务是："继续消灭两马部队，扩大区域，争取赤化，扩大红军与征集资材。"②确定的具体行动部署是："左路军红一军团以第四师在洪德城、阜城一线地区，努力开展创建苏区工作，待第二十九军接防以后，准备向三岔及其以南地区扩大占

① 习仲勋：《红日照亮了陕甘高原》（1978年12月20日），中共中央党史研究室编：《习仲勋文集》（上卷），中共党史出版社2013年版，第429页。

② 中国人民解放军军事科学院军事历史研究部编著：《中国工农红军长征史》，山西人民出版社1996年版，第204页。

曲环工委旧址

领区域；军团主力继续西进，夺取豫旺堡、八百户、七营、黑城镇等城堡，得手后，即在占领区域努力开展创建苏区工作，并扩大红军，征集资材。”①毛泽东对于开辟以环县为中心的西方根据地问题高度关注。同月6日，毛泽东致电彭德怀：“甲，横山、定边间五百里地区是西方根据地的北面屏障，是北出绥、宁，打通苏联的战略枢纽。应以八十一师与二十八军、骑兵团全力担负，限一个半月内（七月半止）完成初步赤化，先令宋任穷率一个团限十号到宁条梁，宋时轮率主力随后跟进，请你候宋任穷到当面部署工作，再赴洪德城。乙，庆阳、洪德城线及其东西地区是西方根据地的重心，是镇原以北人口、经济条件较好地带，应以一军团一个师及军团政治部一半及陕甘宁红军主力全力担负，亦限七月半完成初步赤化……”②

遵照毛泽东、彭德怀的部署，在红军西方野战军和陕甘宁省的统一协调下，习仲勋积极工作，全力以赴，创建新区。红军在以环县为中心的地

① 中国人民解放军军事科学院军事历史研究部编著：《中国工农红军长征史》，山西人民出版社1996年版，第204页。

② 中国人民解放军军事科学院军事历史研究部编著：《中国工农红军长征史》，山西人民出版社1996年版，第205页。

区，先后建立了曲子、环县、固北、赤庆、豫旺、定环、豫海、定边、安边、盐池、赤安等11个县级党政组织机构，加上陇东老苏区的华池县，陕甘宁省共管辖12个县约10万人口。

党把赤化环县的艰巨任务交给了有着丰富的根据地建设工作经验的习仲勋，任命习仲勋为环县县委书记，领导陇东新苏区的人民群众开展根据地的各项建设工作。在环县，习仲勋由“硕果仅存”的陕甘根据地的一个主要党政军领导人，遭到“左”倾错误的迫害，平反后又去任新开辟区域内的一个县委书记，从职务和级别上说，是降低了不少，从风险性和艰苦性上看，是大了许多倍。但它本身也是一次衡量一个人的人生观、价值观的机会。对于以党的利益为第一位的习仲勋来讲，为党的事业努力去工作，是不会计较个人荣辱和得失，不去考虑困难和风险的。习仲勋的一生中，经历这样的境遇，并不止这一次，新中国成立后，他也有从共和国的副总理遭受莫须有的不公正对待，平反后又担任广东省委第二书记这样类似的经历。生活中正是这样的：有的人喜欢在平坦的道路上漫步，这里没有峭壁悬崖，没有崎岖坎坷的险路，走来不费力气，没有危险，却平淡无奇；有的人却喜欢攀登陡峭的山峰，不怕苦不怕累，不怕难不怕险，不图名不图利，只有这样的人才能尝到登上奇峰的欢乐，享受绚丽无比的风光；有的人喜欢在风平浪静的湖面轻舟荡漾，喜欢那平静的庭院中的鸟语花香；有的人却喜欢暴风雨的怒号，喜欢波澜壮阔的海洋，让那惊涛骇浪激起他渴望战斗的豪情壮志。从这里，我们也似乎领悟了习仲勋夫人齐心镌刻在习仲勋墓碑上那“战斗一生，快乐一生，天天奋斗，天天快乐”话语中所包含的真谛。习仲勋从6月初来环县从事创建根据地的活动，到9月份按毛泽东的指示离开环县去参加中共中央政治局会议，在环县工作了三个多月时间。在这期间，习仲勋主要开展了以下的工作：

（一）建立各级党政组织，开创根据地的基本局面

习仲勋负责赤化的环县新苏区共有7个区、37个乡，人口24000余人。6月上旬，西征红军左路军解放环县后，陕甘宁省委立即建立了中共环县县委和县苏维埃政府，习仲勋任县委书记，红军地方干部刘占奎任县苏维埃政府主席。环县县委下设秘书室、组织部、宣传部、军事部、妇女部等 5 个工作机构。县政府下设秘书室、内务部、财政部、保卫局、裁判部等 5 个工作机构。县治初设洪德街，后迁至杏儿铺。

环县县委和县苏维埃政府成立后，习仲勋领导各级干部和群众大力开展区乡政权建设，先后建立了 7 个区委和区苏维埃政府，并建立了 39 个乡党支部。

环城区，区委书记杨志荣，区苏维埃政府主席刘祥，机关驻县城老城南关，辖 8 个乡党政组织机构。

洪德区，区委书记王琢章，区苏维埃政府主席荀广德，机关初驻洪德街，后迁至杏儿铺，辖 7 个乡党政组织机构。

胡家洞子区，区委书记张志和，区苏维埃政府主席高三德，机关驻胡家洞子。

山城区，区委书记王宏宝，区苏维埃政府主席赵登银，机关驻八里铺。

黑城岔区，区委书记白洪德，区苏维埃政府主席林有月，机关驻耿湾黑城岔，辖 6 个乡党政组织机构。

郭家原区，区委书记魏巨才，区苏维埃政府主席苗生昌，机关驻虎洞乡郭家原。

马坊远原区，区委书记杨志荣，区苏维埃政府主席王德荣，机关驻西川乡马坊远原，辖 4 个乡党政组织机构。

环县县、区、乡各级党政组织的建立，为开辟新苏区提供了组织上的保证，使环县一带成为西方根据地的核心地区。

（二）宣传党的抗日主张，扩大红军影响，发动群众参加抗日救亡运动和党组织

为了宣传中共中央提出的“停止内战，一致抗日”的政治主张，增进群众对党和红军政策的理解，动员群众参加抗日活动，习仲勋率领环县县区干部与红军宣传队紧密配合，组成流动宣传小组，深入山区农村向群众宣传党的抗日主张，开展打土豪、分田地活动，使群众认识到共产党和红军是一心为着群众的利益的，是关心群众疾苦，诚心为群众利益而开展抗日救亡工作的。习仲勋曾经深入到环县南湫乡一带向农民群众宣传党的抗日救国的政策，揭露国民党反动派“攘外必先安内”反动方针的罪恶，发动农民团结组织起来，废除保甲制度，建立新政权，没收地主恶霸的土地、财产，分给劳苦大众。①

这样，习仲勋迅速打开了工作局面，群众消除了疑虑，逐步提高了觉悟，人民拥护苏维埃政权，心向共产党，全力保护习仲勋的安全，掩护习仲勋的革命活动。习仲勋等县委领导居住的窑洞，群众常常自觉给站岗放哨。为了保护习仲勋的安全，群众还在洪德的梁蒿山家找了一个非常隐蔽的瓜窑，形势紧张就送习仲勋到这个瓜窑躲藏，如有什么重要情况，就由警卫员或可靠的基本群众去通风报信，其他人不得接近。一次，因国民党军进攻情况紧急，习仲勋躲藏在这个瓜窑中一两天都吃不上饭，群众千方百计送来了玉米面做的窝头。②还有一次，习仲勋在敌人的追赶下，赤脚跑了几十里山路，到达魏前掌村时已是鸡叫时分，因长时间在布满扎刺的冰冷山路上奔跑，双脚失去了知觉，老房东魏大爷用被子包住习仲勋的双脚，用了一个多时辰才使习仲勋的双脚恢复知觉。

在习仲勋的教育下，很多农民群众开始投身革命活动，从中涌现出许多积极分子。习仲勋积极吸收他们加入党的组织，壮大了党的队伍。据记载，习仲勋在环县工作期间，亲自给20余名斗争积极、有能力的青年农民做过思想工作，发展了耿荣昌、耿荣华、杨满川、杨富川、陈汉帮、张德录、张应孝等8名进步青年加入党组织。

（三）建立红色武装，开展剿匪斗争，保卫苏区群众

环县新苏区地处陕、甘、宁三省交界，敌情、社情十分复杂。加之县委和县苏维埃政府刚建立，工作才开展，根据地的局面还不巩固。这一带

---

① 《习仲勋传》编委会编：《习仲勋传》（上卷），中央文献出版社2008年版，第233页。

② 许应科：《习仲勋在洪德》，2008年3月30日《陇东报》第四版。

的哥老会势力盘根错节，仅县委就被哥老会包围过好几次。此外，张廷芝、赵老五、耿天海等多股政治土匪也在这一带活动多年，武器精良，马匹肥壮，其手下的匪徒又多是凶悍的亡命之徒，战斗力较强。环县新苏区创建以后，张廷芝、赵老五、耿天海等匪帮以及国民党地方武装经常对苏区进行袭扰破坏，他们破坏乡村红色政权，残害人民，屠杀党员干部，犯下了累累罪行，闹得鸡犬不宁，人心惶惶。一次，习仲勋派了两名工作人员外出搞侦察，在回来的路上经过赵老五所占地盘的一个村庄，因天色已晚，人又饥渴，就躺在路旁歇息，被当地两个人花言巧语哄骗到他家住下歇息，谁知他们是赵老五的奸细，晚间一人监视我工作人员，另一人跑去给赵老五通报，赵老五派了10余名匪徒，天不亮赶到此庄包围了那家庄院，我一名同志突出重围，越墙逃回，另一名同志被赵匪抓去活活烧死。①

严重的匪患和敌情，给发动群众、开展革命工作、进行根据地建设带来了严重影响。而当时，红军西方野战军要对国民党主力部队作战，一时还不能抽调主力红军部队承担剿匪任务。因此，组建坚强的地方武装，以配合和协助西方野战军的西征作战，清剿土匪，保卫新苏区的安全，就成为迫在眉睫的大事。

为了应对复杂的斗争局面，习仲勋高度重视地方武装的建设工作。他领导环县县委建立了军事部，统辖地方武装；建立了县保卫局，下设警卫队，保卫红色政权的安全。并在环城、洪德、胡家洞子三个区建立了游击队，有队员40余人，配发枪支30余支。同时，组织各乡、村群众成立了自卫队、赤卫军，加强纪律教育，开展武装斗争，巩固新生政权。在对敌斗争中，习仲勋周密部署，曾将两名残害我工作人员的匪徒抓获，在洪德城附近的伤亡沟召开群众大会，依法处决了这两名作恶多端的匪徒，群众无不拍手称快。在地方武装的政治打击和军事进剿下，环县一带的小股土匪多数被消灭，大股土匪虽未被彻底剿灭，但其气焰大大收敛。

---

① 许应科:《习仲勋在洪德》，2008年3月30日《陇东报》第四版。

（四）保持艰苦朴素的革命传统，与群众同甘苦、共命运，赢得了群众的爱戴

习仲勋在环县工作期间，斗争环境非常艰苦，随时都有被敌人袭击和杀害的危险，他晚上睡觉时，经常将手枪压在枕头下，子弹上膛。在这样一种环境中，习仲勋自觉发扬南梁时期的革命传统，保持了共产党人艰苦朴素的本色，在生活细节上严格要求自己，同普通群众同吃同住打成一片，绝不搞特殊。一个农民群众看他衣衫单薄，常常连饭也吃不上，整日为革命工作奔波劳累，就将自己的一件皮大衣送给习仲勋，叫他白天穿，晚上盖。习仲勋说什么也不要，这个农民坚持不肯拿回去，非要习仲勋穿上，习仲勋只得勉强留用了两次，后来又退给了那个农民。习仲勋爱吃荞面、爱喝小米粥，但他在每个农民家里，都与群众打成一片，群众吃什么，他就吃什么，绝不挑食。一次，一个农民为给习仲勋改善生活，做了一盘羊羔肉，习仲勋说："在生活上不能给我搞特殊化，我也是从农民家庭走出来的人。"这个农民群众听后，感动地说："你这个当官的和我们老百姓一样啊！"①

9月，习仲勋离开环县时，洪德一带的农民群众知道了消息，纷纷前来送行。有的赶着毛驴，有的拿点好吃的，农民群众又将上次习仲勋退回的皮大衣带来了，让他穿上，路上好御寒。习仲勋坚决不收，他说："你的心意我领了，可革命纪律不能违反啊。"农民群众双手拉住习仲勋的手，一时感动得说不出话来。农民群众送了习仲勋一程又一程，才依依不舍地道别。

习仲勋在陇东新苏区所从事的大量艰苦细致的工作，巩固了新苏区，保卫了陕甘宁苏区的西大门，使环县一带成为陇东根据地的重要组成部分，为后来山城堡战役的支前工作奠定了良好的群众基础，对于促进抗日民族统一战线的形成作出了重要贡献。

---

① 许应科:《习仲勋在洪德》，2008年3月30日《陇东报》第四版。

三、山城堡战役爆发，陇东新苏区的支前工作

1936年8月下旬，习仲勋去河连湾参加陕甘宁省委、省苏维埃政府召开的联席会议。这次会议是在西征战役取得胜利，陕甘宁省面临继续开辟新区、迎接三大主力红军会师的形势下召开的。会议的议程有三项：（一）研究宣传党的抗日主张，发动群众参加抗日救亡运动的工作；（二）讨论开展土地革命，建立红色政权的工作；（三）为迎接一、二、四方面军回师陇东做好物资准备工作。会议还对陇东新苏区的部分区划和干部作了调整和变动，由刘昌汉接替习仲勋的环县县委书记工作。① 会后，省委书记李富春正式同习仲勋谈话说，中共中央决定调他回到保安，分配新的工作。习仲勋接受任务后，回到县委交接了工作，便离开了工作三个月的县委书记岗位，启程返回陕北。

此后不久，在习仲勋工作和战斗过的曲子、环县地区发生了一场震惊全国的大战——山城堡战役，这场关系陕甘宁边区和中国命运前途的决战，对于习仲勋赤化环县的工作质量是一次最好的检验。

10月，红军第一、二、四方面军相继在甘肃会宁、静宁地区会师，伟大的长征胜利结束。红军主力的会师，为中央军委正式提出的夺取宁夏的任务铺平了道路。夺取宁夏，背靠苏联，使中国的抗战获得战略后方和强大的军事技术的支持，这是当时党中央为全国抗战进行的全局谋划中的关键之所在。

10月11日，中央军委发布了《十月份作战纲领》即宁夏战役作战计划。“纲领”对夺取宁夏的任务分两个阶段进行了部署。其中11月10日以前为第一阶段，即战役的准备阶段，全军的主要任务是休整补充，积蓄锐气，抓紧训练，做好进攻宁夏的各项准备。从11月中旬起为第二阶段，即战役的实施阶段。以红一、四方面军主力部队向宁夏进攻。

① 中共庆阳地委党史资料征集办公室编：《陇东革命根据地的形成》，第53–54页。

10月下旬，红四方面军第三十军、第九军、第五军及总部直属部队骑兵师、特务团、教导团、妇女独立团等部共21800余人，按照宁夏战役计划部署，从靖远西渡黄河。过河后，部队按照中央军委的指示，向景泰推进。10月31日，北进一条山，控制五佛寺渡口，准备接应一方面军从金积、灵武地区过河，共同攻取宁夏。

然而此时，敌情急剧变化。10月21日，集结在秦安、渭源、天水、甘谷、陇西、武山一线的敌胡宗南、王均、关麟征、毛炳文等部，由国民党西安绥靖主任朱绍良指挥，以260个团的优势兵力，在飞机的掩护下，分为左、中、右三路，向红军所在的静宁、会宁地区大举进犯。蒋介石也于10月22日亲自飞抵西安，逼迫东北军、西北军参加“进剿”，并指挥西北的马家军配合作战，妄图将刚刚会师的红军歼灭于黄河以东的甘肃、宁夏边境地区。22日，敌三十七军在7架飞机的配合下向华家岭发动进攻。担任防御任务的红五军指战员在与敌激战中遭受严重损失，伤亡800余人，副军长罗南辉英勇牺牲。红四军、三十一军也伤亡很多，减员严重。23日，敌三十七军占领会宁后继续向靖远方向的红一、四方面军部队逼近。敌三军占领通渭后，与敌三十七军协同，经会宁向靖远进攻。敌第一军进占静宁、界石铺，向固原、海原方向的红一、二方面军部队进攻，敌关麟征师已至靖远、中卫，控制了黄河渡口，隔断了红军河西部队与河东红军的联系。

这种情况下，中央军委调整了宁夏战役计划的部署，提出了先击破南敌，而后北进宁夏的正确方针。10月底，红一方面军一部和红四方面军三十一军、四军节节抗击敌人的进攻，到达打拉池地区与红一方面军主力集结一起。

与此同时，红一、二方面军的会师一部离开新开辟的静宁、隆德地区北上。10月下旬，在敌机狂轰滥炸下轮番抗击敌人的进攻，经硝河、阳明堡北上。10月底，到达打拉池以东、宁夏海原以西地区，与红一、四方面军主力靠拢。

红一、二、四方面军进入打拉池、海原地区后，中共中央和中央军委制订了“海（原）、打（拉池）作战计划”，决定集中三个方面军的主力，在海原、打拉池地区给南线追敌以歼灭性打击。10月27日，红军总部向各军电告了中央军委作战命令：“第四、三十一军即以一部逐渐迟滞敌人，准备于郭城驿附近与敌决战，消灭敌人突进部队，而停止其前进。”为了保证中央军委作战计划的顺利实施，28日，中央军委组成前敌指挥部，任命彭德怀为总指挥兼政委，刘伯承为参谋长，统一指挥三个方面军的行动。

10月29日，彭德怀向红一、二方面军与河东的红四方面军三十一军、四军下达了“海打战役计划”，命令红一方面军主力共六个师集结于古西安州、麻春堡、陈家湾一线，红四方面军第三十一军集结于干盐池一线，共同组成突击集团，从东西两翼歼灭胡宗南部先头两个师；红四方面军第四军和第五军在靖远、打拉池一线牵制敌第三军和第三十七军，保护突击集团右翼安全，红二方面军主力北进到海原以北或西北区，保护突击集团左翼安全。中央军委批准了这一计划，并致电朱德、张国焘：“为战胜胡敌，三十一军即照德怀二十九日二十时电令布置执行任务。”

但是，张国焘并没有执行中央指示，却于30日命红四方面军留在河东的第四军撤至贺家集、兴仁堡，第三十一军撤至同心城、王家团庄地区，致使“海打战役计划”落空。这样中央军委关于先击破南敌，而后北进宁夏的正确方针未能实现。至11月初，敌第一军、第二军、第三军、第三十七军已推进到靖远、打拉池、中卫等地，打通了与宁夏马鸿逵部的通道。中央军委制订的宁夏战役计划被迫中止执行。

1936年11月上旬，红一、二、四方面军进抵宁夏何家堡地区，占据有利地形，准备给追敌以歼灭性打击。但由于狡猾的胡宗南部这时不敢冒进，在原地集结兵力，构筑工事；敌第三军王均部由贺家集迂回到同心城红军阵地右翼，企图夹击红军；东北军也进至豫旺一带，同时，张国焘在这关键时刻，“令第四军东撤了，使伏击计划又被破坏”。[1]这样，红军

① 《彭德怀自述》，人民出版社1982年版，第217页。

不得不放弃西征以来解放的同心、豫旺等大片地区，继续东撤。11 月 15 日，红军退入陇东苏区后，国民党军连续占领了海原、同心、中卫等地，蒋介石错误地认为红军经长途跋涉，已不堪一击，决心集中兵力从庆阳、固原、七营、同心、中卫等地进击陇东苏区，妄图南北夹击，全歼红军于陇东苏区，进而直捣陕北。

在各部敌军中，敌第一军胡宗南部是进攻红军的主力和王牌，也是蒋介石赖以起家的本钱。该敌对于反共甚为积极，并且倚仗优势兵力和优良装备，骄横嚣张，目空一切。胡宗南自调入西北战场追击红军以来，一直未受到有力打击，因而在占领同心城后更加骄纵，认为红军已不堪一击，已向盐池方面溃退，竟以其所率的第一军孤军深入，急速向惠安堡、盐池方向前进。

胡宗南的急躁冒进，为红军的歼灭战创造了良好的条件。11 月 16 日，中央军委发布《关于坚决消灭侵略苏区之胡宗南的指示》。该指示明确指出："胡宗南孤军深入，长驱直进，侵略苏区，反对红军抗日救国，我一、二、四方面军有全力消灭该敌之任务。各级军事政治首长立即进行迅速坚决的动员，使每个指战员明白此战关系之大，我军胜利根据之多，敌人弱点之存在，号召红色军人一致努力，一举消灭胡宗南几个团，开展抗日救亡的新局面。我军粮食困难，用一切方法克服之，保障战役的成功。"①

中央军委鉴于张国焘屡屡干扰战场指挥，阻挠歼敌计划的贯彻，致使出现前线指挥不统一，部队行动不协调，影响了红军战斗力的发挥情况，下令将张国焘调离前线，到后方陕北，并明确指示红一、二、四方面军："一切具体部署及作战行动，各兵团首长绝对服从前敌总指挥彭德怀同志的命令，军委及总部不直接指挥各兵团，以便适合情况，不影响时机，战胜敌人。"当张国焘离开陇东前线到陕北后，毛泽东还致电彭德怀："前线部队统交你指挥，当可放手去做。"② 为了加强前敌总指挥部的领导力量，

---

① 甘肃省军区党史资料征集办公室编:《三军大会师》(下册)，甘肃人民出版社 1987 年版，第 640 页。

② 秦生:《红军长征在西北》，兰州大学出版社 1991 年版，第 324 页。

中央军委还任命任弼时为前敌总指挥部政委，与彭德怀、刘伯承一起统一指挥红一、二、四方面军的联合作战。

11月中旬，敌三十七军西渡黄河追击红军西路军；东北军第六十七军因同红军有统战关系，进展缓慢；敌第三军进至同心城后也停止了进攻。唯有胡宗南率第一军四个师为解决给养，分三路进攻豫旺。根据此情况，中共中央、中央军委决定，准备在豫旺、环县一带歼灭胡宗南第一军一部，粉碎敌对陕甘宁苏区的进攻。11月16日，红军主力进至甘肃环县山城堡以西萌城、甜水堡地区设伏。17日，敌胡宗南第一师进入红军伏击圈。红四方面军第四军、第三十一军立即予以反击和追击，在红军的猛烈打击下，敌第二师被击溃，狼狈逃窜。红军追击10余里，击毙敌团长一名，毙伤600余人，俘敌一部分，缴获步枪百余支，击落敌机一架。在这次战斗中，红军第九十三师师长柴洪儒，第十师政治部主任彭瑞珍牺牲。

胡宗南在萌城、甜水堡地区遭到红军伏击后，并没引起警觉，反而兵分两路，继续猖狂追击红军，在占领惠安堡后，又以两个师向定边、盐池一线推进，以七十八师占领甜水堡后南下，妄图南北夹击，逼迫红军与其决战。11月17日，敌先头部队到达陇东的山城堡地区。

山城堡位于环县以北洪德城和甜水堡中间地带，距甜水堡六七十里，两地之间塬高沟深，吃水十分困难。“胡宗南部当日离开甜水堡后，即无处找到饮水，非到山城堡不可”。[①] 而山城堡一带川原交汇，沟壑纵横，周围土寨很多，地形复杂，便于大部队设伏，是一个理想的歼敌战场。红军前敌总指挥部决定在山城堡地区歼灭胡宗南一部，以粉碎蒋介石对陕甘宁苏区的进攻。

11月18日，毛泽东、张国焘、彭德怀、任弼时、朱德、贺龙联合签发了《关于粉碎蒋介石进攻的决战动员令》。决战动员令指出：“从明日起粉碎蒋介石进攻的决战，各首长务须以最坚决的决心，最负责的忠诚与最

① 《彭德怀自述》，人民出版社1982年版，第217页。

吃苦耐劳的意志去执行。而且要谆谆告诉下级首长转告于全体战斗员，每人都照着你们的决心，忠诚与意志，服从命令，英勇作战，克服任何困难，并准备连续战斗，因为当前的这个战争，关系于苏维埃，关系于中国，都是非常之大的，而敌人的弱点，我们的优点又都是很多的。我们一定要不怕疲劳，要勇敢冲锋，多捉俘虏，多缴枪炮，粉碎这一进攻，开展新局面，以作三个方面军会合于西北苏区的第一个赠献给胜利的全苏区的人民的礼物。”①

为了保证山城堡决战的胜利，18 日晚，军委副主席周恩来由陕北亲临环县河连湾，来到红军前敌总指挥部。19 日，前敌总指挥部在山城堡召开作战会议，制定了战斗方案，研究了兵力部署。

根据山城堡一带的地形特点和敌人态势，红军的兵力部署为：以红一方面军第一军团、第十五军团及红四方面军第四军、第三十一军隐蔽埋伏于山城堡之东、南、北三面，待机出击；以红二方面军和陕北红军八十一师集结于洪德城、环县及其以西地区，担任策应各方和迟滞东北军的任务；以陕甘红军二十八军在红井子、大水坑一带钳制敌人左路部队的行动。

11 月 20 日，胡宗南第一军七十八师二三二旅和二三四旅一个团全部进入山城堡一带的红军埋伏圈。敌一个团盘踞山城堡以北和以东的山坡，一个团位于南面马掌子山之东南山脚，另一团占领西北方面的曹家阳台。

11 月 21 日下午 2 时，红军对包围中的胡宗南部七十八师发起全线进攻，并截断了其回逃甜水堡的后路。敌军发现被包围，便向曹家阳台一带高地集中，企图突围。担任主攻任务的红一军团乘敌调整之机，迅即向马掌子山坡发起猛攻。轻重机枪声、军号声、冲锋喊杀声，震撼山谷，红军以迅雷不及掩耳之势，冲上敌军阵地，攻占了马掌子山高地。此时，防守曹家阳台之敌也在红军的进攻下阵势大乱，敌二三二旅长廖昂见败局已定，便率部企图从断马腰岘攀山逃窜。红军以一部分兵力追击敌人，一

① 甘肃省军区党史资料征集办公室编:《三军大会师》(下册)，甘肃人民出版社 1987 年版，第 640 页。

部分兵力攻击敌哨马营一带的阵地，将敌赶进山城堡西北一条沟内，毙伤大半，其余的敌人全部当了俘虏。当日深夜，红军攻克山城堡，继续向逃敌展开追击战。茫茫的黑夜中，只见双方的各种火力交织起来的火力网，映红了整个阵地。红军战士冒着敌人猛烈的炮火奋勇冲杀，不怕流血牺牲，继续追歼残敌。这时，敌人为了打开一条逃命的退路，纷纷向红军发起反冲锋。红军战士勇猛穿插，与逃跑之敌进行白刃搏斗，杀得敌人尸体狼藉，敌人失去指挥，乱作一团，狼狈逃窜。经一夜激战，红军全歼敌军，至22日上午9时，战斗胜利结束。此战歼敌胡宗南部第七十八师第二三二旅全部及二三四旅一个团。

与此同时，红二十八军也在大水坑一线击溃了进攻盐池的胡宗南部队，缴获了许多武器弹药。

山城堡大战以红军的彻底胜利而结束。连同何家堡战斗、萌城甜水堡战斗和陕甘红军第二十八军在大水坑、红井子一线作战在内，红军在山城堡地区歼灭敌军万余人，给国民党胡宗南部以沉重的打击，制止了国民党反动派对于陕甘宁根据地的进犯。

在山城堡战役之前以及战役进行过程中，接受过习仲勋几个月革命思想哺育的曲子、环县根据地的广大人民群众表现出极高的政治觉悟，他们积极行动起来，开展支前工作，为红军筹措了大量的粮食及军用物资，保证了部队的军需供给。为保障红军三大主力在陇东的作战，早在9月10日，陕甘宁省委给环县下达了筹粮2700石的艰巨任务，要求在11月15日前必须完成任务。[①] 当时只有2万多人口的环县人民群众积极支前，按时完成了如此繁重的任务。

在山城堡战役之前，11月16日，中央军委在《关于动员群众消灭胡宗南的战略指示》中指出："胡宗南加紧向我进攻，我军采取诱敌深入，大举消灭该敌的旗帜，红军日内开到山城堡、环县之线，请你们动员工作人员及全体民众援助红军，一致对敌，紧急筹集粮食一个月，并对敌到地

① 《陕甘宁省委、陕甘宁省苏维埃政府关于筹集粮食的指示信》，中共庆阳地委党史资料征集办公室编：《陇东革命根据地的形成》，第404页。

区坚壁清野。”[①]遵照指示精神，曲子、环县发动群众，为红军主力部队贡献粮食、蔬菜、麦草和门板，组建兵站和医院。为了完成筹粮和运输任务，陕甘宁省委还在环县地区成立了“动员委员会”，并制定了粮食保管、运输及供给制度，以减少浪费。筹粮工作以没收土豪、地主藏粮为主，同时在小地主和富农中进行募捐，还购买了一部分粮食，全力保证了数万红军将士的粮食供给。在山城堡战役的过程中，曲子、环县根据地人民群众组成了许多担架队、运输队，抬担架，送弹药，源源不断地将各种粮食、物资运往前线，抢救伤病员，为山城堡战役的胜利做了必要的后勤保障工作。虽然在山城堡战役支前工作开展时，习仲勋已经离开了环县，但他在环县数月的艰苦工作，奠定的根据地的新局面，为这次战役支前斗争提供了基本的条件，作出了贡献。

山城堡战役的胜利，迫使国民党停止了对陕甘宁根据地的进攻，壮大了红军的声威，对实现中共中央“逼蒋抗日”与国内和平起了重要的促进作用。此次战役也稳定了西北的局势，促使张学良、杨虎城两位将军更加坚定了与中共联合抗日的决心，使他们与蒋介石集团的矛盾进一步激化，成为西安事变爆发的直接导火线。12 月 12 日，张、杨两将军终于破釜沉舟，毅然发动了震惊中外的西安事变。在中国共产党的倡导和努力下，西安事变最终得以和平解决，从而结束了十年内战的局面，实现了国内和平，为抗日民族统一战线的全面实现奠定了基础，实现了中国近现代史上的一次重大转折。山城堡战役的胜利凝结着习仲勋在环县一带开辟根据地的辛勤汗水，也凝结着陇东根据地人民支前工作的血汗。

---

① 《中央军委关于动员群众消灭胡宗南的战略指示》，中共庆阳地委党史资料征集办公室编：《陇东革命根据地的形成》，第 72 页。

第十章 | 创建关中分区抗日民主政权

一、主持关中分区的全面工作

全面抗战爆发前，习仲勋在关中特区担任特委书记，领导关中根据地的全面工作。抗战爆发后，中共中央决定任命习仲勋为关中分区委员会书记，后来兼任关中分区行政督察专员公署专员和警备区政治委员，领导关中分区的全面工作，直至 1942 年 12 月底[①]，习仲勋才离开了生活和战斗了七年多时间的关中根据地。此间习仲勋被中共中央任命为中共西北中央局党校校长。1943 年春，习仲勋担任绥德分区党委书记兼警备区政治委员。

1937 年初，西安事变和平解决后，国共两党基本停止了内战，陕甘宁根据地进入了一个相对和平的时期。为了促进国共合作的实现，1937 年 2 月 10 日，中共中央发表《致中国国民党三中全会电》，提出了五项要求："停止内战，一致对外；保障言论、集会、结社之自由，释放一切政治犯；召开各党各派各界各军的代表会议，集中全国人才，共同救国；迅速完成对日抗战之一切准备工作；改善人民的生活。"同时指出，如果国

---

① 习仲勋离开关中分区的时间应该是在 1942 年 12 月底，主要依据的资料是 1942 年 12 月 27 日，陕甘宁边区政府发布命令，免去习仲勋的关中专署专员职务。见陕西省档案馆编:《陕甘宁边区政府大事记》，档案出版社 1991 年版，第 173 页。

民党将上述五项要求定为国策，中国共产党愿实行如下四项保证："停止推翻国民党政府的方针；工农政府改名为中华民国特区政府，红军改名为国民革命军；特区实行彻底的民主制度；停止没收地主土地之政策，坚决执行抗日民族统一战线之共同纲领。"①

中共中央"五项要求""四项保证"的提出在国内外引起了很大反响，得到了全国人民的热烈拥护，也得到了国民党内部抗日派的赞同。2月15日，在国民党五届三中全会上，不仅一贯坚持革命立场的宋庆龄、何香凝，一直明确主张抗日的冯玉祥等，甚至许多国民党元老，如张静江、李石曾、孙科、李烈钧等，都一致联名提出要求恢复孙中山确立的联俄、联共、扶助农工三大政策的紧急提案，促使会议实际上接受了国共合作的要求。

2月24日，中共中央决定开始筹建陕甘宁边区政府，将中华苏维埃共和国临时中央政府西北办事处改为陕甘宁边区政府，将工农民主制度改为民主共和国制度，正式宣布陕甘宁根据地改名为陕甘宁特区，服从国民政府的统一指导。

4月，中华苏维埃共和国临时中央政府西北办事处召开会议，讨论苏维埃工农民主政府改为特区政府的问题。为了实现由苏维埃工农民主政府到特区政府的转变，为创造全国抗日民主的模范区，将苏维埃政策及工作的方式、方法，转变为抗日民族统一战线的政策及其工作方式、方法，成立了四个专门委员会，研究政治、经济、文化、教育等方面的具体转变。5月12日，西北办事处会议正式通过《陕甘宁边区议会及行政组织纲要》和《陕甘宁边区选举条例》。这个"纲要"和"条例"规定了边区民主的组织形式和具体内容，奠定了抗日民主制度的基础，并开始使用"陕甘宁边区"的名称，正式确立了民主共和国的政治制度。

9月6日，陕甘宁边区政府正式成立，林伯渠任主席，张国焘任副主席。边区首府延安，辖陕西、甘肃、宁夏三省之23县。同月12日，边区

① 中共中央党史研究室编:《中共党史大事记》，人民出版社1990年版，第94页。

政府发出关于重新划分陕甘宁边区行政区域的命令，决定取消陕北东、西两分区，所属各县归边区政府直接领导。关中及陕甘宁分区与神府县政府仍旧不变。[①] 10 月 12 日，国民政府行政院第 333 次会议通过决议（未正式公布），承认陕甘宁边区。

陕甘宁边区政府成立后，关中特区改名为陕甘宁边区关中分区，管辖新正、新宁、赤水、淳耀四个县，分属陇东正宁、宁县和陕西栒邑、淳化、耀县、同官、宜君、中部等县的一部分地区，北至宁县盘克塬，南至淳化县官庄，东至耀县桃曲，西至彬县泾河，东西约 100 公里，南北约 75 公里，总面积 7000 余平方公里，人口 10 万，[②] 为陕甘宁边区南部的一个北宽南窄，地域狭长的囊形地带，是守卫陕甘宁边区和中共中央所在地延安的南大门。习仲勋主持这样一个区域的工作，肩负着重大的历史使命，充分说明了党中央、毛泽东对他的信任。

加强党的建设工作

陕甘宁边区成立后，1937 年 10 月，在习仲勋主持下，关中分区召开了第一次党的代表大会，出席会议代表 50 余人，代表 700 余名党员。这次大会主要检查了过去党的工作及苏区转变为边区的问题，决定将关中特区改为关中分区，相应地设立了党、政、军、统战、群众团体机构。中共关中特区委员会改为中共关中分区委员会（简称关中分委），习仲勋任书记，隶属于中共陕甘宁边区委员会领导；关中特区苏维埃政府改为关中分区行政督察专员公署，霍维德任专员，归陕甘宁边区政府领导；关中特区司令部改为关中分区保安司令部，张仲良任司令员，习仲勋兼任政委，隶属于中共关中分委和陕甘宁边区保安司令部双重领导。各群众团体也相应更名。

关中分区党政机关初期驻新正县马家堡，后移驻阳坡头。1940 年 8 月，又迁至新正县马栏镇，马栏后来就成为关中分区的首府。

---

① 陕西省档案馆编：《陕甘宁边区政府大事记》，档案出版社 1991 年版，第 2 页。

② 郑文杰、刘敏卓：《红色马栏》，香港银河出版社 2004 年版，第 9 页。

关中分区旧址——马家堡

关中分区第一次党的代表大会的召开，使关中分区的工作适应了抗战爆发后的国内形势。对此，习仲勋说："十月间即召开关中党代表大会，检查过去党的工作，讨论开展关中统一战线，以及苏区转变为边区的问题，选举习仲勋、郭秉坤、张仲良、霍维德等同志为关中分委委员，当第一次关中党代表大会后，关中是处在一个统一战线顺利的环境中，对外则与邻县友方都建立了统一战线的友谊关系，设立我们工作机关——办事处，大量开展友区群众工作，发展党的组织，对内则消灭了任雨霖、苟鸿运、夏老幺等股匪，安定了关中社会秩序，奠定了和平建设的基础。"①

关中分区成立时，辖新正、新宁、赤水、淳耀四个县委以及栒邑、淳化八路军办事处。在习仲勋的组织和领导下，关中分区建立和健全了党的各级组织，完善了党的组织制度。

1937 年，中共关中分委决定撤销新正县委，其所辖的五个区委直属

① 习仲勋:《关中党史简述》，陕西省档案馆全宗 33 号，案卷 1 号。

关中分委领导。10月，在新正四区区委将党的活动延伸到国统区邠县新民、曹家店一带后，四区区委设立了新民地区党支部，归新正四区区委领导。1938年后，又重新成立了新正县委。

1938年3月，中共关中分委决定在栒邑、淳化县八路军办事处的基础上，分别成立中共栒邑县工委、中共淳化县工委，对外仍称八路军办事处，隶属中共关中分委。1939年5月，国民党顽固派在栒邑县城挑起磨擦事件，中共栒邑县工委迁至新正湫坡头，实行异地领导。1940年3月下旬，国民党顽固派制造淳化事件，迫使八路军撤出淳化县城，中共淳化县工委亦撤至淳耀县安社，与中共淳耀县委合并。11月，中共关中分委鉴于中共栒邑县工委及部分基层组织已经暴露，遂撤销了中共栒邑县工委，将其所属党组织分别划归中共新正县委和赤水县委领导。

关中分区成立后，习仲勋按照中共中央《关于大量发展党员的决议》精神，在关中分区积极扩大党的队伍，吸收大量的工农骨干和积极分子加入党的组织，使党组织有了很大的发展。1937年5月，中共陕甘宁边区委员会建立时，关中分区共有党的支部19个、党员1866名。至1941年5月，中共西北局中央成立时，关中分区已发展建立了20个区委、68个党支部，在所有的机关、团体和乡镇中都建立了党的基层组织，奠定了边区党对各方面工作领导的坚实基础。到1945年党的七大召开时，关中分区共有党员3131名。①

1939年9月，习仲勋在新正县三区上墙村，主持召开了关中分区第二届党的代表大会。习仲勋回忆这次大会时说："九月间，关中党召集了第二次党代表大会。到会代表五十多人，代表党员四千多人。在会议中检查了两年来的工作，讨论了关中的统一战线工作，在中央指出'人不犯我，我不犯人；人若犯我，我必犯人'的原则下，决定关中党在统战工作中是必须进行斗争的。只有斗争，才能团结，是统一战线的必然规律。"②经过大会选举，由习仲勋、张仲良、郭炳坤、张凤岐等13名委员组成中

① 中国抗日战争史学会编:《抗战时期的陕甘宁边区》，北京出版社1995年版，第671–674页。

② 习仲勋:《关中党史简述》，陕西省档案馆全宗33号，案卷1号。

1939 年 9 月，关中分区第二次党代表大会全体代表合影

共关中分区委员会，习仲勋继续担任关中分委书记。

在关中分区主持工作期间，习仲勋领导各级党组织，开展了党的整风运动，加强了党的组织、思想、作风建设。习仲勋注意加强党员教育，克服各种错误思想的干扰，通过各级党的组织、党的干部和广大党员去带领、组织人民群众为实现党中央和边区政府的主张、任务而奋斗。在当时，由于推行三三制政权建设，在关中分区各级的民意机关、政府机关和民众团体领导机构中，共产党员的数量变成了少数。习仲勋和关中分委强调共产党员整体力量的意义，大大提高了党员和干部的质量，努力教育党员干部发扬大公无私、积极努力、克己奉公、埋头苦干的精神，在各方面发挥自己的先锋模范作用。习仲勋自己就是这样的一个楷模，他廉洁奉公，以身作则，生产节约，严于律己；他爱护干部，视为亲人；他尊重非党人士，水乳交融。在习仲勋的身体力行、言传身教下，关中分区各级党政机关中的共产党员充分发挥了自觉性、积极性，有力地推动了边区的抗战事业和各项建设事业。这样，党对抗日民主政权的领导地位也更加巩固了。习仲勋还十分注意加强党对乡村工作的领导。当时，由于各种条件的限制，主要是乡村干部，包括支部干部的水平低，妨碍了乡村工作效率的提高。习仲勋教育干部掌握政策，维护抗战秩序，积极组织和管理群众的生产、生活，把乡村的工作做好。使关中分区的乡村建设出现了蓬勃发展的局面。

建立各级抗日民主政权

全国抗战爆发后，习仲勋主持了关中分区各县的苏维埃政权转变工作，将其相继转变为抗日民主政权，为建立抗日民主的模范区，做了大量的工作。

各县的苏维埃政府向抗日民主政府的转变工作是一项复杂而又艰巨的任务，它凝结着习仲勋的心血。

在习仲勋的积极努力下，关中分区各县先后民主选举了县、区、乡三级议员，召开了各级议会，实行了差额选举，选举产生了有各界抗日进步人士参加的各县抗日民主政府，完成了组织形态的转化。习仲勋注意在抗日民主政权中吸收一些地方知名人士、社会贤达任职，发挥他们的作用，先后将赤水县的绅士景田玉安排到县政府任财政科长，新正县雷庄的老中医张治平、栒邑县的萧芝葆被聘任为关中分区参议员。①

1937 年 8 月，新正县在阳坡头召开了第一届人民代表大会，到会代表 38 人，选举产生了新正县抗日民主政府。该县政府建立初期与关中分区专署合署办公，专署之各科即是新正县政府之各科。新正县下设一、二、三、四科及保安科、武装科、裁判处等 7 个工作机构，县治设在阳坡头。1939 年 12 月，习仲勋兼任新正县抗日民主政府县长。1941 年 7 月，新正县政府与关中分区专署分署办公。新正县抗日民主政府辖湫头、三嘉、长舌头、湫坡头、底庙等 5 个行政区、23 个乡。1940 年 3 月，湫坡头、底庙等行政区被国民党占领。7 月，新正县又设立了马栏区，辖区变

① 《习仲勋传》编委会编:《习仲勋传》(上卷)，中央文献出版社 2008 年版，第 266 页。

关中分区旧址——马栏

习仲勋在马栏住过的窑洞

为4区、23乡。1943年，增设马栏中心区。1945年8月，该中心区归关中分区直辖。

1937年9月下旬，新宁县在下齐家召开新宁县人民代表大会，选举产生了新宁县抗日民主政府，下设一、二、三、四科及保安科、裁判处等6个工作机构，辖九岘、金村、湘乐等3个行政区、14个乡。1940年，先后成立盘克区和宇村区，辖区扩大到5个区、26个乡。

在此前后，赤水、淳耀县也由苏维埃政权转变为抗日民主政府。至1937年底，关中分区各级苏维埃政府均转变为抗日民主政府。这样，关中分区实现了由苏维埃制度向议会民主制度的转变。如此巨大的转变，习仲勋非常顺利地完成了。他后来回忆这段日子时说："一个比较和平的环境，工作是按中央和边区党委的指示，循序去做的。"

1939年12月21日，霍维德调任陕甘宁边区财政厅长后，陕甘宁边区发出命令，任命关中分委书记习仲勋兼任关中分区行政督察专员，主持关中分区专署的工作。①

二、开展普选运动

关中分区成立后，习仲勋领导关中分委发动人民群众，开展了轰轰烈烈的普选运动。

按照《陕甘宁边区议会及行政组织纲要》的规定，在陕甘宁边区实行普选的议会民主制度。"各级议会议员，由选民直接选举。各级行政长官——乡长、区长、县长，边区主席由各级议会选举"，"各级政府直接对各级议会负责"，"选民对所选代表认为不称职时，得随时撤回改选之"。②《陕甘宁边区选举条例》进一步规定：除了汉奸，经法院判决被剥夺公民权和精神病患者以外，"凡居住在陕甘宁边区区域的人民，在选举之日，

---

① 陕西省档案馆编：《陕甘宁边区政府大事记》，档案出版社1991年版，第47页。

② 《陕甘宁边区会议及行政组织纲要》，《陕甘宁边区参议会（资料选辑）》，中共中央党校出版社1989年版，第42页。

年满十六岁的，无男女、宗教、民族、财产、文化的区别，都有选举权和被选举权”。[①] 由此陕甘宁边区的普选制度得到了初步的确立，它为苏维埃民主制度转变为普选的议会民主制度制定了政策，提供了法律依据。

1938 年 11 月，陕甘宁边区政府参照国民政府所颁布的《省参议会组织条例》，决定改边区议会为参议会，以保持行政组织上的统一，并呈请国民政府暨行政院、国民参议会备案。从这时起，普选制度逐渐完善起来。

1939 年 1 月 17 日至 2 月 4 日，陕甘宁边区第一届参议会召开。这届参议会通过了《陕甘宁边区抗战时期施政纲领》和《陕甘宁边区选举条例》等法规。

《陕甘宁边区抗战时期施政纲领》明确阐述了普选制度的原则：发扬民主政治，采用直接、普遍、平等、不记名的选举制，健全民主集中制的政治机构，增强人民的自治能力。新选举条例进一步完善了普选制度，它的内容主要包括：1. 关于选举资格，新条例规定凡居住在边区的人民，年满十八岁，不分阶级、党派、职业、男女、宗教、民族、财产和文化程度的差别，除有卖国行为经政府缉办有案者，经法院判决有罪和剥夺公民权尚未恢复者及有神经病者外，都有选举权和被选举权。2. 关于选举参议员人数的比例，新条例规定乡市参议会，居民每三十人得选举参议员一人；县参议会，居民每七百人得选举参议员一人；边区参议会，居民每五千人得选举参议员一人。条例还规定边区管辖范围内的部队、机关、工厂、学校都应参加选举，按居民一样比例选举参议员。少数民族的选举人数在达到选举人数的五分之一以上者，就可以单独进行民族选举。3. 关于各级参议会改选期限，新条例规定乡参议会议员每半年改选一次，县参议会议员每一年改选一次，边区参议会议员每一年改选一次。4. 关于选举区域，新条例规定乡参议会议员的选举区域基本以行政村为单位；县参议员的选举区域以行政区为单位；边区参议会议员的选举区域以县为单

① 《陕甘宁边区参议会（资料选辑）》“前言”，中共中央党校出版社 1989 年版，第 2 页。

位。此外，新选举条例还对各抗日党派、团体的选举及设立选举委员会事宜作了原则规定。

1941 年 11 月，陕甘宁边区第二届参议会第一次大会又通过了《陕甘宁边区各级参议会选举条例》。1944 年 12 月，第二届参议会第二次大会对这个条例又作了进一步的补充和修正。总体来看，这两次大会通过的选举条例对普选制度作了四点补充和修正：1. 规定了每一公民皆有一票的选举权；2. 修改了各级参议会议员选举名额的比例；3. 修改了各级参议会议员的改选期限；4. 对妨害选举自由的行为规定了明确的处罚办法。

按照陕甘宁边区的统一部署，从 1937 年 7 月开始，习仲勋领导关中分区根据选举条例的规定，在分区开展了几次大规模的普选活动，使普选制度得到了充分的贯彻实施。

关中分区的第一次普选从 1937 年 7 月中旬开始，到 8 月底结束。这次普选是在苏维埃民主制度向议会民主制度转变的过程中进行的。为使边区人民真正理解“抗日民主制度的主要特点，表现在新的选举原则，就是在普遍、直接、平等、不记名投票的原则上，促进抗日民主制度的早日建立”。[①] 在这次普选活动中，习仲勋认真工作，大致采取以下主要措施：

宣传发动。中心内容是向群众阐明从苏维埃民主制向抗日民主制转变的必要性和意义，目的是使选民接受抗日民主的选举制，并能投入到选举活动中来。

审查选民资格，进行居民和选民登记，并张榜公布。审查选民资格，进行居民和选民登记，是选举运动的组织基础。因为居民人数是确定乡代表、区以上议员数的依据，选民资格又决定着选举权和被选举权。

检查政府工作。即由政府工作人员向选民做政府工作报告，选民对政府工作进行评审、对政府工作人员进行评议，以利于选民了解和关心政府工作，考察干部的业绩，决定取舍，进行换届改选。

提出候选人名单。提候选人名单，对选举是至关重要的。在这次选举

① 林伯渠:《由苏维埃到民主共和制度》,《陕甘宁边区参议会（资料选辑）》，中共中央党校出版社 1989 年版，第 51 页。

中，候选人名单分别由共产党组织、贫农团、青年抗日救国会、妇女抗日救国会等组织提出。由于地主、富农没有适当的组织，因此往往没有他们的候选人，极少数地主、富农分子及其他民主分子的候选人名单，一般由共产党组织提出，而且往往还需要向群众做工作，才能通过，到选举时，仍有很多落选的。

正式投票选举。因为边区经济落后，文盲很多，地处分散，交通不便，投票方式灵活多样，最基本的乡选方式是召开选民大会，采取“认人”（候选人背朝选民）投豆，或由工作人员边念候选人姓名，选民“烧香”点洞，辅之以流动票箱，深入到选民家中，进行投票。

召开乡代表会和各级议会。确定今后的工作方针和选举产生的各级政府机关工作人员。这是选举最关键的环节，关系到边区各级政权组织掌握在谁手里和各级政府工作的成败。

进行选举工作总结。由各级选举委员会对各该级的整个选举工作作出总结，将选举的经过、选举结果，以及经验教训，报上一级选举委员会和政府。据统计，在第一次普选中，有 70% 以上的选民参加了选举，这是发展边区民主运动方面取得的一个成果。

第二次普选是在 1941 年春季进行的。在习仲勋的认真发动下，关中分区的这次普选在发动广大群众参加选举和贯彻民主原则方面，比第一次普选做得更好、更成功。

根据选举条例的规定，习仲勋领导关中分区各级政府建立了选举委员会，负责指导选举活动，并组织了干部下乡进行宣传和组织工作。由于工作细致，激发了广大群众的政治热情。有许多地方在选举之日，男女老幼齐出动，积极参加投票，边区广大妇女也冲破旧的习惯势力的束缚，穿上新装，成群结队，像过节一样出来参加选举。在这次普选中，参加选举的选民达到 80%—90%，有的地方高达 95% 以上。

在这次普选实践中，习仲勋根据边区群众文化落后，居住分散等实际情况，采用了许多方便群众的办法，比如投豆、画圈、画杠、背箱子、香火烧洞等，充分保障了各阶层人民的民主权利的实现。从选举结果来看，关中分区共选出乡参议员2278名。在人员结构上，以新宁县为例，在当选的582名乡参议员中，工人2人，雇农1人，佃农19人，贫农393人，中农113人，富农30人，地主13人，豪绅1人，开明绅士10人，国民党员占0.3%；在当选的48名县参议员中，工人1人，农民34人，商人3人，学生10人。进一步贯彻了普遍、直接、平等、自由的选举原则。

习仲勋领导关中分区开展的普选活动，是边区民主政治建设的一个重大成就，有着以下的重大意义：

其一，增强了边区广大人民群众的民主意识，提高了他们的政治觉悟。

边区地处边陲贫瘠之地，经济文化十分落后，广大群众生活困难，根本没有受过现代文化的教育，文盲半文盲占很大比重，这在客观上给民主政治建设带来了极为不利的影响。第二次国内革命战争时期，习仲勋等就在关中领导了红色政权建设，人民当家作主，政治觉悟也有了一定的提高。但是，由于游击战争的激烈残酷，习仲勋等来不及把主要精力用于进行更广泛、更深刻的民主教育上。因此，边区广大人民的民主意识还不强。在抗日战争中，要把边区创造为民主政治的模范区域，就必须首先增强边区人民的民主意识，而认真开展普选活动就是增强边区人民民主意识的最有效途径。普选活动在最大范围内把广大人民的政治热情激发了出来。在每次普选活动中，广大人民都积极对政府的工作进行评议，提出建议，甚至进行尖锐直率的批评。他们反复酝酿候选人，“有的批评某人对革命不积极，某人曾经反对过革命，某人曾经贪污过，某人曾经是流氓，某人曾经吸食鸦片等等。”[①]经过反复讨论，最终选出了他们信得过的先进分子。所以，普选活动对增强人民的民主意识起到了极为重要的作用。正如谢觉哉同志所说的那样：“陕甘宁边区人民是比任何未实行民主的地区，过着穿暖吃饱愉快的生活，且正在摆脱愚昧和不健康的状况，走向文明，

① 林伯渠：《陕甘宁边区政府对边区参议会的报告》，《陕甘宁边区参议会（资料选辑）》，中共中央党校出版社1989年版，第52页。

什么原因？陕甘宁边区实行了真正民主政治。”[①]

其二，密切了边区各级政府和广大人民群众的血肉联系，使政府工作得到改善。

边区政府是民主的政府，民主政府的最基本特征是保障人民的民主权利，使他们真正能够当家作主。习仲勋始终以人民的利益来衡量自己的工作，而普选活动的开展就是检验工作的好方法。

普选活动的开展使关中各级政府的工作受到了群众的直接检查。在每次选举开始以前，各级政府都要向选民和本级参议会报告工作，群众不仅听取汇报，而且还可以亲自动手检查政府工作。通过这样的检查，使政府吸取了教训，知道了人民对什么事满意，对什么事不满意，看出了今后应该努力的方向是什么。

普选活动的开展还使干部受到了群众的检验。广大群众通过普选，选择了自己信赖的干部，也淘汰了不称职、作风不好的干部，这就保持了干部队伍的纯洁性、先进性。边区的老百姓都说，选举是头瓜里选头瓜，好人里挑好人，这样好人被纷纷选出来了。

普选活动的开展为群众直接参加管理创造了机会。边区群众不但对抗战动员、优待抗属、发展经济、普及教育、改善生活、除奸剿匪等重大问题提出建议，而且还对妇女参加生产、放足、剪发、废除买卖婚姻和修桥补路等日常生活问题提出合理化要求。这就真正做到了边区的事，人民的事，由人民来议，自己来管，体现了人民当家作主的优越性。

其三，用事实回击了国民党顽固派对边区的诬蔑，提高了党在全国人民心目中的威望。

在抗战时期，国民党顽固派为配合军事磨擦，在政治上也开动宣传机器大肆诬蔑中共在陕甘宁边区搞“封建割据”。普选活动的开展，用事实回击了顽固派的诬蔑，使顽固派编造的谎言不攻自破。同时，它还使全国人民进一步看到，边区是民主政治的模范根据地，这里寄托着中国的希

① 谢觉哉：《在陕甘宁边区第三届参议会上的讲话》，《陕甘宁边区参议会（资料选辑）》，中共中央党校出版社 1989 年版，第 551 页。

望。由此，党在全国人民心目中的威望大为提高。

总之，普选活动是党的抗日民族统一战线政策取得的重大胜利。直到今天，习仲勋在关中分区领导普选工作的基本经验仍具有重大的借鉴意义和参考价值。

三、建立“三三制”政权

建立“三三制”的抗日民主政权，是中国共产党在根据地政权中实行共产党领导的多党合作制度的尝试，习仲勋结合关中的实际，对此作出了不懈的努力和探索。

陕甘宁边区的政权组织形成后，一些抗日根据地的领导干部和部分共产党员把抗日政权，看成是工农小资产阶级政权，而拒绝吸收进步分子和开明士绅参加政权。为此，中共中央于1940年2月1日发出《关于抗日民主政权的阶级实质问题的指示》，指出：“我们领导的政权是抗日民主政权，是几个革命阶级联合的政权，是一切赞成抗日又赞成民主的人们的革命的专政。”“抗日民主政权在其阶级成分上，工农小资产阶级是主要的，然而应当吸收进步的中产阶级及进步士绅加入，拒绝他们参加政权，对我们对抗日都是不利的。”因此，“抗日民主政权应当在政策上和阶级实质上，都是抗日统一战线的政权，即一切拥护抗日民族统一战线、不投降、不反共、不倒退的人都应吸收其代表加入政权。”[①]

1941年1月30日，陕甘宁边区中央局发出了《关于彻底实行“三三制”的选举运动给各级党委的指示》，强调“边区自乡村起可以彻底地实行‘三三制’”。“三三制”不仅在民意机关中要实行，在政府机关中也要实行，要“仔细的有步骤的大胆的选举非党进步人士到政府机关为行政人员”。指示还要求各级党组织，加强对选举运动的领导，要在党内外进行“三三制”政策的宣传教育，要防止“不放手做”与“放弃领导”等错误

① 中央档案馆编：《中共中央文件选集》(12)，中共中央党校出版社1989年版，第268-269页。

偏向。[①]同日，边区政府向各分区和县发出了《为改选及选举各级参议会的指示信》，强调民主政治“选举第一”，“未经过选举的地方，各级政府都是临时的，必须由老百姓选举，才能叫正式政府”。

根据中共中央、陕甘宁边区中央局、边区政府的一系列指示的精神，从1941年开始，习仲勋领导关中分区党政机关着手认真贯彻“三三制”民主政权建设的原则，开始进行“三三制”的宣传教育工作，中心任务是要使干部和群众了解和掌握“三三制”政策的实质，认识建立“三三制”政权的意义，宣传教育的主要方式是由分区和各县举办训练班，培养选举工作干部，同时进行选举试点，摸索实际经验。

经过认真准备，1941年下半年，习仲勋领导关中分区各县进行了“三三制”的民主普选工作。这次选举，通过召开县、乡两级参议会，改选了县、乡两级参议会和抗日民主政府，并吸收了相当数量的党外人士参加各级政权的领导工作，为“三三制”政权的建立打下了基础。经过选举，在县、乡政权内，共产党员在县议员中占50%，在县政府委员中占55%；在乡议员中占30%，在乡政府委员中占32%。共产党员人数无论在政府还是在参议会民意机关中都比例过高，未达到“三三制”的要求。

出现这种现象的原因，主要是由于当时共产党的主张和作风深入人心，共产党员能够同人民群众同甘共苦，全心全意为群众办事，加之关中分区的多数县区是老根据地，广大人民群众对共产党有着深厚的感情，在选举中，群众都愿意多选共产党员，不愿意选举地主、富农成分的代表。广大群众从切身的经历中感受到，共产党从来都是真正为老百姓谋利益的，党提出的“三三制”原则也会是正确的。但是，他们在感情上，还是不能接受让地主、富农成分的人物入选参议会和政府。尤其是贫雇农积极分子，他们想起了过去如何受地主的压迫，后来又如何在共产党领导下流血牺牲夺取了政权，才翻身做主人的经验，于是对“三三制”政策多怀着疑惑或忧虑的心情：“咱们流血搞起来的政权，又让地主、豪绅跑进来，

① 中共延安地委统战部、中共中央统战部研究所编：《抗日战争时期陕甘宁边区统一战线和三三制》，陕西人民出版社1989年版，第411–418页。

敢保不上当?”许多农民害怕豪绅、地主当选县、乡干部后，会收回他们的土地，对政府心存疑惑，也不愿意选举地主、豪绅成分的人士进入政府。至于那些反磨擦中才建立政权的新区群众，向往着翻身，积极参加选举，可是，他们没有选举经验，对地主、豪绅还多少保留着传统的畏惧心理。有些农民“望见财东向自己走来，手里的东西不自主地往下落”。所以新区的群众也不愿让地主、豪绅当选参议员或政府委员。这样就造成了在一些县、乡参议会和政府委员中，共产党员当选的人数超过了三分之一的限额。

1941 年的“三三制”选举活动结束后，习仲勋进一步开展深入细致的教育工作。当时蒋家坪村有一位叫蒋德宽的财主，有抗日热情，但一些同志说这些人靠不住。习仲勋分析说:“事情是发展的，人的思想也是变化的。我们要具体人具体分析，不同事不同对待。蒋德宽虽然是地主，但他支持儿子当红军，又在物资上积极帮助我们抗日，像这样的地主就应当团结争取他们。”习仲勋和关中分委的同志经常深入到各个村落，走家串户，调查社会现状和群众情绪，深入细致地开展抗日宣传工作。一次，他同关中分委秘书长杨载泉到一个村子看望群众，当他得知该村有位叫穆润身的人在国民党军队任职时，便主动到穆家登门造访。他诚恳地对穆的父亲说:“你儿子在国民党军队任职，我们是共产党领导的民主政权，只要我们一致对外，共同抗日，我们就是好朋友。如果你儿子回来，我们还欢迎他，也保证他来去自由。家中有什么困难，我们也尽量解决。”一席话使这位老人深为感动，表示一定要为抗日出力。习仲勋还结交了不少的社会贤达，使他们在抗日工作中发挥了重要的作用。①

经过习仲勋和各级党政组织的细致耐心的教育引导，各界群众逐渐认识到“三三制”原则的必要性和重要性，消除了对“三三制”政策的疑惑，保证了“三三制”的顺利贯彻。1942 年 3 月 6 日，《陕甘宁边区政府为充实“三三制”给各县的指示信》发布，指示信中指出:“各县参议会

① 《习仲勋传》编委会编:《习仲勋传》(上卷)，中央文献出版社 2008 年版，第 266–267 页。

共产党员超过三分之一的，应该自动退出，由无党无派候补议员补充。各县政府还可选有能力有名望的人士，酌量聘请。各县议员中，如有共产党员而被调动离职者，更应以非共产党员补充。”习仲勋领导关中分区按照指示信的精神，对照检查关中分区各县、乡的工作，积极落实“三三制”政策。由于人民群众对于“三三制”的认识有了显著提高，改选工作进展顺利。新正县在1941年第一次乡选时，群众不愿参加选举，对于提出的候选人，只要不提到自己，就提谁都成。但到1942年第二次选举时就进了一步，除党支部提候选人以外，他们能积极提出自己的候选人与党支部竞选。①

1942年，关中分区各县召开了县参议会，通过改选，对参议员和政府委员做了调整和补充，使“三三制”政策得到进一步贯彻落实。经过改选，新正县退出共产党员议员3人，补选非党人士5人，使参议会的人员结构比例为共产党员占36%，接近于1/3的要求。淳耀县31名议员中，共产党员10名，无党派和其他人士21人；9名政府委员中，共产党员3名，中间分子2名，党外进步分子和其他人士4名。赤水县46名议员中，共产党员16名，党外进步分子和中间分子30名。新宁县和同宜耀县也都达到了“三三制”要求。习仲勋领导关中分区各县贯彻落实“三三制”政策的实践活动，充实和完善了抗日民主政权，调动了各阶层人民参政议政的积极性。

四、实行精兵简政

习仲勋在关中分区工作期间，响应党中央、毛泽东的号召，领导关中各级党政军组织机构认真开展了精兵简政的工作。

1941年至1942年，由于日军的野蛮进攻和国民党顽固派的包围封锁，陕甘宁边区的财政经济发生了极大的困难，出现了“鱼大水小”“头

---

① 《新正县实行“三三制”民主政权概况》（1944年11月20日），《陕甘宁边区时期陇东民主政权建设》，甘肃人民出版社1990年版，第648页。

重脚轻”的矛盾。1941 年 11 月 6 日至 21 日，李鼎铭在出席边区第二届参议会第一次会议时，经过良久思考，向大会提出了“精兵简政”的提案。该提案在表决时，以 165 票（出席大会有表决权的参议员 209 名）赞成，以绝对多数获得通过，并决议“交政府速办”。

毛泽东在审阅参议会的文件时，读到了李鼎铭的精兵简政提案，引起极大的重视，立即把它一字一句地抄在自己的笔记本上，并批注：“这个办法很好，恰恰是改造我们机关主义、官僚主义、形式主义的对症药。”毛泽东还亲自找李鼎铭谈话，进一步征求他的意见，并告诉他，中共中央对精兵简政问题要进行研究，作为共产党的一项政策，在边区和各敌后抗日根据地实行。接着，中共中央专门讨论了这个问题，于 12 月 17 日，发出了《关于太平洋战争爆发后敌后抗日根据地工作的指示》，明确提出：“为进行长期的斗争，准备将来反攻，必须普遍地实行‘精兵简政’。”并指出：“党政军均应了解，假若民力很快的消耗完，假若老百姓因为负担过重而消极而与我们脱离，那末不管我们其他政策怎样正确，也无济于事。”①

“精兵简政”的提案在陕甘宁边区第二届参议会第一次会议后，边区政府十分重视。11 月 27 日，边区政府召开第一次政务会议研究精兵简政问题，会议决定设立边区一级的编整委员会，负责边区各级行政组织机构的精简裁并及人员编制等工作。12 月 4 日，边区政府发出《为实行精兵简政给各县的指示信》，要求各级政府“依照编整委员会所规定的数目切实缩编”。指示信就缩编中调整出来的人员，提出了五条原则处理意见：第一，凡有相当文化程度、有能力、能工作的干部，应当尽量往下移，以加强县、区、乡的机构；第二，凡是须继续培养、加以深造的干部，送学校学习；第三，有疾病，不能工作和学习的，设法给以休养；第四，凡身体强壮的杂务人员，参加生产事业；第五，凡是太落后的分子，以及带老弱的杂务人员，应帮助他们回家务农，做到人人各得其所。

① 中央档案馆编：《中共中央文件选集》（13），中共中央党校出版社 1989 年版，第 264–265 页。

1942年1月6日，边区政府发布通令，为健全各级行政组织，加强区划的管理，依据人口、财力、自然环境及政治环境等条件与标准，将分区至乡之各级行政区划分别规定为甲、乙、丙三个等级。绥德、陇东分区为甲等专署，关中分区为乙等专署，三边分区为丙等专署。县级规定为：人口在8万人以上者为甲等县，庆阳等6县为甲等县；人口在4万人以上者为乙等县，环县、曲子、新宁、镇原、合水、淳耀和延安市等14县1市为乙等县，华池、新正、赤水、同宜耀等7县为丙等县。区公署等级：人口在7000以上者为甲等区，人口在4000以上者为乙等区，人口在4000以下者为丙等区。乡政府等级：甲等乡，人口至多不逾1500，面积纵横不逾10里；乙等乡，人口至多不逾1000，面积纵横不逾20里；丙等乡，人口至多不逾1000，面积纵横不逾30里。并附发了各级行政组织编制表。①

由此，陕甘宁边区开始了第一次精兵简政。这次精兵简政，重点是缩编人员。全边区共精简了1598人，占边区政府原有人数的24%，其中有300人下移到县、区机构工作，其余送去学习或转入生产事业，裁并了一些机构，取得了初步的成绩，但也存在着缺点："工作关系还有许多地方感到烦琐，政令的推行还感到某些繁杂，公文还太多，工作团、调查团之类还太多，下级政府及人民都还感到许多不便。"②

鉴于这次精兵简政工作未达到应有的效果，边区政府决定，进行第二次精兵简政工作。重点在于完善边区政府的工作制度和加强下级。

习仲勋领导的关中分区在精兵简政工作中，认真落实了西北局和边区政府的要求。习仲勋在关中分区党政领导机关召开了动员大会，在干部中进行整编动员，组织学习边区政府发布的有关文件，对精兵简政的意义做了认真的解释。以新正县为例：精简前，县级干部29名，精简后，24名，精简5名；区级干部18名，精简后，18名；乡级干部44名，精简后，22名，精简22名。编余人员的处理也作了适当的解决，有的送去学

① 陕西省档案馆编：《陕甘宁边区政府大事记》，档案出版社1991年版，第134页。
② 《陕甘宁边区政府委员会第二次会议决议案》，1942年4月10日《解放日报》第一版。

习，有的送往生产部门，有的退伍回家，有的下到基层工作。[①]

但是，在关中分区这次精兵简政中，也存在一些困难，特别是一些干部对精兵简政的意义认识不足，心里不高兴，精神上不舒服，给精兵简政工作带来了一定的阻力。如新正县有些干部抱怨说：咱们已经给"双十二"事变后才来的干部把什么事都搞好了，今天咱没工作能力，不识字，吃不开，现在是知识分子的世事了。有的干部感觉自己革命历史长，受了千辛万苦，今天咱的工作能力差、无用。整编中调动了工作，躲在家中不来任职。还有人认为，根据地工作纷繁，要机关大、干部多，才能把事情办好，怎么好说"简政"呢！诸如此类思想问题的存在，使精兵简政的实际情况与客观需要还有一定距离。

关中分区干部中的思想困惑实际是带有普遍性的问题。为了解决这个问题，1942 年 9 月 7 日，毛泽东为延安《解放日报》写了《一个极其重要的政策》的社论。毛泽东指出，许多同志"还不理解精兵简政同当前形势和党的各项政策的关系，还没有把精兵简政当作一个极其重要的政策看待。""各抗日根据地的全体同志必须认识，今后的物质困难必然更甚于目前，我们必须克服这个困难，我们的重要的办法之一就是精兵简政。""精兵简政何以是克服物质困难的一个重要的政策呢？很显然，目前的尤其是今后的根据地的战争情况，不容许我们停留在过去的观点上。我们的庞大的战争机构，是适应过去的情况，那时的情况容许我们如此，也应当如此。但是现在不同了，根据地已经缩小，在今后的一个时期内还可能再缩小，我们便决然不能还像过去那样地维持着庞大的机构。在目前，战争的机构和战争的情况之间已经发生了矛盾，我们必须克服这个矛盾。敌人的方针是扩大我们这个矛盾，这就是他的'三光'政策，假若我们还要维持庞大的机构，那就会正中了敌人的奸计。假若我们缩小自己的机构，使兵精政简，我们的战争机构虽然小了，仍然是有力量的；而因克服了鱼大水小的矛盾，使我们的战争机构适合战争的情况，我们就将显得越发有力

① 《新正县 1942 年精兵简政工作总结》,《陕甘宁边区时期陇东民主政权建设》，甘肃人民出版社 1990 年版，第 397 页。

量，我们就不会被敌人战胜，而要最后战胜敌人。所以我们说，党中央提出的精兵简政的政策，是一个极其重要的政策。”[①]

9 月 18 日，边区总编整委员会为继续推进精兵简政工作，召开了简政座谈会，关中分区专员习仲勋等 10 余名分区、县、区的部分党政领导干部参加座谈会。座谈会以整风的精神分别讨论了分区专署及其以下各级政府的简政问题，习仲勋在会上提出了推进简政工作意见。这次座谈会，为深入进行精兵简政工作打下了思想基础。

12 月 3 日至 9 日，边区政府委员会举行第三次会议，着重研究进一步贯彻精兵简政等问题，讨论并通过了提交边区高干会议讨论审议后的《陕甘宁边区简政实施纲要》。1943 年 3 月 29 日，边区政府发出《关于迅速进行整编的命令》，第三次精兵简政工作开始。

在习仲勋的领导下，经过广泛的宣传教育，关中分区广大干部真正了解了精兵简政的伟大意义，使精兵简政工作得以顺利开展。

① 《毛泽东选集》第三卷，人民出版社 1991 年版，第 880–882 页。

第十一章 | 领导关中分区的经济文化建设

一、开展大生产运动

抗日战争期间，习仲勋领导关中分区党政军民响应党中央、毛泽东“自己动手，丰衣足食”“发展经济，保障供给”和“自力更生”的号召，按照边区政府“以农业为主、工商业次之”的生产自救方针，在全区开展了轰轰烈烈的大生产运动，进行了一系列的经济建设。

开垦荒地，增加生产，减轻人民负担

关中分区人少面积大，可开垦的荒地较多。习仲勋和关中分区党政机关把开垦荒地、增加粮食产量作为发展经济的一项重要措施，掀起了开荒的热潮。关中分区成立了生产委员会，并规定党政机关每人种地 6 亩，学校每人种地 2 亩。在大生产运动中，习仲勋亲自动手，率先上山开荒，对群众鼓舞很大。

在习仲勋的带领下，关中分区各机关、部队、学校积极行动起来，向荒山开战，进行了必要与可能的经济建设，朝着丰衣足食的目标迈进，迅速掀起了大生产运动的高潮。至 1942 年上半年，关中首府马栏军民克服重重困难，在马栏一带开荒 8100 余亩。清塬区一乡（郭家掌）开荒 3200 亩，每年增产粮食 20 余万斤。马栏边区安置难民 250 户，帮助解决住

所、农具、籽种等方面的困难，使其开荒种地。[①] 1943年，各级机关开荒1987亩，增产粮食433石。部队开荒3.2万亩，增产粮食3300石。到1944年，分区军民开荒共36.28万亩。其中分区机关垦荒4558亩，淳耀县机关垦荒1654亩，赤水县机关垦荒1594亩，新宁县机关垦荒1792亩，新正县机关垦荒5875亩，仅在西牛庄垦荒开办农场一项，每年就产粮80余石，基本达到了粮食自给；部队垦荒3.2万亩；学校垦荒8000亩。

在发展工业方面，习仲勋想方设法克服各种困难，在关中分区建立了炭业公司、铁厂、纸厂、纺织厂等公营企业，以及部分私营企业。[②] 1942年，新正县在原有纺织厂和消费合作社的基础上，成立了消费生产合作社，下设纺织厂、运输队、商业部等单位，共有股金21万元，其中县政府投股5万元，群众投股16万元。当年共纺纱454斤，织布915丈，解决了全区三分之一人口的穿衣问题。[③] 同年，同宜耀县衣食村开办了私营煤矿，有矿井25口，其中9口井，就出产煤炭1255万斤。[④]

广大农民也响应习仲勋和党政组织的号召，开垦荒地，增加产量，掀起了大生产运动的高潮。1943年，群众开荒11.39万亩，办义仓39处，开义田896亩，增产粮食1.84万石；1944年，群众垦荒量达到31万余亩，极大地改善了群众的生活。据当时对新正县三区阳坡头村36户村民的典型调查，其中原有15户贫农、3户雇农分别达到中农或接近中农的生活水平。新正县还完成救国公粮3896石，超额26石；完成公草265494斤，超额3737斤。此外，群众自愿向边区卖余粮8000石，购买支援边区建设公债7.72万元，超额0.12万元。在大生产运动中，关中分区的私营工业也有了一定的发展。纺织业方面，全分区从事纺织业的妇女有1.21万人，纺车8522架，年纺织的衣料可供应全区63%的人口穿用。私营商业

① 郑文杰、刘敏卓:《红色马栏》，香港银河出版社2004年版，第25页。

② 中共咸阳市委党史研究室编:《中国共产党咸阳历史》第一卷，陕西人民出版社2006年版，第154页。

③ 张志英:《习仲勋在正宁革命活动事略》，2002年7月5日《陇东报》第七版。

④ 中国抗日战争史学会编:《抗战时期的陕甘宁边区》，北京出版社1995年版，第479页。

日益繁荣，仅柳林、长舌头、马栏、湫坡头等地就增加商业门店 58 处。

在大生产运动中，习仲勋注意培养和发现劳动模范。新正县二区雷庄村的共产党员张清益就是他培育起来的一个著名的劳动英雄。张清益的伯父张治平是一名德高望重的老中医。早在土地革命时期，习仲勋在新正一带从事革命活动时，就与张治平、张清益交往密切，结下了深厚的友谊，使张治平、张清益深受革命思想的影响。在习仲勋的鼓励下，张治平不断进步，被选为新正县和陕甘宁边区的参议会参议员。在大生产运动中，由于受到习仲勋的教育，1939 年，张清益积极参加大生产运动，在雷庄村提议大家出力开荒种地，收获办“义仓”，并订立公约，选出公道的人管理“义仓”，遇到灾荒时，借粮给大家，收获后再加利归还。[①] 张清益创办“义仓”的活动受到陕甘宁边区政府的高度重视，1944 年 8 月 22 日，边区政府发布命令：“为防患未然计，各级政府应积极劝导人民创建义仓，积蓄余粮，以备万一。”[②] 张清益创办“义仓”的典型经验，推动了“义仓”活动的蓬勃开展。“义仓”活动在陕甘宁边区各县普遍推行。张清益被选为“陕甘宁边区特等劳动英雄”。关中分区广泛开展学习和争当劳动模范运动，在 1943 年的春耕生产动员大会上，分区表彰了劳动模范李学义。同年冬，关中分区召开大会，再次表彰奖励了一批劳动模范，推动了全区劳动模范运动的深入发展。1944 年，关中分区有 40 余名劳动模范代表出席了陕甘宁边区劳动模范表彰大会。当年底，全区评出县级劳动模范 57 名，乡级劳动模范 213 名。贾恒春创办的纺织合作社和赤水县冯云鹏创办的粮食合作社，都是整个陕甘宁边区合作社活动的模范。

在开展大生产运动的同时，关中分区还开展了改造二流子的工作。所谓二流子就是一些吸大烟、赌博、串门子、招野汉、偷盗、拨弄是非、宣传迷信、敲诈财产等游手好闲、不务正业的人。经过改造，大多数二流子都有了或多或少的转变。改造二流子工作的开展对于发展生产，转变社会风气以及锄奸自卫都有着积极的作用。

① 中国抗日战争史学会编：《抗战时期的陕甘宁边区》，北京出版社 1995 年版，第 407 页。

② 《陕甘宁边区政府文件选编》第八辑，第 341 页。

经过习仲勋领导关中分区党政军民的艰苦奋斗，分区各机关、部队、学校和广大人民群众基本实现了丰衣足食，初步形成了以农业为主的公、私营和合作社三种经济成分共同发展的新民主主义经济形式。

开展劳动互助，提高劳动生产效率

大生产运动的开展，不仅扩大了耕地面积，增加了收入，改善了生活，而且还进一步地改变了农民在大生产运动过程中的相互关系。

在大生产运动中，农民为提高生产效率，纷纷建立“变工队”“扎工队”“请牛会”“伙种队”“唐将班子”等各种类型的劳动互助组织。所谓“变工队”，又叫换工队，用人工换人工，牛工换牛工，人工换牛工，以达到相互调剂劳动力的目的。参加变工队的农民，各以自己的劳力或畜力，轮流并集体地给参加变工队的各家耕种，结算时，一工抵一工，多出了人工或畜工的由少出了的补给工钱。所谓“扎工队”，一般是由土地不足的农民组成，参加扎工队农民，除相互变工互助外，主要是集体出雇于需要劳动力的人家。所谓“唐将班子”，一般有班头、领班、书班。主要有专门卖工的、半卖工的、半买工的、完全变工的几种形式。“变工队”和“扎工队”这两种形式在当时的陕甘宁边区最为普遍。据关中分区、陇东分区和延属分区（缺一个县）的统计，到 1943 年春季，共有 4588 个变工队，参加变工的劳动力 32081 人；扎工队或唐将班子 553 个，参加的劳动力 5919 人；集体开荒队 75 个，参加的劳动力 1365 人。在陕甘宁边区的各分区中，关中分区参加劳动互助合作的劳动力比例最高，达到 36%。其中同宜耀的唐将班子由过去的 22 个，发展到 134 个，参加唐将班子的劳动力由 350 人发展到 1504 人，占该县全部劳动力的 63%。淳耀县的搭工组织由 25 个发展到 193 个，增加了 8 倍。陇东分区占全部劳动力的 20%。夏耘期间，陇东分区参加劳动互助组织的有 13547 人，占全部劳动力的 33%，比春耕时节的 20% 提高了 13%。[①] 劳动互助组织的普

① 《陕甘宁边区劳动互助的发展》（1944 年 2 月 10 日），《陕甘宁边区抗日民主根据地》（文献卷·下），中共党史资料出版社 1990 年版，第 249–251 页。

遍建立，加强了农民群众在生产劳动中的协作关系，提高了劳动生产率。在当时，有组织的农民群众的劳动效率一般比没有组织农民的劳动效率提高 50%，变工队、扎工队两个农民的劳动可以抵没有组织三个农民的劳动。有的模范变工队一人的劳动就可以抵没有组织农民两人的劳动。

党中央和毛泽东及时发现并肯定了农民群众发起的劳动互助组织。1943 年 11 月，毛泽东在招待陕甘宁边区劳动英雄大会上作了题为《组织起来》的讲话，指出："在农民群众方面，几千年来都是个体经济，一家一户就是一个生产单位，这种分散的个体生产，就是封建统治的经济基础，而使农民陷于永远的穷苦。克服这种状况的唯一办法，就是逐渐地集体化；而达到集体化的唯一道路，依据列宁所说，就是经过合作社。""我们的经济是新民主主义的，我们的合作社目前还是建立在个体经济基础上（私有财产基础上）的集体劳动组织。"毛泽东号召每一个共产党员，必须学会组织群众的劳动。他说："我们的同志学会了组织群众的劳动，学会了帮助农民做安家生产计划，组织变工队，组织运盐队，组织综合性合作社，组织军队的生产，组织机关学校的生产，组织工厂的生产，组织生产竞赛，奖励劳动英雄，组织生产展览会，发动群众创造力和积极性，加上旁的各项本领，我们就一定可以把日本帝国主义打出去，一定可以协同全国人民，把一个新国家建立起来。"①

遵照党中央和毛泽东的指示，习仲勋和关中分区党政机关对各种形式的劳动互助组织进行组织和领导。习仲勋特别强调发展互助合作运动要坚持群众自愿原则，要实事求是，反对搞形式主义。习仲勋指出："毛主席曾提倡'组织起来'。我们这几年取得的生产成绩，'组织起来'是起了决定的作用的。所以组织劳动力的工作我们还要继续做。现在边区各地存在着很多变工队，它是在群众自愿基础上组织的，确实在生产上起了很大的作用，但不能搞形式主义，只有数目字而无实际活动的变工队，不是我们所要求的。"②

① 《毛泽东选集》第三卷，人民出版社 1991 年版，第 931–933 页。

② 习仲勋：《发展陕甘宁边区的生产》（1946 年 5 月 13 日），中共中央党史研究室编：《习仲勋文集》（上卷），中共党史出版社 2013 年版，第 52 页。

在习仲勋的求实思想引导下，根据地的劳动互助组织由群众自发行动进入了自觉发展的阶段。

各种变工组织由搞农业生产发展到开展拦洪漫地、修水利等农田基本建设和从事运盐等活动。1943 年 11 月 1 日，《解放日报》报道："过去关中修埝是分散的，没有组织的，东家修西家不修，所以一面修一面又冲开了，结果始终修不住……今年则走上了集体修埝。""一区蒙家村二十多人七天完成七十多亩，大家实行换工，男子专门修，女人割草喂牲口……"在运盐活动中，淳耀县的白塬村，采用变工队运盐的方式，抽出各家的牲口，抽出一两个劳动力运盐，本人的地由留在家里的人变工耕种，解决了运盐人员的后顾之忧。

许多劳动互助组织把互助活动与拥军支前、优抗、文化教育结合起来。新正县的别岭村、淳耀县的白塬村，凡是动员在外抬担架的人，在外一天算工一个，参军的家属无劳力，由代拉代耕队耕种，各家交的公粮，由变工队统一轮流打碾入仓。关中的许多唐将班子在休息时，还读报纸、教唱新编的秧歌。①

在习仲勋的正确引导和积极帮助下，关中分区涌现出一批闻名陕甘宁边区的、形式多样的模范劳动互助合作组织。下面的两个劳动组织就是典型：

白塬村的变工队。淳耀县白塬村是一个包括 3 个自然村的行政村，村主任石明德领导全村 72 户的大变工队，把全村的男全劳力组织起来做主要耕作农活；把 6 个老汉组织起来变工垫圈、割草、做零活；把 11 个娃娃组织起来变工放牛；把 21 个妇女组织起来变工做饭、锄地、纺织；把全村的耕牛组织在搭工组里，全村的驮运牲口组成运输队，长年不散。变工队还进行开义仓地、运盐、优待抗属、送公粮、自卫动员等活动。1943 年白塬村粮食收获量比 1942 年增加了 200 石，亩产比邻村高 7 升到 1 斗。这是一个由"搭庄稼"形式发展而成的变工队的典型。

---

① 《陕甘宁边区劳动互助的发展》（1944 年 2 月 10 日），《陕甘宁边区抗日民主根据地》（文献卷 · 下），中共党史资料出版社 1990 年版，第 257 页。

后殿村的唐将班子。同宜耀县的后殿村是一个行政村。过去每年锄草时节才组织唐将班子。1942 年有 10 人组成扎工队，换工少，卖工多。1943 年，在乡长的指导下，成立了一个开荒唐将班子，开始 10 人参加，几天后增加到 15 人，10 天以后又增加到 25 人，差不多包括全村的劳动力，分了组开荒，相互竞赛，开荒的成绩一天比一天提高。这个唐将班子取消了包头的“抽空工”及其一切迷信习惯，并增加了读报、教唱秧歌等活动。到 1943 年 5 月，共开荒 130 亩，超过了原定 100 亩的任务，成为一个唐将班子的典型。[①]

同时，习仲勋还领导各级抗日民主政府创办了公营性质的合作社组织。1942 年以前，关中分区就已经建立了供销合作办事处。县、区、乡大都有供销合作分社，这种机构是群众联合经营的集体商业组织，经营的商品有布匹、食盐、百货、皮毛、纸张，用以满足群众和部队的需要。当时，国统区缺少食盐，而陕甘宁边区的盐池、定边两县都大量出产食盐。针对国民党统治区的经济弱点，陕甘宁边区组织力量，发挥盐业优势，打破国民党顽固派的经济封锁。

1941 年 5 月 20 日，习仲勋被陕甘宁边区政府任命为关中食盐督运司令。[②] 习仲勋积极扩大关中的食盐运销渠道，用食盐在国统区换回了大量布匹、棉花、日用百货和军用品，从而打破了封锁，活跃了边区经济，克服了财政困难。另外，还用食盐、皮毛、甘草等产品，收购枪支、弹药、药品、纸张、染料等，为部队筹集资金，解决装备供应。

为了减轻地方政府和根据地人民群众的负担，习仲勋还组织驻守关中的八路军部队创建了“军人合作社”，开办了不少小作坊，在交通要道上还设立了“骡马店”，摆上杂货摊，为部队积累了不少资金，同时也改善了部队生活。

---

① 中国抗日战争史学会编:《抗战时期的陕甘宁边区》，北京出版社 1995 年版，第 526 页。

② 陕西省档案馆编:《陕甘宁边区政府大事记》，档案出版社 1991 年版，第 103 页。

拥军优属，优待移民难民，解决人民的生活困难

抗日战争时期，边区人民的优秀儿女积极响应中国共产党的“全民抗战”号召，参加了八路军，或奔赴抗日前线，英勇杀敌，或留守后方，巩固边区，为抗日战争流血流汗。

为了支援八路军的革命斗争，解除前方将士的后顾之忧，习仲勋领导关中分区迅速掀起了拥军优属热潮。关中的新正、新宁等地是革命老根据地，广大人民群众有着光荣的拥军优属传统，他们与八路军建立了骨肉之情，鱼水难分，许多群众舍生忘死，不辞劳苦，掩护部队，救护伤病员。逢年过节，群众主动筹集慰劳品，学校组织秧歌队，慰问当地驻军和军属。为了解决烈军属的生产生活困难，习仲勋发动群众，组织常年性或季节性代收，砍柴担水。对一些生活较困难的烈军属，政府不仅减免公粮而且还发放救济粮款。当地群众也经常集粮集物，帮助烈军属解决困难，使烈军属的生活有了保障。

习仲勋和关中分委的关怀，使烈军属们感到温暖，他们也积极参加生产自救，以实际行动来报答党和政府的恩情，出现了许多值得赞颂的模范人物，新正县三区一乡的模范抗属就是一例。1939 年，张茬英动员丈夫参加八路军后，经常给丈夫送鞋袜、衣服和零花钱，给予关心和支持。在家里，她主动承担家务劳动，尊敬公婆，解除丈夫的后顾之忧。她还积极参加大生产运动。1944 年纺纱 45 斤，织布 13 匹。1944 年 12 月，她被新正县选为出席陕甘宁边区群英会的劳动英雄，《解放日报》还报道了她的模范事迹。

在大生产运动中，习仲勋领导关中分区还开展了优待移民难民的工作。当时，河南、山东、安徽、四川、陕西等省的贫苦农民，由于不堪忍受日军的蹂躏或国民党当局的政治压迫和经济剥削，大批逃往陕甘宁边区避难。为了妥善安排这些移民难民的生产生活，1943 年 3 月，边区政府颁布的《优待移民条例》规定：“凡边区以外，因原地生活困难天灾影响无法自食，沦陷区人民不堪忍受敌人压迫进入边区及边区以内地少人多者愿移入垦区者，均称移民或难民。移民和难民开垦公荒，三年免交公粮，开垦私荒，三年免交地租，义务劳动在最初几年全免或酌减。”并规定，移民难民不分阶级、民族、职业，一律享受现定之优待。1942 年，在习仲勋的主持下，关中分区制定了移难民暂行办法，成立了县区移难民管理委员会，划定移民区，千方百计地安置移民、难民，组织移难民开荒种地，发展生产，吸引了大批移难民来边区谋生。仅 1943 年就安置移民、难民 4000 余户、1.2 万余人。关中分区动员 2000 个劳动力，帮助新来的移难民开春荒，避免耽误开荒季节。当时属于关中分区管辖的新正县是边区安置移民的重点县之一，从 1941 年到 1943 年 5 月，全县共安置移民 1264 户、4357 人，约占当时新正县人口总数的 21.4%。其中，马栏区安置移民最多。1940 年以前，马栏区仅有 334 户，到 1944 年增加为 1250 户，人口比原来增加了 3 倍。对移难民住所问题，分区发动老户代为其修旧窑、打新窑或腾让窑洞、房子；对移难民的口粮问题，一是政府无息借贷；二是老户低利借给；三是发动移难民开荒，多开多借；四是劝募救济。并规定，移难民开公荒地，谁开的归谁，并发给土地证，三年免缴公粮；开私荒地，移民有权使用土地，并发给土地使用证。同时，分区还发给移难民农贷，解决农具、籽种等困难。

各种劳动互助组织也积极帮助难民、移民开荒种地，建家立业，克服生活上遇到的暂时困难。同宜耀县四区的劳动互助组织帮助移难民种地 1335 亩。在赤水县，由于劳动互助组织的帮助，移难民多开荒 1000 亩。“有许多唐将班子规定了帮助移难民的办法，不准嫌难民的饭坏，有的班子给难民开荒时不吃饭（新正别岭村的班子）。有的变工队帮助难民种地不要难民还工，也不吃饭（赤水陈建伯的变工队，十一个人、十四头牛这样帮助了难民十四天）。”①

党和政府的关怀，当地人民群众的帮助和照顾，使那些原来一贫如洗的移民、难民，一两年内不仅生活能够自给，而且生产资料也有所增加，其中部分移民、难民户达到了中农或富裕中农的生活水平。他们深深感到

① 《陕甘宁边区劳动互助的发展》（1944 年 2 月 10 日），《陕甘宁边区抗日民主根据地》（文献卷·下），中共党史资料出版社 1990 年版，第 256 页。

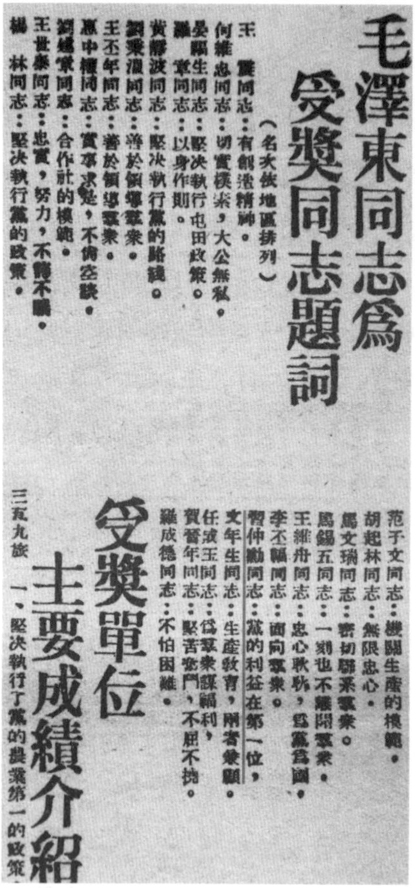

毛澤東同志為受獎同志題詞

（名次依地區排列）

王　震同志：有創造精神。
何維忠同志：切實樸素，大公無私。
晏福生同志：堅決執行屯田政策。
羅　章同志：以身作則。
黃靜波同志：堅決執行黨的路綫。
劉秉溫同志：善於領導羣衆。
王丕年同志：善於領導羣衆。
惠中權同志：實事求是，不尚空談。
劉建章同志：合作社的模範。
王世泰同志：忠實，努力，不驕不躁。
楊　林同志：堅決執行黨的政策。
范子文同志：機關生產的模範。
胡起林同志：無限忠心。
馬文瑞同志：密切聯系羣衆。
馬錫五同志：一刻也不離開羣衆。
王維舟同志：忠心耿耿，為黨為國。
李丕福同志：面向羣衆。
習仲勳同志：黨的利益在第一位，
文年生同志：生產教育，兩者兼顧。
任滌玉同志：為羣衆謀福利，
賀晉年同志：堅苦奮鬥，不屈不撓。
羅成德同志：不怕困難。

受獎單位主要成績介紹

三五九旅　一、堅決執行了黨的農業第一的政策

1943 年 2 月 3 日，《解放日报》刊登的“毛泽东同志为受奖同志题词”

边区政府好，共产党好，积极参加了大生产运动，有些还被评为移民英雄，受到奖励。1943 年，关中分区仅移民就开荒 3.87 万亩。赤水县涌现出移民劳动英雄冯云鹏。冯云鹏所在的乡有移民、难民 117 户，400 余人，刚来时生活困难。冯云鹏创办粮食合作社，筹集粮食，借贷给移民、难民，待到移民、难民有收获后，逐年归还。这种合作方式，后来在陕甘宁边区推广。[①]

大生产运动的开展，使关中分区战胜了严重的困难，普遍地改善了军民的生活，为巩固抗日后方，争取抗战胜利奠定了物质基础。习仲勋后来说：“群众增加了生产，又减轻了负担，生活得到了改善和提高。真是‘前囤子凸堆，后囤子满’，为巩固边区，夺取抗日战争的胜利，以及后来在解放战争中支援前线，打下了可靠的物质基础。”[②]同时，它还进一步改善了抗日根据地党政军民的关系，培养了一大批生产管理工作干部，积累了经济建设的经验，也为今天树立了自力更生、艰苦奋斗的楷模。

在 1943 年 2 月中共西北中央局在延安召开的高级干部会议上，关中分委书记、专员兼旅政委习仲勋因“近年来领导国民经济建设及公营经

① 中国抗日战争史学会编：《抗战时期的陕甘宁边区》，北京出版社 1995 年版，第 524 页。

② 习仲勋：《红日照亮了陕甘高原》（1978 年 12 月 20 日），中共中央党史研究室编：《习仲勋文集》（上卷），中共党史出版社 2013 年版，第 436 页。

济事业成绩昭著而又刻苦奉公、在群众中有信仰之干部”，被评为劳动英雄，受到了隆重奖励。毛泽东亲笔为习仲勋题词：“党的利益在第一位。”[①]这个题词，习仲勋长期带在身边，成为鼓励他努力为党工作的一面镜子。

二、开展减租减息运动

习仲勋在关中分区工作期间，按照党中央的统一部署，结合关中地区的实际，成功地领导关中分区人民群众开展了减租减息运动，促进了经济建设的发展。

当时，在关中分区，有两类不同的地区：一类是经过土地革命的老根据地，即原苏维埃根据地区域，这类地区主要包括：赤水县的一、二、三、四、五区，新宁县的一、二、三区全部和四区的两个乡，新正县的一、二、三区，淳耀县的六区全部和五区的一个乡、中心区一部等；另一类是未经过土地革命的新区，即西安事变后逐步形成的统一战线区域，这类地区主要包括：淳耀县的一、二、三、四区和五区的大部，赤水县的六、七、八、九区，新宁县的五区全部和四区的三个乡，新正县的四、五、六区全部和中心区的一部。

从以上情况可以看出，在抗日战争时期，关中分区大约有半数以上人口的地区经过土地革命，基本消灭了封建剥削制度，无地或少地的农民已经分得了土地，实现了“耕者有其田”，确立了新民主主义的土地制度。同时，还有不足半数人口的地区，未经过土地革命，地主经济在这些地区仍然占统治地位，农民依然忍受着封建主义的经济剥削，政治上虽然翻了身，经济上却还未翻身。

开展土地登记，保护土地革命成果

在已经进行过土地革命的老根据地，习仲勋和关中分区主要是按照边

---

① 《西北局奖励二十二位生产英雄，溺职人员分别惩处》，1943 年 2 月 3 日《解放日报》。

区政府的统一部署，开展了土地登记工作，切实保障农民的地权。

当时，已经进行了土地革命的老根据地的情况也是不一样的，又可以分为三类地区：

第一类是彻底分配了土地的地区。在这类地区，苏维埃政府不仅颁布了土地法令，而且在土地分配工作中做得比较细致，在地里插了牌子，并经政府登记造册备案，地权明确，这类地区约占已经进行过土地革命地区的三分之一。

第二类是土地分配不彻底的地区。在这类地区，或者由于战争环境和形势的紧迫，虽然进行了土地革命，但分配土地的工作做得不细致，不彻底，显得“潦草”和“粗糙”。如有的只在群众大会上宣布，土地“谁种归谁”，而未经切实的分配，既未在地里插牌子，也没有登记造册，缺乏法律保证；或者在一些地广人稀的地区，分了地也没有人要，苏维埃就规定，“谁种归谁”，没有人种的地，即为“公田”；更有一些地方，甚至连群众大会都不开，政府一宣布，就算进行了土地革命；少数地方，只打了大地主、大土豪，对一般地主未动，土地也未分配。

第三类是当时一些苏区的边缘地区，地主豪绅慑于红军的威力，苏维埃政府还未建立时，一些大地主豪绅早早逃亡了，留下的地主，也不敢向佃户收地租。凡是西安事变前三年地主未收地租，在内战时期又建立了红色政权的地区，都属于这类区域，视同已经分配了土地的地区。在第三类地区，农民的地权不明确，加之抗日战争开始后，中国共产党停止了土地革命，给一部分地主进行或明或暗的复辟活动以可乘之机，农民的地权受到严重威胁。因此，需要进一步明确地权，以保证农民在土地革命中所取得的既得利益。

在已经进行了土地革命的老根据地的土地问题中也有一个新的情况，即一部分地主富农分子在土地革命时逃离了苏区，抗日战争开始后，又回到家乡，因没有了自己的土地，也要求政府给予一定数量的土地，以维持生计。

为了保障已经进行了土地革命的老根据地农民在土地革命中所取得的

地权，1937 年 9 月，边区政府决定颁发土地所有权证，并进行土地登记，以法制的形式，确保农民已经取得的土地所有权。

9 月 20 日，边区政府制定了《陕甘宁边区土地所有权证条例》，共 17 条，规定：凡农地、林地、牧地、房屋、荒地、水地及其他水陆天然富源，除公共性质的以外，所有人必须依本条例向当地县政府领取土地所有权证，并以此作为土地所有权的“唯一凭证”，在该所有权证发出以后，原有关于土地所有权之各种契约，一概无效。条例具体规定了“土地所有权证”的颁发和申请登记的具体办法，并于公布之日起施行。

由于种种原因，土地所有权证的申请登记和发放工作延期到 1938 年 4 月正式开始。在登记工作开始后，一些国民党顽固分子在边区煽动地主对农民进行反攻倒算，强迫农民交还已分得的土地及房屋、牲畜，强迫欠债户交还已被废除的债务，唆使已被没收土地的地主分子利用土地登记的机会，企图收回已被没收和分配的土地，采取威胁、利诱等手段，阻止农民将已经分配的土地进行登记，而强制把土地登记在自己的名下。这样，一开始，土地登记便成为地主势力企图复辟和农民为了保护自己的土地革命成果之间的一场严重的斗争。

为了打击地主复辟势力的破坏活动，1938 年 5 月 15 日，毛泽东为边区政府起草了“停宄除奸”布告，即《陕甘宁边区政府、第八路军后方留守处布告》，宣布：“凡在国内和平开始时，属于边区管辖地域内，一切已经分配过之土地、房屋及已经废除之债务，本府本处当保护人民既得利益，不准擅自变更。”“当此抗战紧张期间，凡在边区境内从事阴谋破坏，或肆意捣乱，或勾引煽惑，或暗探军情的分子，准许人民告发。证据确实者，准许就地逮捕。一经讯实，一律严惩不贷。”①

6 月 9 日，边区政府又作出了《关于边区土地、房屋、森林、农具、牲畜和债务纠纷问题的处理的决定》，这个决定立场鲜明，界限清晰，既保护了农民的地权，也顾及了逃亡地主返回边区后生计方面的具体情况，

① 《毛泽东选集》第二卷，人民出版社 1991 年版，第 402 页。

得到了社会各界的拥护和支持，成为边区处理已经土地革命地区土地纠纷的基本准则和法律依据。

在进行土地登记，发放土地所有权证的过程中，习仲勋和关中分区党政机关领导人民同顽固分子和地主复辟势力，进行了有理、有利、有节的斗争。经过艰苦努力，到1938年底基本上完成了关中分区的土地登记工作。但是，由于各种原因，仍然有一些农民不懂得土地登记对保障地权的重要性，有许多未登记或漏登，加上国民党顽固势力在关中分区反复制造磨擦事件，许多地区局势紧张，土地登记工作在一些地方没有能够顺利开展，一些地主势力进行抵制，威逼利诱，一部分农民不敢到政府那里去登记，一些土地被地主登记了去，致使部分农民失去了土地革命的成果。

土地登记工作结束后，在已经进行了土地革命的老根据地仍然存在着因土地租佃关系，而引发的土地纠纷问题。虽然经过了土地革命，分配了土地，但因天灾人祸等因素的影响，部分农民的土地所有权转让他人，地权发生变化。这样，就出现了新的土地租佃关系，主要是农民与农民之间的租佃关系，它同封建主义的土地租佃关系有着本质的区别。另外，少数地主富农强夺强占已经分配给农民的土地，农民无地或少地的现象重新出现。

针对已经进行过土地革命的地区存在的种种土地纠纷与租佃问题，习仲勋深入实际，广泛进行了调查研究。根据陕甘宁边区的有关法令制度，结合关中分区的实际问题，提出了具体的解决办法。1941年，在习仲勋的主持下，关中分区制定并颁布了《关中调整土地暂行办法》。《关中调整土地暂行办法》规定，在土地分配过的地区，其基本政策是保护农民既得利益，对于地主亦设法使其有必需数量的土地耕种，以保障其生活；在土地分配不彻底的地区，其政策为保障农民既得利益，地权仍归农民所有，同时设法照顾地主的生活；在三年未收租子的地区，虽未明确宣布分配土地，但农民曾经过流血斗争，依法令地权确定为农民所有。该“办法”实施后，进一步保护了关中分区农民的既得利益，巩固了土地革命的成果。

在保障地权的活动中，习仲勋还注意帮助少数民族群众解决土地问题。在他的努力下，关中分区很好地解决了其辖区内少数民族的土地问题。据 1940 年的统计，新正一区一乡的回民的土地占有状况是：原来的富农、中农（共 5 家）有土地的占 2.5%；原来的贫农、雇农在苏维埃时期分得土地的占 42.6%；抗战后迁入分得以前剩余土地的占 2.3%；抗战后迁入由政府借给公田耕种的占 45.5%；抗战后迁入（都是近期迁入，政府还来不及解决他们的土地问题）与有土地的人伙种的占 6.7%。[①] 这就是说，47.4% 的回民拥有了自己的土地；45.5% 的回民耕种政府的公地，基本上不交地租；6.7% 的回民与人伙种，受剥削；尚有 0.4% 的回民没有土地。也就是说，边区的回民基本上已经实现了“耕者有其田”，基本上消灭了封建剥削，生活上有了很大改善和提高。

开展减租减息运动

抗日战争时期，陕甘宁边区实行的减租减息政策，主要是要解决未经过土地革命地区的农民土地问题。

在未经过土地革命的地区，土地的所有权是属于地主的，这类地区的土地租佃关系，大致可以分为两类：租种类和伙种类。

从租种类来看，还可细分为三种：定租、包山租、活租。

定租，也叫“死租”，即租额以土地面积来计算，不论收成丰歉，都以租佃双方议定的租额交纳。这是关中分区最流行的一种租佃形式。租额在各县差别很大，高的达到 30%，低的达 5%—6%，中等水平的达 15%—20%。租额多少的主要依据是土地的质量和收获量，土地肥沃，收获量多的租额就高。

包山租，在地广人稀的山区，地主给佃户划出山头，租地面积不精确，通常以一架山，甚至几架山来计算，确定每年应交纳的租额，租额一般不高。在关中分区的桥山山脉地段，这种租佃关系比较常见。

---

① 民族问题研究会编:《回回民族问题》，民族出版社 1980 年版，第 123–124 页。

活租，也称分租，“指地分粮”，在租额计算上，正好与定租相反，租额不以面积来计算，而在收获时由租佃双方按当年收成的好坏，按比例分配。因此，地租的绝对量不固定，随年成的丰歉、收获量的多寡、租佃双方的分成比例的增减，每年都有变化，故称活租。在关中分区的一些地方比较流行，其他地方较少见。

伙种类，也可分为两类：伙种和安庄稼。

伙种，地主出土地、牲畜、籽种、肥料等，粮食的收获量，一般按租四佃六分配，即出租人得 40%，承租人得 60%。这种租佃关系在各地都存在。

安庄稼，也称安伙子，出租人不但租给承租人土地，而且提供牲畜、籽种、肥料、农具，以至供给承租人及其家属的吃用粮食、耕畜的饲料、居住的房屋、窑洞和用具。在庄稼收获后，按双方协议的分成比例分配，然后承租人把借的粮食、籽种和耕畜的饲料归还给出租人。一般是对半分成，即出租人和承租人各得 50%。

此外，各地还有雇工、佃当、奉牛羊、赘押、高利贷等封建剥削形式。名目繁多的封建剥削关系的存在，造成了农民生活的贫困，影响了生产的积极性。因此，削弱封建剥削关系，调节各阶级的利益关系，保护和解放边区的生产力，调动各抗日阶级、阶层的生产积极性，使关中抗日根据地军民有饭吃，有衣穿，在根据地造成一种安定团结的局面，成为边区的重要任务。同时，减租减息政策也是共产党提出的抗日救国十大纲领之一，在边区开展减租减息运动势在必行。

从 1937 年开始至 1938 年，习仲勋领导关中分区在未经过土地革命的地区进行了减租减息的宣传活动。但是，由于当时在未进行土地革命的统一战线区域内国民党政权机关的阻挠和磨擦事件的干扰，减租减息政策未能有效地得到贯彻。反磨擦斗争胜利后，结束了国共两党政权并存的统一战线区域的格局，为减租减息运动的开展提供了有利的时机。从 1940 年至 1942 年，关中分区开始进行减租减息。根据关中分区的实际，提出了对半减租的原则，即在原租额中减去 50%。但是，因当时国民党调大军对关中不断进行骚扰破坏，关中的局面很不稳定，群众没有真正发动起来，仅用行政的办法包办代替，减租减息运动进行得很不平衡，有的地方进行得很不彻底，各县普遍存在着明减暗不减的现象以及佃权无保障，甚至发生地主收回土地的问题。①

1942 年 1 月 28 日，中共中央作出《关于抗日根据地土地政策的决定》。《决定》强调党在抗日时期的土地政策是“抗日民族统一战线的土地政策，也就是一方面减租减息，一方面交租交息的土地政策”。为落实中共中央的上述决定，1942 年 10 月 10 日，中共西北中央局发出《关于彻底实行减租的指示》。这个指示的精神是，要将运用政府权力和发动群众结合起来，开展减租减息斗争，并把减租作为中心工作。

西北局的指示发布后，减租减息运动在关中分区未经分配土地的区域迅速开展起来。为了不妨碍生产，减租运动主要集中在当年秋收季节以后进行，也就是在交租的时节进行。

习仲勋和关中分区党政组织在减租减息运动中，采取了各种措施和步骤，发动群众，成立农会、减租会等各种农民组织，使减租减息斗争逐渐成为集体性和群众性的运动，引导群众的减租减息斗争不断深入发展。减租减息运动形成高潮后，关中分区积极领导，分步实施，使这场运动扎实有效地在各县广泛开展。

第一阶段，调查研究，了解情况。关中分区积极发动群众，组织农会等群众组织，把租佃双方的情况，即地主的土地占有状况，租种、租额的状况和收租、减租的状况，以及农民土地典当、旧租、旧债的状况和交租、欠租的情况了解清楚。情况明，决心才能大，减租斗争才能搞好。政府和群众的减租斗争决心，来自调查研究，搞清情况，来自把群众组织起来，调动起来。

第二阶段，全面地宣传党的减租减息和交租交息政策，使群众真正明白，党的政策是照顾“两头”，既保证农民得到减租减息的实惠，也顾及

① 中共咸阳市委党史研究室编:《中国共产党咸阳历史》第一卷，陕西人民出版社 2006 年版，第 150 页。

地主的必要利益；既使农民有减租的积极性和信心，也使地主不至于负隅顽抗。在一些斗争形势比较复杂的区乡，针对农民怕变天，怕共产党撤走，怕地主反攻倒算等思想顾虑，向佃户进行保证佃权、保卫边区的教育，打消了群众的顾虑。广大佃农认识到，减租必须靠共产党，只有开展减租斗争，才能保证佃权。

第三阶段，开展清算、减租和退租。清算就是将佃户与地主之间的租佃关系搞得一清二楚，即把土地的租种和原租额，按照政府规定的减租率算出应减租额和应交租额。然后，根据政府的规定，1939 年以前的欠租，予以废除，即“勾欠”。1940 年以后的租子，应减租，凡是已按原租额交租的，由地主退还应减的租子，即“退租”；尚未交租子的，按应交租额作为欠债，由佃户根据实际情况交足欠租。

在减租减息运动中，清算、减租和退租是最中心的环节，可使佃户真正受益，并有效地限制封建剥削，进一步调动佃户减租和发展生产的积极性；也是地主最害怕的，使他们利益受损失，在政治上威信扫地。清算、减租和退租工作的具体做法是，一般先召开租佃会议，由租佃双方到场，说清各自交租和收租的状况，并清算自 1940 年以来多交多收的租子的数量；然后召开佃户会议，进一步发动群众，提高减租斗争的决心和信心；最后召开全村大会，公布清算结果，并当场退租。同时对那些抗拒减租的地主分子，予以揭发和处罚。会后，佃户欢天喜地，纷纷背粮回家，减租斗争进入高潮。据统计，淳耀县勾欠和退租 1535 石，赤水县勾欠和退租 1280.23 石。

在这阶段，关中分区十分注意对地主实行既团结又斗争的政策，使斗争限制在法定的减租范围内，避免采取消灭地主经济的政策，只是削弱地主对佃户的封建剥削，使农民的生活得到了改善。

第四阶段，勾账、换约，保障佃权和租权。这是巩固减租斗争成果的最重要的措施。勾账，就是把一切老账、旧账和多年的陈账和多年的欠租，有的甚至是祖祖辈辈留下的欠租，一律作废、勾销，不留后患，使佃户心里踏实。换约，就是把一切旧的契约作废，按照《陕甘宁边区土地租佃条例》的规定，签订新的契约，把租佃双方的土地数量、租种、租额和租佃期限，以合同的形式，由双方和证明人共同签署，租佃双方各折一份保存。租佃双方的这种合同，有效地保障了佃户的佃权和地主的租权，使佃户再无后顾之忧，对于佃农改善耕作，改良土壤，发展生产有积极作用。至此，减租斗争基本结束。据统计，仅淳耀县换约 953 户。

减租减息斗争后，边区的绝大多数佃农，都能够按减租以后的租额交纳租子。但也有极少数佃农不交租的情况。关中分区各级党政组织认真贯彻边区政府的交租政策，保护了地主的租权。例如，赤水县五区六乡的佃农陈三冬一年没有给地主交租。地主杨运龙向乡农会主任报告了这个情况，请求农会帮助。后经农会调查属实，农会主任就到家说服陈三冬交租，陈三冬交了租。事后，地主杨运龙逢人便说："农会对咱地户和佃户都好，农会真公道。"①

减租减息运动的开展，解放了边区的生产力，使农民的生活有了明显的改善。新正县双龙区的 208 家佃户，减租以前每年交租 171 石，减租后只交 65 石，减租率达到 62%。农民赞扬说："减租使俺得到了'半翻身'。"许多佃户成为自耕农，从而调整了农村的阶级关系。

减租减息运动也促进了边区的资本主义工商业的发展。一部分地主投资发展工业、商业。如，庆阳"八大家"之一的刘宪庭，卖地投资工业，兴办"庆兴纺织厂"。他说："一顷地租出去，一年可收租子 5 石，如以夏秋各半计算，照现在的粮价总数可以值 30 余万元。如果把土地卖了投资纺织，每顷以 200 万元作资本计算，一年的纯利最低也在一倍以上。"②这有利于边区的进步和发展。

① 中国抗日战争学会编：《抗战时期的陕甘宁边区》，北京出版社 1995 年版，第 558 页。
② 中国抗日战争学会编：《抗战时期的陕甘宁边区》，北京出版社 1995 年版，第 561 页。

三、从事文化教育建设

习仲勋在关中分区工作期间十分重视文化教育事业，把文化教育事业放在与生产工作同等重要的地位上来抓，使关中分区的文化教育事业得到了迅猛发展。

发展各项教育事业，提高边区干部群众的文化水平

教育事业是建设新民主主义文化的基础事业。因此，发展教育事业是边区新民主主义文化建设的中心任务。只有发展了边区的教育事业，边区的新民主主义文化建设，才有深厚的基础。

干部教育工作。抗战时期，党和边区的干部队伍中，大多数出身于工农，文盲比重大，他们缺乏马列主义基本修养，虽有革命积极性，但还存在着各种非无产阶级思想。同时，一批从全国各地奔赴边区的革命青年，虽有爱国热情，但绝大多数还是资产阶级世界观，不能适应民族革命战争的需要。因此，只有大量地培养干部，加强与提高干部教育，才能适应民族战争形势，这是争取抗战胜利的重要一环。

1938 年 10 月，中共中央向全党发出开展学习竞赛的号召后，习仲勋认真在关中分区建立了干部学习教育制度，组织在职干部边学习边工作，从此，在职干部教育逐步开展起来。1939 年 3 月，中共中央发布《延安在职干部教育暂行计划》，对在职干部教育的目的、内容、方法等作了具体规定。5 月，中央干部教育部召开干部教育运动动员大会。此后，关中分区成立了干部教育指导委员会，在关中分委书记习仲勋的领导下开展工作，在职干部教育走上了有组织有计划的轨道。

1939 年 11 月，中共陕甘宁边区第二次代表大会通过《关于党内干部教育的决议》，该《决议》作出具体规定：边区内凡不识字的各级党政干部一律参加识字组，务期于 1940 年内消灭文盲，达到每人至少识 1000 字；有计划地组织在职干部的学习，建立学习制度，制订学习计划；有计划地抽调在职干部到边区党校、中央党校等处学习；各分区直属县委每年开办乡级干部训练班两次。1940 年 1 月，中共中央发出《关于干部学习的指示》，规定了各类干部学习的课程和制度。3 月 24 日，中共中央发出《关于在职干部教育的指示》。由此，关中分区在职干部教育普遍开展起来。

为了保证在职干部教育工作的质量，习仲勋和关中分委根据陕甘宁边区教育厅制定的《陕甘宁边区在职干部教育实施办法草案》的精神，对在职干部的教育内容、教育方式、组织方式、学期、经费、考试及奖惩制度等作了具体安排。

关中分区在职干部教育主要包括：业务、文化、政治、理论等方面内容，以文化为主。业务教育，主要是学习与工作有关的一切政策和法令，学习本部门工作的历史知识与科学技术知识。政治教育，主要是对干部进行时事和政策教育，学习中共中央、西北局及边区政府的政策、法令、决定等。文化教育，以干部文化程度高低分为高、中、初三级进行，课程有国文、算术、历史及自然、社会常识和有关课外读物。理论教育，主要是对干部进行革命的基本理论教育，或根据需要选学马克思、恩格斯、列宁、毛泽东的有关著作。

利用农闲时节，习仲勋先后在关中分区举办地方干部训练班七期，每期半年，对 320 余名区、乡干部进行文化、政策教育和政治形势教育。通过训练班的学习培训，提高了区乡干部的文化水平和工作能力，促进了各项工作的顺利开展。

习仲勋和关中分委还利用各类学校培养干部。在各类学校中开设干部教育班级，提高干部的素质。1938 年冬，关中分委派出五六十名干部到陕北公学工农训练班学习。关中分委书记习仲勋兼任陕甘宁边区第二师范学校校长时，在该校增设了妇女班和特别班，培养妇女和各类干部；鲁迅师范学校也担负着培训县、区机构教育行政干部的任务；1938 年 7 月，陕北公学在新正县看花宫设立陕北公学分校。1939 年 1 月，陕北公学总校从延安迁至新正县看花宫与分校合并。在新正县看花宫办学的一年时间里，陕北公学先后办了 54 个队，培养了 6000 多名抗战干部，吸收 3000 多人加入了中国共产党。这些干部被分配在全国各个抗日战场、各条战线，为抗日战争和中国革命的胜利作出了贡献。

国民教育事业。抗战初期，由于旧社会文化落后，愚昧迷信，导致了学校教育事业非常落后。除了少数城镇外，在农村有的地方，方圆几十里找不到一所学校，穷人的子弟入学无门，儿童的失学率高达 95% 以上。正如林伯渠在边区第一届参议会的政府工作报告中指出的："边区是一块文化教育的荒地。学校稀少，知识分子若凤毛麟角，识字者亦极稀少。在某些县，如盐池县 100 人中识字者只有两人，再如华池等县则 200 人中仅有一人。平均起来，识字的人只占总人口 1%。至于小学，全边区过去也仅有 120 个，并且主要是富有者的子弟。整个边区的中学生是屈指可数的。社会教育简直是绝无仅有的事。"① 这种状况严重地束缚了广大群众的抗日和生产的积极性。

1938 年至 1939 年，习仲勋和关中分委利用相对和平稳定的环境，大力发展小学教育。全分区完小由 4 所增至 9 所，有学生 400 余名；初小由 170 所增至 243 所，有学生 7000 余名。1939 年后，因国民党顽固派不断制造磨擦，关中分区的学校教育事业的发展受到严重影响。到 1941 年全分区完小减少到 6 所，在校学生 497 名；初小减少到 129 所，在校学生 3554 名。1942 年，关中分区按照边区教育厅"减少数量，提高质量"的要求，对小学教育进行了整顿，实行精简，提高质量，采取加强完小和裁并初小等措施，将 140 所学校合并为 117 所，有学生 3343 名。

关中分区在抗战以前没有一所中等学校。关中分区的中等学校是在抗战以后逐步建立发展起来的，分为中学教育与师范教育两种，主要有鲁迅师范学校和陕甘宁边区第二师范学校。

1939 年 10 月，陕甘宁边区教育厅派干部到关中分区机关所在地新正县马家堡筹办陕甘宁边区第二师范学校。1940 年 3 月 15 日，陕甘宁边区

---

① 《陕甘宁边区政府文件选编》第一辑，第 142 页。

陕甘宁边区第二师范学校旧址

第二师范学校在马家堡正式成立，关中分委书记习仲勋兼任校长。1939年冬起，因国民党顽固派进攻关中分区，迫使陕甘宁边区第二师范学校屡次迁移。习仲勋对第二师范学校师生的安全非常关心，他强调说："今天二师的任务是保障学校一百多名师生的安全，还要准备接收分区被顽军侵占区小学教师，担负保存干部的任务。学校要学会在反磨擦斗争中办学。"[①] 仅1940年3月30日至1942年底两年多时间，陕甘宁边区第二师范学校先后六次搬迁，七次建校，历经艰难坎坷。在频繁迁徙、转移的艰苦跋涉中，全校师生遵照习仲勋的教诲，以顽强的毅力，坚强的战斗精神，战胜了险恶的战争环境和生活的艰难困苦，坚持"敌来我走，敌走我办，边走边办"的方针，出色地完成了边区教育厅规定的教学任务。[②]

① 《陕甘宁边区第二师范》，陕西人民出版社1994年版，第15页。

② 中共咸阳市委党史研究室编：《中国共产党咸阳历史》第一卷，陕西人民出版社2006年版，第158–159页。

陕甘宁边区第二师范学校印

在艰苦的条件下，陕甘宁边区第二师范学校坚持理论联系实际，学以致用的原则，一面学，一面做，挖窑洞，建校舍，开荒，种地，纺线织布，缝衣，做饭，砍柴烧木炭。1940年，挖窑洞14孔，开荒100亩，烧木炭1.5万斤，烧柴全部自给。在物资困难的情况下，师生们用弹壳和木棍制成蘸水笔，用熏烟制成墨汁，用猪鬃制成牙刷，用核桃制成算盘珠，用石板和沙盘代替纸张，用香火和石日晷代替钟表，用食盐代替牙膏。就这样，既克服了困难，又学到了文化知识，还锻炼了革命意志。让习仲勋感到欣慰的是："在那样一个战火纷飞的特定历史年代里，二师培养出数以千计的人才，分布在党、政、军和财、建、教、新闻、文艺、出版、医疗以及工、青、妇等各个方面、各条战线。"①

1937年初，在中华苏维埃共和国中央政府西北办事处的筹办下，鲁迅师范学校在延长成立，培养边区发展文化教育事业迫切需要的师资，成为边区的第一所中等学校。1938年，鲁迅师范学校迁至关中分区所在地新正县马家堡。1939年3月学校由马家堡迁至照前村。7月，边区教育厅决定鲁迅师范学校迁回延安，与边区中学合并，成立延安师范学校，即边区第一师范学校。在关中分区办学的一年多时间内，鲁迅师范学校培养了300余名学生。鲁迅师范学校从成立到撤销的两年半时间里，毕业和中途分配工作的学生共1093名，为发展边区文化教育事业作出了重要贡献。

社会教育工作。抗战开始后，关中分区社会教育的主要形式是开办冬

① 习仲勋：《陕甘宁边区第二师范校史序言》，《陕甘宁边区第二师范》，陕西人民出版社1994年版，第5页。

学。冬学，是利用冬节的空闲时间，对群众实施补习教育的一种形式。边区的冬学运动是在每年9月底到年底利用农民秋收后的冬闲时间，开展集中学习的运动。冬学运动主要对象是不识字的成年人和青年人，特别是农民群众中的一些人，给他们一个学习的机会。因此，冬学是开展社会教育、消灭文盲、普及教育的一种重要形式，是边区经常的一种学制。

习仲勋对发展冬学活动很重视，他从边区的实际出发，提出了开展冬学运动应当掌握的方针：（1）坚持贯彻“民办公助”的方针。必须经过群众，把群众自觉自愿的积极性发动起来，才能把冬学办好。（2）冬学运动首先要和群众的冬节生产相结合。今天边区的经济发展了，人民需要文化是事实，然而发展文化必须和发展生产相辅前进。（3）不能抄袭一套旧的教学方法，必须学用一致。群众做什么，我们就教什么，这不仅群众有兴趣，容易学，并能够学一下就会用，长期不会忘，同时还能够打下向前发展的基础，提高学习情绪，巩固学习信心。（4）冬学运动，要和冬节训练、闹秧歌、医药、卫生、组织妇纺、植树等，取得有机联系。这样使得冬学会更有内容，人民可在冬学内学到更多更有用的实际知识，并用以进行边区各种长期建设。（5）在开展冬学运动中，注意团结农村中参加冬学运动的一部分积极分子是非常重要的。他们是农村内成千上万的文教干部，假如把他们统统提高一步，对于长期开展边区经济，巩固边区，建设边区，是一支骨干力量。（6）对训练冬学教员，应采取开会形式，研究典型，交流经验，不要采取一般灌注式。教员到农村，尽可能由自愿聘请，不一定要由上面全派，实行民教民的方针。冬学课本，也应征求群众意见，愿意学什么就教什么。对于《千字文》《百家姓》等书，如果群众要念，可以让群众去读。（7）在开展冬学运动中，必须普遍地建立若干个重点，而不是平均地分散力量。必须把计划放在群众力量、群众觉悟的基础上，而不是单纯地凭借于我们自己主观上的臆想。只要办好一处冬学，就可以推广起来，办好许多处冬学。[①]

---

① 习仲勋：《开展冬学运动应掌握的方针》（1944年11月23日），中共中央党史研究室编：《习仲勋文集》（上卷），中共党史出版社2013年版，第32–33页。

习仲勋告诫各级党政组织要根据群众的情趣，通过墙报、壁报、戏剧、读报、秧歌、唱歌、说书等各种民间文娱形式，开展社会教育工作。如关中中心区老庄子冬学的寇金魁编了个《毛主席爱老百姓》的歌，受到区上的奖励，在他的影响下，群众兴起了编歌热潮，文化教员便以他们的歌词为教材，教他们识字，收到了显著的效果。关中分区中心区一区三乡冬学是6个村合办的，这6个村相距四五里，人口比较集中，教员便按地区将学员分成10个组，依次每10天轮流教学一次。[1] 1938年至1939年，关中分区举办冬学班200处。1939年后，因国民党顽固派不断制造磨擦，冬学活动受到影响，冬学仅剩28处，有学员506名。

1941年，大生产运动的开展，推动了冬学活动的开展。关中分区榆树湾的冬学是陕甘宁边区冬学运动的典范。榆树湾是新正县马栏区四乡的一个村庄。冬学是由劳动英雄惠海山在唐将班子的基础上创建起来的。由惠海山经过个别思想工作动员组织起来，把劳动与学文化相结合。因为有学习的积极性，效果好，又是由劳动英雄创办的，消息一下传开了，影响附近30里，一月之内，全乡成立了7所夜校，对冬学运动是一个很大的推动。[2] 在边区群众的广泛参与下，边区成为一个大学校，夫教妻，子教父母，兄教弟，互教互学，特别是小学生担任"教师"，在扫盲工作中起了重要的作用。

文化事业的发展和繁荣

抗战以前，关中一带只有民间的民歌、社火、秧歌以及陇东道情等文艺活动。抗战爆发后，国内一批抗日爱国的文化战士、艺术家，为了挽救民族危亡，纷纷奔赴陕甘宁边区，在这里开展各种文化宣传活动，使边区的抗日文化事业迅速得到发展。因为有了这个好的背景，在习仲勋的大力倡导下，关中分区的各种文艺活动如火如荼地开展起来。

---

① 转引自郭林:《陕甘宁边区冬学的种种形式》,《解放区群众教育建设的道路》, 1944年教育汇编。

② 中国抗日战争学会编:《抗战时期的陕甘宁边区》, 北京出版社1995年版, 第644页。

文化的发展首先是文艺的繁荣。关中分区的群众文艺活动非常活跃。最有影响的是新正县马栏区汪庭有创作的《十绣金匾》，经过著名音乐家的修改和润色，成为优秀的民歌，脍炙人口，流传广泛，从边区一直唱到全国解放，至今还是很有影响的革命歌曲。

新宁县南仓村社火队也曾经闻名陕甘宁边区。新宁县南仓村农民刘志仁创编了许多反映新生活的秧歌剧本，组织群众排演。1939 年，刘志仁编演的《新开荒》《新小放牛》《九一八》《卢沟桥》等受到群众的普遍好评。1940 年后，刘志仁编演的《新阶段》《自卫军受训》《救国公粮》《新十绣》《反对磨擦》《保卫边区》《大生产运动》《四季歌》《百团大战》《读书识字》《反特务》《边区好政府》《改造二流子》《劳军歌》《减租》等剧目都具有鲜明的时代气息，既宣传了边区党和政府的政策、法令，又丰富了群众的文化生活，推动了各项事业的发展。1944 年，刘志仁在边区文教英雄大会上荣获特等艺术奖，被誉为“新秧歌运动的旗帜”，受到毛泽东、周恩来、朱德等中央领导的接见。

关中分区八一剧团也作出了突出的成绩。关中八一剧团是关中分区在 1942 年 1 月，将关中剧团、关中警备区的关警剧团与七月剧团合并组建的。关中八一剧团所演剧目，除了传统剧目外，还结合边区实际创作了一批揭露国民党顽固派残酷统治，反映人民群众革命斗争精神，以及教育边区人民发展生产的新剧目。据不完全统计，关中八一剧团先后排演秦腔现代戏、传统戏，眉户现代戏、传统戏，歌剧、话剧等剧目 250 余个。其中有赵伯平和张剑颖创作的反映边区新生活的《新考试》《大上当》《特种学校》《关中四杰》《张清益》《胡文贵》《石明德》《冯云鹏》等；改编的秦腔古装戏《三滴血》《石达开》《风波亭》等；同时先后排演了《屈原》《军民一家》《劳军》《民族魂》《白毛女》《三岔口》《那台刘》《中国魂》《投降之味》《一条路》《好男儿》《关中炮火》《好儿童》《桃花村》《小放牛》《做军鞋》《抓壮丁》《坏蛋》《上前线》《打麻雀》《金莲痛史》等剧目，在关中分区各地巡回演出，受到群众的热烈欢迎。

习仲勋和关中分区党政高度重视新闻事业的发展。边区文化事业的繁荣也反映在边区的新闻事业的发展上。为了宣传群众，习仲勋和关中分委于 1940 年 4 月创办了中共关中分委机关报《关中报》。该报初版时为两版油印周刊，编辑由具有一定业务能力和熟悉分区各地情况的人员担任。习仲勋和关中分委始终注重《关中报》的质量，不但对报纸的内容亲自审定，还为报纸撰写文章。《关中报》每期稿件都能紧密围绕党的中心工作，及时传达党的声音，介绍国内外大事，反映分区的经济、文化发展情况以及边区群众的声音，语言通俗，贴近百姓，通俗易懂，形式生动活泼，深受分区基层干部和群众的欢迎，对发动群众、拥军支前、发展生产、拥政爱民、减租减息、识字读报、参军参战等起了很大的作用。至 1945 年 4 月，共出版 382 期，发行 32.1 万份。《关中报》在 1944 年 10 月召开的陕甘宁边区文教大会上被誉为边区地方报纸的模范。

第十二章 | 防守边区的南大门

一、第一次反磨擦斗争

抗战刚开始，毛泽东就说:“陕、甘是我们的唯一可靠后方。”[1] 在整个抗战时期，中共中央能够稳定自若地在延安指挥敌后抗战，驾驭中国的政局，建设解放区，为新中国奠基，都有赖于边区为中共中央提供物质保障和安定的社会政治环境。

在当时，关中分区是陕甘宁边区的南大门，是陕甘宁边区反磨擦斗争最激烈、持续时间最长的地区。抗战八年，国民党顽固派先后向关中分区发动了四次大规模的军事进攻，在其对陕甘宁边区发动的三次反共高潮中，关中分区均首当其冲。关中分区的得失对于中共中央，对于边区，对于整个抗战大局，都影响极大。中共中央经过认真研究，将关中分区这副重担放在习仲勋的肩上。习仲勋不负厚望，在关中分区工作期间，领导军民进行了有理、有利、有节的反磨擦斗争，捍卫了边区的南大门。

关中分区地处陕甘宁边区的南端，辖区包括今天陇东的正宁、宁县和陕西的栒邑、淳化、耀县一带的部分地区。东临咸（阳）榆（林）大道，西控西（安）兰（州）公路，向南可抵达陇海铁路，震慑西安、宝鸡，它

---

① 中共中央文献研究室编:《毛泽东年谱（1893—1949）》修订本（中卷），中央文献出版社 2013 年版，第 10 页。

的东、西、南三面都与国民党统治区域相接壤，形成插入国统区的一个“囊形地带”，国民党顽固派如芒在背，必欲除之而后快。陇东地区又与关中分区壤土相接，南与关中分区相连，是关中分区北部的战略要地，也是陕甘宁边区的西部屏障，战略地位十分突出。国民党顽固派对此垂涎已久，针对关中、陇东的磨擦事件接踵而至。

对于1939年至1940年的第一次磨擦斗争，习仲勋后来回忆说：“西安事变和平解决，国共合作后，党中央、毛主席十分注意陕甘宁边区的巩固和建设。首先纠正了王明的‘一切经过统一战线’，把领导权拱手让给蒋介石的错误，克服了当时边区党委的某些领导人在统一战线中采取的机会主义立场。有一段时间，国民党顽固派乘机渗入根据地，进行破坏民主政权等阴谋活动；有的地方乘机反攻倒算，向农民追索分配了的土地、房屋和废除了的债务。针对这种情况，毛主席在一九三八年五月亲自写了边区政府和八路军后方留守处布告，制止了顽固派和地主的破坏。同时，改组了边区党委。一九三八年十月，毛主席在六届六中全会上强调了统一战线中的独立自主问题，批判了王明的‘一切经过统一战线’，纠正了右的倾向。以后，针对国民党顽固派对我搞磨擦、蚕食我边区的反动政策，毛主席制定了‘有理、有利、有节’、‘人不犯我，我不犯人；人若犯我，我必犯人’等一系列方针和政策，指导边区军民反磨擦，反蚕食，维护了抗日民族统一战线，粉碎了蒋介石的捣乱和破坏。”①

抗日战争开始后的一段时间内，国民党政府对日作战还比较积极，同共产党的关系也比较正常。但在抗战进入相持阶段前后，在日本帝国主义的诱降和英美的劝降下，国民党蒋介石出于阶级本性，将其政策的重点逐步转向消极抗日、积极反共反人民上来，企图限制、束缚中国共产党和人民革命力量的发展，采取各种形式，在政治上制造事端，在军事上发动进攻。

1939年1月，国民党五届五中全会制定了“溶共、限共、反共”的反动方针，对中国共产党的政治压迫和军事进攻日益加剧，先后在全国挑

① 习仲勋：《红日照亮了陕甘高原》（1978年12月20日），中共中央党史研究室编：《习仲勋文集》（上卷），中共党史出版社2013年版，第430–431页。

起了反共磨擦，掀起了第一次反共高潮。当时，在整个陕甘宁边区，地处南大门的关中分区和西大门陇东分区是这次反共高潮中武装进攻的重点地区之一。国民党顽固派采取了各种手段，肆意制造磨擦事件，夺城略地；派遣和纵容土匪抢劫骚扰；捕杀我地方干部和群众；收买我方人员刺探军事情报；阻挠八路军在募补区募兵征粮；大肆进行反共宣传欺骗群众，蛊惑人心。在这次反共高潮中，国民党顽固派动用直接包围边区的30余万军队，重点选择边区的西部战略要地陇东和边区的南大门关中分区，不断制造事端，发动武装进攻，对边区造成了严重的危害。据统计，从1939年11月至1940年10月，国民党顽固派对关中分区和陇东制造的磨擦事件多达106起。其中，在关中分区，1939年11月至1940年6月，有34起，1940年7月至1940年10月，有30起；在陇东地区，1939年11月至1940年6月，有27起，1940年7月至1940年10月，有15起。①

中国共产党和边区政府从团结抗战的大局出发，对国民党顽固派制造的事端和发动的进攻，采取了退让、克制的态度和有节制的斗争，以避免事态扩大造成国共两党的最后破裂，甚至导致全民族抗战的失败，因此才把这种“外战中的内战”叫作“磨擦”。

磨擦的根源在于国民党顽固派的反共反人民的立场。只要国民党顽固派反共反人民的立场没有根本的改变，这种磨擦就是不可避免的。共产党和八路军及边区政府的反磨擦斗争也就不可避免。因此，边区军民的反磨擦斗争就是在服从民族解放战争这个大前提下，团结与分裂，进步与倒退之间展开斗争的一种特殊形式。习仲勋领导的关中分区的反磨擦斗争就是在这样的背景下发生的。

土桥事件和庆阳事件

1938年12月，土桥事件发生。当时，八路军伤病员一部因西北情况紧急及避免为敌机轰炸的危险，从三原附近的云阳镇疏散到栒邑县土桥

---

① 闫树声、胡民新、李忠全:《陕甘宁边区史》(抗日战争时期，中、下篇)，西安地图出版社1993年版，第3页。

镇。国民党陕西第七行政区专员张明经、栒邑县县长张中堂，调集第七行政区各县的保安队 800 余人，包围驻土桥镇的八路军伤病员，鸣枪威胁，殴打侮辱，迫令八路军伤病员退出土桥镇。八路军伤病员对闹事的保安团队，晓以民族大义，各县保安队随即退去。但栒邑县县长张中堂不肯罢休，又派人在八路军伤病员驻地周围构筑工事，封锁伤病员驻地，禁止外出购买粮食和蔬菜，逼迫出境。为顾全大局，八路军伤病员被迫撤离土桥镇，迁至栒邑县城八路军驻防营地。

同月，庆阳事件发生。当时，国民党顽军朱绍良部一六五师一个团进入陇东八路军驻地白马铺、赤城一带，进逼八路军部队，捕捉八路军民运人员，摧残当地民众运动，并扬言“指日消灭八路军，占领庆阳城（当时为八路军驻地）”。稍后，又增兵一个团，对八路军三八五旅部队取包围态势，剑拔弩张，步步进逼，一时间形势万分紧张，大有一触即发之势。

土桥事件和庆阳事件发生后，为了防止事态进一步严重化，1939 年 1 月 15 日，八路军陕甘宁边区后方留守处主任萧劲光致电蒋介石，电文中除了陈述土桥事件和庆阳事件经过外，严正地提出了三点要求：“一、陕西七区专员张明经、栒邑县长张中堂，驱辱伤兵，违犯国法，应请撤职示惩，以平公愤；二、栒邑、淳化二县，八路军遵令驻防已二年之久，该专员、县长集中进驻之保安队，应请令饬迅速撤退，恢复原状，以便八路军伤员暂住，否则拟请准予移住长武、彬州二县，改划该二县为八路军防地；三、陇东之庆阳、合水、正宁、镇原县，陕北之洛川、绥德、清涧、米脂、吴堡、葭县、神木、府谷等县八路军驻防区域当地一部分党政人员歧视八路军部队，蜚言迭起，磨擦横生。甚者如陇东之钟专员，指挥军队侵入边区，摧残民运，如临大敌，长此不已，甚非国家前途之福，虽与栒邑淳化之驱辱伤兵情形略异，而性相同，应请通令各该地党政人员遵守法纪，重视团结，以利抗日。”[①] 对于土桥事件，蒋介石复电：“萧主任劲光：删电悉。已电陕省制止矣。”[②] 关于庆阳事件，蒋介石电称：“已电朱长官速

① 1939 年 2 月 25 日《新中华报》第三版。

② 1939 年 4 月 7 日《新中华报》第三版。

饬王师仍返防整训矣。”[1] 世人尽知这是蒋介石的搪塞之词，但也表明他不得不承认边区的合理要求和正义性。

为了应对国民党顽固派的挑衅，习仲勋领导关中分区大力扩大地方武装，将关中分区第一保安大队和第二保安大队扩编为两个独立营，并加强各县区地方武装建设，为反磨擦作了必要的军事斗争准备。

两次陇东事件

土桥事件和庆阳事件发生不久，国民党在陇东连续挑起了两次军事进攻事件，制造了一连串血案。这两次陇东事件都从宁县、镇原县开始发生，波及陇东全境。

4 月，国民党在镇原县、宁县挑起了第一次陇东事件：

4 月 21 日，朱绍良密调国民党一六五师一个营及三区专署之保安队 100 余人进至镇原县太平镇。随后，国民党第三行政区督察公署又调集陇东各县的保安队 900 多人，向镇原县开拔，对驻防镇原县城的八路军七七〇团第三营采取包围态势。国民党顽固派还密令，驻在镇原县城内的保安队于 22 日出城，掩护城外国民党军队混入城内，里应外合，将八路军歼灭。八路军发现了国民党顽固派的阴谋，为了免遭暗算，不得不闭城自卫，交涉解决。不料留在城中的国民党顽固派保安队 20 余人，竟于 25 日举行暴动，响应城外国民党顽军的攻城行动。八路军乃将其武器收缴并坚决守城，听候解决。但是，国民党顽固派却继续调兵，他们又调集了一六五师及驻防平凉的国民党正规军共三个团，准备对八路军大举进攻。在这种严重的形势下，八路军方面向国民党提出了严正抗议，后经谈判，事态暂告平息。

镇原事件发生后，国民党宁县县长方振武为配合镇原事件，一再要求八路军退出宁县县城，并要将抗敌后援会及所有抗日救国团体均交由该县政府委派的反动人员办理，我方予以拒绝。

---

① 1939 年 4 月 7 日《新中华报》第三版。

方振武见阴谋未能得逞，遂回西峰专署密商。不久，国民党一六五师三个骑兵连突然开至宁县，方振武亦随之赶回。

4月29日晚，方振武亲率顽固派保安队壮丁队共700余人，突然向八路军袭击，使八路军伤亡20余人。八路军被迫进行自卫，经两天三夜的激战，始将顽军击溃。方振武及其残部被八路军包围在城里的一座楼房中。这时，国民党钟专员预布在城外的军队也乘势攻城，八路军闭城自卫，固守阵地，待命解决。至5月中旬，在八路军代表向国民党三区专署的再三抗议下，国民党见势态对己不利，始将一六五师所部撤退，事件遂告平息。

第一次陇东事件后，共产党为了团结抗日，避免同室操戈的局面再度发生，向国民党当局提出了《陇东纠纷第二步解决之意见》共十条，然而国民党当局对此置若罔闻，正在策划第一次反共高潮，毫无解决纠纷的诚意。经过一番准备之后，国民党又掀起了第二次陇东事件。

第二次陇东事件是从宁县开始的，这场事件很快就扩展到陇东各县。

1939年12月10日晚，国民党宁县县长方振武率保安队突袭八路军县城驻军三八五旅三营。战斗开始后，国民党西峰专署又派保安队三个中队、军士队、一分队和九十七师五七八团昼夜开赴宁县，增援顽军。八路军所部与顽军展开了殊死搏斗，给顽军以有力打击。但终因事出意外，没有充分准备，加之力量悬殊，八路军伤亡严重，罗得胜营长也身负重伤，于是突围出城。12月13日，八路军警七团一营得到情报，驰援三八五旅三营。14日，他们与敌九十七师一个团及保安队在东山激战，突出重围，摆脱追击，转到合水西华池一带。24日，关中部队在刘永培的带领下开赴陇东，向宁县县城反攻，未能得手。后分路进占了早胜、良平、南义井等地。1940年1月，敌九十七师一个团配合保安队向八路军进攻，八路军被迫退出南义井等地。

在宁县事件发生的第三天，即12月12日，国民党合水县县长翟大勋率保安队160余人，袭击八路军城内驻军警七团特务连，八路军进行自卫反击。在八路军的打击下，顽军纷纷逃窜，大部缴械，翟大勋也被俘，合水县即告解放。

为了打击国民党顽固派的反共气焰，12 月 12 日，八路军接管了国民党庆阳县政府办事处等机关，并捣毁了其第三、第四区署，拘押了两区联保主任、保甲长若干人，驱逐了国民党在此县的势力。

12 月 14 日晚，国民党镇原县县长孙宗濂指挥保安大队 400 余人，向八路军驻军三八五旅七七〇团二营发动进攻。八路军沉着应战，不断出击，很快控制了西城门，消灭了朱治清保安分队，将南门守敌全部缴械。15 日，顽军西峰保安队赶到，抢占了南山。同日晚，敌九十七师段泽民部进至申家塬。16 日，顽军对八路军玉皇山阵地发起三次冲锋，均被击退，后因顽军援兵攻入城内，众寡悬殊，八路军在王厚安营长率领下从城墙根挖洞撤出。17 日，庆环分区独立五营前来增援，七七〇团也派出一个连赶来。因二营已退出县城，遂停驻于马渠。19 日，八路军二营移驻石佛塬。25 日包围了孟坝，消灭驻守的顽敌一个连及 20 余名警察，解放了孟坝。

1939 年 12 月 31 日，国民党环县县长刘谦指示县保安大队副赵老五（赵思忠）率领顽军百余人，并胁迫壮丁 200 余人，乘元旦之机，奔袭共产党环县机关。赵匪侵入洪德区时，见驻防空虚，遂为所欲为，捣毁区政府、合作社及小学。八路军自卫军营长高三德正找人向县委写信告急，被赵匪抓获，他英勇不屈，壮烈牺牲。赵匪兽性大发，又将小学教员王佐双手刺穿，贯以麻绳，系于马后拖走。居民麇集营救，赵匪竟用乱刀砍死王佐，并恐吓说：“谁要帮助八路军做事，就像这样杀掉他。”

赵匪一路行凶，行动迟缓，到县城时已是破晓。刚至北城门，便被八路军的自卫军哨兵发现，鸣枪报警，并进行抵抗。保安队、自卫军得讯后，在王世选、张仲海等指挥下，立即出击，战斗经历三小时后，赵匪全部败退。

赵匪败退后，再窜到洪德、虎洞等区进行破坏。1940 年 1 月 3 日，袭击虎洞区政府一、六两乡，捣毁学校，抢劫合作社。1 月 8 日至 15 日，先后袭扰洪德区和耿湾区，抢走公粮，抓走地方干部二人，当众杀害环县城区组织科长李占祥，并策动区自卫军叛变，杀害区自卫军营长胡仲学、区长朱文寿、县裁判员白廷贵等人，绑架长征女干部蔺桂兰和耿湾区政府秘书赵继文等人，并抢去枪两支。

正当赵匪在环县四处骚扰之际，暗藏在车道区的国民党反共分子张廷杰和一些反动分子、恶棍认为有机可乘，开始进行破坏活动。他们散布谣言，创造恐怖，蒙蔽欺骗群众。1月21日，自卫军、先锋队、儿童团等组织在车道区召开支前大会，欢送参军上前线的青年。张廷杰同其爪牙突然组织哗变，胁迫一些不明真相上当受骗的群众一起闹事，枪杀陇东军分区干部白银万、县政府二科科长李嘉成等。独立营闻讯赶来，叛众大部溃散，小部在八路军的追击下随张廷杰逃奔豫旺一带。1月25日至28日，赵匪继续窜回环城、洪德等区，筹划自卫军叛变，一路烧杀抢掠，无恶不作。洪德区保安科干部王仲武、陈志范被害。

此次环县事变为害最大。涉及5区21乡，18个区、乡政府和4所学校被毁，区乡级干部47人被杀害，20余人被抓走，损失长短枪29支，5处合作社被抢劫，损失合作社股金2800余元，群众的大批牛羊、粮食及衣物也遭抢掠。

第二次陇东事件是国民党顽固派发动的第一次反共高潮在陇东地区的具体表现。在这次陇东事件中，国民党顽固派置民族存亡于不顾，调集部队，网罗地方豪绅、土匪流氓，疯狂进攻抗日根据地，破坏抗日民族统一战线，对国家民族犯下了不可饶恕的罪行。

栒邑、淳化事件

在关中分区，1939年5月24日，国民党栒邑县长张中堂制造了杀害八路军伤病人员的惨案。当天，八路军残废院采购员陈应通外出购物，被国民党栒邑县保安队杀害。八路军伤病人员闻讯后，悲愤不已，自动派出20余名代表前往县府请愿，要求惩办凶手，并要求保障残废院的安全。不料，张中堂早有预谋，他竟然丧心病狂地指挥保安队用排枪扫射八路军残废人员代表，当场惨杀九名残废人员。此后，张中堂又调集保安队第六团、第九团的1000余兵力，向八路军栒邑县城驻军独立一营发动了猖狂的进攻。28日夜，保安队分路向栒邑县城发起七次猛烈攻势。为了顾全抗日大局，八路军驻军和残废院撤离栒邑县城，退至店头、骆池等地。当八路军撤退之时，张中堂又指挥保安队捕去八路军伤残人员17名，并将其中14人杀害，其余3人生死未卜。[①]至此，栒邑县城被国民党顽固派袭占。

栒邑流血事件的发生，造成了很大震动。6月5日，八路军陕甘宁边区后方留守处经由周恩来、董必武向蒋介石提出严重抗议，要求严惩肇事凶手，制止事态的扩大。但蒋介石置若罔闻，遂使事态继续扩大。

1939年冬至1940年春，国民党顽固派掀起了第一次反共高潮。在此期间，顽固派挑起淳化事件。淳化县城位于一条南北走向的川道中，当时，八路军独立二营驻守县城的南关，国民党军队驻守县城的北关，两关相距200米左右。由于淳化县城北高南低，驻守北关的国民党顽军居高临下，不时向驻守南关的八路军守军哨所投掷砖石，继而发展为摸岗哨，烧哨所，打冷枪，进行各种挑衅活动，企图逼迫八路军部队退出县城，八路军独立二营部队与之作了针锋相对的斗争。1940年3月下旬，国民党胡宗南部二十四师突然向八路军独立二营守城部队发动大规模围攻，独立二营沉着应战，连续击退国民党顽军的猛烈进攻，战斗一直持续了两天。国民党顽固派不肯罢休，继续调兵遣将，发动新的进攻。为顾全抗战大局，避免同室操戈，使事态继续扩大，八路军独立二营忍辱负重，撤出淳化县城，退守马家堡。淳化县城为顽军占领。[②]

在国民党顽固派的第一次反共高潮期间，顽军发起武装进攻64起，抢劫骚扰38起，先后占领了关中分区的统一战线区域淳化、栒邑、宁县、正宁4个县城以及新正四区、六区和赤水县的关庄、梁庄等地共6个区43个乡的地域。

① 1939年6月9日《新中华报》第三版。

② 中国抗日战争史学会编:《抗战时期的陕甘宁边区》，北京出版社1995年版，第352页。

粉碎国民党顽固派第一次反共高潮

针对国民党顽固派的反共分裂活动，1939年7月7日，中共中央在纪念抗战两周年的宣言中，提出“坚持抗战，反对投降；坚持团结，反对分裂；坚持进步，反对倒退”的三大政治口号，动员全国人民同国民党投降反共分裂活动进行斗争。9月16日，毛泽东在同中央社、《扫荡报》、《新民报》记者的谈话中，明确阐述中国共产党人和人民武装力量对国民党反共顽固派磨擦采取“人不犯我，我不犯人；人若犯我，我必犯人”的自卫原则。

关中分区和陇东地区的反磨擦斗争，是在毛泽东亲自部署下进行的。1939年12月23日，在中共中央政治局会议上，毛泽东特别讲了关中分区和陇东地区的反磨擦斗争问题，指出：“陇东、关中对边区关系很大，我们不能让步。”“我们对边区须采取坚决争取的方针，一尺一寸也不放松。”① 据萧劲光回忆，经毛泽东审阅、修改，并亲自起草的文电手稿就有140多份。在这些文电手稿中，反映了毛泽东在指导边区反磨擦斗争中，原则的坚定性和策略的灵活性。② 在反击国民党顽固派对边区侵袭的斗争中，毛泽东对写给蒋介石的一份电报进行了反复的推敲，最后写道：“目前日寇以一师团之众大举西犯，柳林、军渡相继失守，我河防部队正尽一切力量，予以痛击，连日战斗甚为激烈。大敌当前，覆舟堪惧，后方纷争，实属不宜再有。苟一方拼杀于前，他方复乘机争夺于后，则不异以刀资敌，前途危险，何堪设想?!”言外之意，就是要蒋介石停止与日寇勾结。对于陇东事件，毛泽东还在以萧劲光名义给程潜的电文中写道：“镇（原）宁（县）两城虽被袭占，无辜官兵虽被牺牲，下级人员虽极愤慨，然劲光至今未增一兵，无非体钧座之意旨，本团结之大义，力求和平解决之道。”“职意公平处理，撤兵为先，进占镇宁两城之兵不撤，即无以示诚意而服人心。专员钟竟成实为肇祸之主谋，庆父不死，鲁难未已，

① 中国抗日战争史学会编：《抗战时期的陕甘宁边区》，北京出版社1995年版，第40页。
② 中国抗日战争史学会编：《抗战时期的陕甘宁边区》，北京出版社1995年版，第700页。

施以撤惩，出自钧裁。”[1] 义正词严、直截了当地表达了以大局为重、忍让为怀和在原则问题上决不让步的坚定立场。

在反磨擦斗争中，确保边区安全，是毛泽东关注的一个战略基点问题。正如毛泽东所指出的：“边区是基本根据地，中央所在地，全国有威信的，必须坚决保卫之。”“即延（安）失，仍然坚持边区。”[2]

1940 年 1 月 10 日，边区政府就国民党顽固派在关中分区不断制造磨擦事件致函关中专署专员习仲勋，指示要加强对干部和群众的教育，防止顽固分子的欺骗宣传；在必要的时候，要在群众中揭露顽固分子的阴谋。[3]

在党中央、毛泽东和边区政府的正确方针指导下，时任关中分委书记、行政督察专员、关中保安司令部政治委员的习仲勋，领导关中分区军民同国民党顽固派的军事进攻进行了针锋相对有理、有节的斗争，胜利地保卫了边区，支援了前线，巩固了抗日的后方。

1 月 21 日，在第二次陇东事件日益严重化之际，习仲勋在给陕甘宁边区的报告中明确指出：“国民党的五届六中全会后，顽固派袭占了八路军驻防的宁县和镇原县，由此关中分区的环境日趋恶化。”

据此，习仲勋提出：“摆在关中分区党政军面前的战斗任务，是用尽一切力量，争取时间准备战争，应付突然事变。我们的主要策略，还是下面三点：第一，在任何情况中，都要坚持统一战线，坚持抗战。因为我们坚持反磨擦斗争，就是扩大和巩固抗日民族统一战线，坚持抗战到最后胜利的目的。第二，反磨擦斗争，目前仍是以政治进攻为主，准备战争是在自卫原则下进行的。‘人不犯我，我不犯人；人若犯我，我必犯人’的原则，仍应当做基本准绳。第三，此次对方的进攻是有整个计划与组织的，因此，不能简单地与过去论比。如对方突然向我袭击，或占我某一战区，我则一定要派出兵力深入其后的有利地区活动，为的是打垮反动基础与扶植进步力量，以达到保卫边区，保卫关中分区的目的。”

① 《中共党史资料》第二十辑，第 39、40、45 页。

② 中国抗日战争史学会编：《抗战时期的陕甘宁边区》，北京出版社 1995 年版，第 754 页。

③ 陕西省档案馆编：《陕甘宁边区政府大事记》，档案出版社 1991 年版，第 49 页。

根据上述基本原则，习仲勋指出，关中分区目前的中心工作是：“第一，巩固自己。首先从党政军三方面做起，先由组织上、思想上和政治上巩固起来，然后再从各种工作中活跃下层，打下最巩固的能够战斗的基础。第二，扩大自己。在武装力量方面，先完成扩兵计划。在财务准备上，先完成征粮工作。在统一战线方面（外部），先尽一切可能争取同情者，建立广泛的统一战线力量。我们也同样的要以内外部的力量粉碎反共分子、顽固分子取消陕甘宁边区的企图。第三，动员群众。首先是自卫军的动员，每个区都得准备一部分坚强的基干自卫军，能在突然事变中随时调动，集中行动，保护该地区人民利益。其次则是在全体老百姓中，进行极广泛、极深入的政治动员，把老百姓都动员起来，成为坚持斗争中坚强的力量。再其次是各种群众工作，以目前党的新任务与方针，明确地确定自己的工作内容，以深入乡村的精神，把群众组织活跃起来与巩固起来，以抵御对方小的袭击。还有一些没有安全保障的粮食仓库也要动员老百姓分散保存粮食。总之，在动员群众方面，不仅要深入，而且要妥善。第四，加强锄奸保卫工作。首先配备强的干部到锄奸保卫战线上去。其次是从组织上动员全党同志、全体群众，提高警觉性，进行锄奸工作。最主要的是把力量放到外面去，摧毁他们的特务工作基础，同时巩固自己内部。”[①]

2 月 15 日，边区政府再次函示关中专署专员习仲勋，认为：虽然在今天和平妥协投降的空气相当浓厚，反共反八路军及取消边区、消灭边区的阴谋仍然存在，并且形势相当严重，但整个合作局面还是存在的。今后政治的、武装的磨擦仍然会在某些地方、某些时候发生。根据这一形势，一方面要提高警惕，灵活地回击一些可能的磨擦，必要时给予严重打击；另一方面应争取同情者，以巩固团结，反对一切磨擦。[②]

当时，关中分区党政机关驻地在新正县马家堡村。马家堡村，位于栒邑县城以东 20 公里处，村子东、北两面建有土城墙，筑有城门，西、南

---

① 习仲勋：《关于关中分区的反磨擦问题》（1940 年 1 月 21 日），中共中央党史研究室编：《习仲勋文集》（上卷），中共党史出版社 2013 年版，第 4–5 页。

② 陕西省档案馆编：《陕甘宁边区政府大事记》，档案出版社 1991 年版，第 54 页。

两面环沟，由北向南呈缓坡形，是一个易守难攻的村堡。马家堡村以东的职田镇，是国民党镇公所和军队的驻地。两村之间仅有一里之隔。3 月 31 日，驻职田镇的国民党顽军预备第三师第一营突然用大炮轰击马家堡，同时，向新正四区看花宫一带发动猛烈进攻。在习仲勋领导下，关中分区部队对顽固派的军事进攻给予有力的回击，击溃了来犯之敌，阻止了顽军的进犯行动。

5 月 8 日，习仲勋在写给边区政府的报告中指出："自从国民党顽固派制造职田镇军事磨擦事件以后，封锁陕甘宁边区南线的国民党军队对我关中分区的进攻，由以前的偏重政治方面，转向了主要的军事进攻。关中分区的反磨擦斗争进入了一个新形势。在目前，我们总的策略是，一方面发动全关中人民组织起来，进行深入的战争动员，提高群众保卫关中、保卫家乡的热忱，另一方面揭露反共顽固派的阴谋及其罪恶行为，以便孤立与打击之，完成保卫关中分区的总任务。"并提出，关中分区要"加紧军事上的动员，准备奠定战争的实力基础"。"以区为单位组织二三十人的游击队，以乡为单位组织五至十五人的游击小组，现在就打下这个基础"。[①]

此后，习仲勋在关中分区组织力量，领导军民对国民党顽固派的进攻给予有力回击。5 月 8 日，国民党顽军预备第三师和陕西保安四支队一部向新正县六区一、二乡进攻，当地游击队、自卫军奋起反击，挫败了顽军的进攻。5 月 19 日，国民党顽军进占新正县西坡村，炮轰马家堡。当晚，关中分区部队撤出马家堡。6 月，国民党顽军陕西保安四支队两个中队向赤水县井村进犯，关中分区部队将其全部、干净地消灭。6 月下旬，国民党顽军保安二旅从马栏向刘家店进犯，国民党甘肃保安部队也向新正一区进攻，正面以国民党军预备第三师向关中分区部队进攻。7 月，关中分区部队奋起还击，击溃了来犯之敌。8 月，关中分区部队消灭占领新正六区东牛堡的国民党陕西保安四支队一部。在此期间，习仲勋率关中分区部队进行大小战斗 90 余次，警备八团和分区保安独立三营等部队先后进行了

① 习仲勋：《关中分区反磨擦斗争的总策略》（1940 年 5 月 8 日），中共中央党史研究室编：《习仲勋文集》（上卷），中共党史出版社 2013 年版，第 8–10 页。

马栏、庙湾、井村、转角镇等较大的战斗，拔除敌据点 10 多处，消灭顽军 1000 余人，缴获长短枪 400 余支，给顽军以有力痛击。在反磨擦斗争中，关中分区部队收复了马栏、照金两个区，还新建了瑶曲、庙湾、柳林等 3 个区，成立了同宜耀县，扩大了关中分区。

习仲勋在对陕甘宁边区政府领导人林伯渠、高自立的报告中，总结了军事斗争胜利的意义。他在报告中说："顽军进攻的第一期计划基本上为我所打垮，井村之役打垮了其打通淳（化）旬（邑）线，进占赤水三区的企图，同时消灭了顽固派进攻关中的急先锋；马栏之役毁灭了他们打通从马栏到栒邑的路线与建立碉堡封锁线，分兵把守，紧缩我活动地区的企图，同时还使我有了巩固的后方。这两次战役的胜利，首先振奋了我们部队与群众反顽固派斗争的情绪与胜利的信心。其次也振奋了周围友区的广大群众，动摇了某些平日帮助反共的保甲长及士绅，同时也争取了某些士绅对我们保持善意的中立。再次是打击了地方的反动势力，并且还加深了地方保安队与预备第三师的矛盾，如井村战役预三师没有很好地援助郭、李二匪部。最后是巩固了我们的后方，使我们有了进可攻、退可守的阵地。"①

在军事斗争取得胜利以后，7 月 22 日，习仲勋主持关中分委召开扩大会议，总结了一年多来反磨擦斗争的经验，提出了进一步团结和扩大进步势力，开展新区工作的任务。在此前后，习仲勋和关中分区的同志们集中精力开展政治攻势，派出宣传队，对新区的群众和国民党军队的官兵，大力宣传国共两党的合作和团结是当前抗日救国的根本利益，宣传边区执行抗日民族统一战线政策的具体情况，揭露了顽固派造谣生事，蓄意制造分裂，企图消灭八路军的丑恶行为。习仲勋在给陕甘宁边区政府的报告中说："我们曾以保安政治处的名义，向第三师写了封信（关中报上还曾登载），要求他们立即向我们停止军事攻击，两方各派人员调解此事。……我们曾借关中报及各种书信、标语、传单屡次揭露过顽固派的阴谋，屡次唤醒边区群众起来保卫家乡，屡次向友区群众说明过内战对他们是有害

---

① 《习仲勋传》编委会编：《习仲勋传》（上卷），中央文献出版社 2008 年版，第 289 页。

的，应要求停止内战。为了深入这些工作，更为了改变战时组织形式，曾接连组织了几次工作组下区乡帮助工作。”①

关中分区军民的正义行动得到了各界人民的支持，在整个反顽斗争中，人民群众始终站在共产党一边。为了支援八路军的反顽斗争，陕甘宁边区政府发起了捐献“劳军粮”的活动，关中人民广泛响应，粉碎了国民党顽固派妄图通过停发军饷来困死八路军的阴谋。

全国各地人民群众也一致声讨国民党顽固派黑了心肠，忘了亡国之仇，丢了中华民族的脸！为了表示他们对八路军的同情之心，一封封慰问信、一件件慰问品源源不断地从抗日前线，从延安中央机关，从陕甘宁边区其他各县、区、乡，从长江、黄河沿岸各省的国统区、沦陷区，寄到关中分区，从而大大激发了根据地军民保卫边区的战斗情绪。为了反对制造纠纷和磨擦，人民强烈呼吁：“国共两党两军，要团结起来，共同结成抗日阵线，把枪口一致对准日本强盗，这是当前国家的大局和民族最高利益！”②

这样，国民党顽固派在关中分区挑起的第一次反共高潮遂以失败而告终。

在国民党发动大规模的第一次反共高潮的时候，毛泽东就曾深刻地指出：“顽固派，他们总有一套计划，其计划是如何损人利己以及如何装两面派之类。但是从来的顽固派，所得的结果，总是和他们的愿望相反。他们总是以损人开始，以害己告终。”“现在的反共顽固派，如果他们不进步，我看也不能逃此公例。他们想借统一的美名，取消进步的陕甘宁边区，取消进步的八路军新四军，取消进步的共产党，取消进步的人民团体。这一大套计划，都是有的。但是我看将来的结果，决不是顽固派取消进步，倒是进步要取消顽固。”③

① 习仲勋：《关于反磨擦斗争情形给陕甘宁边区政府的报告》，中共庆阳地委党史资料征集办公室编：《陕甘宁边区时期陇东军事斗争》（上），第127页。

② 张才千：《留守陇东》，甘肃人民出版社1984年版，第179页。

③ 毛泽东：《新民主主义的宪政》（1940年2月20日），《毛泽东选集》第二卷，人民出版社1991年版，第737–738页。

习仲勋领导的关中分区反磨擦斗争的结果充分证实了毛泽东的论断。国民党顽固派在挑起磨擦事件时，企图一举消灭关中分区的八路军，驱逐共产党，摧毁关中分区的抗日民主政权，但其结果却是“搬起石头砸自己的脚”，关中分区的共产党和八路军不但没有被消灭、被驱逐，反而更加壮大。关中分区抗日根据地和抗日民主政权不但没有被摧毁，反而得到了巩固和发展。

二、第二次反磨擦斗争

国民党顽固派针对关中分区挑起的第一次反共高潮被打退以后，顽固派并不甘心失败，又在 1941 年发动新的军事进攻。习仲勋领导关中分区军民严阵以待，进行了第二次反磨擦斗争，对顽固派的新进攻给予有力的回击，保卫了边区安宁和人民群众生命财产的安全。

1940 年 3 月，蒋介石下达了严密封锁陕甘宁边区的命令。从 8 月起，国民党顽固派“决心封锁边区，并有决心攻占边区南方、西方及西北方的战略要地。目前该三方已处于严重状态中”。[①] 为此，顽固派修筑了西起宁夏，南沿泾水，北接长城，东迄黄河，绵延数省的碉堡封锁线。封锁线分为五道，每道之间相距数十里，封锁线的纵深达百里以上。

在关中分区的周围地区，国民党顽固派修起了一道东起黄河，经陕西宜川、洛川、宜君、同官、耀县、淳化、栒邑，接甘肃境内的正宁、宁县、西峰、镇原，入宁夏境内，构筑了一道贯通三省，长达千余里的封锁线。每道封锁线由一个接一个的碉堡群所组成，碉堡群之间，有战壕相通，碉堡纵横交错，密如蛛网。仅洛川至中部县相距不过 80 里的地区，第一道封锁线的碉堡就有 518 座之多。国民党顽固派利用碉堡封锁线，在军事上加强警戒，阻挠行人通过，发现边区工作人员和群众外出，不是捕捉，便是射击；在经济上对边区进行封锁，禁止一切物品进入边区。国民

① 中央档案馆保存的毛泽东修改稿:《国民党向陕甘宁边区进攻的近况》，中央档案馆编:《陕甘宁边区抗日民主根据地》(文献卷·上)，中共党史资料出版社 1990 年版，第 330 页。

党统治区的物资特别是布匹、棉花、纸张、药品、电讯器材、粮食和日用百货等边区缺乏的货物一概不准流入边区，违者以“走私”论罪，物资没收，货主法办。边区的农副产品以及土特产品也不准向国统区输出和交易。对于一般商人、脚户，除了公开扣留、没收其车辆牲畜外，还纵容匪兵沿途抢劫。

为加紧进行反共活动，1940 年 10 月，国民党第一战区司令长官胡宗南将邠县、淳化、耀县、同官、洛川、栒邑等地的反动武装组织起来，成立了邠洛区动员指挥部，派遣梁干乔任专员兼指挥官，对付关中分区。为了封锁边区，梁干乔建立了以镇保为单位的地方反动武装，到处抓丁拉夫，致使淳化、耀县、栒邑等地的青壮年被抓的抓，逃的逃，长期不能归乡，田园荒芜，万户萧条。梁干乔为修碉堡封锁线，在各地强征民夫，拆房砍树，每隔 500 米就修一座碉堡，日夜防守，严加盘查。[①]

1941 年，蒋介石调动胡宗南、马鸿逵、邓宝珊等部大军包围陕甘宁边区。其嫡系胡宗南第三十四集团军有 9 个步兵军和 1 个骑兵军，内计 26 个步兵师、3 个步兵旅、3 个骑兵师，30 余万人。胡宗南除用 12 个步兵师对付日寇和担任西安、汉中等地的警戒外，用于包围陕甘宁边区的兵力有 14 个步兵师、3 个步兵旅、3 个骑兵师。其中，胡宗南在关中分区周围共计部署了 6 个步兵师、1 个骑兵师、2 个步兵旅的兵力，专门用于对付关中分区。具体分布是，第九十军之三十三师和新编骑二师在洛川，第九十军之第二十八师和第十六军之一〇九师在中部，第十六军之陕西保安第一旅、第二旅在宜君，第十六军之预备第三师在淳化、栒邑，该部自攻占淳化、栒邑两个县城后，向关中区边（我边区之南面突出部分，在淳化、栒邑两城以北）加紧进攻。第九十六军之二十四师在三原，第七十六军之第八师在甘肃之正宁、宁县，准备向关中分区进攻。其第八十军之第九十七师在西峰、镇原，新十二军之新三十七师在平凉一带，分割关中分区和陇东分区的联系。胡宗南在陇东分区周围部署了 8 个步兵师、2 个骑

① 中共咸阳市委党史研究室编:《中国共产党咸阳历史》第一卷，陕西人民出版社 2006 年版，第 168 页。

兵师、1 个步兵旅共计 10 余个师的兵力，准备向陇东分区进攻。[1] 这样，胡宗南对关中分区和陇东分区共投入了 14 个步兵师、3 个骑兵师、3 个步兵旅的兵力，占其包围进攻陕甘宁边区总兵力的 100%。为了进攻陕甘宁边区，国民党顽固派还在边区周围扩建或新建了 20 余个飞机场，并不断挑起磨擦事件。

1941 年 1 月，国民党顽固派又在全国范围内挑起了第二次反共高潮。重点地区在皖南，进攻主要目标是江南的新四军。1 月 4 日，新四军军部及所属部队 9000 余人，应国民党当局的要求，奉命北移。6 日，当途经安徽泾县茂林地区时，遭到国民党军队 7 个师 8 万余人的包围袭击。这支新四军部队英勇奋战七昼夜，终因寡不敌众，弹尽粮绝，除少数人突围外，大部牺牲、被俘和失散。军长叶挺将军被扣押，政委项英遇害。17 日，蒋介石公然发表谈话，反诬新四军是“叛军”，宣布取消新四军番号，并声称将叶挺交付“军法审判”。这就是国民党顽固派发动的皖南事变，也是第二次反共高潮的最高峰。

皖南事变发生后，1 月 20 日，中央军委发布重建新四军的命令，同时发表军委发言人的谈话，要国民党当局“取消 1 月 17 日的反动命令”，并提出“惩办皖南事变的祸首”等 12 条，才能“平复”事态。

虽然国民党顽固派发动第二次反共高潮的重点地区在皖南，但是包围陕甘宁边区的国民党军队也遥相呼应，积极配合。“其中除专任封锁者外，有三师两旅兵力，最近一星期来向我南方突出地带攻击甚紧，战况激烈，目的在截击我突出地带，准备第二步进攻边区中心地带，因之该突出地带，岌岌可危。”[2] 国民党顽固派阴谋的第一步是夺取关中分区，第二步向北进犯，直取延安，同时夺取三边和陇东地区。因此，他们对关中分区的军事磨擦行动有增无减，首先进攻关中分区的职田镇、马家堡、井村、马栏等地，侵占了边区的一部分地盘。

为了应对国民党胡宗南部对边区的进犯，1941 年春，中央军委令王

---

① 中央档案馆保存的毛泽东修改稿:《国民党向陕甘宁边区进攻的近况》，中央档案馆编:《陕甘宁边区抗日民主根据地》（文献卷·上），中共党史资料出版社 1990 年版，第 330–331 页。

震率领三五九旅主力进驻延安东南的金盆湾、南泥湾、九龙泉等地区，进行屯垦，把守延安的南大门，同时又令警备一旅全部开赴关中分区。同年 8 月，警备一旅与关中保安司令部合并，正式成立关中分区警备司令部，习仲勋任警备司令部政治委员兼警备一旅政治委员，警备一旅旅长文年生任司令员，汪锋、张仲良任副司令员，原关中分区部队改编为分区独立团。①

关中分区武装力量的增强，为胜利开展反磨擦斗争准备了条件。在习仲勋政委和文年生旅长的带领下，关中分区部队对国民党顽固派的进攻行动进行了针锋相对的斗争。警备一旅三团、八团和各县保安大队，在郃县以北的义石村、夙王山一带，与进攻关中分区的国民党胡宗南部和地方保安部队激战三昼夜，将其赶回夙王山以南地区。接着，我军向榆林发起进攻，收复榆林。后又转兵土桥镇和正宁县，均将进犯之敌赶回了原地，保卫了边区的南大门。

国民党顽固派的倒行逆施，在中国共产党表示强硬立场和采取各种自卫措施后，又遇到了各党各派和全国人民的激烈反对，在政治上输了理；与此同时，国民党顽固派的反共活动，不但没有取得日本侵略军的欢心，反而遭到了大肆的进攻。在四面楚歌的形势下，国民党顽固派的反共从“顶峰”跌落下来，军事反共事实就此终结。中共中央认为，只有恢复国内团结，才能抵御日本侵略军的进攻。2 月 14 日，毛泽东在致周恩来《关于国共关系僵局中对国民党策略的指示》中指出：“目前国共关系是僵局，但时间不会久，敌大举进攻之日，即僵局变化之时。”并提出对于国共关系的八字方针：“政治攻势，军事守势。”认为只有这样才能使国共靠拢。因为“只有军事攻势才会妨碍蒋之抗日，才是极错误政策。政治攻势反是，只会迫蒋抗日，不会妨蒋抗日”，“用蒋介石的手破了一条缺口的国共关系，只有用我们的手才能缝好，我们的手即政治攻势，即 12 条，

① 闫树声、胡民新、李忠全：《陕甘宁边区史》（抗日战争时期，中、下篇），西安地图出版社 1993 年版，第 7 页。

除此再无别的妙法。”[①] 自此以后，中共中央一直坚持“政治攻势，军事守势”的政策，在政治上坚持 12 条，要求取消 1 月 17 日的反动命令；在军事上，坚持自卫原则，不对国民党顽固派采取报复措施，终于打退了国民党顽固派的第二次反共高潮。

三、第三次反磨擦斗争

1942 年冬，蒋介石命令胡宗南、朱绍良准备进攻陕甘宁边区。1943 年 3 月，蒋介石发表《中国之命运》一书，公然出面诬蔑共产主义和共产党。4 月，甘肃民变发生，至 5 月扩大到 22 个县，参加人数达到数万人。蒋介石估计边区方面会支援甘肃民变，打算以此事为借口，向边区发动进攻。但边区留守部队，谨守自己的阵地，不给国民党顽固派以任何借口。5 月，共产国际解散。国民党当局认为，这是镇服共产党的良机。同月，国民党军事当局调集河防部队开赴边区周围，准备新的进攻部署。为此，国民党当局令五十三师由韩城河防开赴洛川，接替暂骑二师的防务，暂骑二师进至耀县地区；令一六七师由大荔河防开赴邠县；令潼关河防之第一师和华阴一带的第七十八师准备交防，向边区周围开拔；令驻防甘肃的第三十八集团军总司令范汉杰亦作进攻边区准备；令炮二旅在淳化成立第二指挥部，驻王曲之装甲二团（战车坦克 70 余辆）装油待动。

5 月 13 日，胡宗南制订了对边区作战的军事计划，共分三期：“第一期划分关中、陇东两区，以陶峙岳、范汉杰分任总司令，完成攻防准备，确实封锁。第二期除河防部队外，加强关中兵团，实力收复囊形地带。第三期，继第二期之后，保持重点于咸榆公路，协力收复马栏、关中、陇东全部。”[②] 国民党各部在 7 月初准备完毕，待命进攻边区，企图发动第三次反共高潮。胡宗南将计划上报蒋介石时称：“对边区作战，决先收复囊形

---

① 中央档案馆编：《中共中央文件选集》（13），中共中央党校出版社 1989 年版，第 49–50 页。

② 《中共中央军委关于蒋介石进攻陕甘宁边区的准备致八路军新四军电》，《陕甘宁边区抗日民主根据地》（文献卷・上），中共党史资料出版社 1990 年版，第 340 页。

地带，对囊形地带使用兵力，除现任碉堡部队外，另以三师为主攻部队，先夺马栏镇，再向北进，封锁囊口，预期主攻在宜君、同官间，攻击时间，预定七月勘日，并预定一星期完成战局。”胡宗南的作战计划表明，其进攻时间定在7月28日。胡宗南称一星期完成战局，表明这是一次闪击行动。对此方案，蒋介石批示：“切实准备，但须俟有命令方可开始进攻，否则切勿行动，并应极端秘匿，毋得声张。”①

面对严重的局面，中共中央书记处于7月8日发出《关于中央决定发动宣传反击的通知》，指出：“国民党乘共产国际解散机会，准备以武力进攻陕甘宁边区，迫我就范。同时发动宣传攻击，以造成反共舆论。”为此，“中央决定发动宣传反击，同时准备军事力量粉碎其可能的进攻。”并要求各地“响应延安的宣传，在7月内先后动员当地舆论，并召集民众会议，通过要求国民政府制止内战，惩办挑拨内战分子之通电”。②

9日，延安各界群众3万余人举行紧急动员大会，呼吁团结、反对内战。与此同时，朱德总司令致电胡宗南，指出：“当此抗战艰虞之际，力图团结，犹恐不及，若遂发动内战，必至兵连祸结，破坏抗战团结之大业，而使日寇坐收渔利，陷国家民族于危亡之境，并极大妨碍英美苏各盟邦之作战任务。”③要求其悬崖勒马，停止进攻。毛泽东为延安《解放日报》写了《质问国民党》的社论，揭露国民党顽固派破坏团结抗战，挑起内战的阴谋，号召全国人民起来制止内战阴谋。

按照中央的统一部署，关中分区紧急行动起来，动员群众，开展了保卫边区，反对国民党内战阴谋的第三次反磨擦斗争。各地召开群众动员大会，广大人民群众踊跃参加。此时，虽然习仲勋在1943年春已经按照毛泽东的指示，到绥德分区任分委书记兼警备区政委和独立一旅政委，但他

① 邓野：《日苏关系与国共的战略利益——1943年蒋介石制裁中共的策划与取消》，中国人民大学复印报刊资料：《中国现代史》2008年第三期，第100页。

② 中央档案馆编：《中共中央文件选集》（14），中共中央党校出版社1989年版，第71页。

③《朱德致胡宗南电》，《陕甘宁边区抗日民主根据地》（文献卷·上），中共党史资料出版社1990年版，第380页。

在关中分区长期开展工作，与人民群众形成的鱼水深情，成为反磨擦斗争的力量源泉，奠定了胜利的基础。习仲勋扎实的工作作风，在这次关中分区反磨擦的群众动员中，得到了充分展现。

我们来看看经过习仲勋长期教育、动员、组织起来的关中各界群众是如何积极参加反磨擦斗争的。

当时，关中新正县湫头塬的动员大会，参加群众达到千人以上。回民乡的同胞，武装齐全，全体参加，并推代表讲话。回民代表贾纪明在大会上发言说："土地革命前，我们这里的回民，常受国民党的种种压迫，派款派粮都比汉民重，和汉民打官司总是回民输，弄得我们家家无吃无穿。自这里成了苏区，我们回民就不受压迫了；一切负担和汉民一样，前年还选了回民当乡长，自己管自己。这几年我们这几十家光景都过得很好。千万不要叫顽固分子打来，来了就不得了！现在咱们回民团结起来和八路军一道抵抗，保卫咱们新区县。"

同宜耀县以乡为单位召开群众会议，每会均有三四百人参加。同宜耀县庙湾开动员大会时，后殿村劳动英雄张振边在大会上说："顽固分子像四五年前的土匪一样，他看见谁发了财，就抢谁。咱们边区共产党、八路军辛辛苦苦领导老百姓开荒生产，安置难民，大家都有了饭吃，有了衣穿，他就要来打抢我们；八路军在山上开荒种地为了减轻老百姓的负担，顽固分子看见就'不悦意'，想来发洋财，顽固分子想害死咱们老百姓，咱们要和他拼个死活；老百姓人多势众一齐来，不要'你躲我避'，牺牲小利益，帮助八路军，和八路军一齐来保卫咱们家乡。"他的话引起了乡亲们的共鸣，台下的老百姓都点头说："对呀！"

新正县马栏区召开的群众动员大会上，三乡中农翟立财说："我过去种地主三十亩地，每年出租五石；八路军到这里以后，这里新政府成立了，政府规定'二五'减租，每年少出一石二斗多，……八路军吃苦得很，自己开荒种庄稼，不扰乱老百姓，过去国民党军队在马栏驻的时候，白天是军队，晚上就是土匪，真吓得很。"新正县马栏区三乡富农薛老四说："八路军未到这里以前，几十年我就未脱过衣服睡觉，狗一咬我就上山了；顽固分子来了，和过去一样，土匪还会起来，那就过不成日子了。”

同宜耀县三区召开群众动员大会，地主何生云上台讲话，他说：“有人说我愿意叫顽固分子进攻边区，我不愿意得厉害。我看见耀州的地主的日子不如我过得好。边区老百姓负担轻，又能安稳过日子。”

关中分区的群众还自觉响应党和政府的号召，开展各种支前和战地服务工作。

关中分区的广大人民群众积极参加自卫军，掀起了武装自卫的热潮。在人民群众的积极参加下，关中各县均建立了人数几百人的脱产人民自卫队。自卫队干部和战士的成分有了改造，清洗了一些坏分子，吸收了一批劳动英雄和积极分子当干部。大多数装备了新式武器。同时，基干自卫军扩大了20%，普通自卫军扩大了10%。自卫队与自卫军的武器得到了补充，基干自卫军每人都有精良的武器，普通自卫军均有长矛、大刀、土枪。人民对于参加武装的热情很高。同宜耀县二区五乡的群众为保卫家乡，1942年冬自己买了8支步枪，这次自卫动员一发动，在五乡乡长领导下，立刻就集中了12个脱离生产的自卫队员，拿起武器，保卫边区，保卫家乡。同宜耀县一区扩大脱产自卫队，许多群众对干部说：“我们担心的，就是你们不叫我们，若战争打开，我们非找你们不可。”一区三乡模范党员吴耀才听到县上的号召后，自己首先参加了脱产的自卫队，并积极说服邻居，又吸引了6个人来参加。该乡的农民赵有财，正在地里锄草，干部给他讲了一下，他把锄头放下，就到区上参加了自卫队。四区衣食村党员杨万清，以身作则动员本村10名青壮年农民参加了脱产自卫队。这样，同宜耀县组建脱产自卫队的工作不到10天就顺利完成了。

自卫队和自卫军配合主力积极进行自卫战争，他们侦察敌情、清查人口，捉拿坏人，建立哨所，监视顽固派军队与检查行人。顽固派军队几次袭击边区时，都先被自卫军哨兵发现，报告政府和居民，及时采取了必要的自卫措施。

关中分区的人民群众还立即组织好了支前队伍。新正县马栏区全区组织了9个运输队，54头牲口。运输队员大会上自动订立了三条纪律：牲口鞍架、口袋随时要准备好，不准借故不去；经调不去或偷跑者由乡长与队长代雇牲口，工钱、脚钱、盘缠均由本人负责；驮的东西要负责保管，遗失要本人负责。有一次，八路军某团在张村驿出动，请区政府帮助他们动员牲口，区政府经一夜动员，人民群众牵着120头牲口，鞍架齐全，自觉集合在团部门口，等待出发。当形势紧张时，7月6日，同宜耀县四区，一个晚上就动员了大批群众牵着200头骡子帮助部队运输。八路军部队出去看地形，所到之处，老百姓都热情招待，烧开水，做饭，就连国民党区域的人民，也同样拥护边区和八路军。当国民党五十三师部队开到边区边境洛川一带时，洛川边界的老百姓，把十七八岁的青年妇女送到边区，他们害怕顽固派军队奸淫，说："八路军是好军队，不奸淫妇女。"

在关中分区征公粮的活动中，人民群众情绪异常热烈。群众一片的呼声是："只要八路军能打胜仗，挡住顽固军队，出点公粮算什么？"同宜耀县四区石节村主任，1942年出了3斗公粮，1943年在村民大会上自己要求出5斗；从前的老村主任，在1942年出公粮8斗，在这次群众大会上要求出9斗。为了当天入仓，许多群众冒着大雨背上去送。四区的王宏宽冒雨争先把公粮送到仓库，见大家都未到，唯恐小麦坏了，就将小麦摊在炕上，烧火烘干，才缴到仓库里。[①]

从关中分区的自卫战争的动员和准备工作中，我们可以看到，由于习仲勋在关中分区长期的卓有成效的工作，才出现了万众一心保卫边区的工作局面，才出现了如此激动人心的自卫战争的组织场景。它再次印证了一个颠扑不破的真理：革命战争是群众的战争，只有动员群众，才能赢得战争；只有依靠群众，才能赢得战争。

由于中国共产党的宣传反击和边区军民一次次击退了顽军的试探性进攻，以及国际舆论的谴责，国民党顽固派的第三次反共高潮，在还没有来得及发展成为大规模的武装进犯的情况下，就被制止了。

① 刘景范：《陕甘宁边区民众自卫动员总结》，1943年9月29日《解放日报》。

四、爷台山反击战

1945年4月23日至6月11日，中国共产党第七次全国代表大会在延安召开。习仲勋作为大会代表出席了大会，并当选为中共中央候补委员。8月，习仲勋被任命为中共中央组织部副部长。就在这时，陕甘宁边区南线关中分区的局势陡然紧张，一场大规模的战争迫在眉睫。中共中央军委命令陕甘宁晋绥联防军司令部组建前线指挥部，习仲勋受命担任政委，率领4个旅8个团的大部队奔赴关中前线，组织和指挥著名的爷台山战役反击战。

1945年6月，当中国人民的抗日战争已接近胜利的时刻，国民党顽固派肆意破坏抗日民族统一战线，把矛头指向了英勇抗战的中国共产党和人民军队，借机向陕甘宁边区大举进攻。在这个历史转变的重要关头，习仲勋参与指挥的爷台山反击战，一举粉碎了国民党顽固派妄图夺取关中分区，钳制陕甘宁边区部队向日军反攻，进而发动全面内战的阴谋，成功地保卫了陕甘宁边区。

爷台山战役的直接诱因是淳化事变和方里事件。当时，因国民党邠洛区动员指挥部专员兼指挥官梁干乔在其辖区横征暴敛，敲诈勒索，激起民变，国民党陕西省政府主席兼保安司令祝绍周以“破坏行政，纵属殃民”等罪状，撤了梁干乔的职，派亲信李静谋接任指挥官。李到任后，按照祝绍周的旨意，排除异己，安插亲信，不断寻衅滋事。李静谋派亲信到国民党陕西保安二团任副团长，伺机取代刘文华团长的职务，派土匪吕石山接替了独立大队长李承学的职务。李静谋还搞“点名发饷”，对外出的、警戒的、出差的人员一律不发饷。李的一系列行为，激起官兵的强烈愤慨。6月26日晚上，在国民党陕西保安二团团长刘文华的组织下，其部下击溃了李静谋的指挥部。之后，刘文华率部起义，毅然投奔关中分区。这就是淳化事变。

淳化事变后，驻防淳化县方里镇的国民党陕西保安三团团长曾海蕃惶恐万状，感觉方里镇保武装对其威胁甚大，即下令捉拿前任镇长张锡畴。张锡畴与镇长宋增录商议后，以催粮为名，将镇保武装拉到镇外，并派人与保安三团进步士兵余增贤联系，准备袭击曾海蕃的保安三团。7月5日，余增贤发动两个连另一个排起义，烧毁了10里封锁线上的碉堡。7月14日，方里镇外围据点被逐一攻克，保安三团团部被包围。曾海蕃于黄昏带20余人逃往耀县。这就是方里事件。

淳化事变和方里事件发生后，国民党反动当局歪曲事实，大造舆论，说“淳化兵变是共产党给撑腰的”，“共产党遂乘机侵据淳化、通润、方里等要地……欲向三原、同、耀，夺取西安”等。以此为借口，蒋介石命令防守河防的国民党军队九个师，开往陕甘宁边区南线的同官、耀县、淳化、栒邑等地，准备从南线进攻边区。

为了制止国民党军向边区的进攻，陕甘宁晋绥联防军司令部命令关中分区部队和民兵保持高度警惕，进行重点防御，以淳化县爷台山为主阵地，迟滞和消耗国民党军。关中分区保安纵队、关中警卫队、警备一旅三团和新四旅七七一团等部队奉命迅速进入战斗阵地，一面加紧构筑工事，一面派出巡逻分队警戒，密切注意国民党军的动向。

爷台山位于陕甘宁边区的关中分区，是陕甘宁边区南面的门户，又插入蒋管区的突出地带，南可进逼西安，东可切断咸榆公路。早在1939年，胡军就曾进攻关中，侵占几座县城，但大部分地区仍控制在八路军手中。但胡宗南不夺取这里就如鲠在喉。1943年6月，又在洛川召开军事会议，“内定”由两个集团军迅速攻占关中，再进攻陕北。这一计划被地下党员、胡宗南的秘书熊向晖秘密报告了党中央。毛泽东得知这一情报后代延安《解放日报》撰写了《质问国民党》的社论，质问道：“许多国民党人肆无忌惮地天天宣传共产党‘破坏抗战’、‘破坏团结’，难道尽撤河防主力，倒叫做增强抗战么？难道进攻边区，倒叫做增强团结么？”[①] 与此同时，周恩来途经西安，就此事专门询问胡宗南。胡宗南做贼心虚，矢口

① 毛泽东：《质问国民党》（1943年7月12日），《毛泽东选集》第三卷，人民出版社1991年版，第903–904页。

否认。结果，“内定”的进攻夭折了。现在日本人就要投降了，胡宗南攻占陕北的梦想又死灰复燃，集结重兵于关中分区外围地区，用三个师直接进攻爷台山。

7月20日黄昏，国民党军第三十六军暂编五十九师、骑兵第二师等部，由淳化县城进至方里镇以南地区。7月21日拂晓，国民党军暂编五十九师、骑兵第二师向爷台山地区发动进攻，关中分区赤水县保安大队巡逻分队与敌先头部队首先接火。巡逻分队随即撤退。国民党军发动猛烈进攻，占领了碑子崾岘。22日，国民党军用重炮向八路军爷台山前沿阵地实施轰击，大部分工事被摧毁。八路军部队收缩防线，坚守爷台山主峰阵地。与此同时，国民党暂编十五师向栒邑土桥方面，暂编五十二师向上下墙方向都发动了进攻。

对于国民党军队向爷台山地区的大举进攻，中国共产党本着“有理、有利、有节”的原则，以极大的克制态度呼吁国民党停止进攻，避免内战爆发。7月23日，中共中央书记处作出《关于揭露国民党进攻爷台山发动内战的指示》，指出：我除坚守自卫原则坚决抵抗外，应立即向大后方人民、民主人士、各国使节、新闻界朋友揭露此事，呼吁他们一致起来，要求蒋、胡马上撤兵，退回原防，停止内战。同日，八路军总司令朱德、副总司令彭德怀也致电蒋介石、胡宗南，要其制止对爷台山的进攻。

国民党军对共产党和八路军的要求置之不理，继续向爷台山发动猛烈进攻。守卫爷台山主峰阵地的八路军六个连的部队英勇自卫，阵地岿然不动。在激战两日不克后，国民党又于23日调预备三师投入战斗。敌人在10里宽的正面战线分四路向爷台山发起连续的攻击，但都被八路军击退。24日，国民党援军继续向边区开进。25日，敌人以炮火为掩护，用大约两个团的兵力向爷台山轮番攻击，战斗异常激烈。

26日，陕甘宁晋绥联防军司令员贺龙，副司令员徐向前、萧劲光，政委关向应等通电全国，宣布淳化事变真相，要求国民党军队立即停止进攻，撤返原防地，并主张组织公正的社会调查团体，调查真相。

7月27日，国民党军对爷台山发动了更为凶猛的炮击，敌人的进攻行动近乎疯狂状态，爷台山的战斗达到了白热化。八路军在坚守了七天后，终因寡不敌众，奉命撤出战斗，放弃了爷台山、熊家山、官庄、于村、宋家洼、杨家沟圈、张家岭、十里原一线阵地。国民党军队占领了爷台山及其以西的41个村庄和边区宽100里、纵深20多里的地方，企图继续北犯。

国民党军占领爷台山地区后，烧杀抢掠，无恶不作，百姓的农具、家具、衣物、房屋都被烧毁，人民群众遭受了巨大的灾难。据不完全统计，仅在十里原、西坡、张家岭和刘家堡村，匪军就抢劫群众小麦300多石，群众损失达到400余万法币。

国民党军的暴行，激起了关中分区广大群众的愤怒。"武装起来，保卫边区"成为分区各地群众的中心口号。地方武装和民兵以灵活机动的战术，多次打退小股敌人的进犯。赤水县一区民兵50余人配合关中分区部队作战五天，牵制了国民党军一个连的行动，毙伤敌人五名。淳耀县五区民兵在一夜间就连续三次打退国民党军的进犯。新正县马栏区的群众踊跃参加民兵，新参加的民兵就超过原有民兵的半数。7月，国民党军一个连企图进攻赤水县一区新庄子，被当地民兵毙伤三名。8月1日，国民党军一个连又向赤水县秦家坡进犯，乡长和指导员组织民兵击退敌人，保护了群众生命和财产的安全。①

8月2日，《新华日报》发表《吁请调查淳化事件真相》的社论，新华社也接连发布和报道了大量消息，揭露国民党的内战阴谋，赢得了全国各界舆论的同情和支持，获得了政治上的胜利。

为了制止国民党扩大内战的阴谋，陕甘宁晋绥联防军调集新四旅、教导第一旅、教导第二旅和三五八旅火速增援关中分区，会同关中分区部队，准备发起反击行动，挫败敌人的新攻势。为了协调上述部队的行动，边区联防军司令部遵照中央军委命令，成立了爷台山反击战临时指挥部，张宗逊任司令员，时任中共中央组织部副部长的习仲勋受中央派遣，担

① 中共咸阳市委党史研究室编：《中国共产党咸阳历史》第一卷，陕西人民出版社2006年版，第172页。

任政委，副政委谭政，副司令员王世泰、王近山、黄新廷，张经武任参谋长（未到），甘泗淇任政治部主任。临时指挥部设在新正县马栏镇。习仲勋接到命令后，星夜兼程赶赴马栏镇临时指挥部，参与组织指挥爷台山反击战。

张宗逊司令员和习仲勋政委研究了敌情后，决心乘敌立足未稳之际，集中优势兵力，全歼爷台山守敌，打击敌人的气焰。作战部署是：新四旅五个营配山炮一门为主攻部队，警备第一旅第三团配合，消灭爷台山、老庄、宋家洼之敌，而后扩大战果，收复全部被侵占的村庄；三五八旅为第二梯队，集结于凤凰山、照金地区机动，必要时可以越境作战，但不宜突出太远，得胜后迅速撤回准备打击反攻之敌；教导第一、第二旅集结在岭湾、上珍子地区，为战役预备队，并严密监视东、西两面之敌，保障我军后方安全。

大军云集，大战在即，发动地方政府和人民群众开展支前工作刻不容缓。习仲勋又与关中分区地方党政负责同志共同制定了拥军支前的方案，并以地委名义向各县下发了《关于保卫关中制止内战的紧急指示》，对各级党政机关提出如下要求：一、立即在干部群众中进行深入动员，揭露国民党进攻关中地区、发动内战的阴谋；二、立即整理自卫军，组织游击小组，动员民兵参战；三、立即封锁边境要道，清查户口、山林，捕捉敌探奸细；四、立即清查仓库，注意仓库安全及供应需要；五、立即转变工作作风，抓紧战争动员；六、立即加强机关警戒，防止敌人袭击。据此，关中分区迅速动员民兵近 1200 人，组成 56 个民兵游击小组和 3 个爆破组，严阵以待。

在习仲勋的领导下，关中分区各级地方政府积极行动起来。赤水、淳耀县迅速联合成立了战地工作团，具体负责担架、运输、向导、军鞋、筹粮、烧水、做饭和抢救伤员等各项支前工作。据不完全统计，仅赤水县就组织支前队员 1400 人，出动担架 400 多副，筹集军粮 6 万余斤，送军鞋 1 万余双。

各参战部队在马栏镇集结后，张宗逊、习仲勋等召开了营以上干部动员大会。在会上，张宗逊对爷台山反击战作了具体的战役战斗部署。习仲勋做政治动员，他指出：这些年来，顽固派在陕甘宁边区，肆意制造磨擦，奸淫妇女，无恶不作。为团结抗日，我们一忍再忍。但是，反动派狼子野心不死，这次又派遣了九个师，侵占我爷台山阵地及周围四十一个村庄。其用心在于夺取我关中分区，钳制陕甘宁边区部队对日寇的全面进攻，进而挑起新的内战。如果我们不及时予以坚决有力的回击，不仅关中分区的民愤不能平息，而且国民党必然会得寸进尺，内战危机就要加剧。习仲勋要求各部队做到一不放跑一个敌人，二不越过防线一步。①

8 月 7 日，各部队从马栏镇出发，向预定作战地域前进。张宗逊、习仲勋率指挥部机关从马栏镇，前移至距爷台山 20 里的兔鹿村。

爷台山位于乔山山脉的南端，海拔 1313 米，地势险要，易守难攻。国民党军侵占爷台山后，大肆抓民伕，修筑工事。在东起孟户梁，西到老庄子一线，抢修了大小 10 余座碉堡和一些掩体、堑壕等工事，其中尤以主峰的大碉堡，分上、中、下三层，周围设有许多射击孔，下面筑有一道深 2 米、宽 3 米的环形战壕，又与伸向四面的 10 余个暗堡沟通，上下周围形成了严密的火力体系。防守爷台山阵地的是胡宗南的暂编五十九师三团的 4 个步兵连，1 个重机枪连，1 个重机枪排。主峰内是敌暂编五十九师的所谓“常胜连”，配备轻重机枪 7 挺。国民党军还在耀县、淳化、邠县、中部、石堡、兴平、西安等地集结重兵，作为战役预备队，准备再次扩大进攻。

8 月 8 日黄昏，在张宗逊、习仲勋指挥下，八路军部队冒着暴风雨，在民兵向导的带领下，迅速向爷台山敌前沿阵地运动，隐蔽进入进攻出发阵地。夜晚 23 时，三颗红色的信号弹发向天空，反击战总攻开始了，参战各部队全线出击，向爷台山敌人展开了猛烈进攻。东西几十里的战场上，硝烟弥漫，喊杀声、枪炮声伴随着雷雨声惊天动地。国民党军依托工事，凭险据守，负隅顽抗。新四旅十六团一营一连利用漆黑的夜色摸

---

① 《习仲勋传》编委会编:《习仲勋传》(上卷)，中央文献出版社 2008 年版，第 396-397 页。

到敌人前哨阵地胡家嘴，趁其不备全部缴了敌军的械，夺取了阵地。新四旅七七一团二营六连以迅猛之势，向孟户梁碉堡之敌发起了猛烈进攻，仅10多分钟时间，就全歼守敌1个连又1个排，缴获轻重机枪6挺，步枪60支及弹药一批。新四旅七七一团一营一连，负责消灭熊家山阵地之敌。在向导带领下，一营一连巧妙地从小路绕到敌人背后，出其不意地发起攻击。敌人突遭打击，惊恐无措。一营一连顺利地夺取了阵地，消灭了守敌。

最激烈的战斗在爷台山主峰阵地。主攻爷台山主峰阵地的是新四旅十六团一营二连、三连。在一营长任英魁、教导员刘光汉的率领下，一营二连、三连，沿着陡峭的山间小路，绕过敌前哨阵地，从山底上至山腰，然后由西南方直插敌主峰大碉堡阵地。主峰阵地的敌人，依托坚固的工事和有利的地形，拼命用各种火器组成了一道道交叉的火力网，严密封锁了一营二连、三连的进攻道路。二连和三连的战士们连续发起了几次冲锋，都未能奏效，伤亡严重。新四旅十六团团长程悦长命令二营四连增援一营二连、三连作战。一营长任英魁重新调整部署，再次带领部队向爷台山主峰阵地发动猛攻。突然，任英魁被一颗子弹击中，壮烈牺牲。①

激烈的战斗进行到9日凌晨4时，除新四旅七七一团攻占孟户梁、熊家山，新四旅十六团攻占胡家嘴等几处阵地，歼敌一部外，其他各部队的攻击均未取得成效，爷台山的战斗呈现胶着局面。

为了迅速解决战斗，张宗逊、习仲勋调整兵力部署，果断地命令第二梯队三五八旅投入战斗，配合新四旅十六团夺取敌爷台山主峰阵地。三五八旅旅长黄新廷接到命令后，马上令其第八团增援爷台山主峰战场，并集中全旅的三门山炮和两个团的八门迫击炮，用强大的炮火压制敌人。新四旅十六团一营二连继续担任主攻。战斗十分激烈。国民党军“常胜连”打起仗来赤膊裸体，手中美国造卡宾枪发出咔咔的响声，火力密集，枪弹如雨点般地向八路军战士扫射过来。十六团二连多次冲击却接近不

---

① 中共咸阳市委党史研究室编:《中国共产党咸阳历史》第一卷，陕西人民出版社2006年版，第174–175页。

矗立在山顶的爷台山战斗纪念碑

了“常胜连”的阵地。战斗中，连长又英勇牺牲。战士们急红了眼，喊着说：“不消灭爷台山敌人，决不下火线！”在炮火轰鸣中，突击队员踩着战友的血迹，一批批往上冲，一批倒下，又一批冲上去，几个浑身是血的猛士终于突入顽军阵地，与“常胜连”展开白刃格斗，其他战士紧跟着冲了上去，铁打的阵地终于被一举突破。与此同时，三五八旅第八团二营六连在炮兵火力支援下，也以迅速勇猛的动作，冲进敌人主碉堡的外壕，战士尹玉芬首先登上敌人碉堡。二营的其他连队紧跟着冲上去，与敌人展开激烈的白刃格斗。经新四旅十六团一营和三五八旅第八团二营的联合进攻，反复冲杀，至下午 2 点全部消灭了爷台山主峰阵地上的敌军。

在此前后，三五八旅第八团三营和警三团攻克老庄子、宋家洼等五个碉堡，全歼守敌。八路军其他部队也乘胜扩大战果，收复大片地区和被占村庄，残敌狼狈逃出边区边境地区。

8 月 10 日，爷台山反击战胜利结束，八路军收复了爷台山地区及关中分区的全部失地，全歼入侵的国民党军五个连及一个营部，缴获 19 挺轻重机枪及大批枪支、弹药。

8月12日，美军调查组来到爷台山进行了所谓“现地调查”，想寻找一些指责八路军的口实。习仲勋命令警备一旅三团团长刘懋功、新四旅十六团团长程悦长等陪同美军调查组到阵地上实地察看，阵地上到处残留着国民党军的印着“美国制造”英文字样的弹壳和弹药箱，还有八路军缴获的美式武器。这样的调查结果，使美军调查组乘兴而来、败兴而去。爷台山反击战的真相也大白于天下。一些进步报刊及其他一些报纸纷纷发表文章，谴责国民党的罪恶行径。国民党在军事上吃了败仗，在政治上也输了理，处境更加孤立。

8月13日，毛泽东在延安干部会议上，发表《抗日战争胜利后的时局和我们的任务》的讲演，对张宗逊、习仲勋指挥的爷台山反击战给予了高度评价。他说:“不久以前，国民党调了六个师来打我们关中分区，有三个师打进来了，占领了宽一百里、长二十里的地方。我们也照他的办法，把在这宽一百里、长二十里地面上的国民党军队，干净、彻底、全部消灭之。我们是针锋相对，寸土必争，绝不让国民党轻轻易易地占我们的地方，杀我们的人。当然，寸土必争，并不是说要像过去‘左’倾路线那样‘不放弃根据地的一寸土地’。这一回我们就放弃了宽一百里、长二十里的地方。七月底放弃，八月初收回。”[①]爷台山反击战的胜利，粉碎了国民党向陕甘宁边区发动的军事进攻，有力地保卫了陕甘宁边区南线的安全。

① 毛泽东:《抗日战争胜利后的时局和我们的任务》(1945年8月13日),《毛泽东选集》第四卷，人民出版社1991年版，第1127页。

第十三章 | 在绥德分区

一、开展社会调查

1943 年 2 月，习仲勋任绥德分区地委书记兼绥德警备区政治委员。对于这次工作调动，习仲勋后来回忆说：“一九四三年春，党调我到绥德分区工作。这是边区最大的一个分区，政治情况比较复杂。毛主席找我谈话，鼓励我说：一个人在一个地方待久了，就没有那么敏感了，到新的地方去也是锻炼嘛！”[①]

春节过后，遵照毛泽东的指示，习仲勋来到绥德，开始了新的战斗和工作。他住在位于县城西门内雕阳山下的“九贞观”，这是明清时期的一座道观，当时是绥德地委的办公场所。凑巧的是，他接替的又是陕甘边区的老战友张秀山的职务。在共同的战斗中，他与张秀山有过多次职务上的交接。时隔半个多世纪后的 2002 年 5 月 10 日，习仲勋在为张秀山的长篇回忆录《我的八十五年——从西北到东北》作序时，依然动情地回忆起这件事情：“我和张秀山同志是老战友。我们一起参加了陕甘边革命根据地的创建工作。我是在两当革命兵变后，一九三二年七月到耀县杨树坪刘志丹同志领导的陕甘游击队。秀山同志此前在宁夏、甘肃军阀部队做兵

---

① 习仲勋：《红日照亮了陕甘高原》（1978 年 12 月 20 日），中共中央党史研究室编：《习仲勋文集》（上卷），中共党史出版社 2013 年版，第 433 页。

运工作两年多时间。……秀山是一九三二年十一月间来到陕甘游击队。我们在工作中有过多次交接，一九三三年六月，我任陕甘边游击队总指挥部政委，在陈家坡战斗中负伤后，秀山接替我任政委。一九四一年秀山任绥德地委书记，他因肺病回延安休养，我接替他的职务。革命生涯将我们紧紧地联系到了一起。”①

担任绥德地委书记期间的习仲勋

来到绥德，习仲勋做的第一件事就是进行社会调查，通过走访调查，座谈讨论，广泛听取干部、群众包括地方士绅等社会各阶层人士的意见，很快对绥德地区的历史和现实情况有了全面的了解，尤其对抗战以来该区复杂的政治状况与斗争形势有了较为准确的把握。②

从历史来看，绥德原名绥德州，享有陕北“旱码头”的美誉。绥德城在古时候就处于陕西、山西、内蒙古、甘肃、宁夏等省区的交通要道上，商贾云集，经济较为发达。

从现实情况来看，绥德分区的政治形势比较复杂，全国抗战爆发以来，这里也和关中分区一样是陕甘宁边区反磨擦斗争的前哨阵地。

绥德分区，当时有人口 50 多万，政治情况比较复杂。绥德分区是陕甘宁边区的东北大门，是保卫陕甘宁边区的重要屏障，又是延安通往华北、华中解放区的交通要道，有着十分重要的战略地位。该区所属之绥德、米脂、葭县、吴堡、清涧 5 个县的大部分区域在土地革命战争时期

---

① 习仲勋:《怀念张秀山同志》(2002 年 5 月 10 日)，中共中央党史研究室编:《习仲勋文集》(下卷)，中共党史出版社 2013 年版，第 1304 页。

② 《习仲勋传》编委会编:《习仲勋传》(上卷)，中央文献出版社 2008 年版，第 340 页。

原属于陕北苏区。但在1937年9月陕甘宁边区成立时，绥德、米脂、葭县、吴堡、清涧5个县并未列入陕甘宁边区26县管辖区域（开始划定的行政区域为23个县，随后国民党政府又增加了镇原、环县、豫旺3个县）。同年冬，日本侵略军打到山西柳林一带，进而企图西过黄河，入侵陕甘宁边区。经国共两党双方商定，将绥德、米脂、葭县、吴堡、清涧5个县划为警备区。国民党同意把原驻守该地的国民党军第八十四师高桂滋部调离，由八路军陈奇涵部接防，警备区司令部设在绥德城，下辖八路军七一八团、警备一团、警备三团，负责保卫河防。但绥德的地方行政由国民党反共专家何绍南出任绥德行政督察专员。何绍南是一个极端顽固的反动派，毛泽东曾当面斥责其为"磨擦专员"。在日本侵略军入侵面前，何绍南毫无抗战之心，他表面上大唱团结合作的高调，背地里却大搞反共反人民的勾当，专事磨擦，处处与共产党、八路军为敌。何绍南在绥德各县组织了暗杀队、石头队、棒子队、"板子"（妓女）队，对八路军驻军大搞暗杀、破坏和特务活动，不断制造磨擦事件，唆使联保长和地方劣绅拒绝向八路军出售粮草，威胁恐吓群众不得与中共军政人员接近，纵容土匪抢掠骚扰群众，事后又嫁祸于共产党和八路军，阴谋挑起群众对八路军的不满情绪，妄图用这些手段迫使八路军退出绥德地区，以达到其独霸绥德，截断陕甘宁边区与其他敌后抗日根据地联系的目的。

为了维护团结抗日，中国共产党力求通过谈判来解决，对其晓以民族大义，要求国民党当局放弃磨擦，一致抗日。但何绍南一伙视中共的善意为软弱，依然公开进行反共活动。对此，边区政府不得不进行针锋相对的斗争，利用各种机会无情地揭露他们的反动言行，并且组织宣传队上街演讲，下乡深入群众，揭露顽固派破坏抗日的罪恶行径。1939年8月，王震率三五九旅主力从晋西北抗日前线回师边区，进驻绥德警备区，担任守备任务。何绍南一面假惺惺地召开大会表示欢迎，一面又在会后散布流言蜚语，纠集一帮地痞流氓和反动政客出来造谣生事。1940年2月，何绍南集中13个保安队，偷袭八路军三五九旅七一七团，并占领了一部分阵地。三五九旅立即奋起反击，全歼了这批顽固派。接着，在人民群众的配合下，八路军部队相继解决了发生哗变的绥德、吴堡、清涧等黄河沿线的反动保安团队，制止了顽固派的挑衅活动。

随后，绥德警备区和特委召开了广大群众和社会各界人士参加的声讨大会，揭露何绍南贪污公款，搜刮民财，勾结汉奸私贩鸦片和白银，以及暗杀抗日民众和偷袭我抗日军队等罪行，激起了地方各界人士的极大愤怒。何绍南犹如过街老鼠，在人民群众的一片喊打声中，躲到洞中不敢出来。2月15日，陕甘宁边区政府主席林伯渠、陕甘宁边区留守兵团司令员萧劲光联名致电国民党最高当局，要求惩办何绍南，并要求委任王震为专员，将绥德、米脂、葭县、吴堡、清涧等5个县行政权隶属边区政府，以利河防。何绍南见大势已去，就把他的专员公署搬到城外二郎山上的寨子里，准备逃跑。29日深夜，何绍南率7个保安中队在焚毁了二郎山的弹药库后向石湾方向逃跑。这批保安队被八路军追击部队歼灭大半，何绍南只带少数人逃回了榆林。从此，八路军肃清了绥德、米脂、葭县、吴堡、清涧等5个县的反共顽固势力，建立了绥德地区的抗日民主政权。1941年春，中央军委令王震率三五九旅主力进驻延安东南的金盆湾、南泥湾、九龙泉等地区，进行屯垦，把守延安的南大门。习仲勋到达绥德时，八路军独立第一旅负责绥德警备区的防务，独立第一旅旅长王尚荣兼任警备区司令员，习仲勋任绥德警备区政治委员。

通过深入细致的社会调查，习仲勋清醒地看到，由于历史的原因，特别是何绍南反动统治的破坏和王明右倾错误的影响，绥德分区干部思想认识比较模糊，许多群众对共产党还缺乏认识，政治觉悟较低。据当时在绥德师范学校秋三四班学习并担任党支部书记的齐心回忆说："当时，绥德地区是1940年解放的新区，被国民党反动军阀何绍南统治的时间较长，反动影响很深，加之受王明投降主义路线的影响，致使学生对共产党缺乏认识，政治思想比较混乱。有的人还幻想着反动军阀何绍南卷土重来，学校在组织政治学习讨论对国共两党的看法时，甚至反派占上风。"① 据此，

① 齐心：《我与习仲勋风雨相伴55个春秋》，《纵横》1999年第一期，第37页。

习仲勋根据中央整风运动的指示精神并结合绥德的实际，明确提出：深入调查研究，加强党的宣传工作，用党的政策方针去宣传教育干部群众，同时做到整风、生产两不误。①

习仲勋做的另一项重要工作，就是处理好地方和军队，本地干部和外来干部等关系。1943 年，他到达绥德不久，抗日军政大学总校也从邢台迁到绥德西山寺，徐向前任校长，李井泉任政治委员，何长工、彭绍辉任副校长，陈奇涵任教育长，徐文烈任政治部主任。抗大学员来自四面八方，有从前线来的，有从后方来的，有从敌占区来的，有老干部、新干部，有军队干部、地方干部，有青年干部，有男生，也有女生。抗大总校在绥德一面建校，一面陆续接收学员。原计划本期培养 8000 到 1 万人，结果只招收了 6000 余人。至 1944 年春，晋察冀边区二分校的一部学员转来陕北，收生工作才告结束。②

鉴于当时绥德地区干部工作面临的局面，习仲勋及时明确提出：要正确处理地方干部和军队干部，当地干部和外来干部，工农干部和知识分子干部的关系，彼此要互相学习，互相帮助，取长补短，共同进步。实践证明，习仲勋提出的这些意见，是很有见地的，符合实际的，对于调动各方面的积极性，团结各方面力量，推动各项工作的顺利开展，起到了重要的指导作用。

习仲勋一方面主动进行比较全面的社会调查工作，了解各个方面的情况；另一方面采取以点带面的工作方法，亲自带领一个调查组到绥德以西二十里外的郝家桥村蹲点，以便取得经验，指导全区工作。调查组成员包括绥德地委宣传部副部长邹文宣、绥德县委书记宋养初以及梅行、张力等人。春寒料峭，习仲勋深入农户，访贫问苦，了解群众的生产生活情况。经过一个多月的深入调查，习仲勋认为，郝家桥村党支部书记刘玉厚勤劳、忠诚、廉洁、奉公，家庭和睦，以身作则，带领全村农民群众在有限的土地上，精耕细作，变工互助，合理安排生产，支援抗战，使这个

① 《习仲勋传》编委会编：《习仲勋传》（上卷），中央文献出版社 2008 年版，第 341 页。

② 《徐向前回忆录》，解放军出版社 2007 年版，第 508 页。

佃户村的农业产量和农民生活水平显著提高，圆满地完成了减租保佃、征收救国公粮等各项任务。村里邻里和睦，干群团结，在各方面发挥了共产党员的先锋模范作用。各个方面走在前面，是绥德地区的模范村，很有典型意义和推广价值。经习仲勋提议，并由地委研究决定，授予刘玉厚模范共产党员、劳动英雄的光荣称号，在全区开展“村村学习郝家桥，人人学习刘玉厚”的活动。他和专员袁任远等领导共同署名，将刻有“农村楷模”的牌匾奖给了郝家桥村。此后，刘玉厚的事迹和郝家桥村的经验在陕甘宁边区广泛传播开来。从这时起，习仲勋和刘玉厚这位农民朋友开始了数十年的深厚友谊。1995 年，刘玉厚逝世，习仲勋十分悲痛，写下了“刘玉厚同志是陕甘宁边区著名农业劳动英雄、优秀共产党员”的题词，表达了深切的怀念之情。

淮北泗陽縣□大娘是北鄉人一個婦女紡花。

綏德機關生產進行動員

習仲勛同志等訂出個人生產計劃

【本報訊】綏德分區機關生產運動，即將展開。地委專署各機關已先後召開動員會議，在地委機關生產動員大會上，習仲勛同志指出機關生產，必須按照毛主席的方針，大家動手，只做工作不勞動的幹部，實質上是輕視勞動，缺乏群眾觀點，必須加以糾正。他並宣佈了他個人生產節約計劃：他準備和勤務員變工，種一垧棉花

《解放日报》刊登的习仲勋个人生产节约计划

调研工作结束后，习仲勋帮助绥德县修改经济建设计划，并要求各区乡干部帮助群众制定村民公约和农业生产计划，同时要求机关干部参加生产劳动。他以身作则，树立典范，从而使得大生产运动在绥德分区轰轰烈烈地开展起来。

二、在“抢救运动”中保护干部和知识分子

习仲勋到绥德后，在积极领导开展大生产运动的同时，按照中央的统一部署，在绥德分区认真组织和领导整风运动。1942 年开始的著名的延安整风运动，是具有空前规模的一场马克思主义思想教育运动，为夺取抗日战争的最后胜利和人民民主革命的胜利，奠定了思想基础。

1942 年冬，整风运动在学习文件、检查工作的基础上进入个人反省、

干部鉴定阶段，开始初步的审查干部工作。1942年11月初，毛泽东在延安召开的陕甘宁边区高干会议上提出，整风不仅要弄清无产阶级与非无产阶级思想（半条心），而且要弄清革命与反革命（两条心）。[①] 中共中央正式发布了《关于继续开展整风运动的决定》，要求各地以一年为期，完成党的整风，目标是纠正干部的非无产阶级思想与审查干部、清查内奸。从此，整风运动进入了审查干部阶段。在当时的条件下，由于陕甘宁边区党的队伍迅速扩大，党内组织不纯的问题比较突出，加之国民党加紧特务活动，对于干部的审查是完全必要的。邓小平后来也说过："在那种异常紧张的战争环境中，内部发现坏人，提高警惕是必要的。但是，脑子发热，分析不清，听到一个口供就相信了，这样就难免犯错误。从客观上说，环境的确紧张。从主观上说，当然也有个没有经验的问题。"[②]

审查干部工作开始后不久，康生就制造了许多冤假错案。1943年4月1日，康生指令边区保安处秘密逮捕了200多名"特务""叛徒""反革命"。5月，康生以莫须有的"张克勤案件"和甘肃"红旗党"案件为"典型"先后在杨家岭大礼堂、八路军大礼堂、绥德抗大总校、绥德师范等地，作"坦白"动员报告。他在报告中耸人听闻地说："延安新市场成了特务市场"，"中央驻地杨家岭有三个剃头的自首了，我们的头在特务的刀子下滚来滚去。"并批评一些单位的领导说："你们麻木不仁，说延安不会有特务，现在证明了，你们要多少？一个排？一个连？……一个旅都够了。"[③]

7月15日，康生在中直机关的干部大会上，作了《抢救失足者》的报告，将已经出现错误苗头的审干工作继续推向歧途。他在报告中宣布经过三个月的"抢救"已有450人向党坦白，"号召未坦白的人赶快坦白，不要放松一秒钟时间"，"要在此地就下决心"。康生施加压力说："现在是

① 王晋林、秦生：《甘肃新民主主义革命研究》，甘肃人民出版社2004年版，第160页。

② 邓小平：《对起草〈关于建国以来党的若干历史问题的决议〉的意见》（1980年3月—1981年6月），《邓小平文选》第二卷，人民出版社1994年版，第301页。

③ 李逸民：《参加延安抢救运动的片段回忆》，王晋林、秦生：《甘肃新民主主义革命研究》，甘肃人民出版社2004年版，第164页。

紧急的军事动员时期，他们要在这紧迫的时间中挽救自己，而共产党也要在这紧迫的时间中挽救他们；警告那些不愿意坦白的人们，宽大是有限度的，这一点要严重注意。”[①] 康生的报告将运动引向了狂热的境地，整个边区的机关、单位、工厂、学校都卷入了运动中。在康生报告后的十天中，仅边区政府就召开三次“抢救”大会。抢救的热潮一浪高过一浪，不仅来延安的大批青年知识分子被“抢救”，就连十几岁的中小学生，白发苍苍的领导干部被“抢救”者也为数不少。甚至许多干部如陶铸、武竞天等也受到迫害。运动已经到了黑白不分，人人自危的地步。历史已经证明，所谓的“抢救运动”，是延安整风运动中审干期间发生的“反特斗争严重扩大化的错误”。[②]

对于审干工作，习仲勋因为有过在陕甘边区的错误“肃反”中无辜遭到迫害的痛苦经历，在干部问题上历来抱持审慎态度。到绥德分区后，又对当地复杂的政治环境作过调查，有了比较深刻的认识，因而思想清醒，态度谨慎，始终强调实事求是地开展审干工作。他认真传达中央和西北局的文件，主持召开地委机关干部动员会，依照党中央和西北局的指示，系统地结合前段整风学习情况，进一步检查每个干部的思想作风，弄清个别同志的历史问题，普遍采取了批评与自我批评的方式，“和风细雨”式地教育干部，对有错误的同志坚持“惩前毖后，治病救人”的方针，启发他们向党组织讲清问题，不隐瞒错误和历史问题。这样做，基本上达到了弄清问题，纠正错误，思想清醒的目的。

鉴于绥德分区面临的高层干部较多，外来干部较多，民主人士较多，通过统一战线工作而保留在抗日政权中的旧人员较多的实际情况，习仲勋经过慎重考虑，决定派绥德地委秘书长安志文到延安向西北局请示和汇报整风审干工作。安志文来到延安时，“抢救运动”已经在延安蔓延开来，西北局领导即请来了主持此项工作的康生一起听取汇报。安志文向西

① 刘国元等:《康生与延安抢救运动》,《理论探索》1981年第四期。

② 中共中央党史研究室编:《中国共产党历史》第一卷下册，中共党史出版社2002年版，第788页。

北局领导汇报了习仲勋的意见，特别强调绥德是个新区，政治较为复杂，干部又来自四面八方，究竟如何进行审干，请求上级给予指示。不料，同时听取汇报的康生无端指责绥德地委对敌情重视不够，强调要反对国民党的“红旗政策”，无中生有地说某些地方的共产党实际上是国民党的“红旗党”“水萝卜党”“外红内白”等等，催促绥德地委也要像延安一样开展“抢救运动”。[①]

这样，“抢救运动”的浪潮蔓延到绥德。绥德地委、绥德师范和抗大总校等许多单位都被卷入其中。据当时在绥德任抗大总校校长的徐向前回忆：“康生派整风审干工作组进驻抗大，指导运动。……此后两个月时间，抗大整风被弄得一塌糊涂。名堂多得很，什么‘即席坦白’、‘大会报告’、‘抓水萝卜’（外红内白），应有尽有。更可笑的是所谓‘照相’。开大会时，他们把人一批一批地叫到台上站立。让大家给他们‘照相’。如果面不改色，便证明没有问题；否则，即是嫌疑分子、审查对象。他们大搞‘逼供信’、‘车轮战’，搞出特务分子、嫌疑分子六百零二人，占全校排以上干部总数的百分之五十七点二。干部队共有四百九十六人，特务和特嫌分子竟有三百七十三人，占百分之七十五以上。真是骇人听闻！”[②]

齐心在回忆绥德师范的情况时这样说：“就在绥师刚有新气象的时候，发生了两起案件——‘贴黑头贴子’（写恐吓信贴在校内墙上）和‘打石头’（教员杨典被石头打伤，后来听白炳书同志讲是自己打伤的）。此时正值全边区开展防奸运动之际，绥德地委对此十分重视，决定派地委宣传部长李华生同志来学校蹲点，就在仲勋同志来校作动员报告的大会上，我第一次见到了他。”后来，“随着防奸运动的深入和康生在延安大搞‘抢救失足者’运动，一时间，逼供信、假坦白的气氛也笼罩在绥师的上空。上述案件被视为特务公开破坏案件。有的还被作为重点审查对象。结果，全校不被怀疑者所剩无几”。[③] 绥德师范搞出“特务”多达 230 人。

① 《习仲勋传》编委会编：《习仲勋传》（上卷），中央文献出版社 2008 年版，第 352 页。

② 《徐向前回忆录》，解放军出版社 2007 年版，第 511-512 页。

③ 齐心：《我与习仲勋风雨相伴 55 个春秋》，《纵横》1999 年第一期，第 37-38 页。

有着丰富革命斗争经验的习仲勋对于“左”倾错误有着切肤之痛，眼前的这场“抢救运动”的混乱场景，不由得使他想起1935年错误“肃反”时手足相残的痛苦场面，这使他心中极度的震颤和焦虑不安，从而对这场“抢救运动”由疑惑到抵制，采用大会报告和个别谈话等多种方式，反复提醒大家一定要实事求是，对党要忠诚，要坦白，要说真话，不要说假话，谁要是乱说，就会起到特务所起不到的破坏作用。同时，习仲勋还致电党中央和西北局，建议制止“逼供信”，纠正“左”的错误偏向。

党中央逐渐发现了“抢救运动”的严重问题，不断采取措施纠正错误，最后决定停止运动，进行甄别。7月1日，毛泽东针对“抢救运动”事态不断扩大的问题，写信给康生，要其在《防奸经验》第六期上刊载：“防奸工作有两条路线，正确路线是：首长负责，自己动手，领导骨干与广大群众相结合，一般号召与个别指导相结合，调查研究，分清是非轻重，争取失足者，培养干部，教育群众。错误路线是逼、供、信。我们应该执行正确路线，反对错误路线。”提出了九条方针。7月11日，《中央总学委关于在延安进行反对内战保卫边区的群众教育的通知》明确指出：“目前紧张时期内，必须更加防止和反对‘逼、供、信’的主观主义，坚决实行毛泽东同志所指示的九条方针，这是马列主义的正确路线，任何时候都应遵守。”8月5日，《中共中央总学委关于进行认识国民党的本质和对待国民党的正确政策的教育问题的通知》宣布：“延安对失足者的抢救运动亦告一段落。”10月9日，毛泽东在批转绥德反奸大会的材料时批示：“一个不杀，大部不抓是此次反特务斗争必须坚持的政策。”至此，大规模的群众性的“抢救运动”开始刹车。12月，中央针对“抢救运动”中的错误发出了一系列关于甄别工作的指示。

根据中央关于甄别工作的指示，习仲勋严格掌握政策，坚持调查研究，坚持实事求是的原则，不采取任何逼迫性的方式，不开任何斗争性的大会，搞错的就大胆纠正，赤诚对待同志，坚持一个人只作一个结论，不留“尾巴”，并同本人见面。12月2日，在绥德师范党员干部大会上正式宣布甄别时，全场同志热烈鼓掌，不少人激动得流下泪来。在甄别工作中，绥德师范采用了“蛇蜕皮”的方法，对搞出来的230名“特务”逐一甄别，一些明显的错案、假案或是纯系捕风捉影的案件，像“三民主义研究会”“太阳社”“月亮社”“乌云社”“十八大弟兄”等，都一一进行了平反。

在绥德师范，习仲勋为了挽回因“抢救运动”在学生家中和社会上造成的不良影响，把学生家长邀请到学校，安排他们住下来，一面安抚他们，一面召开家长及干部、群众参加的3000人大会，进一步宣传共产党“不冤枉一个好人，也不放过一个坏人”的防奸政策。从此以后，绥德师范的运动走上了稳步开展的轨道，平稳地转入审干整风，从而影响和带动了全地区的运动。

绥德分区在习仲勋的直接领导下，审干整风的甄别工作进行得扎实、果断、有力，在抢救运动中，保护了大批外来知识分子干部，只办了一个整风学习班。他在作整风报告时说：“对党要忠实要坦白，要说真话，谁要是乱说，比特务的罪还重。”在当时逼供信、假坦白成风的形势下，习仲勋冒着风险提醒大家坚持实事求是的党性原则，是多么及时和难能可贵啊！他还说：“我们常讲党性，我看实事求是就是最大的党性。”因此，在“抢救运动”中，整风班坦白出来的为数众多的“特务”，经过甄别，除一人被挂了一段之外，其他人全部平反恢复了名誉。[①]

三、喜结良缘

在绥德分区，习仲勋熟识了齐心，喜结良缘，成为终生伴侣，从此开始了他们长达58个春秋风雨相伴的人生历程。

齐心，1923年11月出生在河北省高阳县一个爱国高级知识分子家庭，她从小受到父母爱国思想和优良品质的熏陶。卢沟桥事变后，齐心在姐姐齐云的影响下走上了革命的道路。1939年3月18日，她在姐姐的带领下来到太行山晋东南抗日根据地，进入抗大一分校女生队学习，成为一

---

① 齐心：《我与习仲勋风雨相伴55个春秋》，《纵横》1999年第一期，第38页。

名光荣的八路军女战士。同年，夏季反扫荡战斗开始后，齐心表现勇敢、坚定，尽管还不够入党年龄，但党组织批准她加入中国共产党。当年冬季，她从抗大一分校第五期毕业，被分配到长治干校妇干队任指导员、队长。1940 年秋季反扫荡后，齐心被提前转为正式党员。后回抗大一分校留守处任总务处文书。不久抗大总校合并，她便在校部总务处、卫生处任文书。1940 年冬经何长工批准到延安学习。次年春进入中央党校学习，秋季参加党校征粮工作被派回陇东。征粮结束，1942 年春回到延安，去延安大学中学部学习。

1943 年 4 月，西北局从延安大学中学部抽调一批青年同志到绥德师范和米脂中学以学生身份开展工作，当时，齐心是带队人之一。一到绥德，就知道了习仲勋的名字。那是在绥德地委所在地“九贞观”大院里，崭新的红绿标语贴满了墙，上面写着“学习习仲勋同志的优秀品质和优良作风”“欢迎习仲勋同志来绥德地委领导工作”。此时，习仲勋也刚刚到绥德工作。

1943 年夏季的一天，齐心与习仲勋第一次相遇。那是一个星期天，齐心正从集体宿舍经教室走过时，突然看到迎面而来的习仲勋，他正从绥德师范党总支委员杨滨住所的半山坡上走下来。突然见到首长，还在蹦蹦跳跳的齐心赶紧给习仲勋行了一个军礼。习仲勋看到了齐心，亲切地向齐心微笑着，点了点头。虽然只是匆匆而过，那一瞬间却给齐心留下了一个很深的印象。

当时，绥德师范的“抢救运动”已经在社会上造成民心不安，尤其是学生家长，意见很大，甚至对党不满。对此，习仲勋非常重视，确定绥德师范为地委的重点，并加强党对师范的领导，调绥德县委书记宋养初担任绥师党总支书记。在这前后，习仲勋找齐心和姚学融、白树吉等学生代表到地委亲自谈话。

在习仲勋工作的窑洞里，齐心第一次看到毛主席给习仲勋的亲笔题词“党的利益在第一位”，那挂在墙上的题词是写在漂白布上的毛笔字。习仲勋用深入浅出的话语提醒齐心等学生代表，应该对在“抢救运动”中出现的“偏差”进行抵制，并循循善诱地对他们说：“如果这样下去，连你们几位也会被怀疑”，要求认真总结经验，实事求是地做学生思想工作，帮助地委扭转假坦白造成的混乱局面。这时，齐心等人恍然大悟，他们早已感受到了直接的压力，心里正为之苦闷。通过这次谈话，习仲勋平易近人、和蔼可亲的态度以及独特的语言魅力，给齐心留下了更加深刻的印象。

此后一段时间，齐心作为党员学生经常参加绥师总支委员会的会议，开大会时作为学生代表担任主席团成员。由此齐心和习仲勋在工作中见面的机会就增多了。即便见不到面，习仲勋也经常给齐心作书面指示，使她能够及时了解到整个运动的进展情况。习仲勋对齐心的信任，无疑是对她学习和工作的一种鞭策和鼓励。虽然不是个别接触，但在共同的战斗中，齐心亲眼目睹了习仲勋的领导才能和领导艺术，领略了习仲勋的政治家风度。地委召开扩大的积极分子会议，党组织也让齐心参加，更使她深切体察到习仲勋敢冒风险、实事求是、勇于纠偏，把党的利益放在第一位的工

绥德师范学校旧址

作精神。

1943 年冬季的一天，就在习仲勋去延安开会之前，正式向齐心谈到了婚姻大事，并说："一件大事来到了"，"我一定要解决好"，并请李华生、宋养初与齐心谈话，希望她从政治上考虑，帮助她打消心中的顾虑。习仲勋还告诉齐心，抗大总校教育长何长工同志曾写信向他介绍她，说他认识齐心的姐姐，而且见过她的父亲，说齐心是到延安后才长大的。习仲勋曾让齐心写一个自传直接交给他。当时的齐心，用她姐姐齐云的话说："我妹妹是一张白纸"，因此，"自传"也就相当简单。

有趣的是，当习仲勋看到齐心的自传中写到她为早日参加革命队伍，曾盲目地从家里偷跑过两次，而两次都被父亲追了回去时，他笑了起来，说："我年轻的时候也和你一样。"但在当时，齐心却对习仲勋的历史很不了解，习仲勋只在信中轻描淡写地告诉过她，他是陕甘苏区创建者中最年轻的一个。不久，经组织批准，习仲勋和齐心在绥德结了婚。

1944 年 4 月 28 日，星期六，在绥德地委后院的一个窑洞里，举行了习仲勋和齐心的婚礼。这天上午，各方人士纷纷前来庆贺。其中有习仲勋和齐心的介绍人和证婚人，时任抗大总校教育长何长工，抗大总校负责人李井泉，独一旅旅长王尚荣，政治部主任杨琪良，绥德专署正、副专员袁任远、杨和亭，地委副书记白治民，等等。那天，绥德分区保安处处长、后任陕甘宁边区保安处处长、曾被称为"中国的福尔摩斯"的布鲁还给习仲勋和齐心拍了两张照片。宾主同桌吃了一餐饭。这在当时的条件下，可算得上是很隆重的婚礼了。

婚后，习仲勋对齐心说："从此以后，我们就休戚相关了。但是，我不愿意陷在小圈子里。"聪慧的齐心立即明白了习仲勋的意思，她知道他的担子很重，在艰难的岁月里，不应该要求他过多关照自己。同时，齐心也是一个很自信的人。当年夏天，齐心从绥德师范毕业后，就去农村基层工作了。1945 年，习仲勋在七大当选为中央候补委员，继而调任中组部副部长、西北局书记。而齐心仍在农村基层工作，直到解放后，她才回到西北局政策研究室农村组担任研究员。

1947年春，习仲勋和夫人齐心在延安

转眼半个世纪风雨相伴的岁月过去了。1998年4月28日，在深圳休养的习仲勋特意给回北京的齐心打来长途电话，庆贺他俩的结婚纪念日。他在电话里问："我们结婚多少年啦？"她回答："55年啦！"习仲勋说："我祝你健康长寿，福如东海，寿比南山。"齐心感到他的祝词分量很重，激动地说："我对你照顾得很不够啊！"习仲勋听后着急了，说："怎么这么说呢？你对党对人民忠诚，一生为革命做了很多的工作，也为我做了大量的工作，有些是很重要的……我们的这次通话你要把它记录下来，告诉孩子们，让他们明白事理……"通话之后，习仲勋对陪伴身边的女儿桥桥说："你妈妈是个优秀的共产党员！"[①]

① 齐心：《我与习仲勋风雨相伴55个春秋》，《纵横》1999年第一期，第37-39页。

第十四章 “从群众中走出来的群众领袖”
——主政西北中央局

一、接应三五九旅返回边区

1945年，抗日战争胜利后，原中共西北中央局书记高岗受党中央、毛泽东派遣，率领一批干部离开延安，奔赴东北，开辟东北解放区。在安排西北局书记一职的人选时，党中央经过慎重考虑，决定把西北局领导工作这副重担放在习仲勋肩上。毛泽东说：“要选择一位年轻的同志担任西北局书记——就是习仲勋，他是从群众中走出来的群众领袖。”[①] 1945年10月，中共中央任命时任中共中央组织部副部长的习仲勋为中共西北中央局书记。这年，习仲勋刚满32岁。习仲勋回忆说：“一九四五年冬，党为了适应抗战胜利后开拓新解放区的形势，从陕北调出一批干部，我被调到西北局机关工作。我对毛主席说：我长期在地方工作，没有在领导机关工作过，怕难于胜任。毛主席热情地鼓励说：正是因为你长期在下面，没有在上面，所以才调你到上面来工作。把你调动一下，放在新的岗位上，你就得动脑筋了，就得调查研究，想办法把工作做好。毛主席的话给了我

① 转引自中共富平县委党史研究室编：《富平丰碑》，内部资料，第9页。

无穷的力量，鞭策着我努力做好工作。”①

习仲勋担任中共西北中央局书记后，内战的硝烟弥漫中原大地。1946年8月，习仲勋按照党中央、毛泽东的指示，组织边区力量，全力接应三五九旅返回陕甘宁边区，为三五九旅的胜利返回作出了杰出贡献。

三五九旅原为八路军一二九师一部，抗日战争时期，曾驻守陕甘宁边区，在著名的大生产运动中，因在南泥湾屯垦成绩卓著而受到中共中央和边区政府的嘉奖。1944年12月，三五九旅根据党中央的指示南下，与新四军第五师的部队一道在鄂、豫、皖、湘、赣五省交界地区创建了中原解放区。抗日战争胜利后，蒋介石调集20多个师的兵力，不断向中原解放区蚕食并发动进攻，到全面内战爆发时，中原解放区处于敌人的层层包围之中。

1946年6月18日，蒋介石在完成对中原解放区的包围后，电令郑州绥靖公署主任刘峙统一指挥五、六两个绥靖公署的国民党军共30万人，准备对中原解放军发动全面进攻，后又命令“担任攻击各部队统于巳月养日（即6月22日）前秘密完成包围形势……实施攻击”。6月26日，刘峙按照蒋介石的命令，向中原解放军发动进攻，全面内战由此爆发。

中原解放军6万余人，面对数倍于己的优势敌人的进攻，奋起抗击。根据中共中央的指示，中原解放军于26日晚，分南北两路开始突围。北路由中原军区司令员李先念、政委郑位三、副司令员兼参谋长王震等率领中原局、中原军区机关、第二纵队（欠第一旅）及三五九旅等主力部队共1.5万余人，于29日突破平汉铁路敌人的封锁线。这时，蒋介石调集7个整编师的兵力，在紫荆关、南化塘等地组织多次大规模的截击合围。中原解放军采取灵活机动的战略战术，连续突破敌人严密的包围，于8月初进入陕南的商南县境内。

为了配合中原解放军在陕南建立游击根据地的战略行动，习仲勋和西北局按照党中央、毛泽东的指示，部署了创建陇南游击区的工作。8

---

① 习仲勋:《红日照亮了陕甘高原》（1978年12月20日），中共中央党史研究室编:《习仲勋文集》（上卷），中共党史出版社2013年版，第493页。

月11日，习仲勋致电陇东地委书记李合邦，甘肃工委书记朱敏、副书记孙作宾，警备三旅旅长黄罗斌、政委郭炳坤，具体地部署了各项工作：“（一）为配合五师创造鄂豫陕边根据地，决定由你们共同组织一百五六十人的武装（内干部四十余人，均由三旅调出），向陇南地区活动。干部有计划地分散隐蔽在有党的或无党的而群众条件好的地区，作为发动与领导群众武装斗争的骨干。其余武装部队则公开活动，并与发动起来的各部武装取得呼应，并争取成为领导这些武装的核心，创造陇南广大游击区。（二）陇南敌统治较弱，目前五师进入陕东南正是在此地区发动武装斗争的时机，宜争取半月内能派出活动。你们应抓紧时机积极准备，如挑选干部、准备服装、探好几条线等。西北局派张仲良等同志后日起程专门前来布置。（三）由你们负责布置派若干武工队性质的武装（中间须配备较多强的干部）向海原、固原、静宁、庄浪一带活动，发动与领导群众武装斗争。（四）以上只限你们五人知道，由你们指定有关同志筹划，必须严守秘密，不得泄露。”①

遵照习仲勋的上述指示，中共陇东地委、甘肃工委和警备三旅的有关领导成员立即研究部署落实的具体措施。12日，李合邦、朱敏、孙作宾就组织武装向陇南活动问题的落实情况，向习仲勋致电作了详细汇报：“（甲）关于陇南武装工作进行，根据进行以来的经验，搞武装三五人之小股出去活动不开（有一个组已回来），因此我们原拟出计划如下：（1）两个方案一共配备100人（回骑团40人、三旅30人、工委30人），由马思义再配备一个政治较强干部领导，仁达随同，应凯又经过固原、西吉，沿六盘山山地转达清水。或者为了配合五师及玉树兵变以及利用有马思义几次暴动和与仁达有关之甘南民变的群众起义，在海固扰乱敌人一下，再经隆德、静宁绕道陇西、武山到达成、徽一带。另一个方案是由徐国珍带三旅正规军两个连与上述一百人共三百人，由徐、马领导，仍经上述路线出去到达陇南。（2）活动方式，原则是统一领导，分散活动。出行

① 《习仲勋致李合邦、朱敏、孙作宾等电——创造陇南根据地工作布置》，《甘肃党史资料》第六辑。

办法或者集中百人为一大股出去，或者分散成小股，每股二三十人出去。（3）时间在九月十日以前完成（此为十日讨论）。（乙）上述计划经即日与黄（罗斌）、郭（炳坤）、李（合邦）共同讨论后，改为分两个步骤来进行。先派一批干部分别到徽县、清水、华亭三县党的基础较强的地方帮助就地搞起武装。二批派马思义带回骑团四十人，再配备些干部去到华亭、清水一带配合活动。……”①

为了加快创建陇南游击区的行动步伐，习仲勋于8月16日主持西北局会议研究后，作出了成立陇南特委、建立武装队伍及开展游击活动问题的决定：“（1）以刘仁达同志为陇南武装司令，马福吉同志为副司令，孙作宾为政委，惠庆琪同志为副政委。（2）由孙惠刘马组织陇南特委，以孙为书记，惠为副书记，至其余为何人参加为宜，请你们商酌告西北局批准。（3）陇南武装活动以徽成为中心，向陕川及陕甘交界广大地区发展。（4）陇南党组织统移交陇南特委领导。（5）仲良同志已于昨天动身来庆，请和他详细具体筹划，争取在最短期间出动。”②

按照习仲勋的指示，陇南特委充实了陇南游击队力量，共有178人。此后，甘肃工委相继建立了平西游击队和华平游击队。平西游击队，马思义任司令员，陈致中任政委，共119人；华平游击队，段全才任队长，张可夫任政委，共54人。各游击武装队伍加紧训练，随时准备向陇南出动。

这时，中原解放军主力刚到陕南一带，胡宗南部正准备以主力19个旅约15.5万人的兵力向陕甘宁边区发动进攻。为了牵制敌人，便于李先念、郑位三等率部在陕南建立根据地，并配合陕甘宁边区粉碎胡宗南部的进攻，中共中央决定三五九旅离开陕南继续北上，在陇南建立游击根据地。8月17日，中共中央致电王震指出：“我们希望你率所部进至陇南后，即在两当、徽县一带分散游击，建立陇南游击根据地，对于目前牵制敌人，帮助五师及粉碎蒋介石向整个解放区进攻，帮助必大。对于将来我

① 《李合邦、朱敏、孙作宾关于组织武装向陇南地区活动问题致习仲勋等电》，《甘肃党史资料》第六辑。

② 《习仲勋关于成立陇南特委及人员配备致李合邦等电》，《甘肃党史资料》第六辑。

军向南发展则是一准备步骤。”

8 月 16 日，三五九旅不顾长途转战极度疲劳，分兵两路向陇南地区转进。但在国民党军的重兵进攻和包围下，三五九旅难以在陕南和陇南立足，遂决定向陕甘宁边区兼程前进。国民党胡宗南部发觉了三五九旅北返意图之后，迅即调运整编三十八师至陇县一带，以二十八旅、八十四旅、一三五旅、一旅、一二三旅、一四四旅、十二旅等部 19 个团的兵力，企图聚歼我三五九旅于千阳、陇县地区。为了粉碎国民党军的阴谋，从 8 月 19 日起，王震率领三五九旅经三天两夜以 350 里之急行军，与敌人作战五次，突破了敌一二三旅、十二旅及地方反动武装的追堵，由宝鸡、凤县间通过了川陕公路，越过了渭河与陇海铁路。因三五九旅行动迅速，胡宗南又急调整编七十六师之一四四旅和九十师之六十一旅的一个团在陇县堵截。

为了接应三五九旅返回陕甘宁边区，毛泽东连续向习仲勋写信，要求他做好接应的一切工作。据习仲勋回忆说：“一九四六年夏，国民党蒋介石撕掉和平伪装，发动全面内战，集中重兵向我各解放区大举进攻。我中原解放军，在李先念、王震等同志率领下，于六月底胜利突破国民党三十万军队的包围。王震同志率领一支队伍，向陕甘宁边区转移。毛主席把我叫去，问我路该怎么走，从哪里过渭河，并要我派人接应。这期间，毛主席不几天就来一封信，有时隔一天一封，一个多月的时间，共写了九封。毛主席在信中的指示十分具体，既谈到要派熟悉情况的得力干部去策应，又要我收集沿途敌人驻防和分布情形，还指示我如何配合开创新游击根据地，甚至连部队到达后要开群众欢迎会都想到了。”①

8 月 19 日，毛泽东致信习仲勋：“王震行进甚速，拟以十一天到达宁镇或栒正地区。王来两电请阅，并摘要转告关中、陇东。关于准备三个强的团位于适中地点，以便迅速出动策应王震，此事请于日内准备好，并即速出动于边境附近，待命策应为要。”

① 习仲勋：《红日照亮了陕甘高原》（1978 年 12 月 20 日），中共中央党史研究室编：《习仲勋文集》（上卷），中共党史出版社 2013 年版，第 433 页。

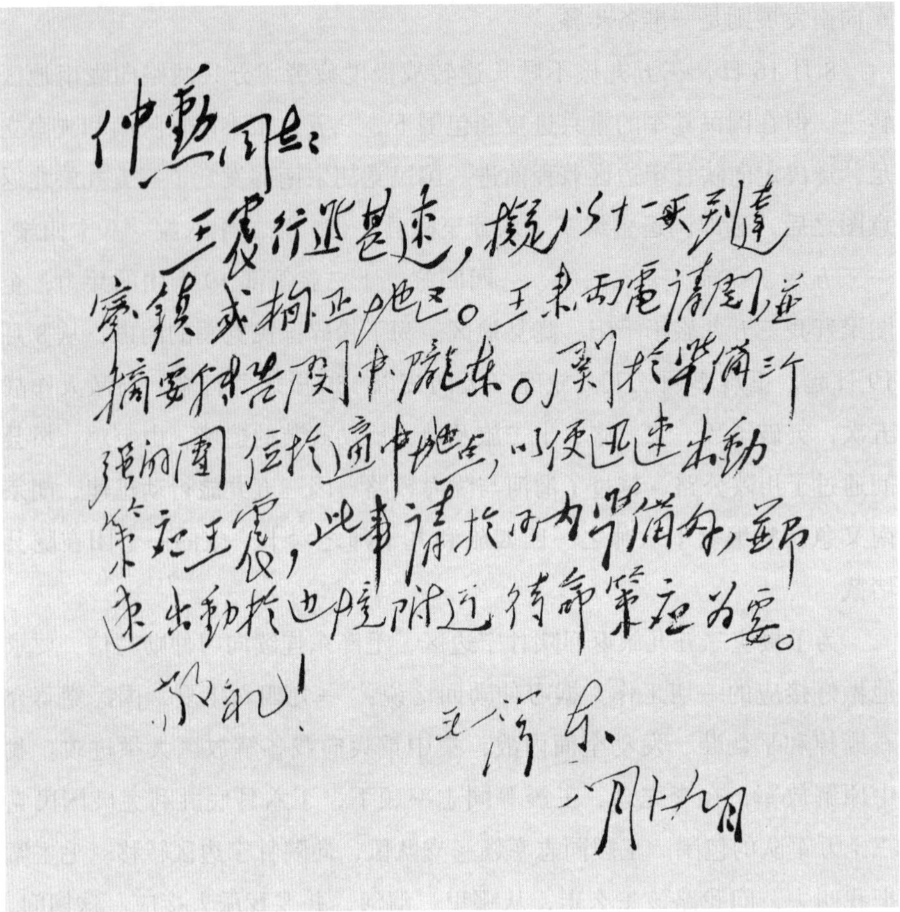

仲勋同志：

王震行进甚速，拟以十一天到达宁镇或枸邑地区。王来两电请阅并摘要转告关中陇东。关于准备三个强的团位于适中地点，以便迅速出动策应王震，此事请于两日内准备好，并即速出动于边境附近待命策应为要。

敬礼！

毛泽东
八月十九日

1946 年 8 月 19 日，毛泽东致习仲勋信

根据毛泽东的指示，习仲勋立即部署力量，接应三五九旅。8 月 22 日，习仲勋致电陕甘宁晋绥联防军副政委张仲良，陇东地委书记李合邦，甘肃工委书记朱敏，警备三旅旅长黄罗斌、政委郭炳坤等，全面部署了接应工作：“（1）派出的三支武装立即出动，不要迟延。（2）派出的武装应轻装，不要累赘，人员都要精干，非战斗人员尽量减少。（3）派出部队经费拓夫即有电批发。但财物不要一次带得太多，以带两个月的为宜。（4）王震部今日已入陇县境，二十六日即可到西兰路附近。你们要做的事请赶快做，一切都要配合这个情况。（5）派出去各地区的组织与人事均同

意你们的配备。但周仁山一时间不能调来。（6）边境即需派出数股小部队以连为单位在碉堡线附近活动扰乱与牵制敌人，联司即将有电令发出，望就近督促立即执行。”[①]

8月22日夜，三五九旅的安危牵挂着毛泽东的心，他又致信习仲勋：“长武、邠县、平凉、隆德、静宁、正宁、宁县、西峰、镇原、固原等处共有多少敌军驻防及其分布情形，请即告。”

8月23日，习仲勋将有关敌情及陕甘宁边区新四旅、教导旅分左右两翼出击的方案报告毛泽东。

当天，毛泽东再次致信习仲勋：“来示悉，布置甚好，已告王震。陕西边境仍以保持平静为宜，请告关中分区，栒邑以东不去扰击；宁县正宁及陇东分区各部则照计划办理。”

为了落实毛泽东的指示，8月24日，习仲勋又致电张仲良等：“王震部现已进至陇清交界，拟继续北上，亟需沿陕甘交界及泾、渭之间地方武装配合，并进行有力策应，你们拟派出之武装和人员，千万迅即派出，以免坐失良机。并告前进及当地同志，设法与王联系并尽力协助之。”[②]

习仲勋的指示下达后，陕甘宁晋绥联防军以新四旅主力为左翼兵团，迅速集结于关中分区的新宁、新正一线，在长武一线突破敌人的封锁；警备三旅为右翼兵团集结于陇东分区的镇原一带，在平凉、泾川之间突破敌人的封锁，发起“迎王战役”。新四旅在宁县良平与胡宗南部四十八旅一四二团展开激战，警备三旅在镇原屯字镇、太平镇、黑渠口等地与国民党军展开激战，为三五九旅进入边区清扫了障碍。与此同时，以一部兵力组成若干游击队，分散游击活动于栒邑山区，以迷惑敌人；另组织了三个武工队，深入麟游山区，开展敌后游击战争。

陇东分区和关中分区也遵照习仲勋的指示做好接应三五九旅的各项准备工作。陇东分区专署发出通知，要求各县迅速做好迎接三五九旅的各项支前工作，并动员妇女为三五九旅做军鞋8500双。在新四旅为迎接

① 《习仲勋关于派出武装接应王震部队致张仲良等电》，《甘肃党史资料》第六辑。

② 《习仲勋关于尽力以地方武装策应王震部队致张仲良等电》，甘肃省档案馆复印件。

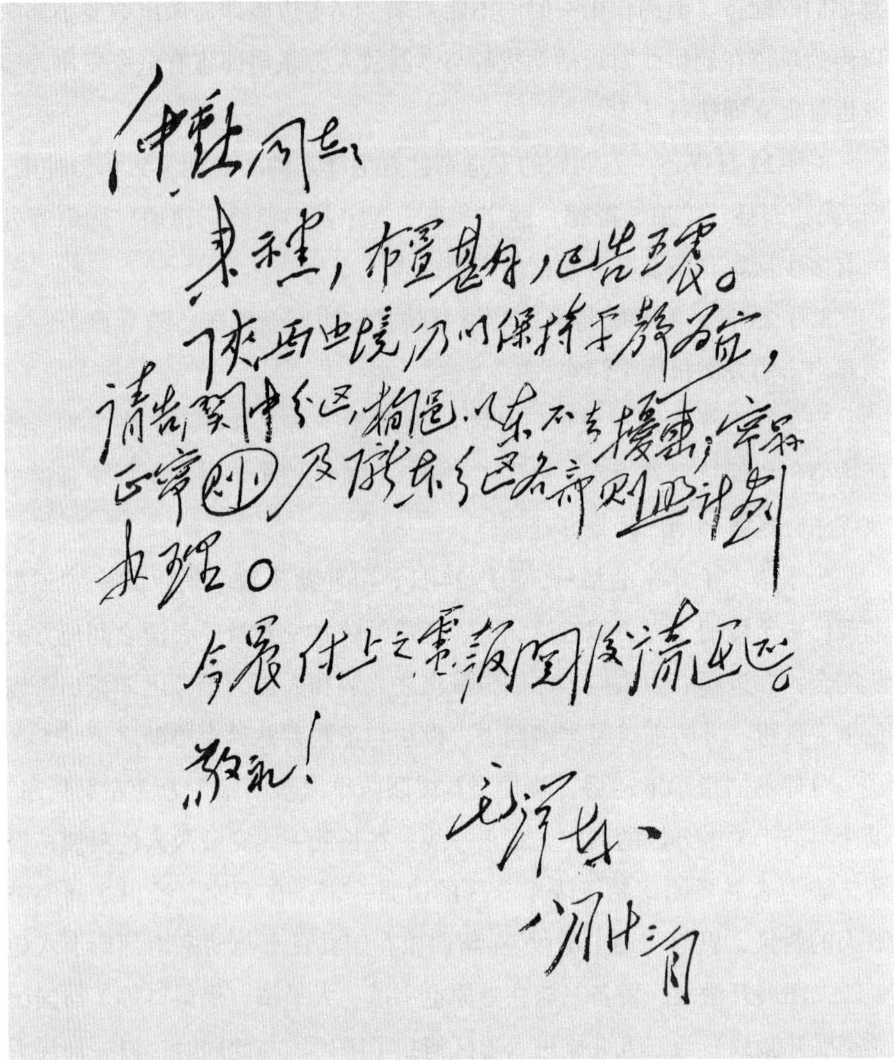
仲勋同志：

来示悉，布置甚好，已告王震。

陕西出境仍以保持平静为宜，请告关中分区，栒邑、陇东不去搔扰；宁县正宁则及陇东分区各部则照计划办理。

今晨付上之电报阅后请退还。

敬礼！

毛泽东

八月廿三日

1946 年 8 月 23 日，毛泽东致习仲勋信

三五九旅所进行的平子战斗中，新宁县政府动员群众全力支援战斗。他们在金村、九岘、石鼓等地设立了五个兵站，筹备了粮食 275 石，并准备了充足的饲草，还在战场附近设立了一所临时野战医院，治疗伤病员 170 余名。在平子战斗中，新宁县有 2000 余人为部队当向导，并承担了救护伤员、运送弹药、配合作战的任务，出动担架 250 副。当地政府还组织妇

女为部队做军鞋1000余双。战场附近的米桥、良平、平子一带有100余人为配合部队作战，捐献了老牛车80辆、麦草8万斤，用以填充敌挖掘的宽3丈、深2丈的外围战壕。在陇东人民的支援下，新四旅歼敌600余人，摧毁了敌人在山河、平子、米桥一线的军事防线，掩护了三五九旅进入边区。

8月27日，三五九旅及所属七一八团、七一九团在边区右翼兵团警备三旅等部的掩护下，进入陇东解放区，在镇原屯字镇与警备三旅胜利会师。月底，三五九旅另一部也在边区左翼兵团新四旅掩护下，到达正宁宫河一带。9月3日，三五九旅右纵队七一七团从平凉以西越过西兰公路，到达马渠，进入镇原解放区。至此，接应三五九旅返回边区的任务胜利完成。三五九旅进入镇原后，部队已十分疲劳。当时，三五九旅由中原突围时的5000余人，减少到1800余人，① 战士们两个多月没有理发、刮胡子，时令已交9月，还穿着短裤，见到迎接自己的边区亲人，三五九旅战士们没有一个不流泪，他们和边区军民相互拥抱，诉说着中原突围后几个月来寻找亲人的艰辛困苦。

三五九旅到达陇东解放区后，8月29日，毛泽东极为欣慰，又写信给习仲勋：“王震部主力已到边区，即在陇东休整，请令陇东党政军予以欢迎及帮助。”

按照毛泽东的指示，习仲勋对陇东分区接待三五九旅的具体工作作了部署。在习仲勋的指示下，陇东分区各级党政组织积极行动起来。8月29日，陇东分区专署再次发出通知，要求在三五九旅所必经的镇原、庆阳、合水三县保证供给三五九旅所需之粮食、草料，动员群众送菜、送粮、送水果，保证食宿。镇原县委和县政府按照习仲勋的指示和陇东分区的布置，动员群众给三五九旅战士做饭烧水、洗衣洗脚、理发刮胡子，并迅速发动群众赶缝了一些衣服，给战士们换上。在屯字镇，王震旅长给三五九旅全体将士讲了话。他说：“我们已经胜利地回到了边区，大家鼓起精神，

① 王保生：《跟随王震下江南》，中共庆阳地委党史资料征集办公室编：《庆阳人民与解放战争》，第496页。

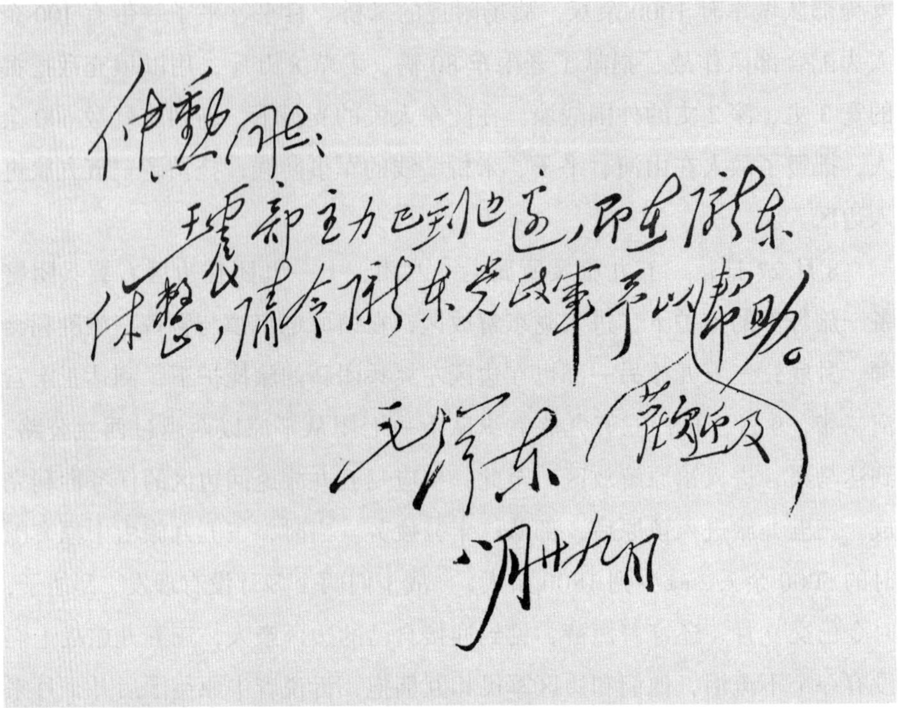
仲勋同志：
王震部主力已到达边区，即在陇东休整，请令陇东党政军予以帮助。
毛泽东
八月廿九日

1946 年 8 月 29 日，毛泽东致习仲勋信

甩掉棍子，回延安！”[①] 三五九旅在镇原屯字镇稍作休整后，即挥师东进，渡过了蒲河。随后即向庆阳进发。庆阳县城人民闻讯，冒着大雨，扶老携幼，敲锣打鼓，携带慰劳品到十里之外迎接三五九旅到来。

三五九旅到达陇东解放区，使国民党反动派恼羞成怒，他们酝酿着向陇东的进攻。9 月 1 日，毛泽东致信习仲勋：“（一）胡宗南似有向陇东进攻之计划，我们如何应付，请加以筹划，并见告。（二）我军出至封锁线外占领多少地方，消灭多少敌人，缴枪多少，正宁、宁县、镇原一线碉堡线是否已完全攻破，或尚余多少，请饬人绘图附说送我为盼。”

习仲勋按照毛泽东的要求，立即调整兵力部署，并将边区敌我形势及我军作战方案，向毛泽东作了报告，还命令陕甘宁边区部队派专人绘制地

① 王保生：《跟随王震下江南》，中共庆阳地委党史资料征集办公室编：《庆阳人民与解放战争》，第 496 页。

图和文字说明上报毛泽东。

9月2日，毛泽东再次致信习仲勋："来信收到。即照所定方针去做。作战时，注意集中绝对优势兵力歼敌一部，如来信所说，集中六至七个团，歼敌一个团。得手后看形势，如我损伤不大，又有好打之敌时，可接着打第二仗，再歼敌一个团；如不好打，则撤回休整，待机再打。此外，须准备三千人左右补充作战部队的消耗，请早为准备。最好先期交付各旅训练，临时可迅速补充。"

遵照毛泽东的指示，习仲勋命令陕甘宁边区警备一旅、警备三旅、新四旅、教导旅等部队积极备战。三五九旅离开镇原屯字镇后，警备三旅奉命仍留在太平镇阻击国民党军的追击。在三五九旅走后的第三天，国民党军一个团进攻太平镇，被警备三旅击溃，俘敌甚多，缴获了大批的枪支弹药。警备三旅在完成了阻击任务后，才离开太平镇。

三五九旅在陇东分区首府庆阳县城休整了半个月。在这期间，陇东解放区的乡亲们拉着羊，抱着西瓜，带着慰问品，络绎不绝地前来慰问三五九旅的将士们。庆阳县人民为三五九旅捐献了16.9万斤麦面，4085石小麦，1320只猪、羊、鸡，14782斤蔬菜，4250双鞋，107890斤柴草。在陇东解放区人民的热情关照下，三五九旅将士们的体力很快得到了恢复。之后，三五九旅从庆阳出发，经合水，于9月17日回到了延安。习仲勋、林伯渠等西北局和陕甘宁边区的领导人到延安十里铺迎接三五九旅。毛泽东也在中央大礼堂接见了三五九旅南下将士。9月27日，《解放日报》发表《欢迎三五九旅胜利归来》的社论，号召边区军民学习三五九旅艰苦卓绝英勇战斗的伟大精神，准备迎击蒋介石的任何进攻。

三五九旅胜利返回陕甘宁边区是一个伟大的胜利。就连国民党当局也不得不承认：接应三五九旅返回陕甘宁边区的行动"于牵制我兵力，影响主力之作战实大"。[①]

① 转引自秦生:《西北解放战争史》，中共党史出版社2007年版，第44页。

二、指导甘肃的敌后工作

为了开展甘肃的敌后斗争，建立打败国民党反动派的第二条战线，支援陕甘宁边区的自卫战争，保卫边区，保卫党中央，解放大西北，习仲勋领导西北局成功地开展了甘肃的敌后斗争。

抗日战争结束后，国民党政府加紧了对甘肃国统区人民的法西斯统治。1947 年 7 月，国民党政府发布“戡乱动员令”后，甘肃国统区白色恐怖更为严重，国民党大肆惨杀共产党员和爱国民主人士。国民党政府还出于内战的需要，大肆向人民征粮征款，派兵抓丁，给甘肃人民造成了极大的灾难。仅 1947 年，国民党政府在甘肃征粮的正税有 26 种，额外捐款 23 种，临时摊派苛捐杂税 77 种，合计捐税达 126 种之多。国民党在兰州市征丁时，以马代丁，购马 3100 匹，耗资 30 万银元，全部摊派到人民身上。

国民党的黑暗反动统治激起了爱国学生和广大人民的强烈不满和反抗，国统区开展了大规模的爱国民主运动。1946 年 6 月，兰州大学响应北平学生的爱国斗争，举行了大规模的游行，遭到国民党第二十二团宪兵的阻止。与此同时，兰州被服厂、西北毛纺厂、兰州报社印刷厂等工厂的工人也举行了罢工斗争，同前来镇压的军警发生了冲突。

为了开展党在甘肃敌后的斗争，习仲勋领导西北局加强了甘肃党组织的建设。中共甘肃工委是解放战争时期党在西北最早恢复的组织。1945 年 9 月，经中共中央批准，中共西北中央局决定重新建立中共甘肃工委，由陇东地委副书记朱敏兼任甘肃工委书记。1946 年 3 月，习仲勋和西北局派孙作宾、葛曼、丁志明等由延安回到庆阳，参与甘肃工委的领导工作，孙作宾任副书记，陈成义、陆为公、葛曼、丁志明为委员，加强了甘肃工委的工作。中共甘肃工委机关驻庆阳，负责领导甘肃、宁夏两省白区党的工作，下设组织、宣传、军事、社会等四科，分别由陈成义、陆为公、丁志明、薛浩平担任科长。

1946年6月，为了迅速推动党在甘肃工作的发展，以习仲勋为书记的西北局向甘肃各级党组织发出《对目前国民党区工作的指示》，要求各地委、工委紧急行动起来，集中所有力量，采取一切办法，以配合保卫陕甘宁边区。7月24日，习仲勋主持召开了西北局扩大会议，研究了甘肃工作，习仲勋、张德生、马文瑞、孙作宾、范明、严克伦、胡达民等出席了会议。会议指出：“目前全国内战正发展，在此局势下国民党区工作应采取发展的方针，并在有战略意义的和可能开展游击战的地区搞武装根据地。甘肃工作半年以来一般说有其成绩，但按目前局势要求，则还需大大努力。”“在新的时期中，在西北国民党区搞武装仍有其重要的意义……适合将来发展的目的。甘肃工作中，搞武装、搞若干根据地是中心问题，不可忽视。”会议还根据甘肃的具体情况，分别提出了不同的工作方针。对于陇南的工作，会议根据这一地区有发展武装和具有重要的战略地位的条件，提出“甘肃工作目前的方针，应是在陇南地区发展武装，准备建立根据地，长成强大的党的群众和军事的力量”。对于一般地区及城市工作，会议提出“要抓紧工作，在有条件的地区派干部去有计划地开展建党工作，在社会各阶层中活动，以至准备武装工作”。并告诫甘肃的各级党组织说：“这些地区的党组织尽量求隐蔽，多作合法斗争。”对于靠近陇东解放区的边境地区的工作，会议提出：“党要搞秘密武装，以非法武装斗争与公开合法斗争配合。”并要“准备配合保卫边区的战争，在一定时机下起义，配合我军解放本地区”。

这次西北局会议分析了甘肃工作面临的形势，明确了中共甘肃工委的任务，提出了具体的工作措施，指明了甘肃工作的发展方向，对于甘肃工作的发展，产生了重要的指导作用。

9月，习仲勋按照毛泽东的指示，相继从边区派出陇南游击队、平西游击队、华平游击队等三支武装队伍，向国民党统治区出击，配合三五九旅，开辟敌后根据地。9月3日，陇南游击队和平西游击队从环县庙儿掌出发，向敌后进军。为了统一领导和指挥部队，陇南特工委和平西工委成立了临时指挥部，马思义任司令员，孙作宾任政委。陇南游击队和平西游击队离开陇东解放区后，向西南前进，到达固原境内的头营、三营一带，在此歼灭敌人的一个数十人的保安队，然后分兵两路，陇南特委率领陇南游击队继续向南，进入六盘山区，平西工委率领平西游击队留在原地活动。

陇南游击队越过西兰公路，于 9 月 8 日到达隆德附近。这时，敌军发现了我军的行动，遂派平凉保安团赶来堵截，双方展开了激烈的战斗。陇南游击队冲破敌人的围攻，到达泾源附近，这时平西工委率领平西游击队赶来增援，两支队伍又重新会合，后继续前进。当我军到达泾源、平凉交界的老龙潭一带时，陷入敌人的重兵合围，经过三天激烈的战斗，我军突出了重围，但付出了一定的代价。平西工委委员魏子义和电台台长英勇牺牲，电台丢失，与西北局的联系陷于中断。

面对这一情况，9 月 11 日夜，陇南特委和平西工委在大关山顶召开了会议，分析了面临的形势，认为在远离边区，与西北局和甘肃工委失去联系，部队目标暴露的情况下，盲目前进有较大的危险性，遂决定返回边区。随后，部队冲破了敌人的封锁，越过米岗山，跨过西兰公路，回到了边区的环县庙儿掌。

在此前后，华平游击队也在华平工委的率领下，从镇原孟坝出发，先后经镇原的惠家沟门、平凉张家河、关家雅河等地，到达华亭县境内的海龙山。在这里与优势的敌人遭遇，战斗中副政委黄鼎牺牲。后来，华平游击队也撤回了边区。

陇南特委、平西工委、华平工委领导各自的游击队向敌后开展的这次大规模的军事行动，虽然没有达到开辟甘肃敌后根据地的目的，但为以后甘肃党的力量的发展和敌后武装斗争的开展，作了思想上、军事上的准备。

在国民党反动派不断向陕甘宁解放区进犯的形势下，12 月 8 日至 15 日，习仲勋再次主持召开西北局扩大会议，讨论甘肃的工作。在这次会议印发的《西北局讨论甘肃工作的记录》中，明确指出了甘肃工作的意义："保卫边区，打垮胡宗南，解放西北，这是今天西北党的任务，而甘肃在西北占有很重要的地位。这就是说，甘肃工作的好坏，对党解放西北的任务来说，其作用非常大。因此，西北局要求在甘肃工作的全体干部党员，重视这种工作，并为甘肃及西北人民的解放，积极坚决地进行奋斗。”会议还规定了党在甘肃工作的总方针：“目前甘肃工作的总方针是放手发展隐蔽力量，准备开展游击战争。”关于甘肃工作的具体任务，会议提出了陇南地区、陇东边境地区和其他地区的具体工作方针，并提出了实现这些任务的五项措施。会议号召“甘肃所属全体干部和党员积极紧张起来，深入地了解各种情况，具体细致地布置各项工作，争取在三几个月以内，打下开展陇南等地游击战争的基础”。会议决定调整甘肃工委的领导人员，朱敏调任三边地委副书记，孙作宾接任中共甘肃工委书记。①

习仲勋主持的这次西北局扩大会议认真总结了五个月来甘肃的工作，指出了甘肃党的工作中存在的问题，进一步提出了甘肃工作发展的方针、任务和措施，大大加快了甘肃工作发展的步伐。

1947 年 2 月 19 日至 25 日，在习仲勋的指示下，中共甘肃工委在庆阳召开统战部长会议。会前，习仲勋专门对这次会议研究的重点和任务作了指示。2 月 13 日，习仲勋在致李合邦等的电报中指出：“统战部长会议，请着重将镇原平凉及其东南各县工作，详细讨论具体布置，好好总结十八保经验，研究如何开展两面政权，准备武装力量，建立城镇内应工作，发展党员，加强党员教育和活动，开展对外侦察及宣传攻势等问题，务于一月内能有新的进展，以适应新情况的需要。”②这次统战部长会议进一步统一了思想认识，研究了开展工作的措施。在此之后，西北局和甘肃工委又陆续派出了大批干部进入国民党统治区开展地下工作，恢复了原有党员的组织联系，发展了新生力量，逐渐打开了甘肃工作的局面。

为开展陇南工作，习仲勋和西北局先后派出高健君、司国权、苏星等同志前往徽县开展工作，努力贯彻西北局指示，恢复发展党的组织，使党

---

① 《西北局讨论甘肃工作的记录》，存甘肃省档案馆。

② 《习（仲勋）致李（合邦）等电——对统战会议的指示等》，中共庆阳地委党史资料征集办公室编：《陕甘宁边区陇东党的建设》，第 252 页。

的力量有了较大的发展。在此基础上，建立了中共徽县工委，吴治国任书记。到1948年初，在天水、西和、秦安、成县、康县、两当、甘谷、武山、礼县、清水等县建立了基层党支部132个，党员2000余人。

对于陇东边境地区，甘肃工委遵照习仲勋的指示在与陇东解放区环县、庆阳、镇原、宁县等县域邻近的国民党统治区域中建立党的组织。宁县工委划归甘肃工委后，甘肃工委调整了宁县工委领导机构，先后由李科、刘永培任工委书记，潘国亚、万青山先后任副书记，加强了力量，领导武工队积极开展武装斗争。甘肃工委建立了中共海固工委，丁志明任书记。甘肃工委还建立了中共华平工委，张可夫任书记。华平工委积极在泾川、崇信、平凉、华亭、隆德、静宁、固原等地开展活动，使党的力量有了较大的发展，随后又陆续建立了平凉、镇固、华亭、崇信等四个工委和一个直属工委，并建立了工委领导下的游击队武装，初步开展了游击战争。

对于兰州地区，习仲勋和西北局先后派出罗杨实、苏星、葛曼等骨干到兰州，与原在兰州的地下党员吴鸿宾、张一悟、陆善亭、梁朝荣、杨春霖、王新潮等人取得了联系，积极活动，逐渐打开了兰州地区的工作局面，恢复了党的组织，发展了新党员，陆续建立了一些党的基层支部。除市区外，兰州组织还在郊区的榆中金家崖、皋兰石洞寺等地的农民中建立了党的支部，开展农村工作。这个时期，兰州党组织还积极开展统战工作，取得了显著的成效。许多国民党政权中的进步人士和民主人士，如许青琪、史鼎新、魏自愚、周服之、陈本身、杨子实等与党组织建立了联系，后来其中有些人还加入了中国共产党。

对于陇右地区，习仲勋和西北局先后派高健君、牙含章、万良才、肖焕章、毛得功等陆续前往陇右一带开展工作，与甘南民变失败后继续坚持武装斗争的郭化如、肋巴佛、杨右柏、夏尚忠等人取得了联系，介绍他们加入了中国共产党，形成了陇右地区党的工作和武装斗争的领导核心，组建了陇右地区第一个党支部中共陇渭支部，郭化如任书记。中共陇渭支部在参加过甘南民变的贫苦农民和斗争骨干中发展党员，组成了武工队，开展武装斗争，取得了很大成绩。1947 年 8 月，中共陇渭工委成立，高健君任书记。

甘肃聚集着回族、藏族、东乡族、保安族、撒拉族等多个少数民族，根据民族地区的实际情况，开展党的工作是甘肃工委面临的一个重要任务。为了推动少数民族地区党的工作的发展，1947 年 6 月，按照习仲勋和西北局的指示，甘肃工委召开了回民工作座谈会，通过了《关于甘肃回民工作问题》和《回民自治纲领草案》，推动党在张家川、徽县和临夏等地回民工作的开展。

在甘肃地区党组织和革命力量得到初步发展后，习仲勋指示甘肃工委采取措施，选调和训练干部，进一步加强党和武装组织的建设。1947 年 9 月 5 日，习仲勋和西北局致电指示陇东地委："我主力不久将向甘境出击，甘肃党应及早派干部分别出去加强各地工作领导，准备配合我军行动，并请准备二百干部做新区工作，望地委及工委专门讨论一次，并将布置与甘境情况报来。"① 12 月 1 日，习仲勋等致电甘肃工委书记孙作宾："（1）俭电悉。陇东工作问题张李在此曾作深刻检讨，已嘱合邦将此次土地会议精神带回去领导全党彻底检讨。望和地委各同志秉此精神努力。（2）成立教导队，很好；从平东挑选好的贫雇农进来训练，尤有必要，不但平东应如此，甘肃其他地区亦应先调一批同志进来训练，准备开展游击战争和将来新解放区的干部。训练内容主要应是游击战术和基本技术（投弹、射击、爆破），至于制式训练等则无必要，更应教会他们做群众工作，弄懂游击战就是群众运动的思想，拿土地法大纲（平分土地）、解放军宣言、口号，三大纪律八项注意等好好进行政治教育，这是最基本的。"②

1948 年 10 月 19 日，习仲勋和西北局再次调整了中共甘肃工委的领导人员，决定由孙作宾、陈成义、黎光、李培福、徐国珍五人为委员，组

① 《西北局对陇东地委陷电补充意见》，中共庆阳地委党史办编：《陕甘宁边区陇东党的建设》，第 257–258 页。

② 《习（仲勋）马（明方）复陇东孙（作宾）二十八日电》，中共庆阳地委党史办编：《陕甘宁边区陇东党的建设》，第 253–254 页。

成甘肃工委，孙作宾任书记。11 月 13 日，习仲勋和西北局再次发出《对甘肃工作指示》，认为："甘肃工作最近一年来是有成绩的，特别是陇渭工作有很大的开展，该地区基本上实行了党与民变基础相结合和党员掌握武装的正确方针。今后工作应以陇渭工作为基础，向南、向西发展，大大加强陇南工作，并向河州回民区发展。"同时，习仲勋和西北局也指出了甘肃党的工作的不足："陇南及海固工作进展缓慢，主要由于工委领导重视不够。"为了加强上述地区的工作，习仲勋和西北局决定"调高健君负责陇南工作，赵崇德负责海固工作，陈致中负责陇渭工作"。同时，西北局还对"加强城市工作"、"积极进行党的发展与教育工作"、学习"陇渭武装斗争的经验"、"反对工作中的无纪律无政府状态"等问题作出了具体的指示。①

中共甘肃工委的领导力量加强后，坚决执行习仲勋和西北局制定的工作方针，积极发展党的组织，不断壮大党的力量，组建地方武装，开展游击战争，广泛建立统一战线，分化瓦解敌人，为甘肃的解放作出了贡献。

在发展壮大党的组织的工作中，中共甘肃工委取得了新的进展。新建立的陇南工委，仅在半年时间里，便建立县工委 5 个、区工委 8 个、党支部 538 个，有党员 4300 余名。② 到 1949 年 5 月，人民解放军进军甘肃前夕，中共甘肃工委已在 42 个县市建立了党的组织，先后建立了中共陇右工委、平东工委、陇南工委、皋榆工委、海固工委、宁县工委等直属工委及 16 个县级工委、30 个区级工委、1300 多个党支部，党员人数最多时发展到 1.6 万余人。

这一时期，中共甘肃工委根据习仲勋和西北局的指示，将开展地下武装斗争作为甘肃党的工作的中心环节，组建了一大批党领导的地方游击队，活跃于敌后。中共陇南工委、中共平东工委、中共宁县工委等都建立了游击队，有的发展到数千人。这些武装力量在掩护各地党组织，护送进步青年进边区，歼灭小股敌特，破坏敌人交通，袭扰敌人，打击国民党地

---

① 王晋林、秦生:《甘肃新民主主义革命研究》，甘肃人民出版社 2004 年版，第 194 页。

② 秦生:《西北解放战争史》，中共党史出版社 2007 年版，第 207 页。

方团队，配合人民解放军主力作战等方面，都作出了贡献。

地下党组织根据习仲勋和西北局关于《农村统战关系以乡镇长为主》的指示，大力开展红村子运动和组建两面政权、两面武装的工作，将国民党乡镇政权和自卫武装改造成为名为国民党，实际上是共产党掌握的政权和武装。如甘肃的中共陇右工委就掌握了国民党会川、渭原等县的自卫队及当地 60% 的乡村政权，为以后这些地区的解放创造了良好的条件。

地下党组织还根据习仲勋等的指示：“同甘肃地方派上层多数建立来往以至掌握”，“对统战关系态度要诚恳，又要警惕，不要要求过高”的精神，开展统一战线工作，争取了国民党阵营中的爱国官兵和大批爱国民主人士站到人民一边。各地党组织将抄收和印发的陕北新华广播电台与新华社的消息，通过邮寄、投递、张贴等多种方式，送到一些上层人士手中，使他们了解了全国解放战争发展的形势，促使他们与中国共产党建立了联系。地下党组织的统一战线工作，取得了显著的成效，一批原国民党阵营内的爱国人士投向了人民阵营。在甘肃，国民党西北行辕中将参谋史鼎新、甘肃保安副司令周初祥、天水专员高增级、平凉保安副司令任谦等，都毅然脱离国民党阵营。

甘肃国统区中共地下党组织开展的武装斗争和统一战线工作，扩大了党的影响，有力地支持了人民爱国民主运动的高涨，打击了国民党政府的黑暗统治，分化瓦解了敌人，为后来人民解放军向国统区进军创造了良好的条件。

1949 年 5 月，人民解放军解放西安。为了配合人民解放军的军事行动，加速甘肃的解放，习仲勋和西北局又发出了《目前甘肃工作的指示》，指出：“解放军不久即将向甘肃进军，甘肃一部和大部之迅速解放已很逼近，甘肃党的中心任务就是在陇南、平凉甚至陇渭、皋榆等地准备迎接全面解放。根据军事形势的发展，甘肃可分为三类地区，即陇南平凉等很快即可解放地区，皋榆等稍后即将解放地区和河西等尚需相当时间才能解放而中共尚无工作基础地区。”“工委对此三类地区应分别先后缓急，有重点的，都不放松的具体领导。”指示认为：“两年来甘肃党积极发展组织与开展武装工作的方针是正确的，陇渭、陇南等地的工作是有成绩的。”“目前形势已使敌区工作由农村为主，长期隐蔽建立个别据点，一点一点进行工作的环境，进入由乡村到城市全面开展工作的新环境。”在这种形势下，习仲勋和西北局向甘肃党组织提出了新的任务：“加强城市工作”，“武装工作”，争取更大的成绩，还要求甘肃工委“加强工委本身工作”，“加强对所属各工委及敌区情况有系统的研究了解和进行及时具体的指导”。[①]

按照习仲勋和西北局的指示，甘肃各级地下党组织加强了武装力量的建设。中共陇右工委领导的陇右人民游击队由100余人发展成为一支下辖6个中队、2个独立营、1个回民支队和各县游击队3000余人的革命武装。中共平东工委、陇南工委、海固工委也都不同程度地掌握了武装力量，开始建立小块根据地。在解放大军尚未到来之前，陇右人民游击队积极开展敌伪政权的接收和策动国民党部队起义工作。在陇右地区党组织的有力领导下，陇右人民游击队先后解放了陇西、渭源等县城，为解放军进入这一地区创造了良好的条件。

甘肃党组织还为配合解放军作战，进行调查研究和情报收集工作。党组织通过各种渠道收集情报，编印了《甘肃敌兵力调查》《甘肃工业、政治情况及国民党在甘肃的组织活动概况》《陇东地区敌地方武装调查》等，以及兰州、天水、西峰、平凉、陇西等重要城镇的地图，详细标明了敌人兵力部署、仓库位置、交通道路等内容，方便了解放军的作战行动。兰州市的地下党员甚至冒着生命危险，化装潜入敌军南山几个阵地侦察，把地图巧妙地送到解放军手里，为解放军提供了宝贵的情报。针对甘肃多民族的特点，甘肃党组织编写了《甘肃回民调查概况》《回民问题的一般简况》《甘肃番民概况》等资料，为解放军进入少数民族地区，及后来人民政权制订民族政策提供了可靠的依据。

甘肃各地的党组织积极在国民党统治区充分发动群众，配合解放军的进攻作战。在农村，领导人民群众开展抗丁、抗粮、抗捐斗争，反抗

① 王晋林、秦生：《甘肃新民主主义革命研究》，甘肃人民出版社2004年版，第194–195页。

国民党统治者的残酷剥削；在城市发动工人、学生进行护厂、护校斗争。1949年，国民党甘肃政府主席郭寄峤，企图发行300万银元的所谓“建设公债”，以搜刮民财，中饱私囊。在中共皋榆工委的领导下，兰州人民掀起了反对郭寄峤运动。3月29日，兰州市的西北师范学院、兰州大学等大、中专学校学生涌向城区，举行游行示威，在街头演讲，张贴标语，散发传单，揭露反动政府压榨群众的罪行。学生的斗争获得了社会各界的广泛同情和支持，反动政府只得宣布暂缓发行“建设公债”，斗争取得了胜利。甘肃各地人民的斗争，形成了反对国民党反动派的第二条战线，有力地配合了西北人民解放军的大进军。

少数民族地区的地下党组织还按照习仲勋和西北局的指示开展了民族工作。临夏、甘南等地的中共党组织积极开展少数民族群众的工作。8月19日，当人民解放军渡过洮河，向康乐进发时，中共康乐县的地下组织，耐心细致地开展民族宗教上层人士的说服教育工作和群众工作。20日，人民解放军进入康乐境内后，受到了各界人士的欢迎，一些被争取过来的国民党军的官兵主动放下了武器，使康乐实现了和平解放。21日，当人民解放军向临夏进发时，临夏的党组织积极宣传党的民族政策，揭穿敌人的欺骗宣传，消除民族隔阂。地下党员拜学忠邀集了当地回族、汉族名流在南关清真大寺开会，协商迎接解放军事宜，公推回族、汉族四位老人，渡过大夏河，前往回回崖迎接人民解放军。人民解放军到达河滩关时，受到了临夏回汉群众数百人的夹道欢迎。在甘南，地下党组织配合人民解放军，开展对藏族上层人士的工作，取得了成效，为后来甘南的和平解放准备了条件。

1949年7月26日，在甘肃大部地区获得解放的形势下，西北局决定成立中共甘肃省委、甘肃行署、甘肃省军区，张德生任省委书记，王世泰任行署主任。至此，甘肃工委胜利完成了习仲勋和西北局交给的光荣任务。甘肃的历史掀开了新的一页。

三、正确开展土改工作

习仲勋在西北局工作期间，根据边区的实际，正确地领导边区广大人民群众开展了土地改革运动。

1946年5月4日，中共中央发布了《关于清算减租及土地问题的指示》（即五四指示）。在这个指示中，中共中央明确指出，解决解放区的土地问题，是中共目前最基本的历史任务，是目前一切工作的最基本环节。各解放区必须放手发动人民群众，除继续坚持减租外，应采取多种多样的方式方法，使地主土地大量转移到农民手里，实现耕者有其田。五四指示标志着中国共产党的土地政策由削弱封建剥削的减租减息开始向消灭封建制度的分配土地阶段转变。随后，土地改革运动在各个解放区迅速展开。

习仲勋根据中共中央的五四指示，并结合边区的土地问题的实际现状，经过认真思考，于7月21日签发了西北局关于减租和查田的指示。这个指示从边区的实际出发，正确提出，在减租已较彻底的绥德和关中一带，应以复查和保佃为主，在减租尚不彻底不普遍的陇东的庆阳、镇原、合水一带，应以减租、退租、勾欠、换约、保佃为主，达到彻底减租。同时，应根据具体情况适当照顾各阶层利益。指示还说，边区有一半以上的地区在内战时期曾经分配了土地，农民的土地问题早已解决，但地权纠纷及少数重租剥削现象还存在，应即进行土地登记，解决纠纷，确定地权和贯彻执行土地租赁条例中减租率的规定。为了加强对这项工作的指导，西北局和边区政府派出了三个工作组分赴绥德、陇东、三边，帮助当地开展查减工作。

9月，边区各地在继续发动群众解决租赁问题的同时，开始试办征购并分配地主超额土地的工作。边区土地改革工作步入了新阶段。

12月，边区政府公布了《征购地主土地条例草案》，该草案规定，一般地主，留给其家中每人平均地数。应多于当地中农每人平均地数之50%。在抗日战争及自卫战争中著有功绩之地主，留给其家中每人平均地数，应多于当地中农每人平均地数之一倍。富农土地不得征购。

在试办征购的过程中，习仲勋和西北局及时总结并推广了庆阳县王家塬乡的成功经验。王家塬乡的主要经验是：在征购地主土地前，充分发动农民对地主展开面对面的诉苦清算斗争，打掉地主的威风气焰，使农民看到自己的力量，然后由群众讨论地主的地征不征、征多少留多少、地价定多少等重大问题，再实施征购，由农民分地、丈量土地，地主写约，结果所有无地或少地的农民都得到了土地。

根据这些经验，习仲勋和西北局于1947年1月24日发出指示：土地征购只能在群众斗争深入的基础上去实行，其具体做法已经超出了单纯的赎买。土地征购的过程实质就是发动群众的过程，是农村中经济、思想和政治领域的一场深刻的革命。在西北局的正确领导下，边区的土地改革取得了显著的成绩。以前从未分配过土地的370多个乡，经过发动群众深入查租减租，在清算的基础上用地主土地清偿对农民的欠债，共有120万亩土地转移到农民手中。在榆横新区，习仲勋和西北局普遍实行了减租、退租、勾欠、换约、保佃活动，对个别群众痛恨的恶霸进行了清算。

中共中央对西北局在陕甘宁边区的土地改革的做法和成绩给予了充分的肯定。2月8日，中共中央向各解放区通报了陕甘宁边区土地改革的经验，指出：陕甘宁边区若干地方试办土地公债的结果，证明这是彻底解决土地问题——最后取消封建土地关系与更多满足无地少地农民土地要求的最好办法之一。

3月，由于国民党军胡宗南集团向陕甘宁边区发动了大规模的重点进攻，陕甘宁边区全面进入战争状态，土地改革被迫中止。后来，当胡宗南的重点进攻被粉碎后，土地改革才又重新全面展开。

7月至9月，中共中央工委在河北省平山县西柏坡村主持召开了全国土地工作会议，制定了《中国土地法大纲》。10月下旬至11月下旬，在习仲勋主持下，西北局在绥德县义合镇召开陕甘宁边区干部会议，传达了全国土地工作会议精神，作出了《关于彻底完成边区土地改革和开展整党工作的决议》。

中國共產黨中央委員會關於公佈中國土地法大綱的決議

中國共產黨中央委員會

中國土地法大綱

1947 年 10 月 10 日，中共中央公布的《中国土地法大纲》

西北局义合会议结束后，陕甘宁边区的老解放区陆续开始了土地改革，广大贫苦农民积极行动起来，坚决同封建剥削阶级作斗争，取得了很大的成绩。然而，一种“左”的思想情绪也日益抬头，滋生蔓延。有些地方片面宣传所谓“贫雇农路线”、“彻底打乱平分”、“群众要怎么办就怎么办”等错误口号，采取许多过火的做法。各地程度不等都出现了“左”的偏差，有个别地方甚至发展到相当严重的地步。如划定农村阶级成分的标准严重混乱，许多无剥削行为或有轻微剥削行为的劳动农民被错定为地主富农，随意没收他们的土地和财产；有的地方划成分只看铺摊大小、财产多少或生活好坏，在筷子里选旗杆，或把成分已经转化的旧地主旧富农重新拉出来斗争；使新富农和富裕中农受到严重侵犯。连一些中农也被触动，遭到冷遇和排斥；集镇、县城的许多工商业者被斗，其店铺作坊资产被没收分配；对地主富农不给生活出路，挖底财，分浮财，扫地出门；普遍使用肉刑，乱打乱斗，乃至乱杀人，逼死人。一些坏人乘机兴风作浪，搞报复干坏事，借口"打破旧框框"和"反对走旧干部路线"，完全撇开原有基层党政组织，党员、干部不分好坏一律"超越"，或统统搬开，或挨个斗争，一些农村党支部基本瘫痪；社会秩序产生混乱，生产活动无法进行。

"左"倾错误造成某些地方农村阶级阵线严重混乱，使贫雇农感到孤立，广大中农及其他许多应当团结争取的人民受到侵犯和打击，基层干部党员的积极性受到挫伤，对解放区的稳定与生产建设也起到了破坏作用。如葭县城关群众总结说："贫雇农在外独跳哩，中农关门在家睡觉哩，地主富农逼得寻死上吊哩。"[①]清涧县勤劳致富的老贫农黄中金也痛心地说："冤枉冤枉真冤枉，屈了我生产好劳动，……吃穿二字均节省，几年节成了新富农，帮助国家打胜仗，他们计划把我斗，斗了我生产好劳动，我一觉睡到大天明。"[②]

这时，陕甘宁边区保卫战最紧张的阶段已经过去。为了具体考察党的各项方针政策的执行情况与实际工作中出现的问题，毛泽东、周恩来、任弼时等在继续行军转战的途中，从葭县到米脂杨家沟，坚持深入到基层干部和群众中去，认真开展调查研究。毛泽东在了解到杨家沟贫农团将一个地主婆吊打的情况后，当天召开了当地乡干部和贫农团负责人会议，亲自向他们讲解党的政策，帮助他们改正错误。

为了更好地指导各方面的工作，积极准备夺取全国革命的胜利，中共中央于12月25日至28日在杨家沟召开了会议，即十二月会议。这是党中央在陕甘宁边区召开的最后一次重要会议。参加会议的有毛泽东、周恩来、任弼时、陆定一、彭德怀、贺龙、林伯渠、张宗逊、习仲勋、马明方、张德生、甘泗淇、王维舟、李井泉、赵林、王明、谢觉哉、李维汉、李涛等中共中央委员、候补中央委员以及陕甘宁边区和晋绥边区的主要

① 《葭县两个月土改工作报告》，1948年2月。

② 陕甘宁边区政府编:《绥德分区1947年冬至1948年春土改材料摘要整理》，1948年。

1947 年，陕甘宁边区党政军负责同志合影。前排左起：林伯渠、贺龙、赵寿山、习仲勋、张邦英、曹力如；后排左起：王维舟、贾拓夫、杨明轩、马明方、马文瑞、霍维德

1947 年冬，习仲勋（右）和（左起）马文瑞、张邦英、张经武、李卓然（前）、贾拓夫、王维舟、林伯渠、贺龙、杨明轩等在绥德县义合镇

负责同志共19人。会议讨论和通过了毛泽东所作的《目前形势和我们的任务》的报告，这个报告提出了著名的“十大军事原则”和“三大经济纲领”，提出了建立最广泛的民族统一战线的政治纲领，指出了土地改革的方针是：“依靠贫农，巩固地联合中农，消灭地主阶级和旧式富农的封建的半封建的剥削制度。”贯彻党的土地改革方针必须注意两条基本原则：“第一，必须满足贫农和雇农的要求，这是土地改革的最基本的任务；第二，必须坚决地团结中农，不要损害中农的利益。”

十二月会议上，毛泽东多次谈到西北的工作，充分肯定陕甘宁边区和晋绥的巨大成就，认为两边区政治领导比较成熟，比过去更满意，更有希望，同时也指出两区土改整党中产生了一些“左”的偏向，在全国土地会议以后，各地批评了右的错误，于是反封建斗争在农村蓬勃开展起来，其主流是好的，但在主流东去时也卷起几个浪花，如有些地方侵犯了中农利益，损害了工商业，有的把党外人士一脚踢开，甚至还出现乱打乱杀的现象。他要求全党加强政策观念，牢固树立起团结和争取90%以上的人的思想，维护主流，反掉浪花，使老区的各项工作迅速走上正轨，为夺取全国胜利提供必要的保障。他对西北解放区寄予厚望，指出西北已完成一个任务，就是在内线打破胡宗南的进攻并迫使他转入防御，今后则要把陕甘宁晋绥变成我们的巩固后方，更有力地支援前线，为今后解决大西北问题创造必要的条件。陕甘宁边区和晋绥的负责人认真总结两区的工作，并以对党对人民高度负责的精神做了诚恳的批评和自我批评。他们表示，回去以后要迅速传达贯彻这次会议决定和毛泽东的重要报告，继续努力，发扬成绩，纠正偏差，把各方面的工作做得更好，坚决完成解放大西北的光荣任务。

十二月会议期间，毛泽东把习仲勋叫到自己的住处，让他汇报了边区战争、生产和群众情绪等方面的工作情况，征求了习仲勋对土改政策和形势发展的见解，他勉励习仲勋要认真学习理论。毛泽东说：你们长期做实际工作，没时间学习，这不要紧，没时间可以挤。我们现在钻山沟，将来要管城市。你一年读这么薄薄一本，两年不就两本了嘛！三年不就三本了嘛！这样，十几年就可以读十几本，不就可以逐步精通马列主义了吗！[①]毛泽东又说：一个人的经验是狭隘的，它受时间、地点、条件的限制，要使经验上升到理论，就得学习。只凭老经验办事，不能适应新形势。[②]毛泽东的教诲使习仲勋感到温暖，也使他心里亮堂了。

十二月会议结束后，习仲勋立即赶赴米脂、绥德、子洲等地，传达毛泽东的报告，检查并指导各地的工作。1948 年 1 月 2 日，他召集绥德分区党政军和各县土改工作团党员 200 余名开会，详细宣讲了《目前形势和我们的任务》，要求各级领导干部带头学好用好，分析事物，认清时局，研究政策，掌握政策。他紧密联系边区工作的实际，指出在土改中只有正确分析农村阶级，才能正确地对待各阶级。划定阶级成分必须以生产手段（在农村主要是土地）占有与否，占有多少以及与占有生产关系相连带的生产关系（即剥削关系）为依据，当前尤应注意纠正把中农搞成富农等过“左”的偏向。鉴于“胡祸”而后天灾给边区造成空前严重的大饥荒，他强调，各地必须把土改与救灾紧密结合起来，重灾区应立即停止土改，全力救灾。在此期间，习仲勋针对土改中的“左”倾错误提出了严肃批评，并接连发出紧急指示，要求各分区、各县党政机关迅速行动起来，果断制止并纠正各种“左”的错误行为，把土地改革尽快引到党中央所确立的正确的轨道上来。

1 月 4 日，习仲勋给党中央毛泽东写信，如实报告了边区各地在土改中普遍发生的“左”倾偏差问题及其造成的危害。习仲勋指出：“如以一般概念进行老区土改，必犯原则错误。”“地主、富农占中国农村百分之八左右的观念，在老区必须改变。如果老区的地主、富农订得和新区一样，势必犯严重错误”。他正确指出：“在老区发动群众运动，要坚决反对小资产阶级的‘左’倾形式主义”。他列举了陕甘宁边区绥德等分区发生的违反政策的现象：“在辛店贺家石工作团所领导的农会上，规定民兵吊地主，打干部。许多群众斗争会上，总有几名打手，专门捆、打、吊、拷，弄得

①② 习仲勋：《红日照亮了陕甘高原》（1978 年 12 月 20 日），中共中央党史研究室编：《习仲勋文集》（上卷），中共党史出版社 2013 年版，第 434 页。

人心恐慌。”他指出：“这种‘左’的情绪，不是群众原来就有的，而是干部带去的。”1月9日，毛泽东回复贺龙、习仲勋及西北局：“完全同意仲勋同志所提各项意见。望照这些意见密切指导各分区及各县的土改工作，务使边区土改工作循正轨进行，少犯错误。”①

1月15日至16日，西北局召开会议，由习仲勋传达十二月会议精神并报告在绥德分区视察情况。全体与会者认真学习和讨论毛泽东的重要报告，深入研究如何把党中央的一系列重大决定及各项政策原则在边区具体化，确定土改、整党、救灾、生产、支前等工作的实施步骤和方法。17日，西北局举行有640多人参加的边区级机关干部大会，传达中央会议精神和西北局的有关决定。习仲勋在会上再次号召全区党员干部认真深入学习毛泽东的报告，武装思想，指导工作。他严肃地指出，通过战争和土改，暴露出不少问题，特别是相当多的党员干部甚至部分领导干部的理论水平较低，政策策略观念差，对新鲜事物缺乏感觉，对实际运动也不分析研究，往往以感想代替政策，或只凭老经验办事简单孤立盲目地去做工作，包办代替，尾巴主义，宁“左”勿右，急于求成，结果既脱离了实际又脱离了群众，给革命事业造成损失。所以，广大党员尤其是各级领导干部都必须重视学习革命理论，相互注意研究政策和策略，要在全党范围内深入持久地开展一场新的学习运动，以适应革命形势急速发展的需要。

1月19日，习仲勋再次给党中央毛泽东去电，习仲勋在电文中报告说：“由于义合会议潜伏一种‘左’的情绪，由于晋绥的直接影响，土改一到农村，就发生极‘左’偏向。”他又说：“我看一有‘左’的偏向，不要半月，就可以一切破坏得精光。”习仲勋在电文中，还对老区阶级状况，作了科学分析：“在老区，有些乡村贫雇农很少。其中，有因偶然灾祸贫穷下来的，有是地、富成分下降但还未转化好的，有因好吃懒做、抽赌浪荡致贫的。故这些地区组织起的贫农团在群众中无威信，由他们起来领导土改，就等于把领导权交给坏人。因而出乱子就很多，吓得区乡干部有逃

① 习仲勋：《关于陕甘宁边区老解放区的土地改革问题》（1948年1月4日），中共中央党史研究室编：《习仲勋文集》（上卷），中共党史出版社2013年版，第66–68页。

跑的，有自杀的。群众中也同样发生此种现象。很多地区掌握不好，这也是其中一个很大原因。因之，老区就要不怕中农当道，真正的、基本的好群众在中农阶层及一部分贫农中。”1月20日，毛泽东在转发习仲勋的来电时，批示：“完全同意习仲勋同志这些意见。华北、华中各老解放区有同样情形者，务须密切注意纠正‘左’的错误，凡犯有‘左’的错误的地方，只要领导机关处理得法，几个星期即可纠正过来，不要拖延很久才去纠正。同时注意，不要使下面因为纠正‘左’而误解为不要动。”①

此后，纠“左”纠偏已经成为陕甘宁边区土改工作的关键环节与首要任务。习仲勋和西北局明确地指出：“左”的倾向集中表现在：错误划分农村阶级成分，甚至有意提高成分去分果实，乱找斗争对象，把劳动者订成剥削分子，普遍使用肉刑，逼死人打死人，乱没收财物，破坏工商业，把基层干部党员一概排斥在群众队伍之外，对军干属也不加任何区别照顾地乱斗，甚至扫地出门，对坏人的胡作非为不加制止，以致在农村引起严重的浪费破坏恐慌逃跑等不正常现象。习仲勋要求各级党政机关和土改工作团切实负起责任，加强领导，要态度坚决旗帜鲜明地去纠“左”纠偏，并指出纠“左”的关键在干部，各地领导干部要首先打通思想，带个好头。

习仲勋还认真研究了各地土改产生“左”倾偏差的原因，认为这是由于干部在工作中脱离了实际，主观地决定自己的方针所造成的。为此，习仲勋和西北局开展了对边区农村土地实际状况的调查研究。大量的调查材料表明，陕甘宁边区基本区（即老区和半老区）的农村大致可以分为三种类型：一类是延属、三边、陇东及绥德、关中两分区的一部分，都是经过土地革命的老解放区，总人口约75万。这些地方的土地问题早已解决，封建剥削阶级基本消灭，现在仅有若干漏划的地主富农及个别原来的地主和富农非法收回业已分配出去的土地，定边、曲子等少数地区也有分地不够彻底的地方。此外，一些地广人稀地区的移民增加，需要满足他们的土

① 习仲勋：《要注意克服土地改革中“左”的情绪》（1948年1月19日），中共中央党史研究室编：《习仲勋文集》（上卷），中共党史出版社2013年版，第70–72页。

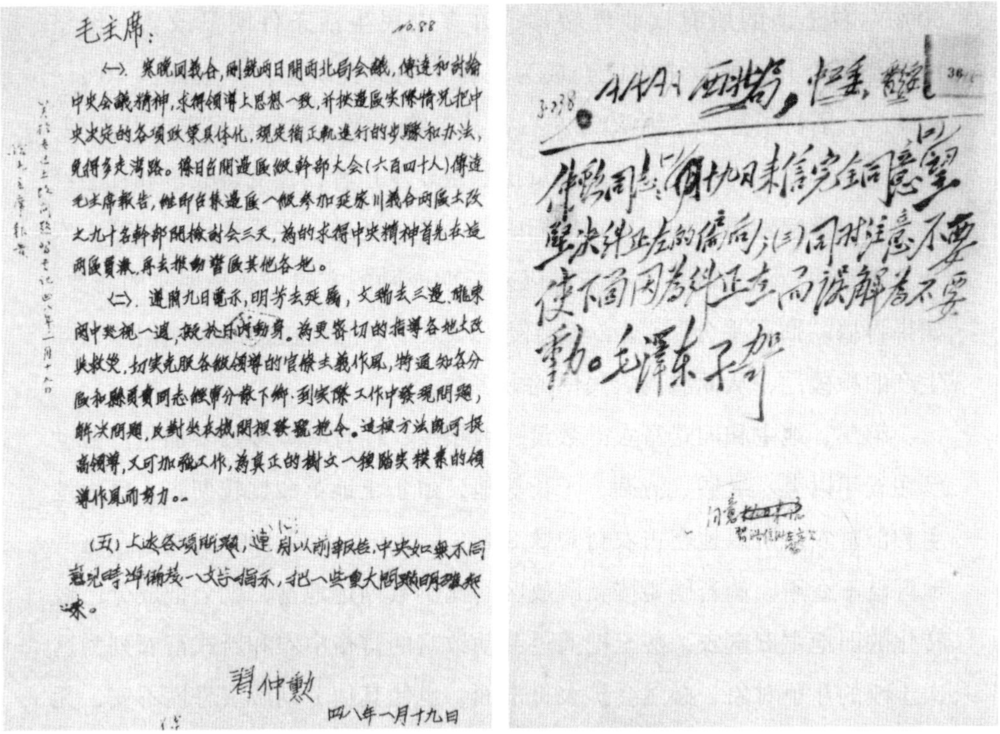

毛主席：

（一）、昨晚回义合，刚开两日开西北局会议，传达和讨论中央会议精神，求得领导上思想一致，并按边区实际情况把中央决定的各项政策具体化，规定纠正执行的步骤和办法，免得多走弯路。于日召开边区级干部大会（六百四十人）传达毛主席报告，继即召集边区一级参加延家川义合两区土改之九十名干部开检讨会三天，为的求得中央精神首先在这两区贯彻，再去推动各区其他各地。

（二）、遵照九日电示，明芳去延属，文瑞去三边、去关中巡视一遍，拟于日内动身。为更密切的指导各地土改与救灾，切实克服各级领导的官僚主义作风，特通知各分区和县负责同志继续分散下乡，到实际工作中发现问题，解决问题，反对坐在机关里发号施令。这种方法既可提高领导，又可加强工作，为真正的树立一种踏实朴素的领导作风而努力。

（五）上述各项问题，连同以前报告，中央如果不同意见时，准备发一个指示，把一些重大问题明确起来。

习仲勋

四八年一月十九日

西北局，仲勋同志：

一月十九日来信完全同意，望坚决纠正左的偏向，（三）同时注意不要使下面因为纠正左而误解为不要动。毛泽东子皓

1948 年 1 月 19 日，习仲勋写给毛泽东的报告及毛泽东复电

地要求，但不属于反封建性质的问题。另一类老解放区，包括绥德、关中两分区的部分地区及延属分区所属鄜县的一部分，总人口约 45 万。这些地区虽未进行过土地革命，但抗战以来实行减租减息和合理负担政策，又经过清算和征购地主土地运动，所以土地也已大体分配。只是在征购时给地主留下较多较好的土地，一些富农的多余土地也从未动过，某些地方仍有分配不公的现象，在胡宗南军侵占期间有若干地主富农分子又夺占了群众的土地。还有一类是榆横半老区，人口约 10 万。该地区尽管解放较晚，但同样经过 1946 年冬到 1947 年春的减租、清算和土地改革斗争，其土地占有状况与长期实行减租减息合理负担的老区大体相近。

习仲勋经过分析研究发现，上述三类地区都具有如下几个显著的特点：

第一，通过历次的土地斗争和多年生产建设，其土地均大体平分，

50%左右土地的所有权业已转移，许多农民生活条件明显改善，经济地位普遍上升。所以中农已经成为农村中的最大阶层，一般都占40%—60%，个别村子甚至达到70%左右，其中约半数又属于贫雇农上升类型。他们是生产的主力军，又是战勤负担的主要承担者，在支持战争和社会经济生活中都起着很大的作用。他们中的一些人还进一步发展成为富裕中农乃至新富农，而这既是减租减息以来长期鼓励的方向，又是现实的需要。如果再搞“彻底平分”，就必然会侵犯广大中农的利益，伤害他们革命与生产的积极性，从而脱离农民中的大多数。

第二，地主和旧式富农的数量一般很少，而且其大多数参加生产劳动已在五年以上。吴堡、清涧、子长等地，由于土地革命比较彻底，已无地主和旧富农。所以地富占农村户数8%、人口占总人口10%的概念在这些地区已不适用。倘若硬要按新解放区的比例数划定地富，就会把成分已经转化的旧地主旧富农，甚至把通过劳动致富的富裕中农和新式富农列为这次土改的斗争对象，必然会扩大打击面，也使其他劳动阶层恐慌不安，无心生产。

第三，由于大多数农民都拥有相当的土地，农村阶级矛盾一般不如新区那样尖锐激烈，这些地方的封建势力仅仅作为一种残余，已不在农村政治经济生活中占据主导地位。如果一味追求“轰轰烈烈”的表面形式，盲目发动斗争，那就必然产生由少数人人为地制造斗争的现象，或让坏人钻了空子。过火行为只能让多数群众感到害怕，表示退缩。

第四，真正无地少地的农户，一般只占当地总农户的25%以下。原有的贫雇农经济状况维持不变的为数很少。现有贫雇农中的多数，都不是因封建剥削关系而造成的，情况相当复杂。所以这些地方组织贫农团，一般人数较少，有威信有能力的骨干不多，以致很容易让坏分子、二流子混进来甚至篡了权，由这些人领头搞平分没有不出乱子的。因此，决不能把贫雇农领导搞成形式主义的东西，也不是人为地和勉强地组织贫农团去领导一切，而应注意发挥中农，特别是新中农的骨干作用，由贫农和中农里思想正确、办事公道的积极分子参加农会及基层政权的领导工作。土地改革并不能完全解决贫困问题，要进一步富裕，仍须积极引导农民不断发展生产，凭劳动发家致富。在前一段土改工作中，正是因为对边区土地阶级现状缺乏具体分析，忽视了老区半老区的固有特点，使不少地方程度不同地犯了“左”倾错误。[①]

2月6日，毛泽东将老解放区、半老解放区及新解放区三种不同情况的地区，在实行土地法的内容、步骤及农会的组织形式应有所不同的初步意见电告李井泉、习仲勋，征求他们的意见。2月8日，习仲勋第三次给党中央和毛泽东去电，认为:“日本投降以前解放的地方为老解放区，日本投降以后至全国大反攻时两年内所占地方为半老解放区，大反攻以后所占地方为新解放区。此种分法，非常切合实际。因而在实行土改的内容与步骤上，应有所不同，即在贫农团与农会的组织形式上，亦应有所不同。否则，费力不讨好。”“我完全同意在老解放区的土改方针，是调剂平补，再不能实行平分。贫农少的地方（在陕甘宁边区老区，有很多乡村，就很少有贫雇农），不组织贫农团。多的地方组织贫农小组，在乡农会之下，起其保护农村少数贫农利益的作用，不能使其起新区或半老区那样领导一切的作用。贫农中的积极分子，在中农同意下，吸收其当选农会会长。政府村乡长，主要的吸收中农中公正积极分子做这些工作（因有很多中农就是以前的贫雇农），老区的农会及政府委员会中，必须有贫农地位，以其三分之一为适宜。老区的农村支部，经整党后，仍应是领导一切的组织。否则，将会发生农村工作的混乱现象。”[②]

在这期间，习仲勋还专程赴党中央毛泽东的驻地杨家沟请示汇报，磋商大计。在党中央的直接领导下，习仲勋和西北局负责同志反复研究，深思熟虑，郑重决定将“抽补调剂”作为边区今后土改的指导方针。即针对老区半老区土地早已大体平分而某些地富仍占有较多较好土地的情况，一

① 朱凯、郭林、吴璋:《陕甘宁边区史》（解放战争时期），西安地图出版社1993年版，第158–168页。

② 习仲勋:《关于分三类地区进行土改问题给毛泽东的复电》（1948年2月8日），中共中央党史研究室编:《习仲勋文集》（上卷），中共党史出版社2013年版，第76–77页。

般应以村为单位，在数量上抽多补少，在质量上抽肥补瘦，分配给少地和地不好的农民，清查没收漏划地主的土地，征收富农的多余土地以及以多报少的黑地、公地、庙地、学田、绝门地等，分配给无地少地农民，彻底纠正以往分地中的不公现象，通过适当抽补调剂，达到基本持平的目的；即使在土地改革尚不彻底的少数地区，一般也不再采用打乱平分的办法，而是在较大范围内实行抽补调剂，以减轻社会震动，安定人心，促进生产，既能较好地解决土地问题，又能团结最大多数的基本群众。由于抽补调剂方针完全切合边区的实际情况，因而立即得到广大农民群众的衷心拥护。

3月以后，针对少数地方纠“左”仍不彻底的情况，习仲勋和西北局又连续发布指示，要求这类地区应继续做好复查纠偏工作，不能说因春耕已到而中止，必须争取在较短的时间内认真清理完毕，真正落实政策，这样才能充分调动各阶层农民的积极性，使他们安心劳动，努力生产。于是，清涧等县纷纷派出小型工作组，由县级领导亲自带队，深入基层，调查研究，扎扎实实地解决问题，当地农民的劳动情绪随之迅速恢复，稳步提高。

习仲勋还根据毛泽东的批示，亲自到绥德调查，及时总结和推广黄家川村土改经验。

黄家川村在绥德县义合区三乡，属于老解放区。从事土地改革工作的干部进入该村后，深入宣传党的方针政策，充分发动各阶层群众共同进行调查研究，终于找准本村存在的土地问题，然后既积极引导贫雇农，又重视做中农的思想工作，把他们的积极性都调动起来，在一块儿商议如何调剂土地。经过反复酝酿和充分协商，最后决定把各家占有土地的数量与质量相结合，制定出按人口平均产量为标准并适当照顾贫苦老弱残废的抽补方案，主要动用地主的超出土地与公地，不足部分再动员极个别中农真心自愿献出的少量土地，合理兑换远近地和调剂园地。分配方案张榜公布，再提交全村群众大会复审通过后执行，其结果，不仅较好地满足了贫雇农的土地要求，同时又巩固地团结了全体中农。全村各阶层群众都表示满意，劳动热情高涨，争先恐后地投入到春耕生产中去。

习仲勋将黄家川村土改经验的有关材料上报中央，毛泽东阅后非常高兴，指出黄家川的经验具有典型性，对全国老解放区土改有着普遍的指导意义。新华社遵照党中央毛泽东的决定，于2月28日全文播发了这条电讯。3月12日，毛泽东将《陕甘宁边区绥德县老区黄家川调整土地的经验》与其他两个材料汇集在一起，亲笔批示：“这三个经验，值得印成一个小册子，发给每个乡村的工作干部。这种叙述典型经验的小册子，比我们领导机关发的决议案和指示文件，要生动丰富得多，能够使缺乏经验的同志们得到下手的方法，能够有力地击破在党内严重存在着的反马列主义的命令主义和尾巴主义。”毛泽东还说：“现在是成千万的人民群众依照党所指出的方向向着封建的买办的反动制度展开进攻的时候，领导者的责任，就是不但指出斗争的方向，规定斗争的任务，而且必须总结具体的经验，向群众迅速传播这些经验，使正确的获得推广，错误的不致重犯。”①

在中共中央的直接指导下，在习仲勋的不懈努力下，陕甘宁边区土改工作中的“左”倾错误得以纠正。到1948年4月，已在492个乡近60万人口的地区（约占老区、半老区总乡数的一半，总人口的一半）调剂土地约90万亩，彻底消灭了这些地区的封建剥削制度。

四、开展整党运动，加强党的建设

习仲勋在担任西北局书记期间，领导陕甘宁边区各级党组织按照党中央的指示，认真开展了整党运动，端正了党员干部的思想和作风，纯洁了党的队伍，增强了党组织的战斗力，密切了党与人民群众的血肉联系，提高了党在群众中的威信，为迎接新的更大的胜利打下了良好的基础。

陕甘宁边区党的各级组织，无论是在经过土地革命的地区，或经过减租的地区，都是有长期斗争历史的。特别是经过土地革命地区的党组织，

① 《毛泽东新闻工作文选》，新华出版社1983年版，第145–146页。

斗争历史最久，经验最丰富，它们都在战争、支前、生产和土地改革中，领导群众斗争，获得了显著的成效。1947 年 3 月，胡宗南向陕甘宁边区发动“重点进攻”后，陕甘宁边区党的各级组织紧紧依靠边区人民，浴血奋战，以少胜多，取得了粉碎敌人进攻的巨大胜利。但是，在严酷的战争环境中也暴露出党的建设上存在的问题：少数党员缺乏斗志，怯敌怕战，退却逃跑，敌我不分，包庇反革命，打骂群众，强迫命令；在党员和干部队伍中也混进了阶级异己分子、反革命分子。这些问题严重地影响了边区党的组织建设和作风建设，妨碍了党与人民群众的血肉联系。正如习仲勋所指出的那样：“在战争与土地改革工作中，已经逐渐暴露出干部思想作风上存在着若干严重现象：许多地方，经过十年和平生活，满足于现状，阶级观念模糊，长时期群众工作薄弱，对敌斗争思想准备不足，党和政府组织内存在着作风不纯和某种程度上成分不纯，许多领导机关存在着严重的自由主义与官僚主义倾向，军队中尚有军阀主义残余，使党的政策和统一领导不能很好贯彻，以致造成了工作中的不少损失。”①

为了贯彻执行中共中央关于土地改革和整党的重大决策，陕甘宁边区各级党组织开展整顿运动。10 月下旬到 11 月下旬，在习仲勋、贺龙、林伯渠的分别主持下，西北局在绥德县义合镇召开了陕甘宁边区干部会议，会议在部署土改工作的同时，严肃批评和纠正了领导作风上的官僚主义和某些离开党的路线、方针的问题以及违反纪律的倾向；对于干部中出现的阶级观念模糊、对敌斗争不坚定、不敢放手发动群众的右倾思想，予以揭露、批评和教育。会议作出了关于彻底完成边区土地改革和开展整党工作的决议。义合会议的召开，对于推进陕甘宁边区的土地改革和整党运动起到了重要的作用。

义合会议后，陕甘宁边区各级党组织普遍开展了整党运动。这次整党运动由于是同土改同步进行的，任务重，工作量大，区乡干部力量比较单薄。为了保证整党工作的质量，边区、地、县三级党政组织都选派了强有

① 习仲勋：《关于陕甘宁边区一九四八年的土地改革和整党工作》（1948 年 7 月），中共中央党史研究室编：《习仲勋文集》（上卷），中共党史出版社 2013 年版，第 89 页。

习仲勋在绥德县义合镇薛家渠住过的窑洞

力的干部组成工作组，下到乡村，帮助开展土改和整党工作。在边区的整党运动中，各级党组织始终按照党中央和西北局的部署开展工作，又充分发动群众，依靠群众，把党组织和党员干部交给群众评议，对于农村党组织和广大党员及党员干部中存在的问题揭发和纠正得比较彻底。在组织整顿方面，着重解决放弃领导，不按政策原则办事和阶级成分不纯的问题；在思想作风整顿方面，在党员和党员干部中，着重纠正了缺乏胜利信心，缺乏革命斗志，不敢大胆地执行政策，阶级立场不稳，入党动机不纯，打骂群众，强迫命令，搞宗派，包庇坏人等问题。经过这次整党运动，党的队伍的素质有了明显的提高。

习仲勋认为，义合会议的召开及有关整党工作决议的认真贯彻，对于陕甘宁边区党的组织建设和思想建设发挥了积极的重要的作用。习仲勋指出：“在最近半年内，陕甘宁边区的工作有了很大的进步。这就是：党内干部思想作风进行了整顿，完全改变了战争初期那些混乱状态；在对敌斗争、支援前线、生产、救灾和开展新区工作上，均有显著成绩，因而有效地帮助了人民解放军收复延安，解放黄龙，并继续将战争推进到蒋管区去。同时在基本区六十万人口的地区，发动了群众，彻底解决了土地问题。这是与去年十一月间召开的义合会议分不开的。”他又说：“在这个会议上，彻底地将这些离开党的路线政策的严重现象和右倾思想揭发出来，进行了严正的批判；依据全国土地会议的精神，决定了彻底完成土地改革工作和认真进行整党工作的方针，并在各地坚决执行，使党在思想上、工作上向前推进了一大步。这是陕甘宁边区有重大历史意义的一次会议，如果没有这个会议，会妨碍争取战争胜利。这个会议的缺点是，在土地改革工作问题上，没有按老区、半老区的实际情况，规定具体的工作方针，以及没有提醒大家防止‘左’的倾向。这些缺点曾使以后工作中走了一些弯路。”①

1948 年，全国解放战争进入了新的阶段，陕甘宁边区保卫战取得了伟大胜利，西北野战军已转入外线作战。这种大好的形势下，迫切要求在全党范围内开展一次整党运动，克服基层党组织中存在的思想不纯和组织不纯的现象，正确贯彻执行党中央制定的路线、方针和政策，把中国共产党建设成为领导全国人民夺取新民主主义革命胜利的坚强的领导核心。为此，中共中央于 5 月 25 日发布《1948 年土地改革工作和整党工作》的党内指示，要求各解放区利用秋冬季节，区分不同类型的地区和不同的历史条件，有计划、有步骤、讲政策地完成有关各项任务。

为了贯彻中共中央的指示精神，在习仲勋主持下，西北局于 7 月 19 日至 8 月 5 日在延安召开了地委书记联席会议，学习讨论党中央指示，总结自义合会议以来的边区工作，研究部署农村整党等任务与工作步骤。鉴于战争已经稳定推向国民党统治区，边区失地基本收复并开始处于相对安定环境中，会议决定遵照党中央的统一安排，除新区和接敌区应集中力量加强对敌斗争外，在基本地区（包括老区和半老区）配合颁发土地证确定地权工作，对农村基层党组织分期分批进行整顿。会议确定基本区农村党

---

① 习仲勋：《关于陕甘宁边区一九四八年的土地改革和整党工作》（1948 年 7 月），中共中央党史研究室编：《习仲勋文集》（上卷），中共党史出版社 2013 年版，第 89–90 页。

支部的整顿工作必须有领导、有计划、分期分批地进行，各分区和县一般到年底应完成三分之一左右，在 1949 年春争取完成全部任务。会议规定整党的方针是整顿、发展和教育，即经过调查研究，充分发动和依靠广大党员与群众，采取党内外民主相结合的办法整顿基层党支部，以教育改造为主，把整党与发展新党员结合起来，在处理党员问题上必须坚持严肃谨慎的态度，坚决把那些真正属于阶级异己分子、蜕化变质分子、严重违法乱纪而又不思悔改分子等坏人清洗出党。

习仲勋在会上作了《关于土改整党的总结报告》，报告分析了陕甘宁边区党的状况，指出：“边区党是老党。领导过土地革命，建立了根据地；抗战时期领导了十年和平建设，以人力物力支援了其他解放区；近一年多又领导了伟大的解放战争，打退了胡宗南的进攻。这是在中央领导下，边区全体党员干部积极努力、牺牲流血所取得的伟大成绩。有这些成绩并不等于党内没有问题了，今天无论在党的干部中间，党的农村基层组织中间，都是存在着很多问题，即作风不纯和某种程度上的成分不纯。”

关于思想不纯的问题，习仲勋指出：陕甘宁边区成绩显著，“抗战初期，因得到中央直接的密切指导和历史原因，陕甘宁边区有不少干部却把它当作包袱，产生骄傲自满情绪。尽管在抗战胜利后，全国各解放区都有飞跃发展，日新月异，边区在许多地方早已落在其他解放区的后面，但党里面那股骄气则远未曾认真克服。特别是打退胡敌进攻后，这股骄气又逐渐发展起来”。

关于成分不纯的问题，习仲勋指出：“由于党的领导机关长时期内忽视农村支部工作，很少发展新党员，很少对党员进行思想教育和工作方法的具体指导，成分不纯的问题也发生了。如不少支部出现一些蜕化分子或混进流氓分子，思想作风不纯则发展到极严重程度。如强迫命令、打骂人、耍私情、贪污腐化、压迫群众等。这些现象，已使农村党严重脱离群众，而不能真正起领导核心作用。”①

---

① 习仲勋：《在西北局高干会议上关于土改整党的总结报告》（1948 年 8 月 4 日），中共庆阳地委党史办编：《陕甘宁边区陇东党的建设》，第 258–262 页。

为了解决上述问题，习仲勋提出开展认真的整党工作，必须从五个方面入手：1. 整顿党的农村支部；2. 对每个支部、党员都要做历史分析，掌握充分调查材料，听取各方面群众意见，反复研究，得出正确结论；3. 发展党的组织，加强对新党员的思想教育；4. 建立强有力的支干会，选拔农村支部中最好的党员组成之，使之成为全支部团结的核心；5. 改进和加强支部的领导。

这次会议结束后，各分区、各县先后召开了党委会议和干部会议，传达习仲勋报告和西北局的有关决定的精神，搞通政策，统一思想，然后研究制定本地区的具体实施方案。在各级干部会议上，各级党的负责同志，都按照习仲勋的要求，说明正确开展工作的全部政策，将许可做的事和不许可做的事明确划分开来，教育干部善于分析具体情况，从不同地区、不同历史条件的具体实际出发来决定当地当时的工作任务和工作方法。到9月底，各地所有直接参加农村整党等工作的干部全部到达了乡村并开始投入工作。

陕甘宁边区这次农村整党工作的具体步骤是：

第一阶段，在区党委直接领导下，由工作组分别召集乡党支部党员会议和群众会议，宣布整党的意义、政策和方法，正式公开党的组织。

第二阶段，党内继续开会，检讨支部工作和每个党员的表现，彻底揭露存在的各种问题，初步开展批评与自我批评，使党员认识到错误何在及如何改正错误。

第三阶段，请党外群众选派相当数量的代表参加支部党员大会，充分发表自己的意见并反映广大群众的意见，然后支部成员和党员依据群众的批评意见，先在党内会议上，接着再在有群众代表参加的全体党员会议上做进一步的反省检查，表明态度，同时也允许他们解释或申辩，并继续征求党内外的批评意见。

第四阶段，党内开会慎重讨论和决定对犯错误党员的处理意见，再同群众代表一起讨论这种处理办法是否得当，其后再召开有党内外群众参加的大会，由党支部总结工作，宣布对犯错误党员的处理决定，大力表彰好的党员和干部，号召全体党员向他们学习。

第五阶段，及时将阶级异己分子、奸细分子、叛变投敌分子和不可救药的蜕化变质分子坚决清洗出党的队伍，同时在广泛征求党内外意见的基础上，积极吸收那些业已具备党员条件的优秀分子加入党的组织，最后改选乡党支部，选拔思想好、作风正派、深得群众拥护爱戴的党员参加支部领导工作。

在习仲勋和西北局的正确指导下，陕甘宁边区的农村基层党组织的整顿工作逐步展开，取得了显著的成绩。经过整党，纯洁并壮大了党的队伍，提高了农村党员的思想觉悟和基层党支部的战斗力。党员干部积极工作，密切联系群众，发挥了先锋模范作用，党支部的威信和号召力也大大增强，成为带领群众前进的坚强核心和战斗堡垒。不少优秀分子积极主动申请加入党组织。从陇东分区开展农村基层党组织整顿工作的元城、柔远、八珠、木钵、环城等五个土改区的情况来看，“新党员都是乡村中各种运动中涌现出的积极分子和乡村中的好干部。新党员的增加，使土改区党员在分布上和与总人口的比例上都发生了变化。如元城一乡有人口 1600 人，原有党员 9 人，占总人口的 0.56%，新发展党员 15 人，现有党员占总人口的 1.5%；柔远四乡有人口 983 人，原有党员 35 人，占总人口的 3%，新发展党员 17 人，现有党员占总人口的 5%；八珠四乡有人口 1321 人，原有党员 22 人，占总人口的 1.66%，新发展党员 17 人，现有党员占总人口的 2.8%”。[①] 整党工作还推动了农村各项活动的开展。一大批优秀分子，被群众推选为人民代表，或参加了村、乡、区三级政权的领导工作，为恢复经济与支援战争而忘我工作，使陕甘宁边区进一步得到了巩固。

① 《中共陇东地委组织部关于农村支部情况的检讨及今后如何进行整党的意见》（1948 年 9 月 13 日），中共庆阳地委党史办编:《陕甘宁边区陇东党的建设》，第 335 页。

第十五章 | 在陕甘宁保卫战的前线

一、紧急动员，保卫边区

早在全面内战爆发之前，习仲勋和西北局就指示边区各分区对国民党的进攻阴谋保持高度的警惕。1946 年 4 月 3 日，习仲勋专门致电陇东分区党政军负责干部黄罗斌、朱敏、高朗亭等，指出："据悉：国民党军队二十八日起严密封锁边区，各口子不准通行，并使国特配合大举活动，请通知有关方面注意免受损失，同时军事上应有所准备，防止突然袭击，在整军中国民党是无诚意的，我们戒备之心不可无，严防国民党借口挑衅（坚持自卫原则，来犯则消灭之）和国特破坏活动。"[①]

6 月 26 日，国民党反动派大举进攻中原解放区。中原解放军奋起自卫。全面内战由此爆发。接着，国民党军相继对晋南、苏北、鲁西南、胶东、冀东、绥东、察南、热河、辽东等解放区发动了大规模的进攻。所用兵力总计为 193 个整编旅（相当于原来的师）约 160 万人，占国民党全部正规军的 80%。蒋介石声称只需三到六个月就可以取得胜利。他的参谋总长陈诚也向中外记者吹嘘说：今后最多五个月便能整个解决中共问题。

全面内战爆发后，尽管陕甘宁边区暂时未受到国民党军的大规模进

---

① 《习仲勋关于提高警惕防止国民党袭击给黄罗斌等电》，中共庆阳地委党史资料征集办公室编：《陕甘宁边区陇东的军事斗争》（下），第 74 页。

攻，但局部的进攻却连续不断。仅 7 月至 11 月，国民党军对边区的大小进攻就达 70 余次之多。此时，胡宗南已经拟订好了《攻略陕北作战计划》呈报蒋介石，主张直捣延安，一举荡平陕甘宁边区，边区已处在严重的战争威胁之下。

在国民党反动派对边区发动全面进攻的危险时刻，边区军民高度警惕，抓紧时间，增强实力，准备以自卫战争应付国民党军的一些军事进攻。在党中央的领导下，西北局书记习仲勋具体组织了边区自卫战争的各项准备工作。

5 月 2 日，习仲勋签发了西北局给边区各地的紧急指示电，要求边区军民加紧做好自卫战争的准备工作。6 月 3 日，在习仲勋部署下，西北局发出《关于紧急动员准备战争保卫边区的指示》，对边区的党政军民的备战工作提出了具体要求：（一）立即在全体干部及全体军民中进行积极备战保卫边区的紧急动员，认清蒋介石消灭我党我军的阴谋，坚决克服党内和群众中存在的和平麻痹现象，必须把备战作为经常性的工作常抓不懈，使备战的思想动员与各项具体工作结合起来，保证军民团结一致，随时准备给进攻之敌以歼灭性打击。（二）驻边区各部队必须以备战为中心，加紧完成各项战斗准备工作，做到接到命令立即出动，坚决彻底地消灭进攻之敌。（三）民兵是保卫边区的重要力量，各级党委都要把整顿和加强自卫军当作最紧迫的任务，下大力按期完成。（四）加强对周围国民党军队的争取改造工作，不失时机地组织爱国官兵起义退出内战行列。（五）把备战动员与保护夏收、加紧生产、筹备军需物资、厉行精简节约、转移资料、布置后方等各项具体任务紧密结合起来，带动全盘工作。此后，西北局又多次发出指示，要求边区全体军民认清形势，提高警惕，实行劳武结合，生产与备战结合，一切服从于自卫战争，坚决击退任何敢于进犯之敌。7 月 8 日，习仲勋在绥德分区干部大会上，就陕甘宁形势及加强战备问题发表讲话。他集中回答了要不要备战、有没有时间备战、什么是当前的备战中心以及边区前途等方面的问题，坚定了干部的信心，鼓舞了干部的斗志。

8 月 28 日，习仲勋在《解放日报》发表《提高警惕保卫边区》的文章。他指出，在全面内战的情况下，反动派对边区的袭击危险，是严重存在着。因此，全边区军民必须大大提高自己的警惕性，一刻不放松地增强自己的自卫力量。他分析了边区自卫战争的有利因素，认为："陕甘宁边区的军民，和其他解放区军民一样，渴望和平，热爱和平，但是当蒋介石不惜破坏和平，悍然进攻的时候，边区军民也一定会像其他解放区军民一样，给予坚决的回击。边区军民有把握粉碎蒋介石的进攻，这是因为：第一，陕甘宁边区具有悠久的光荣革命历史。在抗战期内，由于毛主席和党中央的亲切指导和全体军民的努力，边区的自卫力量因而大大增强。边区军民有能力建设自己的园地，他们也有能力保卫自己自由劳作的成果。去年七月关中军民在爷台山消灭进犯蒋军，就是一个例证。第二，蒋介石放在西北的反共将军胡宗南十余年来已和西北人民结下了深仇。陕西、甘肃、河南的成千上万壮丁被他抓去当兵，农民每年辛勤收获被他夺去一半以上（平均每亩地征实大斗二斗多附加二斗多，约合市斗一石），还要'征车'、'征草'，百般勒索。加以特务横行，地方民主人士横遭杀害，社会秩序混乱不堪。因此老百姓对胡宗南痛恨彻骨，他们流传着这样的话：'胡宗南不死，老百姓活不成。'他们对于陕甘宁边区十分羡慕，称之为'天堂'。他们对于人民军队八路军十分爱戴，他们说：'盼八路，想八路，八路来了就有路。'可以肯定地预言，蒋军如敢于进犯边区，它的后方犹如火山一样，是有爆发的危险的。第三，由于一贯反共反人民教育，胡宗南部队军民关系恶劣，士气衰落，战斗力下降。在抗战八年中，胡部只在河南和日军打过一次仗，而且一触即溃。胡宗南的兵抓自西北，他的官来自南方，不仅官兵不和，而且官与官之间亦是利害不一致，军官中只有具备浙（浙江人）黄（黄埔系）陆（中央陆大毕业）一（由胡的一军一师出身的）跟（跟过胡宗南）五个条件的人才有地位，一切条件不够的都受排挤，都抱不平。……军队生活是上面腐化，下面饿肚，西安附近经常有面黄肌瘦的胡部士兵在民间讨饭吃。'我实在饿得撑不住了'，就是这些士兵常向居民发出的悲惨的呼声。抗战胜利后，他们归家之心更切。可以设想，胡宗南如驱这样的兵来进攻边区，其后果也就可想而知。第四，陕甘宁边区为全国人民希望所寄托的一座灯塔。保卫这座灯塔的力量不仅有边区一百五十万军民的努力，不仅有解放区一万万四千万人民的拥护，而且还有全国人民的声援。”[①]据此，习仲勋认为人民的力量是强大的，蒋介石和胡宗南的地位是十分孤立的。如果蒋胡敢于向边区进攻，他们是注定了要失败的。粉碎蒋介石的进攻是一项艰巨的任务，但经过全边区军民的努力，是一定可以胜利完成的。

在文章中，习仲勋还要求加强宣传和动员，使家家户户男女老少都提高警惕，都有自卫必胜的信心，克服骄傲麻痹、斗志松懈和脱离群众的倾向；他号召全体军民团结一致，为保卫边区、保卫秋收、准备粉碎蒋介石的进攻而奋斗！他要求边区的部队指战员加紧边境的戒备，加紧训练，加强政治工作，加强纪律教育，增强部队的战斗力，密切与人民的联系；呼吁全边区的神枪手、地雷王、夜老虎和民兵英雄们，实行劳武结合，生产不忘自卫，一旦蒋军来犯，就要配合我正规军，断绝进犯者的交通，破坏进犯者的运输，不准进犯者喘一口气，不给进犯者一颗粮一根草，消灭蒋军的有生力量。

10 月 12 日，习仲勋主持召开了西北局会议，研究边区的备战工作问题，决定将边区的工作重点立即转移到自卫战争的轨道上来，并建议边区政府委员会举行全体会议，确定战时政府工作方针和任务。10 月 29 日，第三届边区政府委员会在延安举行第二次全体会议。会议认为，动员一切力量，准备粉碎国民党军的进攻，是目前边区最紧迫的战斗任务。会议号召边区 160 万人民更加紧密地团结起来，共同担负起保卫边区的重任。这次会议后，在习仲勋和西北局的领导下，边区工作正式转入战时轨道。全边区以战备为中心，开始全面动员，随时准备对付国民党反动派强加到边区人民头上的大规模军事进攻，从而保证了边区在敌人的突然进攻面前始终立于主动地位。

与此同时，中共中央加强了陕甘宁边区武装力量建设工作。1945 年

① 习仲勋:《提高警惕保卫边区》，1946 年 8 月 28 日《解放日报》。

冬，中央军委调整了陕甘宁晋绥联防军的领导人员组成，王世泰任司令员，习仲勋任政治委员，王维舟、阎揆要为副司令员，张文舟为参谋长。下辖：教导第一旅，旅长兼政委罗元发；教导第二旅兼延属军分区，旅长黄永胜，政治委员邓华；警备第一旅兼关中军分区，旅长高锦纯，政治委员张德生；警备第三旅兼三边军分区，旅长贺晋年；新编第四旅，旅长张贤约，政治委员徐立清；三八五旅兼陇东军分区，旅长王维舟，政治委员马文瑞；绥德军分区，司令员兼政治委员王季龙，陕甘宁晋绥联防军总兵力 3.2 万余人。1946 年 4 月，又调整了部队序列，将教导第一旅与教导第二旅合并组成教导旅，旅长兼政委罗元发；将三八五旅并入警备第三旅，旅长黄罗斌、政委李合邦。至 1946 年 6 月，陕甘宁晋绥联防军共辖 5 个旅和 5 个军分区，全军共 2.8 万人。

为了加强主力和地方部队建设，按照习仲勋和西北局的指示，各地把加强和巩固自卫战争的武装力量作为自己的重要任务，以最大的力量完成扩兵任务，广泛动员群众参加部队，充实正规部队和地方部队。在扩兵工作中，习仲勋要求各地注意工作方法。1945 年 12 月 15 日，习仲勋在对陇东地委关于扩兵问题的请示所作的批复中指出："扩兵工作最好仍以扩大游击队独立营等地方武装为宜，经费被服可由延安解决为要，直接补充五旅，工作方式亦须特别注意，不必提出扩兵运动的口号，以免发生不良结果，请考虑。"①

广大人民群众踊跃报名参军，各地涌现了许多父子入伍，弟兄争先，父母送子，妻子送夫参军的动人事迹。合水县边缘地区，20 天中就有 250 人报名参军。镇原县一个区，两天内有 60 多人报名参加游击队。安塞县平桥村，75 岁的叶老奶奶，主动让自己的孙子报名参军。许多劳动英雄积极参军，如边区劳动英雄刘玉厚、杨步浩等都积极参军。党员干部带头参军，如安塞县长贺兴旺、志丹县长赵玉文等领导干部，石秀山、王瑞臣、高善祥、樊志杰、田启元、孙立生等模范村干部带头参军。边区政府

---

① 《习仲勋对陇东地委关于扩兵问题的请示电的批复》（1945 年 12 月 15 日），中共庆阳地委党史资料征集办公室编：《陕甘宁边区陇东的军事斗争》（下），第 64 页。

原定为部队补充新战士6200名的任务，很快超额完成了。

担任中共西北中央局书记、陕甘宁晋绥联军政治委员期间的习仲勋

此时，在王世泰、习仲勋的指挥下，陕甘宁晋绥联防军采取了积极防御，集中兵力对付胡宗南的作战方针。除警备三旅八团和新十一旅驻防三边，教导旅一个团和绥德军分区部队驻防本地及负责河防外，联防军其余部队全部集中在南线备战。边区各部队都认真开展政治动员，学习和掌握作战指导思想，既出色地完成了上级交付的各项战斗任务，又积极主动地做好各项战备工作，加强防线，加紧练兵。训练内容从以技术为主转为以战术为主，反复进行实地、实战演练。指战员情绪高涨，斗志旺盛，摩拳擦掌，严阵以待。

习仲勋和西北局还进一步加强现有警卫队、游击队和民兵自卫军建设，提高其在自卫战争中的作战能力。同时，完善和加强了自卫战争的领导体系，整顿和扩充了地方武装和民兵自卫军队伍，加紧了军事训练。在各县、区、乡都建立了基干自卫军组织。县设基干自卫军大队，区设基干自卫军营，乡设连（一两个排），村设班。县自卫军大队长、政委分别由县长、县委书记兼任，另设一名专职大队副；区自卫军营长、教导员分别由区长、区委书记兼任，另设一名专职副营长。经过充实和整编，各县基干自卫军质量和数量都大大增强。以庆阳为例，在扩充前，全县有基干自卫军958人，扩充后达到2060人。习仲勋和西北局还要求各级党政组织在扩充自卫军的同时，加强对自卫军进行战斗训练，培养爆破手，学习各种技术，开设工厂，制造地雷、刀、矛、土枪来装备自卫军，提高其战斗力。据陇东专署的统计，镇原等5个县2万余名自卫军普遍进行军事训练，各县自卫军大队部均举办了一两次自卫军干部训练班，有近800人学会了爆破技术，每个自卫军战士均参加了冬季训练，学会了爆炸。另据华池县的统计，80%的自卫大队战士学会了造雷和埋雷技术。此外，陇东各县还组织了近万人的担架队，并准备了设有水壶、草篷的担架1600余副，随时出动，参加战勤救护。

边区的自卫军积极警戒边区，维护社会治安。自卫军战士下地劳动，一手拿锄，一手拿枪，无敌情就加紧生产，一遇到国民党军的突袭骚扰，就拿起武器，配合主力打击进犯之敌。边境地区的自卫军站岗放哨，巡逻稽查，巩固边防。对于国民党军的便衣侦探和小股特务武装，随时予以坚决打击。内地的自卫军在不放松生产的同时，协助政府和保安机关整顿社会秩序，清查特务奸细，完成了各种战备任务。仅1946年7月至10月，自卫军就协助保安机关破获国民党特务案件134起，协助剿灭境内政治土匪109人。环县耿湾区查出了特务分子一名，车道区二乡查出了伪保甲组织，群众高兴地说："这一下坏人都站不住脚了。"[①]

边区的自卫军也是对敌斗争的一支重要力量。在反击国民党军对边区的骚扰行动中，自卫军大力配合主力部队作战或单独作战，发挥了自己独特的作用。关中分区新正、新宁、赤水、淳耀等县的自卫军，仅在一个月内就打退了国民党军和"反共游击队"的18次进犯。他们还配合主力，坚壁清野，炸毁敌人的碉堡，潜入敌后侦察，扰乱敌人后方，大搞地雷阵，送饭到前线，抢运伤员，常常直接参加战斗。淳耀县爆炸组长何其海，一次埋地雷4颗，就毙伤敌人20余人。陇东分区民兵不断骚扰敌人，消灭武装敌特，一次就拆毁4座敌人的碉堡。

---

① 1946年11月23日《陇东报》。

在保卫边区的战斗中，各地涌现出许多民兵自卫军的英雄模范。例如，新正一区四乡民兵连长赵思泰和排长巩守信，率领30名自卫军战士，突破200余名敌军的重重包围，坚决保卫了王郎坡。新宁一区三乡自卫军队长李生金和杨富珍，率领自卫军击退敌人35次进犯，击毙敌人4名，伤敌5名，平毁敌人碉堡1座。有力地打击了国民党军的进犯，保卫了贾义川。[①]

为了进一步加强军政、军民之间的团结，习仲勋和西北局要求各地广泛开展群众性的、热烈的拥军优属活动，掀起了拥军的热潮。各地群众买肉、沽酒、赠地、赠钱、赠物，热烈慰问子弟兵。延安吴家枣园乡，五天捐献边币270元。永胜乡女共产党员贺兰英、刘玉英和王桂花等，拿出自己结婚时的新手巾等物品，慰劳新战士。就连朱德总司令都拿出自己舍不得用的毛呢军装和皮鞋，捐赠给前线的战士。1947年的元旦、春节期间，边区再次出现了拥军的高潮。

此外，习仲勋和西北局还在边境地区开始进行必要的作战准备。各级党政机关动员人民群众在边境地区构筑工事，开展坚壁清野工作，随时准备配合主力和地方武装迎击国民党军的大规模进攻。在习仲勋领导的西北局和陕甘宁边区各级党政组织的艰辛努力下，陕甘宁边区在很短的时间内就做好了各项战备工作，为自卫战争奠定了扎实的基础。

二、回击国民党军对陕甘宁边区的挑衅

北线：组织胡景铎部起义

抗战胜利以后，国民党反动派驻榆林的第二十二军、第八十六师等部为配合南线胡宗南部的进攻，不断骚扰陕甘宁边区的北线葭县、米脂、靖边等地。1946年9月，敌一部进攻葭县古木区的猫沟。10月4日，又进攻米脂边境海会寺。10月7日，攻打葭县古木区政府驻地。对边区的北线安全构成了严重的威胁。

---

① 《边区政府关于嘉奖各地民兵英雄的命令》，中共庆阳地委党史资料征集办公室编:《庆阳人民与解放战争》，第31页。

1946年三四月间，全面内战迫在眉睫，毛泽东亲自找习仲勋谈话，指示习仲勋和西北局，要加强边区北线的工作，组织实施胡景铎部的起义，解放榆（林）、横（山）地区，为尔后边区全面自卫战争取得一块回旋余地。

胡景铎素具民主思想，他是习仲勋在立诚学校读书时的同班同学，与习仲勋熟识，并长期与习仲勋和西北局有着秘密的来往，参加过对日作战，对国民党内战政策十分不满。按照毛泽东和党中央的指示，习仲勋积极开展胡景铎的工作。4月，习仲勋特意将与胡景铎是同乡同学关系的师源调到绥德分区统战部，专门从事对胡景铎的统战工作。据师源同志回忆："仲勋同志站得高、看得远，大局意识强，工作作风一贯雷厉风行。不久，他找我谈心，考虑到一线斗争任务的艰巨性和复杂性，同时我又曾经追随他做了多年的统战工作，情况熟悉，就让我去任绥德地委统战部长。这时，他已按照毛主席的指示着手策划国民党军骑六师的起义。我的主要任务是做好驻地国民党骑六师师长胡景铎（胡与习、我在1928年前后都是立诚中学同学）的转化工作。按照西北局和仲勋同志指示，我以八路军参谋的身份并以谈判边界纠纷为名开始与国民党骑六师秘密接触，利用我曾经安插进入的骨干分子积极向国民党军连以上指挥官宣传我党的政策，一切准备妥当之后，我报告了西北局。"①4月，习仲勋派师源到达波罗堡向胡景铎传达了中央4月12日关于《要加强自卫战争的准备工作，全党都要抓统战工作》的决定以及毛泽东对习仲勋作出的关于组织胡景铎部起义的指示。经习仲勋请示党中央，为加快胡景铎部的起义进程，师源向胡景铎传达了西北局的决定，由习仲勋、师源介绍胡景铎加入中国共产党，党龄从1946年7月1日计算，无预备期。胡景铎听了非常激动，高兴地说："组织问题解决了，我就毫无牵挂了，就一心跟共产党走了。"②

1946年7月1日，在习仲勋的主持下，西北局在延安花石砭召开常

---

① 师源:《我的革命挚友同乡习仲勋同志》，中共富平县委党史研究室编:《富平丰碑》，内部资料，第209–210页。

② 中共富平县委党史研究室编:《富平丰碑》，内部资料，第181–182页。

委扩大会议，习仲勋传达了毛泽东的谈话精神和党中央北线作战的意图。会议决定以胡景铎部为策划起义的对象，派范明直接同胡景铎协商起义的具体事项，及时发动胡景铎部在横山地区举行起义。会后，习仲勋向毛泽东作了汇报。毛泽东听取汇报后，立即予以批准，并指示边区部队乘势发起榆（林）横（山）战役，相机夺取榆林城。为了使工作进展顺利，习仲勋曾三次找范明谈话。

7月5日，西北局联络员范明从延安动身，带着习仲勋在白绫子上写的一封信，于7月下旬到达绥德，向绥德地委传达了西北局关于组织横山起义的决定和开展北线工作的计划，以及做好进入胡部的各项准备工作。9月中旬，范明来到波罗堡，将习仲勋的亲笔信交给胡景铎，并传达了党中央对形势的分析和西北局组织横山起义的决定。胡景铎表示完全同意，表示绝不辜负党的信任，绝不做蒋家王朝的“一捧黄土”。范明与胡景铎商定了起义实施的十条计划：（1）起义日期为1946年10月10日；（2）起义部队番号称西北民主联军骑兵第六师；（3）在起义部队中建立党的组织；（4）起义后的干部任职名单；（5）确定了在起义时由我方派出接应部队；（6）拟订了起义的行动方案；（7）决定了起义口号为打回关中去，驱逐胡宗南；（8）制定了起义后的三种方案；（9）起义中的其他具体问题；（10）确定了联络的办法。商定完毕，胡景铎派人护送范明回到边区，向习仲勋作了汇报。习仲勋详细审查了起义行动计划，并与范明一道去枣园，向毛泽东作了汇报，毛泽东批准了起义计划。

在加紧开展胡景铎部起义准备工作的同时，北线榆（林）横（山）战役的军事部署亦在加紧进行。王世泰、习仲勋召集了陕甘宁晋绥联防军指挥部会议，研究制定榆（林）横（山）战役作战方案，成立了北线作战总指挥部，总指挥王世泰、政委张仲良。当时，敌南线胡宗南部因参与追堵中原解放军和围追堵截我三五九旅北返陕甘宁边区，而损失严重，疲惫不堪，被迫进行休整，陕甘宁边区南线出现了暂时的平静局面。据此，习仲勋等决定，乘敌南线胡宗南部进行休整的机会，将教导旅、新四旅、警备三旅及新十一旅等部队集结在绥德地区，形成局部战场上的兵力优势，配

胡景铎部起义发动地——波罗堡

合起义行动，乘机夺取榆林。

10月12日深夜，驻守横山东南交通要点石湾的国民党军保安第九团第一大队官兵率先起义，配合解放军绥德军分区部队夺取了全城。当晚，胡景铎按预定的计划，在石湾以北的波罗堡发动官兵举行起义，控制了全城。

13日，榆（林）横（山）战役打响了。人民解放军兵分三路，分别向盘踞在吴庄、镇川、武镇、响水堡等地的敌人发动进攻。当日，攻占了薛家寨和大理河沿岸的麒麟沟等地，扫清了横山城之外围敌人据点。13日晚，解放军绥德军分区一个营自石湾进抵高镇外围。国民党军保安第九团团副秦悦文率驻守高镇及外围吴家园子等据点的各部700余人起义。海流兔庙、五龙山、韩家岔等附近据点的小股国民党军闻讯后，也相继起义。

14日，人民解放军攻占镇川、鱼河堡和武镇敌人据点。15日，攻克了万佛洞、乌龙山。16日，在解放军的打击下，横山守敌新编第十一旅第一团部及一个营共300余人向解放军投降，横山解放。随后，解放军集中兵力，向无定河以南残留的敌唯一的据点响水堡猛攻。敌第二十二军两个营在副军长胡奎僧的率领下赶来增援。20日，在援敌到达白家岭地区后，人民解放军除以部分兵力继续围困响水堡外，集中主力将援敌包围，经过四个小时的激战，除胡奎僧率少数人员逃跑外，其余敌人均被消灭。21日，解放军攻克响水堡。

鉴于榆林城内敌军已有了防范以及胡宗南部在南线有发动大规模进攻的迹象，中央军委决定放弃原定攻击榆林城的计划，命令北线部队除留下一部巩固榆横地区胜利成果外，主力立即掉头南下，加强南线防御。榆（林）横（山）战役胜利结束。

在榆（林）横（山）战役中，国民党陕北保安指挥部副指挥胡景铎率各部5000余人起义，为此次战役的胜利作出了贡献。胡景铎部起义后，改编为西北民主联军骑兵第六师，胡景铎任师长。榆（林）横（山）战役的胜利清除了敌人插入边区北部的许多据点，使国民党军损失兵力7000余人，解放了无定河以南约5000平方公里、人口约12万的广大地区，扩大并巩固了边区北部防线。27日，解放后的榆横地区，在武镇成立了榆横行政区政务委员会，胡景铎任主任。

胡景铎率部起义的正义行动，受到了中国共产党和人民群众的热烈欢迎。习仲勋与陕甘宁边区其他领导人都分别致电祝贺。12月中旬，胡景铎率骑六师到达延安。22日，周恩来、朱德看望了起义部队，并作了重要报告。24日，中央军委在延安枣园小礼堂举行了胡景铎和骑六师营以上干部参加的欢迎会，毛泽东在会上讲了话，对胡景铎和骑六师起义给予高度评价，说骑六师给西北旧军队指出了一条光明大道。在这次欢迎会上，毛泽东对胡景铎还风趣地说了一句后来流传很广的话："景铎同志，你能在敌强我弱的情况下，下邓宝珊的船，上习仲勋的船，你这个道路选择的是正确的。"毛泽东用两只船生动地比喻说："美蒋那只船虽然大些，但是一只破船，一遇风浪就会沉没，德、意、日军国主义的失败就是明显的例证。我们这只革命的船现在还小些，但是崭新的，能够乘风破浪，胜利地前进！欢迎你们下大船上小船，克服困难，将革命进行到底！"①

① 中共富平县委党史研究室编:《富平丰碑》，内部资料，第192–193页。

榆（林）横（山）战役后，胡宗南为了加强北线防务，并逼迫榆林的国民党晋陕绥边区总司令邓宝珊部的杂牌军进攻边区。从 11 月初起，将整编二十八旅一部空运榆林。在胡宗南的强迫下，榆林的国民党军八十六师被迫出兵，对边区北部进行骚扰。11 月中旬，驻榆林国民党军出动两个营，分三路进犯边区，一度侵占边区属地横山县米家园子、吴庄、兴隆等村镇。16 日，又出动一个团的兵力进犯鱼河堡，当即被边区驻防部队击退。骑六师也开赴前线协同作战，并向敌人开展政治攻势。由于邓宝珊内心实在不愿意进攻边区，加上官兵心有余悸，不敢拼命进攻，只是做个样子给胡宗南看，然后就退回了榆林。北线局面得以巩固，为解放军在后来对付南线胡宗南创造了有利的条件。

南线：主力部队的防御作战

蒋介石发动全面内战后，攻城略地，狂妄已极。胡宗南秉承蒋介石的旨意积极准备发动对延安的袭击。11 月初，胡宗南先后从陕南、晋南等地抽调了 6 个旅的兵力，连同原来封锁陕甘宁边区的 4 个旅，共 10 个旅及 1 个装甲团，集结于洛川、宜川一线，作为主力，准备进攻延安。

11 月 6 日夜，毛泽东致信习仲勋："胡宗南第一军第九十军已开始由禹门口渡河西进，有直攻延安模样。请立即作下列处置:（一）即日起封锁边区;（二）要路民众粮食速即隐蔽;（三）集中最大兵力于富甘地区准备作战;（四）必要疏散事项应即开始;（五）动员民众准备打敌。联司注意侦察。"

遵照毛泽东的指示，王世泰、习仲勋调集参加榆横战役的陕甘宁晋绥联防军主力进至南线，加强延安以南地区的防御。教导旅及警备三旅一部沿茶坊、金盆湾、临镇、固临一线建立防线，警备一旅和新四旅在关中分区边境地带建立防线，警备三旅另一部在陇东分区建立防线，三边分区部队和新十一旅在接近宁夏的地带建立防线。为了充实陕甘宁边区的防御力量，中央军委决定调晋绥军区第一纵队（系 11 月 10 日在山西组建，司令员张宗逊、政委廖汉生，下辖三八五旅和独立一旅）进入陕甘宁边区参战。

11月13日，习仲勋在陕甘宁边区政府机关召开的干部动员大会上讲话，号召边区全体军民动员起来，保卫延安，保卫边区，保卫毛主席，把敢于进犯的国民党军坚决赶出去，要求把所有人力、物力组织起来，服从战争，争取战争的胜利。同时成立了边区政府总动员委员会，以加强对战备工作的领导，延安的战备疏散工作开始有序进行。[①]

在习仲勋和西北局的统一领导下，边区军民严阵以待，全力以赴地做好准备工作，决心粉碎敌人的任何进攻。南线各部队建立起牢固的防线，采用一切手段阻止和迟滞胡宗南集团的进攻，为晋绥军区第一纵队西调与集结赢得时间。边区军民利用林木山地构筑了纵深防御工事和多道障碍，掘断或阻塞一切险要道路，遍设地雷，加强侦察活动，时刻处于高度警戒状态。分区、各县的地方武装和民兵自卫军也全部动员起来，积极配合主力作战，做好了战勤动员，坚壁清野，肃清敌特。许多武工队和游击队活跃在敌后，到处袭击和骚扰敌人，破坏公路和电话线，发动群众斗争，配合正面战场的作战。

11月13日起，南线胡宗南集团对关中分区频繁发动进攻，遭到南线人民解放军和民兵自卫军的坚决回击。12日至14日，胡宗南一部向同官以西进犯，当即受到人民解放军有力反击，俘敌100余人，国民党军被迫撤退。16日夜，整编一六五师1个营向淳耀县进犯，被人民解放军击退。17日，胡宗南一部猛攻宜君以西边区属地，经过激烈战斗，人民解放军击退该敌，收复大片被侵占的地区。18日，整编一六五师的5个连向鄜县以南10公里之烛子沟发动进攻，经过8个小时激战，该敌伤亡惨重，被迫撤退。20日，胡宗南一部进攻关中分区之建庄镇，人民解放军给敌人以迎头痛击，敌军遭到了惨重的失败。24日，敌一支“民众自卫队”进犯关中分区赤水县境，遭遇人民解放军包围，全队官兵120余人缴械投降。这些战斗虽属于敌试探性质的进攻，但表明敌人更大规模的进攻已经临近了。

---

① 《习仲勋传》编委会编:《习仲勋传》(上卷)，中央文献出版社2008年版，第450–451页。

11月底，胡宗南将整编十二旅东调至郃县，命令整编二十八旅增援泾川，整编四十八旅和第二二三旅集结于同官至宜君一线，整编七十六师进入麟游山区。同时，大力修复和加固咸榆公路南段、洛（川）宜（君）公路和韩（城）宜（川）公路，加紧向前线运送弹药和粮秣。12月7日至9日，胡宗南部5个团分东、南两路，大举进攻关中分区，先后占领了柳林镇、杨家店子等地。边区主力部队在民兵自卫军和游击队的配合下，奋勇反击，经过激烈战斗，我军击退各路敌人的进攻，收复柳林镇等失地。南线保卫战斗为晋绥军区第一纵队的西调争取了时间。

在南线战斗激烈进行当中，中央军委急令晋绥军区第一纵队调驻陕甘宁边区。第一纵队接到命令以后，立即从阳高附近开往临县，在那里补充物资弹药。贺龙也从兴县赶到临县，对部队作了动员讲话，号召大家以实际行动粉碎敌人进攻延安的阴谋，保卫党中央，保卫陕甘宁边区。

第一纵队在临县休整了几天，便出发赶赴延安。部队从碛口渡过黄河，经吴堡、绥德，于12月初到达延安，住在延安以南的七里铺进行休整。12月7日，全纵队在延安飞机场召开保卫延安、保卫党中央的动员大会。毛泽东和朱德、林伯渠等领导同志乘汽车到来，冒着寒风检阅了部队。毛泽东和中央领导的检阅和慰勉，给了第一纵队全体指战员极大的鼓舞。会后，第一纵队进驻延安以南战略要地，积极备战。

西线：地方部队的防御作战

为保卫边区，王世泰、习仲勋还在西线部署了陕甘宁晋绥联防军的防御作战。11月上旬，宁夏马鸿逵部调集5个旅进攻陕甘宁边区西线地区。19日，马鸿逵部“精锐”骑兵第十九团侵占盐池县之兴武营、天池子等地，并派出小股骑兵侵扰牛毛井、聂家梁等村庄，另以第三十五旅之第一〇三团等部进占石家圈、长流墩等地。马鸿逵部所到之处，拷打群众，抢劫财物，赶走牛羊，无所不为。当地群众填塞水井，埋藏粮食，积极困扰敌人。

12月4日，王世泰、习仲勋命令三边警备区打击西线进犯之敌。三边警备区副司令员郭宝珊率警备八团、城川骑兵团、新十一旅第一团以及盐池游击队、警卫队等部，乘夜奔袭兴武营、大圪塔、余庄子之敌，一举击溃敌人骑兵十九团团部和3个骑兵连，毙伤敌50余人，俘敌130人，缴获战马80余匹，骆驼百余峰，以及大批武器弹药和粮食马料等，胜利地收复了兴武营等地。马鸿逵部第一〇三团和第一〇四团闻风丧胆，狼狈西窜至金积、灵武一线。此后，西线的形势暂时得到了稳定。三边分区首府定边城内悬旗三日，军民万人同庆收复兴武营等地的重大胜利。[①]

与此同时，陇东分区和三边分区的民兵自卫队和游击队也英勇作战，屡挫强敌。镇原县王寨塬的19名游击队员，一次打退300余名敌人的进攻。中共红井子工委领导下的游击队有60多人，曾两次深入敌区里山堡、下马关一带，捣毁王庄匪乡乡公所和里山堡保甲组织，攻克狼步掌的敌新兵训练营地，将几百名士兵解散，捉获军事教官3名。盐池骑兵游击队在战斗中成长壮大，后扩编为正规的骑兵团，下辖3个骑兵连。1947年1月，经习仲勋和西北局同意，三边地委将余庄子、红井子两个工委领导的游击队与定边回民游击队合并，成立回汉支队，共234人（其中回民65人）。同月，习仲勋和西北局还将宁夏工委和伊盟工委合并，成立宁绥工委，朱敏任书记，负责宁夏和蒙绥地区的国统区工作。[②]

东线：组织策划吕梁战役

鉴于胡宗南集团从山西调集重兵进攻陕甘宁边区，敌河防兵力空虚，中共中央和中央军委指示晋冀鲁豫解放军和晋绥解放军，先后发起吕梁战役和汾孝战役。习仲勋受党中央毛泽东派遣，东渡黄河，协调陕甘宁边区和晋绥、晋冀鲁豫部队的统一作战。

1946年11月，根据中央军委的指示，晋冀鲁豫解放军第四纵队及太岳军区第二十四旅为配合陕甘宁边区的防御作战，进军吕梁地区，在

① 中共盐池县委党史办公室编：《陕甘宁边区概述》，宁夏人民出版社1988年版，第297页。
② 中共盐池县委党史办公室编：《陕西宁边区概述》，宁夏人民出版社1988年版，第298页。

晋绥军区第二纵队[1]的配合下，22日，向守敌发起猛烈进攻，连克永和、大宁、隰县、蒲县、汾县、石楼、中阳、离石等8城以及重要城镇30余处，解放了北起中阳，南至吉县，西向黄河，东到同蒲铁路的广大地区，歼敌8个地方保安团队共5000余人，俘敌国民党晋西地区上将总指挥杨澄源。吕梁战役的发动使集中于洛川、宜川的胡宗南集团的右翼受到了严重威胁，胡宗南急忙调兵遣将，企图消灭解放军部队，解除自己右翼的威胁。

12月16日，习仲勋与彭德怀、贺龙等一起东渡黄河，传达中央军委毛泽东关于陕甘宁与晋绥联合作战的决定。对于这次东渡黄河参与组织吕梁战役的情况，习仲勋回忆说："一九四六年冬，蒋介石发动全面内战将近半年，西北地区的敌人也蠢蠢欲动。为了备战，彭总和我从延安动身，渡过黄河，赶到晋绥边区临县的甘泉村，会见了陈赓将军，共同研究如何配合作战，保卫党中央、保卫陕甘宁边区。"[2] 11月16日，在习仲勋的参与主持下，陕甘宁边区、晋绥军区、晋冀鲁豫的太岳部队的高级干部在山西省离石县高家沟村召开了军事会议。会上，习仲勋传达了中央军委关于粉碎国民党军进攻陕甘宁边区的企图、做好战备工作的指示精神，传达了中央关于发起吕梁战役的决定：为了坚持和发展吕梁解放区，确定晋冀鲁豫解放军第四纵队、晋绥军区第二纵队和太岳军区第二十四旅等部统归陈赓、王震、谢富治指挥，迅速集中兵力于蒲县地区，准备连续作战，争取再歼灭敌两个旅。根据中央军委的决定，彭德怀、贺龙、习仲勋与晋绥、晋冀鲁豫军区的领导人一道制定了作战计划。

根据这一作战计划，人民解放军对胡宗南6个整编旅反扑蒲县、大宁地区的行动给以沉重打击，使其损失惨重。到1947年1月2日，吕梁战役胜利结束，这次战役共歼灭国民党整编第一旅、第六十一旅和整编第三十八师各一部，整编第六十七旅和第四十七旅的大部、暂编第四十五师

---

① 1946年10月10日组建，司令员兼政委王震，下辖三五九旅和独立六旅。

② 习仲勋：《彭总在西北战场》（1980年1月25日），中共中央党史研究室编：《习仲勋文集》（上卷），中共党史出版社2013年版，第587页。

一部和大批的反动地方武装，共计 1.7 万人。这次战役使晋南解放区和晋绥解放区连成一片，并大大拓展了与陕甘宁边区的接壤地域的面积。由于阎锡山拼命呼救，胡宗南只好将整编第一师和整编九十师再次调往同蒲线，这样，胡宗南集团突袭延安的计划又一次被迟滞。

1947 年 1 月，晋冀鲁豫解放军又发动汾（阳）孝（义）战役，再次歼灭阎锡山集团 1.1 万余人，进一步扩大了解放区，配合了陕甘宁边区的自卫作战。

三、率领陕甘宁野战集团军出击陇东

为了统一陕甘宁边区人民解放军各部队的指挥，1947 年 2 月 10 日，中央军委决定将西渡黄河的晋绥军区第一纵队和陕甘宁晋绥联防军的新编第四旅、教导旅、警备第一旅、警备第三旅合编为陕甘宁野战集团军。全野战军共辖 6 个旅、2.8 万余人。中央军委任命张宗逊为司令员，习仲勋为政治委员，王世泰为副司令员，廖汉生为副政委，阎揆要为参谋长，徐立清为政治部主任，冼恒汉为政治部副主任。

此时，国民党反动派向陕甘宁边区进攻的规模越来越大。2 月 18 日，胡宗南调集 7 个整编旅约 5 万人的兵力，在空军的掩护下，向关中分区发动了疯狂的进攻。张宗逊、习仲勋指挥陕甘宁野战集团军部队新四旅、警备三旅等部队在予敌以重大杀伤后，主动撤出关中分区。20 日，国民党军占领了关中分区首府新正县马栏镇。

2 月 24 日，张宗逊、习仲勋接到了中央军委电报。电报除通报敌情外，还就今后的作战事宜对张宗逊、习仲勋作了指示：（一）教导旅在敌攻延时，利用交道、茶坊、牛武、临真第一线坚固阵地及榆林桥、道佐铺、清泉沟、九龙泉、南泥湾、金盆湾有利地形坚固工事，顽强抵抗半个月，尽量吸引敌人于自己面消耗疲惫之，以利主力出击。（二）边区主力独一旅、三五八旅、新四旅全部，警一旅、警三旅各一部，隐蔽集结张村驿以西及其西南地区。待敌主力进攻我教导旅时，向南突击收复关中，夺取中部、宜君、同官、白水，或歼击可能由洛川以西向张村驿前进敌之暴露侧翼，看当时情况再决。但须做各种准备，如侦察地形、准备干粮、如何克服宿营困难等。（三）如敌进占关中，至三月十日还无进攻延安迹象时，我应于西峰、宁县、正宁、中部、马栏地区寻求歼灭敌人一团一营机会，抑留胡军主力于大关中，以便晋南陈王集团歼敌。

遵照中央军委的指示，张宗逊、习仲勋加紧对敌侦察和作战部署。2月25日，习仲勋在邠县大佛寺召集关中党政军负责干部开会，对关中分区坚持游击战争以及配合主力作战等工作进行了部署。会后，张宗逊、习仲勋率领陕甘宁野战集团军司令部进至新宁县盘克塬东北的武氏村。同日，张宗逊、习仲勋得悉：敌胡宗南部整编七十六师师长廖昂及一四四旅旅部、四三〇团向肖金镇前进，二十四旅向宁县前进。张宗逊、习仲勋判断敌有向我陇东分区进攻之企图，即决心歼灭之，随即进行战斗部署。当日，张宗逊、习仲勋将作战意图上报中央军委。

26日，中央军委电示张宗逊、习仲勋：敌向西转移，准备进攻陇东，我军不要出动太早，让敌深入，弄清情况，以逸待劳。待敌进至于我有利地区，准备连续几个战斗消灭敌一两个旅，如过早暴露，恐打不好。切忌急躁。

同日，张宗逊、习仲勋电告中央军委：（一）侵入我关中之敌现正在构筑工事，进行清剿，除二十四旅及七十六师之指挥部已判明西移宁县、肖金外，其他各旅尚无转移之确息，唯西撤传闻较多。据传闻情况估计，敌于控制关中之后，可能继续进攻陇东，执行过去之攻延计划，企图侵占关中、陇东之后，从南、西、北三面攻延，目前似无直接攻延可能。（二）据上述情况，我们因为在关中区北线作战，山沟狭窄，大的兵力不易展开，决遵军委二十四日电示，转到新宁以北，准备全部歼灭陇东之敌，或于敌人进攻准备未完成之前，创造机会歼敌一部。如判明敌已开始攻延，我们于四日内，即可转到张村驿附近向东出击。此间将向东南出击之各项准备工作正在进行中。

2月28日，胡宗南命令整编七十六师师长廖昂指挥整编十七师四十八旅、七十六师二十四旅和一一四旅、新一旅、骑兵第一旅等共五个整编旅的兵力，在青海马步芳部整编八十二师的配合下，向陇东分区发动进攻，企图在“吸引陕、甘、宁边区主力于陇东决战之机袭占延安”。①

根据敌军的动态，中央军委认为，敌攻陇东意在吸引西北解放军主力向西，以便乘虚入侵延安，但我方必须抢在敌人的前面，争取分而歼之，以击破胡宗南的整个入侵计划。为此，中央军委决定以教导旅和警备三旅之第七团组成防御兵团防御东起临镇，西到鄜县的延安南部地区，保障延安的安全；命令陕甘宁野战集团军司令员张宗逊、政治委员习仲勋率领第一纵队、新四旅和警备三旅之第五团组成野战兵团迅速西进，打击入侵陇东分区之敌。陕甘宁野战集团军出击陇东的作战方案是在毛泽东的指导下拟定的。据习仲勋回忆：“一九四七年春边区集团军出击陇东，事前提出了一个方案，毛主席复信加以肯定，并作了具体指示。”②

3 月 1 日，敌二十四旅、一四四旅进占陇东分区首府庆阳。2 日，中央军委致电张宗逊、习仲勋，在通报了敌情后，提出三个作战方案供张宗逊、习仲勋选择：（一）迅速消灭敌四十八旅，我主力转向关中，歼击守备之敌。（二）我主力迅集张村驿、直罗线。准备歼击北进或东进之一路（几个战斗）。（三）让敌人深入延安、延长后，待敌困难增多时再从敌侧后歼击。中央军委在电报中特别要求张宗逊、习仲勋对作战方案选择进行认真考虑，并说明理由电告军委。

3 月 2 日晚，张宗逊、习仲勋得悉敌四十八旅于当日上午进占合水后，决心歼灭这股分散孤立之敌。3 月 3 日，张宗逊、习仲勋电告中央军委：根据我军集结位置与当前敌情，决遵第一方案执行，今晚先击板桥再打合水歼灭四十八旅（如四十八旅待命令撤退，我仍决击板桥求得消灭其一个团到一个旅），然后转入敌后收复关中。当天，人民解放军第一纵队

---

① 裴昌会：《蒋军胡宗南部进犯延安纪略》，《文史资料选辑》（合订本）第 12 卷第 36 辑，中国文史出版社 2000 年版，第 1 页。

② 习仲勋：《红日照亮了陕甘高原》（1978 年 12 月 20 日），中共中央党史研究室编：《习仲勋文集》（上卷），中共党史出版社 2013 年版，第 434 页。

进至合水以东地区，进占合水的敌四十八旅闻讯回撤西华池、板桥一带。据此，张宗逊、习仲勋决心在西华池围歼敌四十八旅。兵力部署是：新四旅、三五八旅进攻西华池；独一旅一个团防御板桥之敌；警备三旅五团向赤城警戒，另两个团随三五八旅作预备队。

当晚，陕甘宁野战集团军向西华池的敌四十八旅发起突然攻击，很快攻入了西华池镇，与敌展开反复争夺。但是由于对地形不熟悉，事先侦察不够周密，部队协同也不够好，未能集中兵力，坚持连续攻击。敌人在陕甘宁野战集团军攻击的间歇中得以喘息，不断增修防御工事，并依托工事顽抗，陕甘宁野战集团军经过两天激战，到4日晚，仍未能消灭敌人，战斗呈僵持局面。5日清晨，敌二十四旅增援逼近，陕甘宁野战集团军遂撤出战斗。这次战斗击毙了敌四十八旅旅长何奇以下1500余人，但没能全歼敌人，陕甘宁野战集团军部队也有较大的伤亡。习仲勋回忆说："我们在西华池附近同胡宗南部队打了一仗，因情况摸得不够准，没有打好，打成了消耗战。这使我内心十分不安。事后，在一次谈话中，毛主席提到了这一仗，然后说：一个人难免要失败，失败一次就有了经验。又说：别人的经验，不通过自己的实践，还不会变成自己的。"①

在西华池战斗发起的同时，陇东分区地方部队连续收复了庆阳和合水两城。

西华池战斗结束后，张宗逊、习仲勋奉中央军委的命令，率领陕甘宁野战集团军第一纵队、新四旅和警备第三旅等部星夜兼程，到达延安以南的茶坊地区，随后在大、小劳山以及以东地区，构筑第三道防线，准备迎击胡宗南进犯之敌。3月11日，张宗逊、习仲勋在茶坊召开了陕甘宁野战集团军营以上干部会议，总结西华池战斗未能全歼敌四十八旅的教训，动员全体指战员打好延安保卫战。彭德怀从延安赶来看望张宗逊、习仲勋和陕甘宁野战集团军指战员，他参加了会议，并在会上讲了话。习仲勋回忆说："战后，彭总在鄜县和我们一道总结此次战斗。这一仗，虽

---

① 习仲勋:《红日照亮了陕甘高原》(1978年12月20日)，中共中央党史研究室编:《习仲勋文集》(上卷)，中共党史出版社2013年版，第434页。

然予敌以重创，击毙敌四十八旅旅长何奇，可是这是一次消耗战。为此，身为‘边区集团军’政治委员的我，深感不安，以为会受到彭总的严厉责备。可是他却亲切地说：‘这是敌人大举进攻延安和陕甘宁边区的侦察作战。毛主席、周副主席、朱总司令和我们大家，一直在听着你们的消息。没打好，部队有伤亡，不要紧，打了这一仗，把敌人的底摸一摸，这对今后作战大有好处。也算是实战演习嘛！’这一席话，对我和其他同志鼓舞很大。”①

此后，张宗逊、习仲勋指挥陕甘宁野战集团军各部以昂扬的斗志投入了延安南部的防御作战，对国民党胡宗南集团向延安的疯狂进攻实施了英勇顽强的抗击，掩护中共中央、延安党政机关与群众主动撤离延安。

四、指挥延安南部的阻击战，中共中央留在陕北

从 1946 年 6 月全面内战爆发，到 1947 年 2 月的八个月时间中，国民党军向全国各个解放区的战略进攻都遭受失败，被歼灭了 71 万余人。为了扭转不利的战局，从 3 月开始，国民党军放弃了全面进攻的战略，改采用向陕甘宁和山东两个解放区发动重点进攻的战略。按照蒋介石的命令，3 月 10 日，国民党胡宗南部整编第一军和整编第二十九军（共 6 个整编师、15 个整编旅），在陕甘宁边区南线的宜川、洛川和宜君、耀县地区集结完毕。11 日，胡宗南由西安抵达洛川，召开了军事会议，向旅长以上高级军官宣布了向延安和陕甘宁边区进攻的重点进攻计划。在这个计划中，胡宗南共使用了 34 个旅约 23 万人的兵力，组成南、西、北 3 个集团，主力是胡宗南集团的 15 个旅约 14 万人，自洛川、宜川一线分两路进攻延安。青海马步芳和宁夏马鸿逵部 12 个师旅，榆林邓宝珊部两个师，分别从西、北部进攻陕甘宁边区。国民党军还调集了全国空军的五分之三支援地面部队的行动。

① 习仲勋：《彭总在西北战场》（1980 年 1 月 25 日），中共中央党史研究室编：《习仲勋文集》（上卷），中共党史出版社 2013 年版，第 587–588 页。

当时，陕甘宁边区的人民解放军部队只有三五八旅、独立第一旅、新四旅、教导旅等4个野战旅约1.7万人，以及警备第一旅、警备第三旅、新十一旅、骑兵第六师等4个地方旅约1.5万人，敌我兵力相比十分悬殊。

3月13日，胡宗南集团在南线，向延安发起了猛烈的进攻。为了保卫延安和迟滞国民党军的进攻，习仲勋与张宗逊一道指挥陕甘宁野战集团军在延安南部地区依托横宽约90公里，纵深三四十公里，共有三道防线的野战防御阵地进行机动防御，坚决抗击敌人的进攻。教导旅和警备七团在临镇、金盆湾至牛武、茶坊一线组成第一和第二防御集团，第一纵队、新四旅和警备第三旅在第三道防线防守并担任总预备队。延属军分区独立团及民兵和游击队，积极开展游击战争。南线部队进行机动防御，节节抗击敌人的进攻。

战斗一开始，敌人即使用了15个旅14万人，一天出动50余架次飞机狂轰滥炸延安和边区城镇。敌人分左右两个兵团，由整编第一军军长董钊和整编第二十九军军长刘戡带领，从宜川、洛川出动，胡宗南亲到洛川坐镇指挥，他狂妄地叫嚷："三天之内占领延安。"敌人第一线攻击部队12个旅8万余人，以猛烈的炮火轰击人民解放军阵地，然后以步兵轻装从荒山中开路，以密集队形蜂拥前冲。

当时的战场情况，习仲勋用了这样的语言来描述："枪炮声震耳欲聋，敌机轮番不息地轰炸延安，遍地烟火升腾。"[①] 虽然敌我兵力众寡悬殊，但由于中央军委和毛泽东的正确领导，边区全体军民在"保卫党中央，保卫毛主席"的战斗口号鼓舞下，积极利用山地、梢林，顺着山顶构成支撑点，有些地形削成断崖陡壁，组成了宽大正面的野战防御体系，有效地抗击着敌人的攻势。延属军分区的民兵、游击队埋设地雷、破坏道路，配合部队开展游击战和爆炸运动。就这样，人民解放军各部队与敌人激战四昼夜，敌人每前进一步都付出很大的代价，每天只能推进几里地，敌人三天之内占领延安的狂妄企图失败了。

---

① 习仲勋：《彭总在西北战场》（1980年1月25日），中共中央党史研究室编：《习仲勋文集》（上卷），中共党史出版社2013年版，第589页。

延安防御战役打响后，党中央、毛泽东高瞻远瞩，决定放弃延安，但仍留在陕北，指挥全国解放战争，并直接决策陕北我军作战的方针。中央军委还命令晋绥第二纵队由晋西北兼程赶至延安以东地区集结。3月16日，中央军委撤销陕甘宁野战集团军番号，依据战争的需要，决定将所有陕甘宁边区境内的野战部队和地方武装，统归中央军委副主席彭德怀和西北局书记习仲勋指挥，并决定成立西北野战兵团，彭德怀任司令员兼政委，张宗逊任副司令员，习仲勋任副政委，张文舟任参谋长，徐立清任政治部主任，刘景范任后勤部司令员，下辖教导旅、新四旅及第一纵队所属三五八旅、独立第一旅和第二纵队所属三五九旅、独立第四旅，共6个旅2.6万人；另以警备第一旅、警备第三旅、新十一旅、骑兵第六师等4个地方旅，共1.6万人，组编成陕甘宁边区地方兵团；以上部队统由彭德怀和习仲勋指挥。

16日，正当习仲勋在延安以南的前线指挥部里指挥我军作战时，突然接到党中央和毛泽东发来的急电，要他星夜返回延安。习仲勋飞马急驰，用两天两夜时间赶回延安。18日，习仲勋到达中央军委和毛泽东的驻地王家坪。此刻，他非常担心党中央和毛主席、周副主席的安全，当他与毛泽东、周恩来刚一见面，就劝他们赶快离开延安。毛泽东和周恩来从容不迫地对习仲勋说，这里群众基础好，地形好，回旋余地大，还是留在这里好，群众坚持斗争，我们要和群众在一起。这时，彭德怀交给习仲勋一封毛泽东的亲笔指示。在这封指示信中，党中央要彭德怀和习仲勋指挥西北野战兵团，要立即成立中共西北野战兵团前线委员会，并且指示说："延安我们不守，让敌人把这个包袱背上，把几十万敌人拖到边区，一直到把它拖垮。只要一个月能消灭敌人一个团，保证三年收复延安。"[①]

习仲勋刚刚赶到延安，毛泽东、周恩来、任弼时、彭德怀、习仲勋等在毛泽东的窑洞中，立即召开会议，研究了成立中共西北野战兵团前线委员会的各项工作问题。会议正在进行的时候，敌机又来轰炸，有些炸弹就

① 习仲勋:《彭总在西北战场》(1980年1月25日)，中共中央党史研究室编:《习仲勋文集》(上卷)，中共党史出版社2013年版，第590页。

落在毛泽东的窑洞附近。于是，毛泽东、周恩来、任弼时、彭德怀、习仲勋等转移到王家坪的一个防空洞里继续开会。习仲勋说："毛主席、周副主席、弼时同志和彭总等，大家全都席地而坐。毛主席、周副主席讲了全国战争形势，陕甘宁边区目前的情况，还要我们注意对那些对撤退延安想不通的干部、战士和群众多做工作。"① 他又说："三月十八日，毛泽东、周恩来同志召集彭总、王震和我，一起研究了撤离延安后我军的作战问题。毛泽东同志客观地分析了敌人的兵力、装备上的绝对优势，和陕北群众基础好，地形复杂，回旋余地大，便于我军机动作战的有利条件，胸有成竹地提出了诱敌深入，陷敌于十分疲惫、十分缺粮之困境，然后抓住有利战机，集中优势兵力，在运动中逐个加以歼灭，牵制胡宗南集团主力于陕北战场的作战方针；并且研究了兵力的具体部署和在青化砭打伏击战的意图。"②

3 月 18 日，延安党政机关和群众都已安全转移疏散完毕后，胡宗南的先头部队进抵延安近郊。毛泽东和周恩来仍留在王家坪，召集西北野战兵团的前委成员开会，研究并确定撤出延安后部队的作战行动。习仲勋亲身经历了党中央最后撤离延安的那一时刻，他记述了当时的动人情景："傍晚，太阳下山了，前委的同志到王家坪毛主席住处，只见他在院子里来回踱着，仿佛在思考什么。大家着急地催促道：主席，您走吧！毛主席连声说：走呀!? 现在就走!? 我说：当然要走，您不走我们不放心，敌人已进到延安附近，再不走，路被截断，就不好过去了。毛主席一直坚持到最后，才离开延安。"③

18 日晚，毛主席和中央机关以及群众已全部疏散转移完毕后，彭德怀、习仲勋等西北野战兵团前委成员还留在延安。从前线撤退下来的苦战了七天七夜的指挥员，一批一批地挤到彭德怀和习仲勋那挂满地图的指挥

① 习仲勋:《彭总在西北战场》(1980 年 1 月 25 日)，中共中央党史研究室编:《习仲勋文集》(上卷)，中共党史出版社 2013 年版，第 590 页。

② 习仲勋:《英明的决策　伟大的胜利》(1988 年 4 月)，中共中央党史研究室编:《习仲勋文集》(下卷)，中共党史出版社 2013 年版，第 1207 页。

③ 习仲勋:《红日照亮了陕甘高原》(1978 年 12 月 20 日)，中共中央党史研究室编:《习仲勋文集》(上卷)，中共党史出版社 2013 年版，第 436–437 页。

部窑洞里。炮声隆隆，枪声密集，敌人已经逼近。但彭德怀和习仲勋临危受命，镇定自若，随即命令第一纵队在撤出延安后大摇大摆、浩浩荡荡地向安塞方向开进，并令独一旅二团二营在延安西北与敌人保持接触，使敌人误认为人民解放军主力开往安塞，诱使敌人主力北上；而令第二纵队、教导旅、新四旅等部队隐蔽地向延安东北的甘谷驿、青化砭一带集结待机。在部署完毕后，彭德怀、习仲勋等西北野战兵团前委成员才在深夜离开延安。

离开革命圣地延安时的情景使习仲勋终生难忘，他后来动情地回忆说："一直到深夜时分，彭总才率领西北野战军的指挥机关离开已是一片火海的延安，从王家坪后沟爬上山，顺着小路悄然退去。这条出人意外的小路，平时没有人注意，彭总往日散步时调查过，并踩过好多遍。由此可见，这位久经征战的老军人深谋远虑和军事观察之细密。撤离延安，大家心情激愤而沉重。同时，敌人又这样嚣张，情况这样危急，可是身经百战、独具胆识的彭总，却一边徒步行军，一边轻蔑地嘲笑四面八方摸来的敌人：'同志们，不要看敌人这么疯狂，赶得我们丢了老家还得走夜路。我看嘛，黄河那边的阎锡山，是个瓮中之鳖，眼前的胡宗南，又愚又蠢，是个志大才疏的饭桶。至于马步芳、马鸿逵之流，小丑跳梁罢了！他们倒霉的日子不会太远。'他望着延安左前方远处山头上敌人烧起的火堆，又说：'没有什么了不起。我们还要回来。延安是我们的，全中国都是我们的。'"①

撤离延安后，中共西北中央局和边区政府对领导干部作出新的分工：西北局书记习仲勋兼野战兵团副政治委员，边区政府副主席刘景范兼野战兵团后勤司令员，均赴前线指挥部工作。西北局副书记马明方、边区政府主席林伯渠等组成西北局后方委员会，领导后方的工作。此后，在陕甘宁边区最严峻、最艰苦、最困难的时期，习仲勋同彭德怀一道，领导一支2万余人装备落后的西北野战兵团，肩负起保卫党中央、保卫毛主席、保卫边区的重大责任，与23万全部美械武器装备的敌人展开了一场惊天地、

① 习仲勋：《彭总在西北战场》（1980年1月25日），中共中央党史研究室编：《习仲勋文集》（上卷），中共党史出版社2013年版，第591页。

1947 年 3 月，彭德怀（左）和习仲勋一起研究作战部署

泣鬼神的殊死决战。彭德怀和习仲勋都感到了肩上担子的重大。彭德怀对习仲勋说："中央把这样重的担子交给我们，倘若指挥不好，犯了错误，就有负中央的重托，那就对人民有罪。同时，带兵打仗是十分严肃而责任重大的事情，稍有不慎就要死人，性命关天呀！"

五、赢得青化砭、羊马河、蟠龙三战三捷

3 月 19 日上午，胡宗南部占领了延安。虽然延安只是一座空城，但胡宗南骄傲得不可一世，大肆宣传其重大"胜利"，他捏造战报，向蒋介石报捷："我军经七昼夜的激战，第一旅终于 19 日晨占领延安，是役俘虏敌五万余，缴获武器弹药无数，正在清查中。"蒋介石接到胡宗南的电报后，高兴得手舞足蹈，除表示"嘉勉"，要亲自到延安视察以外，并命令胡宗南尽快"寻找共军主力决战"。

19 日，彭德怀、习仲勋率领西北野战兵团撤出延安以后，独一旅二

团二营在延安西北积极行动，执行彭德怀、习仲勋将胡宗南的“牛鼻子”牵到安塞方向的任务。骄横的胡宗南果然上钩，他错误判断人民解放军主力在安塞，急忙带着他的指挥所从洛川赶到延安督战，命令其第一军军长董钊率精锐部队整编第一师三个旅、整编第九十师两个旅沿延河向安塞攻击前进。我独一旅二团二营看到敌军行进速度放慢时，就向他们打冷枪，敌人立刻追击，加快了行军速度，战士们戏谑地称之为“枪打慢牛”。3月24日，人民解放军一部将胡宗南五个旅的主力顺利地牵到安塞方向。

就在胡宗南这五个旅出发之前，彭德怀、习仲勋得到边区群众和侦察员的报告：已经进至延安东北拐峁村的敌三十一旅，正在打听前往青化砭的路程，并在准备干粮，打算进至青化砭设据点，保障胡宗南侧翼的安全。根据这种情况，彭德怀、习仲勋决定在青化砭至拐峁的延榆公路伏击敌三十一旅，随即命令第一纵队赶到公路以西，第二纵队和教导旅埋伏在公路以东，新四旅从青化砭向南，布成一个口袋阵。彭德怀、习仲勋的前总指挥部设在青化砭西北的高山头上。

3月24日拂晓，各部队按时进入指定的设伏阵地，指战员在冰雪还未消融的阵地上趴着，从拂晓等到黄昏，也不见敌人的影子。有些干部沉不住气了，说敌人恐怕不一定来了吧？彭德怀说：“你要掌握敌人的心理嘛。胡宗南是好大喜功的二杆子。他进了延安城，估计我中央机关的领导人都是中年以上的人，顺公路撤退怕他的汽车追，所以骑着马顺山沟向安塞方向去了，而我军主力隐蔽在延安东北，这是出其意料的。其次，胡宗南虽然是草包，但是占领延安之后要派兵保障侧翼这一点军事常识他还有，要不然他怎么能捞一个陆军上将当呢？何况，他有坦克，有汽车，这陕北唯一的一条公路，他能不要吗？更主要的是，他要捕捉我主力部队，到安塞方向没找到，必然转到这个方向来找。所以说，他一定要来。”[1] 接着，彭德怀、习仲勋商量后拟订了战斗动员令，在战场散发，鼓舞了指战员必胜的信心。

---

① 习仲勋：《彭总在西北战场》（1980年1月25日），中共中央党史研究室编：《习仲勋文集》（上卷），中共党史出版社2013年版，第595–596页。

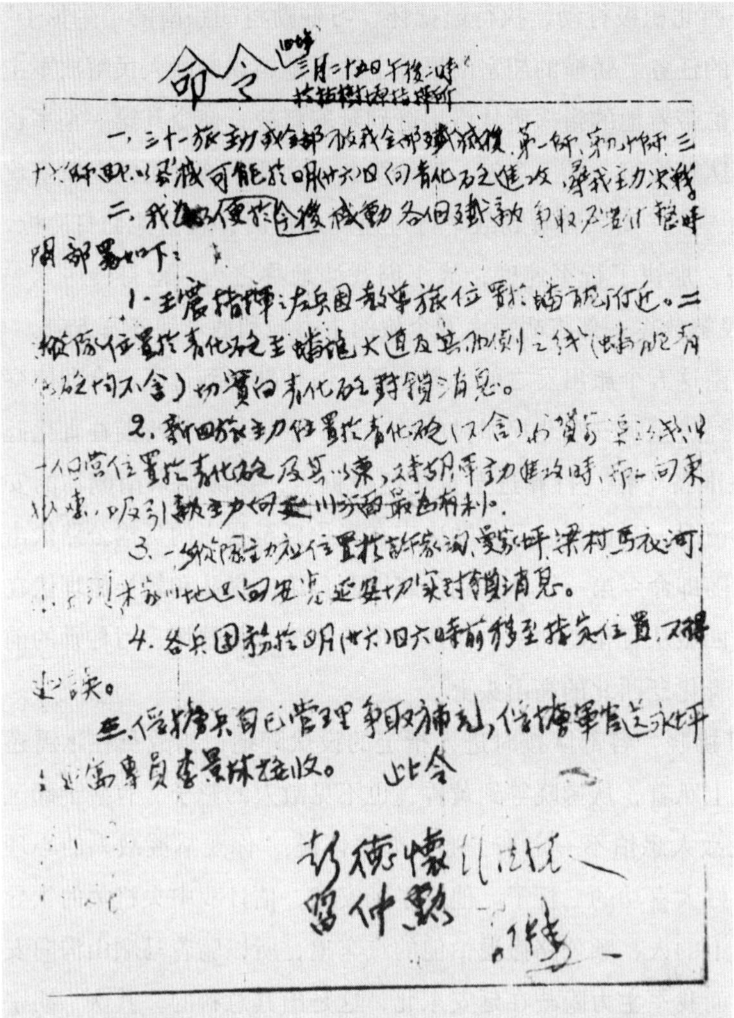

命令 三月二十四日午后二时 [illegible]指挥所

一、三十一旅主力[illegible]第一师、第九十师、三十六师[illegible]可能於明（廿六）日向青化砭之进攻，寻我主力决战。

二、我为便於今后机动，各个击[illegible]，争取[illegible]部署如下：

1. 王震指挥之左兵团教导旅位置於蟠龙附近。二纵独四旅位置於青化砭至蟠龙大道及其两侧之线（由蟠龙至青化砭间不含）切实向青化砭封锁消息。

2. 新四旅主力位置於青化砭（不含）以[illegible]十六团一营位置於青化砭及其以东，待胡军主力进攻时，节节向东北撤，吸引敌主力向[illegible]最为有利。

3. 一纵队主力位置於[illegible]家沟、贾家坪、梁村、马家河[illegible]木[illegible]川地区向安塞延安切实封锁消息。

4. 各兵团务於明（廿六）日六时前移至指定位置，不得延误。

三、俘虏兵自己管理争取补充，俘虏军官送永坪[illegible]专员李景林接收。此令

彭德怀
习仲勋

彭德怀、习仲勋于 1947 年 3 月 25 日签署的作战命令

3 月 25 日拂晓，部队再次进入伏击阵地。上午 10 时，敌整编三十一旅旅部和所属第九十二团全部进入伏击圈。二纵独四旅迅速堵住“口袋”，新四旅在北面向下压，东西两边山上的部队勇猛向下冲。一时军号嘹亮，枪炮齐鸣，手榴弹和炮弹在敌群中开花。这些负荷过重的敌军士兵，本来已经累得走不动了，突然遭到伏击，顿时陷入一片混乱，完全失去指挥。经过一个多小时的激烈战斗，敌三十一旅旅长李纪云以下官兵 2900 余人

全部被歼，无一漏网。青化砭战斗的场景，习仲勋是这样描述的：“枪炮声一响，我们正用望远镜观察时，只见尘土飞扬，战斗却结束了。没有想到结束得这样快，我好像觉得战斗只打了十几分钟。彭总说：‘打了还不到一小时啊！敌人气势汹汹，可是在眼前这小小的战场上，我们以绝对优势的兵力压倒了它，在具体战斗中，就得杀鸡用牛刀噢！’这位以严肃著称的将军，这时也抑制不住内心的欢乐，喜形于色，神采奕奕地打着拍子，哼着歌曲。我军退出延安仅仅六天，就在青化砭初战告捷，这是何等振奋人心啊！”① 青化砭战斗结束后，西北野战兵团主力转移到蟠龙西北部地区待命。

我军进入驻地以后，周围的群众牵羊抱鸡，带着各种物品前来慰劳子弟兵，一定要部队收下。群众说：“你们不收，国民党兵就会抢去的。”这种情况下，有些指战员产生了“宁肯我们自己吃掉，也不留给敌人”的错误思想。他们不经领导批准，随便收群众的东西，个别的甚至不付钱。彭德怀、习仲勋发现了这些违反群众纪律的情况后，利用战斗间隙，整顿纪律，纠正了部队中一切违反群众纪律的现象。

青化砭战斗之后，胡宗南才发现人民解放军主力在延安东北方向，急令整编第一军和二十九军掉头向东。彭德怀和习仲勋按照党中央和毛泽东制定的“蘑菇”战术，牵着敌人的鼻子，让它在千山万壑之间“大游行”。敌人十余旅七八万人马，摆开几十里方阵，经青化砭一直推进到延川、清涧，游行了400多里，结果扑了个空。4月3日，敌人主力又向西折返，占领了子长县（瓦窑堡），敌人大游行，处处扑空，战线长补给困难，弄得精疲力竭，士气沮丧。4月6日，敌军除留一三五旅守备子长县外，主力南下青化砭、蟠龙补给粮食。

4月12日，胡宗南令其一三五旅从子长南下，敌整编二十九军和整编第一军从蟠龙、青化砭出动接应，企图寻歼我主力部队。彭德怀、习仲勋得知敌人动向以后，命第一纵队的三五八旅在夏家沟、白家坪、李家岔一

① 习仲勋：《彭总在西北战场》（1980年1月25日），中共中央党史研究室编：《习仲勋文集》（上卷），中共党史出版社2013年版，第591–592页。

线组织防御，吸引敌整编第一军5个旅向西；独一旅和警备七团在羊马河以南，阻击敌整编二十九军4个旅；集中第二纵队、教导旅和新四旅，在瓦窑堡以南设伏。4月14日上午10时，敌一三五旅进入羊马河地区，落入了彭德怀、习仲勋设下的伏击圈，西北野战兵团第二纵队、教导旅和新四旅迅速收紧包围圈，发起攻击。经过6个小时的激战，至下午4时，敌一三五旅4700余人全部被歼，敌代旅长麦宗禹和两个团长被俘。对于此次战斗，习仲勋回忆说："我军猛扑上去，打了羊马河一仗，歼敌近五千人，活捉敌一三五旅旅长麦宗禹等。虽然敌之接应部队的重兵就在眼前，但彭总巧妙地让我军一部分把敌人主力九个多旅吸引到战场以西。因此，敌主力部队在距我军数里之遥的山头上，眼看着我军缴枪、捉俘虏，也无可奈何。这一仗，离青化砭之捷不到二十天。"① 羊马河战斗首创了陕甘宁边区保卫战以来我军全歼敌一个整旅的范例。傍晚，西北野战兵团除留侦察部队与敌人对峙外，主力迅速秘密地撤出阵地，向安定以北地区转移。

羊马河战斗后，敌整编一军和整编二十九军为寻找人民解放军主力，又在子长东南无粮无人的地区游行数日，到4月20日，疲惫不堪地回到蟠龙、永坪地区休整补给。4月下旬，中共中央和陕甘宁边区机关的部分人员在绥德、米脂以东的黄河渡口集中渡河。蒋介石错误判断："中共中央及共军主力已开始东渡黄河"，急令胡宗南部迅速沿延榆公路北进，邓宝珊部由榆林南下，企图将西北人民解放军主力一举歼灭在葭县、吴堡地区，或逼我东渡黄河。4月26日，胡宗南倾其全部九个半旅，分两路北上绥德寻找我军主力决战，只留整编一六七旅旅部率一个团，在蟠龙修筑工事，守备其前进补给基地。而有趣的是，此刻我野战兵团的指挥部就在敌人的重兵之中隐蔽着。习仲勋回忆说："使我永远难忘的是，蟠龙镇战斗之前，敌主力部队摆成长宽几十里的方阵，铺天盖地向北扑去。而我野战军指挥机关，就驻扎在这'方阵'当中的一个小山沟里。我们周围山头四面八方都有狂呼乱叫的敌人，大家都很紧张，人人都持枪在手。侦察员和参

---

① 习仲勋：《彭总在西北战场》（1980年1月25日），中共中央党史研究室编：《习仲勋文集》（上卷），中共党史出版社2013年版，第592页。

蟠龙作战阵地

谋们不断送来十万火急的报告，我焦灼地在窑洞里来回走动。而彭总却若无其事地躺在我身边的炕上，聚精会神地思考着马上就要进行的战斗如何打。敌人刚从头顶上过去，他立刻跳下炕，率领我们向蟠龙镇扑去。”①

敌军主力北上绥德后，蟠龙之敌孤立无援。彭德怀、习仲勋令三五九旅一部、独立第五旅和绥德军分区部队佯装主力，引诱敌人北上；以三五九旅主力在清涧以西，教导旅在青化砭以北，监视和阻击可能出犯之敌；集中第一纵队、独立第四旅和新四旅共 4 个旅秘密南下，攻击敌人重要的补给基地蟠龙。

担任诱敌北上的部队，一路上丢下一些符号、臂章、破旧衣物等东西，造成大部队“溃逃”的景象，并在黄河沿岸布置渡河假象，迷惑敌人。敌军排成纵横几十里宽的方阵，又开始大游行了，本来干旱少雨的陕北，这时也凑热闹下起小雨，泥泞不堪的黄土高原，使敌军吃尽苦头。5 月 2 日，敌军游行了七天后终于到达绥德，董钊、刘戡兴高采烈地给胡宗

① 习仲勋:《彭总在西北战场》(1980 年 1 月 25 日)，中共中央党史研究室编:《习仲勋文集》(上卷)，中共党史出版社 2013 年版，第 597 页。

南发报，说：“共军溃不成军，我全部兵力南北夹击，当将共军主力压至黄河边，一举歼灭之。”

彭德怀和习仲勋率领西北野战兵团主力南下抵达蟠龙后，命第一纵队集结在蟠龙西北的核桃坪一带，二纵独四旅集结于蟠龙东南的何家峁子，新四旅集结于蟠龙东北的卧虎镇，伺机攻歼蟠龙守敌。守备蟠龙的敌一六七旅是胡宗南的精锐，装备精良。蟠龙周围修有很多地堡、碉堡工事，形成交叉火力网，有交通壕、外壕连接，阵地之间可以互相支援，各种火器都有精密的射击计划。敌主力北上之后，蟠龙守敌又冒雨继续加修工事。因此，这一仗是啃骨头的硬仗。

5 月 2 日黄昏，彭德怀、习仲勋率领西北野战兵团开始向蟠龙外围发起攻击，三五八旅攻占田子院寨子和蟠龙西北敌军阵地，独一旅歼灭老庄、新庄各高地敌人，乘胜向小庙梁、磨盘山攻击。新四旅和二纵独四旅也分别从蟠龙东北、东南发起攻击，向前推进。5 月 3 日，我军向蟠龙核心阵地发起总攻，但因敌人工事坚固，我军缺乏重炮，攻击未能奏效。彭德怀、习仲勋立即下令停止攻击，发动班、排战士召开“火线诸葛亮会”，集中全体指战员的智慧，广大指战员群策群力，提出了许多非常有效的意见和建议。蟠龙战斗间隙中，开展的“火线诸葛亮会”，是彭德怀、习仲勋实行军事民主的一个发明创造，这种做法受到中央军委和毛泽东的高度重视，此后在全军推广。

5 月 3 日下午，我军改变战法，采用对壕作业和爆破技术，以微小的代价，破坏敌人的工事和障碍物，瓦解了敌人的防御体系，迅速歼灭了集玉峁守敌，并向蟠龙以东敌炮兵阵地发起攻击，残敌放弃阵地，逃入蟠龙镇。4 日黄昏，我军对蟠龙镇发起总攻，在轰隆的枪炮声中，各部队由四周居高临下，冲入蟠龙镇街区，经过一个多小时战斗，镇内守敌全被消灭。这次战斗，全歼敌精锐一六七旅旅部及四九九团，歼灭敌军 6700 余人，活捉胡宗南的“四大金刚”之一的少将旅长李昆岗，缴获了堆积如山的武器、弹药、粮食、军衣等军用物资。习仲勋风趣地说：“这是西北战场上，我军第一次获得的大量物资补充。当敌人主力部队从绥德返回蟠龙

陕北三战三捷作战示意图

增援时，彭总早已指挥我们机警地跳在一边，补充了敌人送来的兵，补充了敌人送来的弹药，穿着敌人送来的夏衣，吃着敌人送来的‘洋面’，整整休息了七天。”①

蟠龙被围时，胡宗南急令董钊、刘戡带其整编一军、整编二十九军回援蟠龙。但是远在绥德的数万敌军，失去了补给，无法行动，胡宗南只好

① 习仲勋：《彭总在西北战场》（1980年1月25日），中共中央党史研究室编：《习仲勋文集》（上卷），中共党史出版社2013年版，第592页。

派飞机空投接济。5 月 5 日，敌军放弃绥德南返。独一旅一部追在敌人的屁股后面，不断袭击敌人，还抓了些俘虏，弄得敌人不敢走大路，天天爬山路；不敢住窑洞，夜夜露宿山头。敌军还因为群众坚壁清野，一路上寻不到粮食，只能吃些面疙瘩汤，军衣也挂得破破烂烂，狼狈不堪。5 月 9 日，敌整编一军、整编二十九军回到蟠龙时，看到的是一六七旅覆灭的狼狈景象，而我军早已转移到安塞地区休整了，胡宗南摸不着头脑，只得干瞪眼。当年新华社记者评论蟠龙战役时，用一首打油诗讽刺胡宗南部狼狈的处境：胡蛮胡蛮不中用，延榆公路打不通；丢了蟠龙丢绥德，一趟游行两头空！官兵六千当俘虏，九个半旅像狗熊；害得榆林邓宝珊，不上不下半空中。

彭德怀、习仲勋率领西北野战兵团在撤出延安后的一个多月时间中，三战三捷，歼敌 1.4 万人，更加坚定了边区军民打败蒋介石、胡宗南的信心。

六、挥师陇东、三边

我军取得蟠龙大捷之后，胡宗南集团“游行”了两个多月，损兵折将，粮食补给困难，士气低落，在疲惫不堪的情形下，虽然已侦察得知我军主力在安塞、真武洞地区休整，但已无力再战，只得将其部队集结在蟠龙、青化砭、拐峁地区补给休整。

5 月 14 日，在安塞县真武洞，边区军民 5 万余人举行了祝捷大会。周恩来代表中共中央到会表示热烈祝贺，并宣布中共中央和毛主席仍在陕北。西北野战兵团三战三捷和中共中央、毛主席还在陕北的消息极大地鼓舞了边区人民的战斗意志和胜利信心。会上，彭德怀和习仲勋都讲了话。彭德怀说，我们有党中央、毛主席的亲自指挥，战斗一定会胜利！

习仲勋在大会讲话中指出：“蒋介石在进攻解放区到处失败之后，企图最后挣扎，便把胡宗南这最后一宝搬出来打陕甘宁边区。但是并不能吓倒我们，我们是吓不倒的，只能越发证明他们就要很快地崩溃，很快地完蛋。胡宗南匪军侵入边区，破坏了边区的和平生活，使边区人民遭到了空前的磨难。胡军所到之处，奸淫烧杀，无所不为，他们完全像禽兽一样，经过胡军蹂躏的地方，一片凄惨，使人目不忍睹，耳不忍闻。我们一定要很快地讨还这笔血债，消灭胡宗南！全边区人民紧张地动员起来，参加到游击队去，参加到人民解放军去，拿起枪杆、炸弹，去和胡宗南斗争，直至彻底消灭他。拿出过去创建陕甘宁边区的精神来，保卫自己，保卫自己的边区，保卫边区自由幸福的生活！”[①] 他还号召后方的全体群众和干部，更加紧张地工作、生产，更好地完成每个人承担的任务，用一切力量支援前线，加紧春耕，抢耕抢种，多打粮食，多造军火，多造手榴弹、地雷，积极参加担架运输和后方勤务，为消灭胡宗南而奋斗。

在西北野战兵团与胡宗南集团激战时，青海马步芳和宁夏马鸿逵、马鸿宾部侵入陇东、三边分区。青海马步芳的整编第八十二师师部和第一百旅驻在西峰镇、宁县地区，其骑兵第八旅驻庆阳、合水、西华池地区；宁夏马鸿宾的整编第八十一师师部、暂编第六十旅驻环县、将台、元城地区，第三十五旅驻羊圈山地区，骑兵第二旅驻木钵、曲子、悦乐、阜城地区；马鸿逵整编第十八师分驻在盐池、定边、安边一线。

西北野战兵团在安塞地区龙安镇休整时，因胡宗南集团大肆抢掠破坏，粮食供应非常困难。为解决我军的粮食补给，经周恩来、彭德怀、习仲勋认真研究，西北野战兵团前委制定了《陇东作战命令》，决定集中主力西进陇东，歼灭二马的有生力量，然后南下关中或北上三边，调动胡宗南集团，继续寻机歼灭敌人，并解决粮食问题。5月21日，在彭德怀、习仲勋的率领下，西北野战兵团兵分三路，从真武洞出发，向陇东开进，经过八九天艰苦的行军，越过陕甘交界人烟稀少、梢林遍地的子午岭。途中，习仲勋向彭德怀详细介绍了陇东解放区的地理环境、风土人情以及群众条件，为制定陇东战役计划作准备。

30日，右路第一纵队向将台的敌军据点发起攻击，全歼守敌第八十一师六十旅的第一七九团，活捉了上校团长马奠邦。马奠邦是马鸿宾的女婿，第一纵队将他押送野司，彭德怀、习仲勋为了做马鸿宾的工作，经过

① 习仲勋:《在真武洞祝捷大会上的讲话》(1947年5月14日)，中共中央党史研究室编:《习仲勋文集》(上卷)，中共党史出版社2013年版，第63-64页。

一番教育，将其释放。中路新四旅也攻下悦乐，消灭了敌骑兵第二旅第三团。左路第二纵队和教导旅于29日包围合水，向守敌新编骑兵第八旅发动进攻，31日，攻入合水，但因敌援军逼近，遂撤出战斗。

就在西北野战兵团西进陇东，发起陇东战役之时，胡宗南根据美国提供的无线电测向仪，探知靖边县王家湾一带有一个强大的电台群，据此判断中共中央机关就在这里，决定乘西北野战兵团远在陇东之机，派刘戡率领四个半旅5万多人，从延安、安塞出发，偷袭王家湾。6月7日傍晚，刘戡率领的敌人北路大军占领了青阳岔，敌南路大军已临近王家湾。当南路敌人距王家湾不到10里时，毛泽东、周恩来、任弼时等率领中共中央机关昆仑纵队开始转移。敌人发现了昆仑纵队的行踪，继续尾追。昆仑纵队在天赐湾遭遇刘戡率领的敌人大军，处境万分危险。

中共中央机关昆仑纵队的遇险，使彭德怀和习仲勋万分焦虑。习仲勋回忆说："当时，彭总和我正率西野主力远在陇东作战，急得坐卧不安。"[①]"彭总得知这一情况，彻夜不眠，寝食俱废，在枪弹横飞的阵地上同我商量，要我发个电报，让靠近中央机关的地方军队，不计一切危险和牺牲，务必保证党中央的安全。"[②]习仲勋立即电令三边、绥德分区部队、游击队全部出动，袭击和扰乱敌人，分散目标，不惜任何代价顶住敌人。彭德怀也命令王震率领部分骑兵日夜兼程赶往天赐湾援助中共中央机关，保证党中央的安全。当时，敌人已经进到距离中央机关的隐蔽地只有四五百米的地方，突然在敌人的后方响起了激烈的枪声，原来是我地方武装按照习仲勋的命令，向敌人发起了袭扰和进攻。敌人果然向枪声响起的地方扑了过去，使中共中央机关脱离了危险。

6月17日，昆仑纵队和毛泽东脱离险境后，顺利到达小河村。彭德怀、习仲勋得到消息，非常高兴。习仲勋回忆了彭德怀听到消息时的动人神态：

---

① 习仲勋：《英明的决策　伟大的胜利》（1988年4月），中共中央党史研究室编：《习仲勋文集》（下卷），中共党史出版社2013年版，第1206页。

② 习仲勋：《彭总在西北战场》（1980年1月25日），中共中央党史研究室编：《习仲勋文集》（上卷），中共党史出版社2013年版，第600页。

“后来，当他得知中央机关转危为安时，欢乐之情，溢于言表，高唱《东方红》歌曲，还满怀激情兴奋地向周围同志讲述我党的历史，讲述我们付出了多么大的代价，走了多少曲折复杂的道路，才有了这样伟大的党中央，才有了这样英明的领袖。希望大家深切懂得和万分珍惜这种对中国人民来说是生死攸关的头等大事。岁月流逝，几十年过去了，但是当时彭总讲述这些情况时的动人神态，至今犹历历在目。回想起来，仍然十分激动。”①

6月中旬，彭德怀和习仲勋率领西北野战兵团由华池、合水地区北上，进攻曲子、环县。兵力部署是：第一纵队和新四旅包围环县县城；第二纵队在城东南和西南协助攻城并负责打援；教导旅在环县以西准备打击增援的敌独立骑兵第五团；陇东分区独立二团在三岔、驿马关一带进行游击活动；陇东分区回民骑兵团对洪德城方向警戒。

向三边挺进的西北野战兵团

① 习仲勋:《彭总在西北战场》(1980年1月25日)，中共中央党史研究室编:《习仲勋文集》(上卷)，中共党史出版社2013年版，第600-601页。

6月15日，彭德怀、习仲勋率领西北野战兵团对环县县城发起总攻。三五八旅和新四旅相互配合，经过一昼夜的激烈争夺，于16日中午，胜利地攻占了敌人的主阵地王家原，新四旅同时攻占了玉皇山。敌人全线动摇了，下午一时，敌人扔下山炮、野炮、平射炮等重型武器和装备物资，从三五九旅和独一旅的结合部城东原突围逃跑。三五九旅一直追到洪德城附近，除了部分骑马的军官和骑兵逃脱以外，其他残敌全部被消灭。环县战斗，西北野战军给予敌第八十一师歼灭性打击，歼敌1000余人，缴获了敌人全部重型武器。

彭德怀、习仲勋率领西北人民解放军主力西出陇东的行动，出乎胡宗南意料。为防范人民解放军南下关中，胡宗南急调整编第三十六师在栒邑、邠县、长武一线加强防御。根据当时的敌我态势，彭德怀、习仲勋决定收复三边。6月25日，西北野战兵团迅速从环县北进。26日，收复甜水堡。29日，收复宁条梁。30日，第一纵队和新四旅向定边发起攻击，教导旅到定边西南，截击可能向西逃跑的敌人。守敌骑兵第十旅第二团放弃定边县城，绕到长城外面逃跑，西北野战兵团占领定边。7月2日，第二纵队独四旅攻占安边。7月7日，第一纵队攻占盐池城，歼灭敌骑兵第二十团一个连，敌人向西败退，至此三边分区全境收复。

七、沙家店鏖兵，西北野战军转入反攻

从1947年3月13日胡宗南向陕甘宁边区发动重点进攻，到同年7月7日西北野战兵团收复三边分区，在不到四个月时间里，彭德怀、习仲勋率领西北野战兵团以极端劣势的兵力和装备抗击了敌人的疯狂进攻，歼灭敌人近三万人，稳定了陕甘宁边区的局势，为全国大反攻局面的形成创造了有利的条件。

6月30日，刘伯承、邓小平率晋冀鲁豫野战军12万人在鲁西南强渡黄河，拉开了战略进攻的序幕。在此之后，研究人民解放军转入战略进攻后各个野战军的相互配合问题成为毛泽东和中央军委的当务之急。为此，

毛泽东多次与彭德怀、习仲勋之间函电交驰，商讨着战略反攻的大计。7月初，毛泽东电告："你们二位是否可于盐池收复后，令部队在现地休整一时期，自己来小河会商一次。如你们赞成开会，则我们拟电约贺龙同志亦来开会，时间大约可定在十三日。"① 7月11日，毛泽东再次致电催促彭德怀、习仲勋：陈赓十九日到小河，请你们于此时到达或提早数日先来。16日，彭德怀、习仲勋离开西北野战兵团指挥部，向小河村进发。当彭德怀、习仲勋到达小河村时，十七八位中央领导同志迎了上来。毛主席、周副主席看到一身征尘的彭、习时，亲切地拉着他们的手说：撤离延安后这几仗，你们打得好啊！②

7月21日至23日，中共中央在靖边县小河村召开了前委扩大会议，即中共中央小河会议。毛主席和周恩来副主席主持了会议，出席会议的有

小河会议

① 《毛泽东军事文集》第四卷，中央文献出版社、军事科学出版社1993年版，第125页。
② 《解放大西北》，青海人民出版社1990年版，第51页。

担任西北局书记期间的习仲勋

党中央和西北野战军、陕甘宁晋绥联防军、晋冀鲁豫野战军太岳纵队的负责人毛泽东、周恩来、任弼时、陆定一、杨尚昆、彭德怀、贺龙、习仲勋、马明方、贾拓夫、张宗逊、陈赓、王震、张经武等。这次会议根据毛泽东的意见，决定把主力打到外线去，将战争引向国民党统治区，在外线大量歼灭敌人，用五年时间解决对蒋介石的斗争问题。

小河会议作出了“中央突破、两翼牵制、三军挺进、互为犄角”的战略进攻布局。三军挺进，即刘伯承、邓小平率晋冀鲁豫野战军挺进大别山；陈赓、谢富治率领太岳纵队南渡黄河挺进豫西；陈毅、粟裕率领华东野战军主力，越过陇海铁路南下。两翼牵制，是指彭德怀、习仲勋率西北野战军北上出击榆林，继续把进攻陕北的胡宗南集团拖住；许世友、谭震林率华东野战军一部把敌人引向胶东地区。

小河会议还研究了加强西北战场的措施，决定组建以彭德怀为书记的西北野战军前委，将陕甘宁边区和晋绥解放区的地方工作统一起来，由贺龙司令员负责，使晋绥解放区进一步成为陕甘宁边区的后勤基地。毛泽东还亲自安排习仲勋返回后方主持西北局的工作。但是，由于前线工作十分繁重，习仲勋身兼前线和后方两副重担，依然协助彭德怀指挥着西北野战军的作战。

小河会议是人民解放军转入战略进攻后召开的一次重要会议，不仅对西北战场极为重要，而且对全国战局的发展产生了重大影响。

7 月 23 日，西北野战军从三边东移至子洲县水地湾、双湖峪等地集结。7 月 31 日，中央军委决定，西北野战兵团定名为西北人民解放军野战军（简称西北野战军），前线委员会书记、司令员兼政治委员彭德怀，副政治委员习仲勋，参谋长张文舟，政治部主任徐立清，后勤司令员刘景范。10 月 9 日，中央军委又任命张宗逊为西北野战军副司令员。西北野战军成立后，中央军委命令晋绥军区的许光达率领第三纵队（辖独二旅、独五旅）由葭县以北西渡黄河，划归西北野战军建制。全军增至 5 万人。

与此同时，中央军委为了加强西北地方军区和人民武装的建设，加强后方工作，决定统一晋绥与陕甘宁边区两个解放区的领导，将晋绥军区再次划归陕甘宁晋绥联防军建制，组成了陕甘宁晋绥联防军新的领导机关：司令员贺龙，政治委员习仲勋，副司令员王维舟、阎揆要，副政委张仲良，参谋长张经武，下辖晋绥军区、吕梁军区、绥蒙军区及陕甘宁边区各军分区。其中，陕甘宁边区各军分区及负责人是：关中军分区司令员兼政委高锦纯，绥德军分区司令员吴岱峰、政委张邦英，延属军分区司令员白寿康、政委李景膺，三边军分区司令员曹又参、政委郭炳坤，陇东军分区司令员兼政委张仲良。

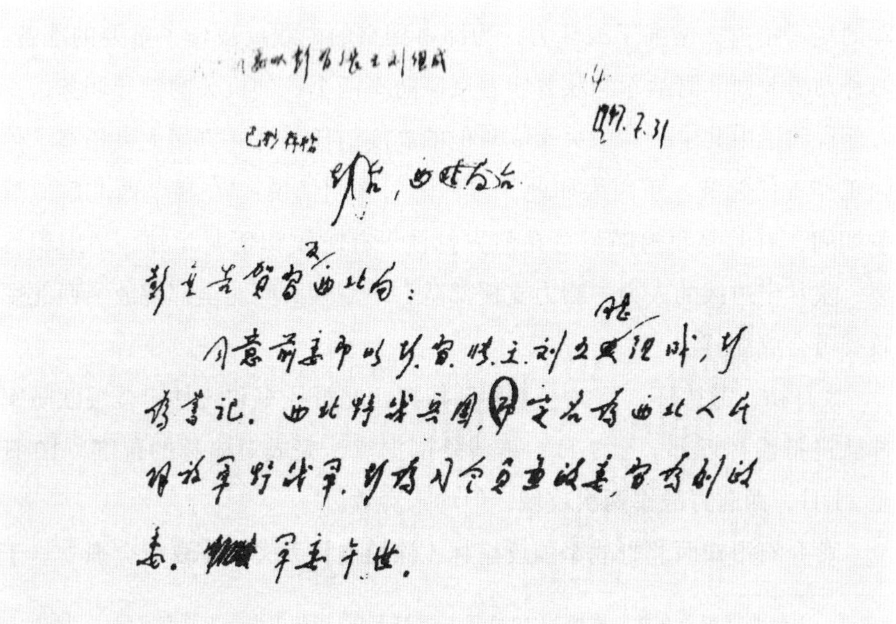

中央军委批准组建西北野战军前委，图为周恩来亲拟的电报稿

1947 年，习仲勋（左二）与廖汉生（左三）、张仲良（右二）等在一起

西北野战军和陕甘宁晋绥联防军的组建，加强了西北战场上人民解放军的统一指挥，增强了战斗力，为即将到来的内线反攻作了重要的准备。习仲勋身兼西北野战军和陕甘宁晋绥联防军两个统帅机关的领导职务，一方面说明了中共中央和中央军委对他的高度信任，另一方面大大拓宽了他的工作责任领域。正因为如此，习仲勋后来回忆说："在整个西北解放战争期间，有时候我追随彭总在前方打仗，有时候和贺龙元帅一道组织晋绥、陕甘宁边区的人力、物力支援部队，一直到大西北全部解放，西北军政委员会成立。"①

8 月初，彭德怀、贺龙、习仲勋指挥西北野战军和陕甘宁晋绥联防军部队进抵榆林近郊。至 7 日，肃清外围据点，完成对榆林的包围。10 日至 11 日，西北野战军两次攻城，但均未奏效。

蒋介石得知西北野战军围攻榆林，深怕榆林丢失，宁夏就会孤立。于

① 习仲勋:《彭总在西北战场》(1980 年 1 月 25 日)，中共中央党史研究室编:《习仲勋文集》(上卷)，中共党史出版社 2013 年版，第 588 页。

是，急令胡宗南以 10 个半旅 6.3 万多兵力，分路北进，并以钟松的整编第三十六师组成援榆“快速兵团”，沿长城外沙漠地区，取捷径日夜兼程，增援榆林。

彭德怀、习仲勋得到胡宗南部北进的情报，预计敌人沿咸榆公路经响水堡、归德堡北上的可能性较大，准备在归德堡地区打援。不料敌整编第三十六师 5 个团，避开了我军阻援部队，于 11 日晚逼近榆林。野司认为我军已经达到了调动胡宗南主力北上，配合陈赓兵团准备南渡黄河挺进豫西的目的，为取得主动，果断地决定部队撤出榆林战斗。为此，命令第二纵队向长乐堡移动，诱敌北进，其余各部队于 12 日向榆林东南方向隐蔽集结，待机歼敌。第一纵队转移到归德堡以东的万家寺一线山区集结。为保障后方机关安全并迷惑敌人，野司决定以一个小部队掩护习仲勋率领西北局机关和后方医院等单位，迅速东渡黄河。敌人根据空中和地面侦察，误认为我军主力正在东渡黄河，胡宗南下令“迅速追击，勿失此千载良机”。钟松率整编第三十六师进到榆林城后，第二天即掉头南下，他自恃“援榆有功”，骄横异常，叫嚣要“一战结束陕北战争”。刘戡率整编第二十九军和整编九十师由绥德向葭县北进，妄图和钟松夹击我军在葭县西北地区。

形势非常严重。敌南线刘戡率领的 5 个整编旅与北线钟松的整编第三十六师南北相距不过 50 里，并向东封锁了黄河渡口，向西控制了咸榆公路。至此，西北野战军以及毛泽东、周恩来等率领的中共中央机关昆仑纵队都被挤在榆林、葭县、米脂三县交界的南北约 40 里，东西约 50 里的狭小地区内，我军背靠沙漠，侧水侧敌。危急时刻，毛泽东下令要昆仑纵队轻装，做好应付最坏局面的准备。习仲勋为了党中央的安全，劝毛泽东率党中央机关暂过黄河，他回忆说：“党中央转移到葭县附近，前有滔滔黄河，后有十万追兵。情况很危急。我们立即命令三纵侧击刘戡，掩护党中央，并劝毛泽东同志暂过黄河。刘少奇、朱老总等也来电坦诚相劝。毛泽东同志深情地说：‘大家的心意我完全理解，可是我们共产党人不能失信于民呀！’‘现在是历史转折的关头，党中央要为人民赴汤蹈火，在所不辞！'‘这一仗打得好，转危为安，不走了；打不好，就向西走，准备进沙漠。'”①

在危急关头，彭德怀、习仲勋率领西北野战军和陕甘宁晋绥联防军力挽狂澜，发起了沙家店战役。全军将士为了保卫党中央和毛泽东，不顾饥饿、疲困和艰难险阻，以高昂的战斗意志投入了激烈的战斗。8 月 17 日，刘戡部继续向葭县逼近。钟松远离主力孤军冒进，竟以第一二三旅和第一六五旅之四九三团为前梯队，从镇川堡向沙家店以东的乌龙铺前进；整编第三十六师师部和第一六五旅为后梯队，向沙家店及其以东前进。西北野战军前委决定在沙家店地区伏击歼灭孤军冒进的整编第三十六师。第一纵队集结在高柏山、老虎疙瘩地区，协同第二纵队在沙家店地区围歼敌军后梯队。第二纵队由北向南进攻，第一纵队绕到沙家店西南地区，由西南向东北进攻。

20 日，西北野战军第一纵队、第二纵队，首先向沙家店的敌整编第三十六师师部和第一六五旅发起进攻。接着，新四旅、教导旅也在常家高山向敌第一二三旅攻击。这样敌三十六师被我军分割包围，切成两块。下午 1 时，彭德怀发出总攻击令："彻底消灭敌三十六师，是我西北战场由战略防御转入战略反攻的开始，收复延安解放大西北的开始。为着人民解放事业，继续发扬你们无限英勇精神，立即消灭三十六师，活捉钟松，号召你们本日黄昏以前胜利地完成战斗任务！"彭德怀的命令传达后，全军振奋，个个奋勇争先，向敌人展开猛烈的攻击。除敌三十六师师长钟松和第一六五旅旅长李日基带少数人逃跑外，敌三十六师师部和一六五旅、一二三旅全部被歼。沙家店战斗，我军共毙伤俘敌第一二三旅旅长刘子奇等 6000 余人。

对于这场伟大的战斗，习仲勋回忆说："我们抓住钟松自恃援榆有功，骄狂至甚，孤军突出的有利战机，以第三纵队并指挥绥德警备第四、第六团，在乌龙铺以南地区，坚持抗击刘戡所部西援；以第一、第二纵队迅

---

① 习仲勋：《英明的决策　伟大的胜利》（1988 年 4 月），中共中央党史研究室编：《习仲勋文集》（下卷），中共党史出版社 2013 年版，第 1206–1207 页。

速包围并攻击沙家店之敌整编三十六师师部及一六五旅；以教导旅、新四旅对西援进至常高山之敌一二三旅发动猛攻。经十多个小时激战，即于八月二十日傍晚，全歼胡宗南三大主力之一整编三十六师师部及两个旅，取得歼敌六千余人的重大胜利，成为我军进入反攻阶段的一个重要标志。”①“沙家店战斗大获全胜的次日，毛主席、周副主席等中央领导同志飞马来到前线指挥所里，向指战员热烈祝贺这一伟大胜利。毛主席说：‘这一仗打得好，侧水侧敌本是兵家所忌，而我们彭总指挥的西北野战军英勇奋战，取得了前无古人的胜利。’”②

沙家店战役以后，彭德怀、贺龙、习仲勋指挥西北野战军和陕甘宁晋绥联防军部队转入内线反攻。此时，陈赓兵团在8月23日胜利南渡黄河，出击豫西，直逼潼关，威胁西安。胡宗南集团处于南北两面作战，潼关、西安一线空虚，胡宗南被迫令其整编第一军和整编第二十九军南撤，对西北野战军取防御态势。8月24日，敌军除派出小部队向北佯动迷惑我军，主力部队则开始收缩，准备南撤。8月29日，西北野战军前委召开扩大会议，研究制定了新的作战部署。决定追歼和阻止胡宗南集团南撤。

8月27日，敌人开始沿咸榆公路南撤后，西北野战军调集兵力，追击南撤之敌。9月10日，解放军迅速赶到了延川西南的关庄、岔口地区设伏。9月14日，当敌军沿大相寺、关庄一线高地齐头并进时，解放军第一纵队、第三纵队、新四旅、教导旅分四路由南向北进攻。至17日，解放军结束了关庄、岔口战斗。此次战斗，重创敌第十二旅、敌五十旅等部，歼敌4000多人。

9月20日，敌整编第一军和整编第二十九军主力南撤到延安后，狼狈不堪，急需休整补给。绥德、子长、清涧、延川、延长百余公里交通线上只有敌整编七十六师师部和二十四旅，以及三十六师一六五旅残部等分

① 习仲勋：《英明的决策　伟大的胜利》（1988年4月），中共中央党史研究室编：《习仲勋文集》（下卷），中共党史出版社2013年版，第1203页。

② 习仲勋：《彭总在西北战场》（1980年1月25日），中共中央党史研究室编：《习仲勋文集》（上卷），中共党史出版社2013年版，第593–594页。

兵把守。延安南面西起洛川、同官，东至黄龙山区，敌人也只驻有六个团兵力。

根据敌人布防的态势，彭德怀、贺龙、习仲勋指挥西北野战军和陕甘宁晋绥联防军协同作战，决定采取内、外线配合的作战方针，歼灭敌人。以第二纵队和陕甘宁晋绥联防军所属之警备一旅、警备三旅、骑兵六师等部队[①]，南下黄龙山，发起黄龙战役，进行外线作战，调动和分散延安的敌人主力，创造歼敌战机。西北野战军主力继续留在陕北，进行内线作战，以第一、第三纵队分别歼灭延川、延长、清涧等地之敌。贺龙、习仲勋命令警备一旅、警备三旅、骑兵六师和西北野战军第二纵队南下黄龙山区后，一度解放了黄龙、韩城、白水、宜川等县，歼敌3000余人，缴获大批枪炮弹药。10月下旬，第四纵队撤至临固地区，第二纵队渡过黄河以东进行休整。黄龙战役胜利结束。继第二纵队和第四纵队发起黄龙战役后，留在陕北的第一、第三纵队、教导旅、新四旅等部也发动延（川）清（涧）战役，歼灭整编第七十六师师部及整编二十四旅等部共8000余人，先后收复延川、延长、清涧、绥德、子长等地。10月11日，中央军委向全军发出《关于西北战场的作战经验》的指示。

在这期间，贺龙、习仲勋还利用战斗间隙，检查了地方武装工作。据当时负责领导甘泉武工队的甘泉县委常委贾俊英回忆："这年九月，当我由甘泉率领武工队到麻子街时，恰好遇见了贺龙和习仲勋同志到这里部署工作。……贺老总环顾我周围的武工队战士，手指着大家的背包问我：'大家鼓鼓囊囊地背着些什么呢?'我笑着回答：'这是剥的敌人的皮子（伪军军衣），有时我们还有用场呢！'他又说：'你们背上那么多东西行军太吃力了。'我说：'现在多受点苦没关系，等打起仗来，有机会用上它，打仗就轻松多了。'习仲勋同志听了很高兴地说：'看这个老贾，敦敦厚厚的，打起敌人来，心眼儿还满多哩！过去我知道你有一股子冒险劲儿，战斗的实践给你增加了智慧，以后要多想点问题，细心些才好。'当晚，两位首长留

① 1947年9月25日，根据中央军委的命令，警备第一旅、第三旅和骑兵六师组成西北野战军第四纵队，王世泰任司令员兼政委。

我们大家一起吃了小米晚饭。次日，首长们南下，我们又向延安行进。”①

之后，为了扫清北线障碍，巩固我军后方，造成我军南下的有利态势，保障驻葭县神泉堡的党中央和中央军委机关的安全，党中央批准了西北野战军第二次进攻榆林的计划，并批准以教导旅和新四旅组成第六纵队，由罗元发任司令员、徐立清任政委、张贤约任副司令员。习仲勋说：“此后，我西野领导为了巩固后方，保障党中央安全，于十月底，率部二次攻打榆林。由于敌城防坚固，我军缺乏重火器，加之准备不足，马鸿逵倾巢迅速增援，未能达到预期目的，在歼敌六千八百余人后撤出战斗，转入新式整军。”②

10 月 24 日，第一、三、六纵队和绥德分区四、六团先后由绥德地区向榆林开进。第一纵队由下盐湾、西岔北渡无定河向三岔湾攻击前进，到 27 日分别围歼了归德堡、三岔湾等外围据点之敌。其他部队也扫清了五里墩、青云寺、金刚寺、无量殿、常乐堡等外围据点的敌人，并占领了飞机场，击毁了敌人一架运输机，将榆林城团团围住。31 日，第一纵队三五八旅、独一旅和六纵队新四旅一部，采取爆破手段攻占了瞰制城南的三叉庙和凌霄塔两个坚固据点。

11 月 2 日黄昏，西北野战军集中火力对榆林城进行强攻。由于我军第一次进攻榆林之后，敌人又对城防设施进行了加强和改进，增加了一大批暗火力点，对这个新的情况，我军事先没有发现，加之我军炮兵火力太弱，不能有效地压制敌人，所带的云梯长度不够，搭上城墙就被敌人甩下来的手榴弹、迫击炮弹炸毁。激战持续到 3 日凌晨，仍然没有突破城防，彭德怀下令停止强攻，改用挖坑道爆破来攻城。

11 月 6 日，蒋介石命令宁夏马鸿逵以整编十八师、骑兵第十旅、宁夏保安第一纵队等 3.5 万人，组成援榆兵团从定边出发东进。11 月 8 日

---

① 贾俊英：《延安保卫战中的武工队》，《陇原星火》，甘肃人民出版社 1981 年版，第 226–227 页。

② 习仲勋：《英明的决策　伟大的胜利》（1988 年 4 月），中共中央党史研究室编：《习仲勋文集》（下卷），中共党史出版社 2013 年版，第 1203 页。

晚11时，我军再次发起攻城战斗，因攻城的第一梯队未能乘爆破瞬间即发起攻击，敌人用火力网封锁了缺口。这时，马鸿逵的援榆兵团逼进榆林以西地区。11月10日，野司决定先打援军，只留少数部队继续围城，主力向榆林西南的元大滩开进，打击宁马援军。14至15日，我军在元大滩和宁马援军激战，敌人以飞机掩护，向三五八旅阵地冲击。三五八旅打退了敌人的冲击。我军歼敌4000余人，敌军向西撤退。当我军主力准备返回榆林继续攻城时，知悉宁马和榆林守敌已经会合，根据这新的情况，野司决定主力南撤到响水堡、党家岔、鱼河堡、西岔一线休整。

此后，西北野战军从1947年12月到1948年2月中旬，分别集中在米脂、绥德、清涧、保安（今志丹）和晋南曲沃地区，进行了以诉苦三查为主要内容的整军运动。诉苦，就是诉旧社会的苦，诉国民党统治的苦，诉地主欺压穷人的苦；三查，就是查阶级、查思想、查斗志。通过这次整军运动，提高了部队为解放劳苦大众、为消灭蒋介石反动军队而战的政治觉悟，达到了加强部队纪律、增强部队团结、提高斗志、提高部队战斗力的目的。这是一次创造性的整军运动，党中央、毛主席赞扬这是新式整军运动。在诉苦、三查的基础上，部队开展群众练兵运动，发扬了民主，调动了全体指战员的积极性和创造性，整个部队士气旺盛，为我军转入战略反攻作好了充分的思想准备和战术技术准备。

自1947年3月到12月底的9个月中，彭德怀、贺龙、习仲勋领导西北野战军和陕甘宁晋绥联防军的主力部队、地方部队以及民兵武装共计歼灭国民党军8万余人，使西北战场上的敌我力量对比发生了重大变化。

在这一新的历史条件下，为了研究西北野战军转入外线作战的基本任务和各项政策，1948年1月，西北野战军前委第一次扩大会议在米脂县杨家沟召开。这次会议共进行了20多天。出席会议的有西北野战军前委全体成员及纵队团以上干部。毛泽东、周恩来、任弼时等中央领导同志也出席了会议。任弼时在会上作《土地改革中的几个问题》的报告，彭德怀作《关于陕北九个月作战的基本总结》的报告，周恩来作《关于全国战争形势》的报告。贺龙和回到陕北的华东野战军司令员陈毅先后讲话。会议认真讨论了彭德怀提出的《关于我军转入外线作战的基本任务和进入蒋管区的各项政策》。会议按照中央的部署，决定立即转入外线作战，把战争引向国民党统治区，为解放大西北创造条件。会议结束时，毛主席作了重要讲话，他指出：陕北和其他战场的主力，都要转入外线作战，到国民党统治区去，打他、吃他，不让敌人获得喘息的机会。西北野战军前委第一次扩大会议是一次十分及时而重要的会议，它深刻总结了九个月来西北野战军粉碎国民党军重点进攻的作战经验，研究制定了我军转入外线进攻作战的战略方针和各项政策，为西北野战军转入外线作战做好了充分的准备。

八、宜川瓦子街战役——西北战场的空前大捷

1947 年 6 月，人民解放军由战略防御转入战略进攻，国民党军被迫转入战略防御。刘伯承、邓小平率晋冀鲁豫野战军主力，南出陇海，直插大别山，陈赓率太岳纵队进军伏牛山，陈毅、粟裕率华东野战军外线兵团出击中原，三路大军逐鹿中原，大量歼灭敌人，打乱了蒋介石的战略部署，西北的胡宗南集团也陷于两面作战的窘境。

这时，虽然西北战场的国民党军队还有 29 个整编旅共 33 万多人，但战斗力已大大削弱，而且处于守势。根据蒋介石的命令，国民党西安“绥靖”公署主任胡宗南陆续从陕北、晋南战场抽调整编第一师、第三十师、第三十六师、第六十五师组成裴昌会兵团，东出潼关，配合刘峙兵团，准备打通陇海、平汉交通线，增援中原战场。胡宗南集团 9 个整编师 28 个旅中，只剩 17 个旅用于陕甘宁边区周围，其主力整编二十九军刘戡部及所属第二十七师、第九十师集结在洛川、黄陵地区为机动兵团，用以北援延安，东援宜川，或阻止我军南下；整编七十六师第二十四旅的七十二团和陕西保安第六团驻守韩城和禹门口，以阻止黄河以东的解放军西渡；整编第七十六师第二十四旅（欠第七十二团）驻守宜川；何文鼎率领整编第十七师的十二旅、四十八旅和陕西保安第十一团驻守延安和维护延安到鄜

县的公路交通线；其余则驻守同官、三原等地。青海马步芳整编第八十二师驻庆阳、合水、西峰；宁夏马鸿逵整编第八十一师另两个旅驻守安边以西地区；邓宝珊部驻守榆林。

第二次攻打榆林之后，西北野战军主力集结在绥德、米脂、安塞地区休整，进行战略进攻的准备工作。

针对敌人的部署，中央军委和毛泽东及时指示西北野战军，在主力转入外线作战后，“向延安，宜川线出击，得手后向该线以南，渭水以北进攻，建立渭北根据地”。根据中央军委的指示，西北野战军制定了春季作战方案，即“南下陕中，威胁西安；利用陕中地区物产丰富，交通便利，群众基础较好等有利条件，大量歼灭胡宗南主力，调回裴昌会兵团，直接配合中原我军作战，并打通与晋南解放区的联系。具体作战计划是：第一阶段，夺取宜川、韩城、石堡、合阳四城镇，调动咸（阳）、延（安）公路黄陵、洛川及其两侧地区之胡宗南集团一部主力来援而歼灭之；第二阶段，乘胜扩大战果，解放洛河两岸、黄龙山麓各城镇，尔后收复延安，进而解放麟游山区”。①

为了保障部队向外线进军的胜利，西北局书记、西北野战军副政委、陕甘宁晋绥联防军政委习仲勋发动根据地群众掀起了参军支前热潮，陕甘宁解放区的青年农民纷纷报名参军，还组织晋绥边区人民从千里之外送来粮食、药品、被服，同时还动员陕甘宁边区成千上万群众，组成担架队、运输队随军出征。

我军转入外线后，第一个攻击目标确定在哪里？习仲勋是这样回忆的：“针对胡宗南确保延安、洛川、宜川，阻我军南进和防御态势，西野指挥部经过反复比较分析，认为把突出方向选择在宜川更有利于围城打援，在运动中全歼守敌与援敌。二月十二日至十六日，野战军以五个纵队共八万余人，分别从保安（今志丹县）、绥德、米脂和晋南曲沃地区向宜川开进；二十四日至二十七日，二、六纵队完成对宜川的包围，并将敌压

① 中国人民解放军军事科学院编：《毛泽东军事文选》（内部本），战士出版社 1981 年版，第 204 页。

缩于城内。”①

1948年2月，野战军主力开始南下，为了不暴露战役意图，野司命令第一、三、四、六纵队于2月16日到达金沙镇、甘谷驿、延长一线隐蔽集结；同时电告第二纵队，待宜川战斗打响之后，迅速从禹门口强渡黄河，直奔瓦子街。2月20日，西北野战军发出宜川战役“进字第一号”命令：“战役第一步骤，以夺取宜（川）、韩（城）、石（堡）、合（阳）四城，并准备各个歼灭可能增援的整编第二十七师及第九十师。”22日，三纵、六纵开始向宜川攻击前进。23日肃清了宜川外围的地方武装据点后，在群众掩护下，利用夜暗秘密开进，于24日突然从东西两面包围了宜川城。一、四纵队则隐蔽集结在洛宜公路两侧的瓦子街一带。瓦子街是洛宜公路的咽喉，往东经任家湾到铁笼湾，山势险峻、森林茂密、荆棘丛生，两山之间形成一条长约15公里的狭谷，便于我军伏击援敌。这时，黄龙山区寒风呼啸，由于人烟稀少，部队只能靠山露营，筹集的原粮无法加工，只能吃玉米粒和山药蛋。但是，全军指战员情绪高昂，阵地上响彻“消灭整编二十九军，活捉刘戡！”的口号声。

我军包围宜川的军事行动果然调动了敌人，实现了围点打援的目的。习仲勋是这样说的：“这时，胡宗南急令刘戡率两个整编师共四个旅的兵力，沿洛（川）宜（川）公路轻装驰援，二十八日进入瓦子街至任家湾的一个狭长小川道内。”②

宜川被围后，彭德怀即电告三纵和六纵，要求攻城要猛，但攻而不克，逼敌呼救求援。担任主攻的三纵独立二旅和六纵教导旅先后占领了宜川外围要点老虎山、虎头山、外七郎山等阵地，将敌人压缩在城内。守敌整编第二十四旅旅长张汉初急忙向胡宗南求援。胡宗南主观成性，刚愎自用，至此仍坚持认为西北野战军三分之一是游击队编组而成，现以三个纵队攻宜川，一个纵队在河东，不能打大仗，他遂命令刘戡率整编二十九军军部和整编第二十七师、九十师共4个旅、8个团的兵力经瓦子街驰援宜

①② 习仲勋：《英明的决策　伟大的胜利》（1988年4月），中共中央党史研究室编：《习仲勋文集》（下卷），中共党史出版社2013年版，第1204页。

川。这时，西北局所属的西安中共地下情报人员及时搞到了有关绝密军事情报，迅速电告习仲勋和西北局，使彭德怀准确获悉了刘戡部的动向。2月26日，刘戡率部出发，径直沿洛宜公路向宜川开来。2月28日，西北野战军发出“进字第二号”命令：“本野战军决定于明（二十九）日拂晓发起总攻，歼灭来援之敌。”刘戡在通过瓦子街以后，向公路两侧的山梁各派一个旅，整编第二十六师四十七旅在左，整编第九十师六十一旅在右，搜索前进，掩护全军沿公路前进。敌四十七旅和六十一旅刚登上山梁，进至任家湾和丁家湾地区就遭到我三纵独五旅部队和六纵教导旅一部的阻击。我军且战且退，诱敌深入。这时，刘戡认为我军阻援的部队不过一个纵队，不超过8000人，不足以阻止他们前进。于是，仍下令其六十一旅继续向铁笼湾攻击前进。

刘戡的轻敌冒进，为我军全歼敌人援军创造了有利的战机。习仲勋说：“我军从公路两侧高地对援敌拦头截尾，形成铁桶包围之势。三月一日上午，经过新式整军运动的全体官兵，斗志昂扬、顶风冒雪发起总攻，激战至下午五时，将敌全歼，无一漏网，随即挥师东进，迅速攻克宜川。”①

当时的详细战斗经过是这样的：28日晚，敌援军后续部队已经通过瓦子街，进入瓦子街沟底的公路，敌军拥挤在沟里，队形混乱，刘戡决定调整部署就地宿营，并占领附近高地，将六十一旅撤回到任家湾以南高地，构成环形防御。刘戡计划在29日进至宜川，因而仍摆着进攻的架势。当夜大雪下个不停，敌援军也没有认真构筑工事，这给我军歼灭援敌造成很有利的形势。我一纵隐蔽地紧紧尾随敌援军开进，在查明敌援军后续部队已全部通过瓦子街之后，2月29日凌晨2时，独一旅由张献村出发，攻进瓦子街，歼灭了敌后卫整编九十师搜索连，断绝了敌军退路。刘戡发觉前进的道路被堵死，后退的道路也被切断，已陷入我军的包围之中，企图迅速集结突围，急令整编九十师一个团争夺瓦子街，同时又向瓦子街东南山派出部队，抢占高地控制向南逃跑的道路。瓦子街东南山原部

---

① 习仲勋：《英明的决策　伟大的胜利》（1988年4月），中共中央党史研究室编：《习仲勋文集》（下卷），中共党史出版社2013年版，第1204页。

署由二纵堵击，但由于雪路难行，路途较远，该部未能赶到。一纵首长当机立断，决定以独一旅歼灭洛宜公路北山的敌人；三五八旅立即向东南山攻击，堵击敌人，主动担负起二纵的任务；另以七一五团一部进到小寺庄，阻击敌人后续部队的反扑。

战斗打响以后，独一旅首先攻占东北山高地，连续打垮敌整编五十三旅一五八团的多次反扑。瓦子街东南山高达千米，刘戡的军指挥所和整编九十师师部都以此山为屏障，配备了一五七团和一五九团两个主力团和较多的重武器，妄图拼死抢占各要点。三五八旅明白夺取东南山，关系全局，即令七一四团迅速抢占要点，堵住南向缺口，封闭敌人退路。我七一四团首先夺取了瓦子街东南一里处的一个大山头，控制了制高点，接着乘胜夺取了第二个山头。著名战斗英雄刘四虎冲锋在前，他带领全班攀着荆棘、踩着积雪，勇猛地直逼敌人阵地。敌人居高临下，疯狂地扔手榴弹，他用刺刀把敌人的手榴弹拨开，在冲到敌人阵地前沿时，甩出一颗手榴弹，趁势冲入敌阵，踢翻了敌人正在射击的轻机枪，刺死了射手，又连续刺死刺伤6名敌兵，终因多处负伤，流血过多，昏倒在战壕里。我军后续部队冲进战壕，肃清残敌。敌整编九十师师长严明督令五十三旅组织兵力轮番向我七一四团实施反冲击，并以化学迫击炮轰击我军阵地。我七一四团经过激烈争夺，攻占敌人一五九团重兵坚守的主阵地，使敌军师指挥机构均暴露在我军面前。刘戡严令敌军疯狂反扑。阵地上硝烟弥漫，经过整天反复肉搏争夺，七一四团战至黄昏，彻底粉碎了敌人的反扑，在方圆不到200平方米的阵地上，毙伤敌人近千名，终于封闭了敌人可能突围的唯一缺口。这时王震率领二纵赶到，也投入了战斗。黄昏，我军紧缩包围圈，将敌压缩在乔儿沟、丁家湾、任家湾狭小地区。在我军的合围下，敌刘戡部经连日战斗，伤亡惨重，敌军士气颓丧。29日夜大雪仍下个不停，我军各部队冒着风雪严寒，积极准备翌日总攻。3月1日上午9时许，野战军司令部发出总攻击的命令。刹那间，阵地上炮声隆隆，喊杀声震天动地，我军以排山倒海之势压向敌人。一纵由西向东，二纵由南向北，四纵由北向南，六纵（欠两个团）由东南向西北，三纵独五旅由东北向西南，四面八方对敌展开围歼战。这时，刘戡绝望地致电胡宗南：“败局已成，决心流尽最后一滴血。”敌人仍作困兽之斗。战士们一边高呼：“活捉刘戡！”一边坐在山坡积雪上，向敌群飞速滑去。战至下午5时许，敌军全军覆没，严明被击毙，刘戡自杀身亡，其余无一漏网。

瓦子街战斗后，宜川完全陷于我军重兵包围之中。3月2日晚，我三纵、六纵攻城部队向宜川城发起总攻。三纵独二旅从小北门杀入宜川城，迅速夺取了内七郎山；六纵教导旅一团和新四旅十六团也从南面和西南面攻占凤翅山主峰。独二旅利用曾被我军释放过的俘虏军官、士兵喊话，巷战进展迅速。到3月3日拂晓，守敌从城里伸出白旗投降，敌旅长张汉初束手就擒，至此宜（川）瓦（子街）战役胜利结束。习仲勋指出：“宜（川）瓦（子街）战役是西北野战军转入外线后的第一个大胜利，歼敌整编第二十九军军部和整编第二十七师、第九十师共五个旅二万九千余人，毙、俘敌中将整编军军长刘戡、中将整编师师长严明、中将旅长张汉初等将级军官十一名，同时调回了胡宗南布防在豫西战场的五个整编师，策应了中原我军作战。”[①] 这是西北野战军在新式整军运动后所取得的第一个大胜利。西北战场的形势也改变了，西北野战军直指关中，所向披靡，势不可当。

宜（川）瓦（子街）战役的胜利给边区人民以极大的鼓舞。3月3日，中共中央电贺西北野战军取得的这一伟大胜利，并希望广大指战员继续努力，为解放大西北而战。西北局书记习仲勋也与陕甘宁边区政府主席林伯渠、陕甘宁晋绥联防军司令员贺龙联名发出贺电，向西北野战军指战员表示热烈祝贺和慰问。3月10日，陕甘宁边区各界召开了万余人的盛大的祝捷大会，习仲勋在会上讲了话，他号召边区人民更加密切地团结起来，集中力量，在生产战线上打胜仗，重建被国民党军队破坏的家园，积极支援前线，解放大西北。大会还通过了致毛泽东主席及人民解放军全体指战员的致敬电。

---

① 习仲勋：《英明的决策　伟大的胜利》（1988年4月），中共中央党史研究室编：《习仲勋文集》（下卷），中共党史出版社2013年版，第1204页。

第十六章 在解放大西北的硝烟中

一、西北春季攻势，提出新区工作方针

黄龙山麓战役

宜（川）瓦（子街）战役后，西北战场上的国民党军被迫采取退守之势。当时国民党军兵力的分布是：敌胡宗南集团的23个旅中，除以1个旅防守晋南临汾，以9个旅防守陕豫边境和洛阳、潼关一线对付我陈赓大军的威胁，以1个旅守备汉中一带外，其余12个旅均布防在潼关至宝鸡、咸阳到延安的“丁”字形交通线上，以确保其对关中的控制；敌“青马”“宁马”的9个旅部署在陇东和三边地区；敌邓宝珊部的2个旅防守榆林。上述胡宗南、“青马”、“宁马”及邓宝珊等部的总兵力尚存34旅约23万人。至同年4月，敌兵力增至29个旅共30万人。

与西北地区国民党军虚弱的布防态势截然相反，宜川大捷以后，西北野战军主力已由1947年3月保卫延安时的2个纵队又2个旅共2万余人的兵力猛增到5个纵队8万余人。经过一年的作战锻炼和1947年冬进行的新式整军运动以后，广大指战员的政治觉悟和部队的战斗力也空前提高，这就为我军转入外线战略进攻提供了条件。同时，宜川大捷以后，我陕甘宁老解放区的大部地区也得到收复，广大人民同仇敌忾，大力支援前线，以源源不断的人力物力资源供应西野大军，从而使我军的外线作战有

了坚实的群众基础。

但是，上述西北战场上的敌我态势并不意味着我西野主力在数量上和质量上均处于优势地位。这是因为，就整个西北战场上敌我力量对比而言，敌军仍处于明显优势，而我军则处于劣势；就西北地区敌我占据的地方而言，敌军仍控制着比较富裕的关中一带地区，而我军则占据着相对贫瘠的地区；就西北战场敌我双方的装备而言，敌军仍拥有精良的美械武器装备和军火供应，基本上仍是“飞机加大炮”，而我军的装备虽有改善但仍然是“小米加步枪”。这些方面的因素决定了我军在转入外线战略进攻后必然会遇到困难，同时也要求我军必须以高度灵活的战略战术，调动敌军，积极把握战机，达到消灭和瓦解敌军的战略目标。

针对西北战场自宜川大捷后的整个战略形势，毛泽东明确向西北野战军指出：“整个大关中特别是甘肃方面，敌军异常空虚，无法阻止人民解放军的攻势。这种形势，势必牵动蒋军在南线的一部分部署，首先是牵动其豫陕边境对付我陈、谢野战军的部署。”[①] 因此，西北野战军主力只有打向泾水和渭水之间的广大地区，才能彻底打乱敌军在西北乃至中原的兵力部署，牵制敌军的主力，配合中原地区我军的攻势作战，并达到歼灭西北敌军主力的目的。

1948 年 3 月 5 日，彭德怀、贺龙、习仲勋指挥西北野战军和陕甘宁晋绥联防军部队发起黄龙山麓战役。在人民解放军的强大攻势下，驻甘泉、鄜县、宜君、石堡、白水的国民党军相继逃窜，黄陵县城守敌向我军投降。至 10 日，人民解放军切断咸榆公路，使胡宗南的战略支撑点洛川与延安、关中的交通联系完全断绝。其后，西北野战军第二纵队挥师东进，攻占蒲城，并一度解放了合阳、澄城两县城。西北野战军三纵和六纵还完成了对洛川的包围。洛川守敌第十二旅拼死守城，敌副旅长杨荫寰将从外围逃进城里的敌官兵全数杀掉，以警告城内守军，要坚决守住。我军攻击了两次没有成功，改为修筑工事，开展近迫作业，准备再攻。

---

① 毛泽东：《评西北大捷兼论解放军的新式整军运动》（1948 年 3 月 7 日），《毛泽东选集》第四卷，人民出版社 1991 年版，第 1293 页。

这时，在西北野战军和陕甘宁晋绥联防军部队的凌厉攻势下，胡宗南按照我军的“安排”急忙从豫陕边界上把整编第一师、三十师、三十六师、整编六十五师调回，并将“青年军”二〇三师从陕南车运西安以西地区防御。从 3 月 12 日起，整编三十八师调归胡宗南指挥，自开封和郑州空运到西安担任守备。他将新调来的整编一师、三十六师、六十五师、整编三十六师等四个师八个旅的兵力组成第五兵团，由裴昌会指挥，协同原来驻防关中的李振第七兵团向我西野主力发动攻击。11 日，裴昌会兵团先头部队整编第三十六师的二十八旅和一二三旅进至蒲城。西北野战军根据敌情的变化，命令一、四纵队原地待机；三、六纵队继续围攻洛川，引诱敌军北援；二纵队撤到白水附近，准备歼灭可能北援的敌军。

4 月 5 日，敌裴昌会兵团由同官沿咸延公路北进，敌人吸取了刘戡在瓦子街惨败的教训，采取了援而不进或缓进的方针，5 个师挤成一团，一日只走 15 公里，晚上宿营的时候，又往回退 7 公里，徘徊不前。这样，我军无法实现在运动中歼灭敌人的目的。4 月 7 日，彭德怀、贺龙、习仲勋决定放弃打击援敌收复延安计划，除第三纵队继续围攻洛川迷惑敌人以外，一、二、四、六纵队西移马栏、转角、庙湾、照金地区。12 日，黄龙山麓战役胜利结束。此次战役歼敌 3200 余人，扩大和巩固了黄龙分区，解决了我军的粮食供应问题，孤立了延安守敌。西北野战军春季攻势的第一阶段胜利结束。

毛泽东和中共中央机关东渡黄河，离开陕甘宁边区

由于西北野战军顺利地转入了外线进攻，中共中央坚持在陕甘宁边区的任务宣告圆满完成。在黄龙山麓战役捷报频传之际，中共中央和毛泽东就要离开战斗了 13 年的陕甘宁边区。3 月 18 日，习仲勋、林伯渠等西北局和陕甘宁边区的党政负责人赶到杨家沟，代表边区党政军民与毛泽东等人亲切话别，为他们送行。21 日，毛泽东、周恩来、任弼时等率领中共中央、人民解放军总部机关从米脂县杨家沟出发。杨家沟及其周围人民群众赶来为中央机关送行，他们送了一程又一程，恋恋不舍。23 日，毛泽东、周恩来、任弼时和中共中央、人民解放军总部机关到达吴堡县川口村以南的园则塔，渡过黄河。习仲勋回忆了当时的动人情景："一九四八年三月二十三日，毛主席要离开他生活、战斗了十三个年头的陕甘宁边区了。边区群众怎能舍得毛主席离去？当天上午，晴空万里，在黄河宋家川的欢送会上，毛主席深情地说：陕北小米子我吃了十三年，实在不愿离开这个地方，但是为了全国的解放，我们又不得不离开。领袖和群众心心相印。群众说：主席呀，您在陕北是为了全国人民！您走吧！全国人民需要您离开这里！人们怀着恋恋不舍的心情，向毛主席告别。"①

西府陇东战役

1948 年 4 月 7 日，西北野战军主力第一、二、三、四、六纵队的 4 万余人秘密进抵关中分区首府新正马栏镇一带集结，准备进行西府战役，发起春季攻势的第二阶段行动。13 日，在马栏镇，彭德怀主持召开了旅以上干部参加的作战会议，研究和部署了西府战役。彭德怀在会上明确指出，此次西府战役，其战略目的是调虎离山，把敌人从西安、延安等"丁"字形交通线的重镇中调出来，这样既可配合中原我军的行动，又可寻找战机歼灭敌军的有生力量。按照这样的构想，彭德怀命令以一纵、二纵进攻宝鸡；以四纵担任后卫，阻击尾随我军之敌军，保证我军后部安全；以三纵进占柳林、小丘、官庄、黄堡、耀县一带，确保西野主力东南方向的安全；以六纵直插西兰公路，夺取邠县、长武、灵台一带，牵制马匪，保障主力右翼，并作为以后回师的跳板。20 日，彭德怀电告中央军委和贺龙、习仲勋："我军决定提前夺取麟游、陇山两山脉诸县及断西兰与川陕交通，相机攻取宝鸡，以打胡为主，建立麟陇根据地雏形，然后入甘，争取恢复陇东和三边。"②

---

① 习仲勋：《红日照亮了陕甘高原》（1978 年 12 月 20 日），中共中央党史研究室编：《习仲勋文集》（上卷），中共党史出版社 2013 年版，第 437 页。

② 该电报转引朱凯、郭林、吴璋：《陕甘宁边区史》（解放战争），西安地图出版社 1993 年版，第 183 页。

4月12日，西府战役正式发起。17日，西北野战军各路大军按照命令向西府地区发起全线攻击。我一纵、二纵以勇猛顽强的战斗作风，连克西府各县城镇；26日，我军胜利攻克宝鸡，缴获了大批军用物资和武器弹药。攻克宝鸡是西府战役中我军取得的最辉煌的胜利。它极大地震撼了敌军，打乱了敌军的部署。

1948年3月，陕甘宁晋绥联防军改称陕甘宁晋绥联防军区，这是担任联防军区政治委员期间的习仲勋

在西府战役鏖战正酣之际，4月21日，为配合西北野战军在外线的攻势，贺龙、习仲勋指挥的陕甘宁晋绥联防军区所属延属军分区部队成功地收复革命圣地延安。被敌人侵占一年一个月零三天的革命圣地——延安，又回到人民的怀抱。延安的收复震惊中外。4月24日，中共中央致电彭德怀、贺龙、林伯渠、习仲勋及西北人民解放军全体指战员，热烈祝贺收复延安的伟大胜利，勉励大家："继续努力，为消灭全部匪军，解放整个西北而奋斗。"① 4月25日，习仲勋签发了西北局庆祝延安光复的通告。

西北野战军在西府地区的攻势牵动了敌人的部署。胡宗南将新调来的裴昌会兵团和李振兵团向我处于外线的西野主力发动反击。此时，由于我六纵在长武、邠县、灵台一带抄了马匪的老窝，驻守陇东的青马整编八十二师马继援部也调集3个骑兵旅、1个步兵旅的兵力向我六纵发起攻击。敌人的企图是南北夹击，聚歼我处于外线的西野部队于宝鸡以北的狭

① 陕西省档案馆编：《陕甘宁边区政府大事记》，档案出版社1991年版，第295页。

小地带。

面对战场敌情的急剧变化，彭德怀按照毛泽东关于“得地失人，人地皆失；得人失地，人地皆得”的策略原则，毅然放弃宝鸡及其广大的新解放的西府地区，率领我西野主力挥师北上，大踏步地向陇东解放区转移。4 月 28 日，西野主力在凤翔西南灵山、蔡家河一线与向我军猛扑过来的裴昌会兵团、李振兵团展开激战，阻止敌南线大军向我军的进攻。为了保证我军安全，彭德怀命令六纵火速抢占屯字镇，坚决拖住北线马继援部，争取时间，掩护西野主力渡过泾河，向东北方向转移，同时寻找战机歼灭马继援一部，粉碎敌军的合围企图。屯字镇是一个方圆仅仅百余米的小镇，它位于镇原至肖金、西峰和镇原至玉都、泾川公路的交汇点这样的咽喉要道上，南临一条不宽但深达百米的沟壑，东、西、北三面地势平坦。六纵如抢占屯字镇就可扼住马继援部的咽喉，屏障和掩护西野主力的转移行动。

5 月 3 日，六纵遵照彭德怀的命令抢渡泾河，占领泾川县玉都、丰台等镇。4 日上午约 11 时，六纵司令员罗元发、政委徐立清、副司令员张贤约率教导旅旅部及一、二团进入屯字镇。马继援恼羞成怒，急忙调集各处兵力沿镇原至肖金的公路从东西两面赶来，将我纵队部、新四旅和教导旅三团隔在镇外，并对进入屯字镇的六纵部队展开围攻。在这种情况下，六纵副司令员张贤约由镇南面的深沟出镇指挥镇外部队，纵队司令员罗元发、政委徐立清则留在镇中指挥部队抗击敌军。六纵在被敌拦腰切断的不利形势下，决心不惜一切代价，坚决完成野司首长交给的拖住马家军的艰巨任务。由于六纵神速进入屯字镇并对马家军展开坚决的阻击战，这就有力地牵制了马家军的主力，掩护了西野主力的安全转移。5 月 5 日，西野主力顺利渡过泾河，到达了陇东解放区的边缘地带。

在我西野主力部队胜利到达陇东解放区边缘地带之际，胡宗南连忙催促裴昌会兵团、李振兵团加紧了由南向北的攻势，马继援部也向我守屯字镇的六纵教导旅部队发动强攻。很明显，敌军的企图是乘我军立足未稳之际，夺取屯字镇，完成对我西野部队的战略包围，因此情况仍然严峻。

为了彻底粉碎敌人的合围企图，5月4日晚，彭德怀电令六纵教导旅坚守屯字镇，继续牵制马家军，待西野主力完成对马家军的反包围后，再内外夹击，达到歼其一部，粉碎敌人合围的目的。遵照彭德怀的命令，5月5日教导旅在血战一昼夜后不顾疲劳和饥渴，奋力对包围屯字镇的马家军进行了英勇的反击。屯字镇周围的一些村庄和阵地几次反复，战况惨烈，双方在弹丸之地来回拉锯达七八次之多，激烈的攻防战持续了一整天，敌人始终未能攻进屯字镇。但我教导旅也在激战中伤亡较大。在镇内部队激战的同时，六纵新四旅和教导旅三团也在镇西南郊的疙瘩王庄[①]一带与敌展开激战，西野主力开始对马家军实行反包围。5日傍晚，彭德怀亲临疙瘩王庄的玉皇堂大庙指挥战斗，并再次电令教导旅继续坚守屯字镇。由于镇内部队伤亡较大，六纵决定调整兵力部署，加强第一线的营连两级指挥，放弃了一些不必要的阵地，以解兵力不足的问题，同时还命令三团从镇外火速增援镇内。三团团长王洁清接到命令后，立即挑选了七八个连队，趁着夜色沿镇南的深沟崖壁上的羊肠小道秘密进入镇内，增强了镇内部队的实力。6日，我教导旅又与马家军激战终日，马家军虽向我阵地发动轮番进攻，伤亡惨重，但直到晚上阵地仍牢牢地掌握于我军手中。

在我西野主力对马家军的包围尚未完全构成之时，敌情又发生了严重变化。南线敌裴昌会兵团、李振兵团已进抵泾川一线，北线敌马继援的四个骑兵旅、三个步兵旅也由西向东南步步逼近，并对我镇外部队构成新的包围圈。胡宗南还派出七架飞机配合地面部队的进攻。敌人企图聚歼我军于泾川、西峰、屯字之间的三角地区，情势十分严重。此时敌军已大于西野主力数倍，且使我军处于腹背受敌的不利地位，再战下去，则肯定会使我军陷于被动。为了摆脱困难处境，彭德怀决定放弃围歼马继援一部的计划，于6日晚命令教导旅由屯字镇突围向主力靠拢。教导旅接到命令后即

---

① 原六纵教导旅旅长陈海涵在《在彭总的指挥下》一书中所提到的“王庄”系“疙瘩王庄”之误，笔者曾在屯字周围调查，未发现王庄这个地方，据当地老人回忆，当年新四旅正是在疙瘩王庄与马家军激战的。疙瘩王庄位于屯字镇西南，距该镇约4公里。

先组织了一次反冲锋，将马家军向后压退一段距离，然后由镇南深沟分三批陆续撤出。7 日拂晓，教导旅四五千人的兵力在屯字镇南塬畔的岘岭[①]与西野主力会合。至此，屯字镇的攻防战结束。

7 日，西野主力开始向肖金、西峰方向转移，敌军紧追不舍。为掩护主力转移，六纵新四旅在南李、肖金一线阻击敌人。在新四旅的掩护下，西野主力以教导旅为前卫到达西峰南郊，此刻马继援部已抢先占领西峰，我军无法由此进入解放区。在这前有敌军阻击，后有大军追击的紧要关头，彭德怀果断地命令我军转向南下，经肖金、宁县向关中分区转移。9 日，我军在肖金镇三不同村和宁县良平重创尾追之敌，摆脱了不利处境。12 日，西野主力胜利返回关中分区首府马栏镇。在主力部队转移以后，担任掩护任务的六纵新四旅在敌人的四面包围中奋力抗击，其中尤以万俟沟圈战斗最为惨烈，伤亡较大。经过激战，新四旅突出重围分为两路，一路经太平、王寨，前往华池老区，另一路经宁县平子、春荣进入关中分区。至此陇东战役胜利结束，此役我军粉碎了胡马敌军在外线合围我主力部队的企图，歼敌 3000 余人，我六纵也付出了数千人伤亡的沉重代价。

西府陇东战役，我军连续作战一个月，收复了革命圣地延安，解放了洛川，一度解放了宝鸡、咸阳、凤翔、岐山等 14 座县城，扩大了我军的政治影响，毙伤俘敌中将师长徐保以下正规军及地方团队共 2.19 万余人，缴获了大量装备、弹药和军用物资。

西北野战军回到解放区以后，集结在黄龙、韩城一带休整。5 月 26 日至 6 月 1 日，西北野战军前委在洛川的土基镇召开扩大会议，总结春季攻势的经验教训，确定部队夏季整训计划和对胡、马敌军的作战方针。习仲勋与贺龙、林伯渠一道专程由延安赶来参加会议。26 日，彭德怀作《春季攻势总结》，他的讲话在肯定出击西府的成绩和产生的重大政治影响后，坦率地认为战役没有打好，批评了个别部队的无组织无纪律行为。同

① 据笔者调查，教导旅从屯字镇南塬畔的岘岭突围。

时，对六纵教导旅在屯字镇的英勇战斗进行了表扬。他说："我还要讲一下教导旅，你们不要看他们在屯字镇被敌人重兵包围，大有全旅覆没的危险，请同志们去了解一下，他们面对十倍于己的敌人是怎么回答的，他们的回答是刺刀见血，以顽强的拼杀打退了敌人数十次的攻击，杀出了一条生路，其气壮山河，悲歌对天的大无畏精神古今少有。在险境中敢于和敌人拼杀，在死亡面前毫不退缩，这才是无产阶级的崇高品德和英雄气概。教导旅就具有这种品德和气概。"

习仲勋在这次会议上也讲了话，他认为，西北野战军第一次深入国民党统治区的大后方作战，战役是成功的，有着重大的战略意义。野战军出击西府，震动西安，使胡宗南军不得不完全撤出洛川以北地区，扩大和巩固了陕甘宁解放区，特别是革命圣地延安的收复，在国内国际都产生了重大政治影响。由于将战争引向了国民党统治区，扩大了党和人民军队的影响，减轻了老解放区人民的负担，创造了继续胜利进军的条件；粉碎了国民党预谋歼灭西北野战军于西府地区的梦想。同时，进一步牵制了胡宗南的兵力，有力支援了中原和其他战场解放军作战。习仲勋在分析了战役存

1948 年 5 月，习仲勋出席西北野战军前委在洛川土基镇召开的扩大会议并讲话

在的问题和经验教训之后，严肃地对在此次作战中存在的严重的自由主义，对干部放任迁就，执行命令不积极、不坚决，甚至贻误战机的个别纵队领导干部提出了批评。习仲勋的讲话受到与会同志的赞同。①

确定党在新区工作方针

为了进一步加强西北解放区党的工作力量，6 月 26 日，中共中央电示，由贺龙、林伯渠、习仲勋、马明方、王维舟、贾拓夫、马文瑞、李井泉（以上为常委）、王世泰、刘景范、李卓然、张德生、周兴、张邦英等 14 人组成新一届西北局委员会，习仲勋任书记，马明方任副书记，统一领导西北解放区（包括陕甘宁边区和晋绥边区）的各项工作。7 月 10 日，在习仲勋主持下，西北局召开了常委会，会议研究决定，由林伯渠、杨明轩、王维舟、王子宜、周兴、马锡五、贾拓夫、范子文、白如冰等 9 人组成新的边区政府党组（林伯渠任书记），以加强对政府工作的指导。陕甘宁边区政府负责领导晋绥行政公署，陕甘宁和晋绥两区在政策、制度和工作等方面进一步实现统一。陕甘宁晋绥联防军区，对两边区的地方兵团及各军分区实施统一领导。西北野战军除作战指挥方面属于野战军司令部外，在建制上归属陕甘宁晋绥联防军区。

西北野战军发起春季攻势以来，我军解放了大片的新区。人民解放军各部队坚决贯彻前委扩大会议决定，认真执行党的新区政策，所到之处，积极宣传《中国人民解放军宣言》，严格遵守三大纪律八项注意，爱护人民群众，秋毫无犯，用自己的实际行动彻底粉碎了国民党反动派的长期欺骗宣传，赢得了新区人民群众的拥护和爱戴。

但是，我军进入新区后，给党的工作也带来了新的挑战。由于缺乏经验以及干部力量的不足，在黄龙等新区的某些工作上也产生过若干缺点和失误，如未能及时建立革命秩序。习仲勋说："如果我们不分轻重缓急，没有步骤乱忙一通，就会把混乱时期拖长。黄龙在这上面是吃了亏的。混

---

① 《习仲勋传》编委会编:《习仲勋传》(上卷)，中央文献出版社 2008 年版，第 573 页。

乱时期长，人民损失便大，对我今后经营这一地区，也增加了困难。”[①]在城镇税收方面，未经请示边区政府就宣布新区免征本年度营业税，影响了政府的收入。习仲勋指出：“黄龙解放后，三个月未收税。合阳十个市镇，每日可收二千万敌币。韩城进口税，每日可收一亿农币。白水六个煤矿公司，其中一家每天可收六百万敌币。这笔损失很大。”[②]对旧武装的改造整顿工作跟不上，以致有少数复叛变为匪。再如，黄龙各县随便颁发施政方针的布告，甚至擅自更改上级的决定，任意捕人，自由决定土改方针和制定各种政策。在韩城，就有人提出“快斗快分”等错误口号，结果一些农民提着口袋进城，把十几户地主扫地出门，造成了很坏的影响。凡此种种严重影响了党在新区工作的顺利进行。

党在西北解放区的新区工作中面临的新问题，引起了习仲勋的高度关注和思考。为了明确党在新区工作的方针和政策，1948 年 7 月 14 日，西北局书记习仲勋给中共中央主席毛泽东写了《关于新解放区的工作问题》的报告，提出了自己的意见。

在报告中，习仲勋深刻地分析了党在新区工作中出现缺点和问题的原因，他指出：“在老区我们已经有了完整的一套，干部有经验，群众也有经验，领导上只要能抓紧组织，注意改变作风，全党同志不断学习，不断努力，则各项工作，便能逐步向前进展。但在新区，则情况完全两样。5 月以后，西北局便以很大力量注视新区的工作，派出了大批干部去新区，领导上也很密切地注意，但执行政策上所产生的毛病仍然不少。基本原因是陕甘宁边区党对新区情况生疏，思想上又缺乏充分的准备，过去所获得的各种观念，到今天实际中竟全部皆非。如何把中央的路线、政策在全党同志中搞清楚搞一致，适当地解决新区各种问题，成为做好新区工作的关键。”[③]

① 习仲勋：《关于新解放区的工作问题》（1948 年 7 月 14 日），中共中央党史研究室编：《习仲勋文集》（上卷），中共党史出版社 2013 年版，第 82 页。

② 习仲勋：《关于新解放区的工作问题》，（1948 年 7 月 14 日），中共中央党史研究室编：《习仲勋文集》（上卷），中共党史出版社 2013 年版，第 84 页。

③ 习仲勋：《关于新解放区的工作问题》，（1948 年 7 月 14 日），中共中央党史研究室编：《习仲勋文集》（上卷），中共党史出版社 2013 年版，第 80 页。

为此，习仲勋慎重地提出了党在新区工作的基本方针：1. 老区出了"左"倾错误确给了敌人口实，求得老区再不犯政策错误，是顺利建设新区的一个重要条件。2. 陕甘两省农村生产力未遭大的破坏，故我军进出新区，必须严格遵守党的政策，群众纪律也要十分严明。3. 新区解放后，首要任务，是建立革命秩序，宣布解散一切反动特务组织。4. 加强老区派出新区工作干部的学习和教育，克服存在的错误作风。5. 大力克服自以为是、各自为政的无纪律无政府状态。

中共中央和毛泽东对习仲勋的报告极为重视，中央同意习仲勋报告所提出的各项方针，并于 1948 年 7 月 24 日将这个报告印发全党各中央局、分局和前委，进一步明确了党在新区的工作方针。

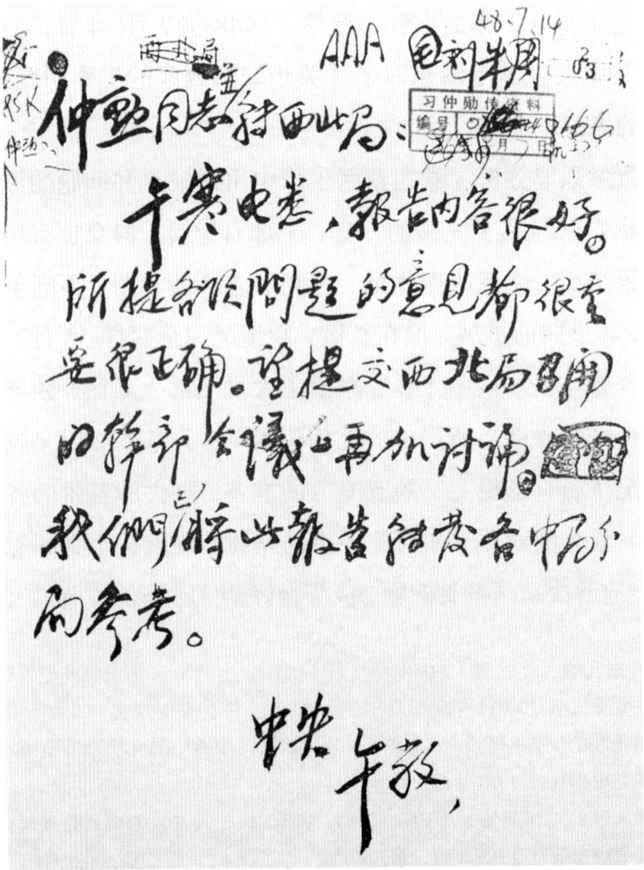
仲勋同志转西北局：
午寒电悉，报告内容很好。所提各项问题的意见都很重要很正确。望提交西北局召开的干部会议上再加讨论。我们已将此报告转发各中央局分局参考。
中央
午敬

中共中央复习仲勋转西北局电报

二、西北秋季攻势和冬季攻势，提出接管西北城市的方针和政策

澄（城）合（阳）战役

1948年下半年，全国解放战争进入第三年，中央军委决定，在解放战争的第三年内歼灭敌正规军115个旅，并计划发起辽沈、淮海、平津三大战役，进行战略决战。西北野战军的任务是，继续对胡宗南集团开展攻势，积极歼灭敌人有生力量，力争平均每月歼灭敌人一个旅，牵制胡宗南集团，使其不能抽兵增援其他战场。

胡宗南集团这时仍有11个整编师30个旅25万余人的兵力，他除了将一个整编师支援山西太原蒋军作战外，其余部队的布防情况是，整编六十五师、二十七师、十三师进至豫陕边，防御中原野战军，主力整编三十八师驻守合阳，整编十七师驻守蒲城，整编第三师驻守同官、耀县，构成了东起合阳，西至耀县的防线与人民解放军对峙，实行所谓“机动防御”。7月底，裴昌会兵团4个师7万多人，向我黄龙分区进犯，企图控制黄龙山区南麓的壶梯山、将军山等要点，并相机进犯韩城、石堡，封锁我军南进的道路。这时，我军集结在韩城、石堡地区，进行两个月的军事和政治整训。

面对胡宗南集团的进犯，在彭德怀、贺龙、习仲勋领导下，西北野战军和陕甘宁晋绥联防军发起了澄（城）合（阳）战役。参加这次战役的是一纵、二纵、三纵、四纵、六纵等部约5万人。7月30日，敌整编三十六师钟松部进占了澄城以北的冯原镇、刘家凹以后，停止不进。8月3日，我军为引诱三十六师前进，主力后撤到香川寺、芝川镇一线。到8月5日，敌三十六师仍然不动，还加紧利用山地要点和村庄，积极构筑工事。野战军前委经过认真研究，决定改变策略，转而向敌人进攻，以第四纵队和警备四旅攻击冯原镇南面杨家凹的敌一二三旅，一、二纵队进攻冯原镇东北敌人的主要支撑点壶梯山和魏家桥的敌二十八旅，三纵队向驻东

太极的敌一六五旅进攻，六纵队进攻刘家凹的敌一四二团。要求各部在 8 月 7 日夜里到达指定出发地点，并完成进攻准备。

在此期间，习仲勋于 7 月 21 日电令各军分区部队全力配合西北野战军的行动。8 月 6 日，贺龙、习仲勋致电彭德怀：因敌三十六师集结冯原镇周围 20 里，正面狭窄，我们建议在战术上似应正面（西）攻入敌阵，采取小包围，有重点将其分割，打敌之指挥机关，求得一营一团的聚而歼之，而后再以足够的预备队逐步扩大战果。如果歼灭其大部，再依情况乘胜连续夺敌侧后弱点而歼击三十八师或十七师，以打开南线敌我对比的状态。彭德怀对于贺龙、习仲勋的建议十分重视，认真研究，及时调整作战部署，保证了战役的胜利。

8 月 8 日拂晓，彭德怀向西北野战军各部队下达了攻击命令。当天上午，一纵、四纵先后将魏家桥、东家渠、曹家垅头等据点守敌分割歼灭，向冯原镇及其以南地区发展；三、六纵队将敌一六五旅四九三团包围在冯原镇以东的刘家凹、梁周村。下午 4 时，二纵队集中炮火袭击壶梯山，仅一个小时激战，就占领了山头，消灭了敌二十八旅之精锐八十二团。黄昏时分，敌人全线溃退，敌师长钟松率其师部和一二三旅、一六五旅主力，沿冯原镇、澄城公路南撤。我军主力乘胜追击。9 日黄昏，将敌整编三十六师包围在王庄镇、杨家凹地区，除一六五旅旅部和四九五团一部逃脱以外，我军第二次歼灭了敌整编三十六师，击毙少将副师长朱侠，俘敌少将师参谋长张先觉、少将高级参议李秀、国民党国防部战地视察第九组少将视察官马国荣等。当我军围歼第三十六师时，敌十七师、三十八师不敢增援，害怕遭到围歼，放弃韩城南逃。四纵队一部和左翼兵团紧紧追击敌军，连续将敌军掩护部队几个团击溃，收复韩城、澄城、合阳 3 城，一直追到大峪河以南寺前镇、韦庄镇、永丰镇一线。13 日，澄（城）合（阳）战役结束。此次战役前后共六天，歼灭敌整编三十六师师部及 4 个团，共 9000 余人，巩固和扩大了黄龙解放区。8 月 22 日，中共中央致电彭德怀、贺龙、习仲勋，对澄（城）合（阳）战役胜利表示祝贺，指出：这一胜利，粉碎了胡军在西府战役曾获得胜利的胡说，并继续使胡军陷于被动，便于我开展关中局面。

9 月 12 日，在彭德怀、贺龙、习仲勋的主持下，西北野战军在合阳以北的雷家庄召开前委第三次扩大会议，学习党中央的一系列指示，讨论研究关于克服无纪律无组织现象，加强请示报告制度以及新区政策等重大问题。会议决定秋冬两季继续在渭北作战，争取再歼胡宗南部几个旅，决不使其抽兵增援其他战场。根据党中央关于新区实行合理负担的财经政策，会议决定取消原先实行的粮草征发制，一律改为预借制。中共中央接到报告后，认为西北野战军在新区全面推行粮草预借办法是比较好的，并于 10 月 1 日通告各战略区和各野战军参照执行。

荔北战役

胡宗南集团进犯黄龙解放区的阴谋失败后，为防止西北野战军南下潼关或再出西府，以第九十军、第七十六军守蒲城，以第十七军、第三十八军和第三十六军残部守大荔以北地区，以第一军、第六十五军和第七十六军的二十四师驻富平、兴平一线，以二〇三军守西兰公路的栒邑、邠县、醴泉一线，第十三军守潼关、灵宝，第二十七军守洛南、商县等地。[①]

在澄合战役结束前后，彭德怀、贺龙、习仲勋几次接到中央军委的指示：9 月份全国将有大战，希望能够配合，当前如无歼敌机会，可进行一个月的休整。9 月 12 日，彭德怀、贺龙、习仲勋决定，秋冬两季继续在渭北作战，争取歼敌四至六个旅，使其不能支援其他战场。为了有效地配合全国其他战场的作战，彭德怀、贺龙、习仲勋决定发起荔北战役，歼灭大荔以北的敌十七军和三十八军。

10 月 6 日拂晓，在彭德怀、贺龙、习仲勋的指挥下，西北野战军和陕甘宁晋绥联防军区部队按预定部署首先向位于寺前镇、韦庄镇、永丰镇地区的敌十七军发起攻击。第一纵队突然插入敌军心脏地区张家城，把韦庄的敌十七军军部和酥酪的敌四十八师分割开来，在二、四纵队协同下将

---

① 1948 年八九月间，国民党军调整了部队番号，将所有的整编师改为军，整编旅改为师，如原整编七十六师就改为第七十六军。

敌四十八师歼灭大部。当日黄昏，敌十七军军部率余部向南突围，我军除第四纵队继续围攻永丰镇的敌第三十六团外，全军主力追击敌十七军残部，使敌十七军受到沉重打击。

7 日，西北野战军又对敌三十八军发起攻击。我军攻占唐家堡、乌泥村、东西汉村、八岔口等据点，全歼敌一七七师五二九团和五十五师一部，敌三十八军残部沿铁岭山向西南溃逃。由于地形限制，我军未能截断敌人退路，第二纵队不顾疲劳奋勇追击，独四旅十二团和独六旅十六团一直追到老君寨以西的洛河东岸，俘敌千余人，缴获敌三十军的全部重武器和装备。第三纵队追到船舍渡附近，歼灭敌第一军一个团大部。第六纵队乘胜直逼大荔城郊。裴昌会兵团的司令部在三十六军残部的掩护下，逃过洛河南岸。第四纵队全歼了永丰镇的敌三十六团之后，挺进到蒲城以东的孙镇、桥头地区。第三纵队一部和黄龙军分区部队解放了朝邑、平民、白水，争取朝邑县两个保安大队 1100 余人起义。四纵骑兵六师攻占铜川的周家岭，歼灭了守敌，并击溃由铜川增援的敌人一个团。荔北战役第一阶段结束。

面对解放军的强大攻势，胡宗南连忙从兴平、潼关调第一军、第六十五军、第十三军，连同原在蒲城、大荔的敌军，共十三个师 9 万余人，在榴弹炮、坦克和飞机的掩护下，拼命向我军阵地反扑。10 月 11 日，敌第一军、第六十五军经铁岭山、杨家庄、吕村向北进攻。西北野战军决心趁敌军立足未稳，将北进的敌精锐六十军歼灭。12 日拂晓，我军第一、第二、第三、第六纵队向敌人进攻，敌军在猛烈炮火和 6 辆坦克、10 余架飞机掩护下，向南逃跑。我军击落敌机 3 架，击毁坦克 2 辆，在李家坡歼灭敌六十五军一个团又一个营；第二纵队将敌六十五军一六〇师压缩在大壕营土寨里面，几次攻击未果，伤亡较大，形成对峙状态。西北野战军当即改变决心，命令各部队停止进攻，采取积极防御措施，占领有利地形，争取大量杀伤反扑的敌军。13 日，敌军以 13 个旅八九万人，发动反攻，但是敌人的斗志不高，主要是用山炮、野炮、榴弹炮向我军防御阵地轰击，还出动飞机轮番轰炸。敌人步兵的进攻都被我军打退，但是敌军的炮击使我军受到一些伤亡。野司认为这次战役目的已经达到，遂结束

习仲勋在群众中作动员讲话

陕甘宁边区群众支援前线

战斗，部队移回澄城合阳以北的冯原镇、赵庄镇、百良镇地区休整。这次战役歼敌 2.5 万余人，给予敌十七军、三十八军、六十五军、三十六军以沉重打击。胡宗南仅有的 5 个机动军中，除第一军很少使用损失较小外，其余 4 个军已先后遭到歼灭性打击，其军事力量受到严重削弱。10 月 15 日，中共中央致电彭德怀、贺龙、习仲勋，热烈祝贺荔北大捷。

在这次荔北地区的大规模平原攻坚作战中，习仲勋组织的支前工作做得十分出色。人民群众都紧急动员起来，勇敢地参加了担架运输、供给粮草、挑水做饭、做鞋洗衣、带路送信、救助伤员、站岗放哨、坚壁清野等工作，鼓舞了指战员的士气。特别是陕甘宁老解放区的支前大军一切为了前线，不怕牺牲，冒着敌机的袭击，日日夜夜进行战场救护，将数千名伤员安全后送，使之得到及时治疗，这对保障战役胜利作出了很大贡献。

1948 年 11 月初，华东、中原野战军发起了淮海战役。为了阻止胡宗南集团调兵增援中原战场，11 月 6 日至 7 日野战军前委召开扩大会议，决定在 11 月中旬发起冬季战役。

这时，经过荔北战役的打击，胡宗南被迫再次调整兵力部署，将他的 3 个主力军 9 个师平分为 3 个防御集团，以蒲城、澄城、合阳三点为中心，在 50 余公里的地区进行防御。遭我歼灭性打击的第十七军、三十六军、三十八军、六十五军等部集结在富平、三原、临潼、大荔整补，其他部队分散防守同官至西安、潼关各地。前委研究决定，我军以一部分突然攻击敌军第一线三个集团中的一个集团或一个集团中的一部，调动其他两个集团于运动中，从而便于我军主力在澄城、合阳之间，或澄城、白水、蒲城之间，各个歼灭敌军两至三个师，达到抑留胡宗南部于西北地区的战略目的。

按照预定部署，第二纵队以三五九旅包围临皋村，独立第四旅和第六旅进到临皋以西，断敌退路并阻击援军。15 日拂晓，二纵经一个小时战斗，全歼敌四三〇团。并在当晚乘胜向乳罗山的敌一四四师攻击，至 16 日晨又歼灭敌一个多团。这时，胡宗南误认我军又将在澄合地区发动进攻，立即将敌第一军、六十五军和第十七军东调。11 月 19 日，该敌由蒲城、富平进到澄城、永丰镇、露井镇地区。西北野战军为了调动敌人在运动中歼灭之，遂命令第一、四纵队和警备第四旅、骑兵第二旅组成右翼兵团，于20日向同官、耀县攻击；以第二、三、六纵队组成左翼兵团，隐蔽在洛河两侧地区，准备侧击西调的敌军。21日，右翼兵团在草滩、康庄歼敌第三军十七师一部。23日，又在铜川以东的军台岭、店子坡再歼敌第二五四师一部。右翼兵团的积极活动，使胡宗南又误认我军主力在同官、耀县东侧地区，命令刚进到洛河以西的第一军、第六十五军掉头西进增援，并令第九十军、第七十六军和第三十六军的一六五师放弃合阳、澄城，经永丰、蒲城西进，夹击我军。23日，敌第七十六军进到永丰镇和洛河西岸石羊地区，发觉我左翼兵团在蒲城和石羊之间设伏，即占领洛河东西两岸，构筑工事准备固守；敌九十军于25日进到永丰镇以南的唐家堡地区。

25日下午，第二纵队向洛河西岸的石羊、坡头、曹村地区的敌第二十四师发起攻击，歼灭其一部，将敌人压缩在河东的永丰镇。当晚，野司前进到坡头村。第二、三纵队东渡洛河向永丰镇的敌第七十六军攻击，到26日晚肃清永丰镇外围敌据点，将1万余敌军包围在东西600米，南北200米的城内。27日，第二、三纵队进行坑道作业，直抵城下。28日拂晓发起总攻。6时，我军突破城墙，10时战斗结束，守敌无一漏网。我军生俘第七十六军中将军长李日基，少将军参谋长高宪岗，少将师长吴永烈、于厚之，少将副师长朱强，少将师参谋长蒋绍刚等。在我军歼灭敌第七十六军之时，仅距永丰镇5公里的敌第九十军和一六五师，除了以炮火支援以外，步兵不敢前进一步。胡宗南又命令西进的几个师向东调增援永丰镇，这些敌军害怕被我军中途侧击，一直绕到蒲城以南的党木镇、龙阳镇，29日才进到永丰镇、韦庄镇、临皋地区。这时，我军早已撤离了永丰镇。此次冬季攻势，西北野战军歼敌第七十六军和一四四师、十七师等部共2.5万余人，将胡宗南集团死死地拖在西北战场，配合了其他野战军进行战略决战。同时巩固了渭北地区，取得了平原村落作战的丰富经验，为以后解放整个大西北地区创造了条件。

1949 年 2 月 1 日，陕甘宁晋绥联防军区改称西北军区，贺龙（左）任司令员，习仲勋任政治委员

提出接管西北城市的方针和政策

早在 1948 年 11 月 1 日，中央军委颁布了《关于统一全军组织及部队番号的规定》。辽沈、淮海、平津三大战役胜利后，1949 年 1 月，中央军委又发布了《关于各野战军番号改按序数排列的指示》，对全军的组织编制、番号作了统一规定。西北、中原、华东、东北各野战军依次改为第一、第二、第三、第四野战军。同时，设立一级军区共五个，即中原、华北、华东、东北和由陕甘宁晋绥联防军区改称的西北军区。据此，西北野战军于 2 月 1 日改称中国人民解放军第一野战军。彭德怀任司令员兼政治委员，张宗逊、赵寿山任副司令员；阎揆要任参谋长，王政柱、李夫克任副参谋长；甘泗淇任政治部主任，张德生任副主任；刘景范任后勤司令员，方仲如任后勤副司令员。原来的各纵队依次改编为军，旅改为师。

在第一野战军改称的同时，陕甘宁晋绥联防军区也改称为西北军区，贺龙任司令员，习仲勋任政委，王维舟任副司令员，张经武任参谋长，李卓然任政治部主任，白如冰任后勤部长，下辖晋绥、晋南军区和西北军区军事政治大学以及延属、绥德、三边、陇东、关中、黄龙、西府、榆林等

1949 年 1 月，习仲勋在西北野战军第一次党代表会议上作报告

八个军分区。

第一野战军与西北军区的改称，加强了西北地区人民解放军的正规化建设，为夺取西北解放战争的最后胜利，做了充分的组织准备。

1949 年 1 月 11 日至 23 日，中共西北野战军第一次代表大会在白水县的武庄隆重举行。贺龙、习仲勋从延安赶到武庄出席了会议。贺龙在会上传达了党中央九月会议的精神，彭德怀传达中央政治局 1 月 8 日通过的《目前形势和党在 1949 年的任务》的决议和毛泽东《关于时局的声明》。1 月 14 日，彭德怀为大会作了《关于 1948 年几项工作的基本总结和今后任务》的报告。

1 月 17 日，西北局书记兼西北军区政委习仲勋作《关于接管城市的问题》的报告。习仲勋首先回顾了西北野战军解放西北地区城市的主要工作状况。他说："去年以来，我军解放了不少的小城市，并曾经解放过个别较大的城市。随着革命战争胜利发展，我军此后将要继续解放更多的城市，其中包括若干中等城市和较大的城市。我们必须准备接管这些城市。过去我们在接管新解放的城市中，执行了中央关于城市的各项政策和去年一月前委扩大会议决议，一般均获得成功。如迅速建立了秩序，正确处理敌方人员和物资设备，保护了工商业，在短期内恢复市面营业和工业生产，保护了学校，及早地依据可能和需要继续开学，妥善地对待知识分子、技术人员和各种职员，并在群众中进行了一些必要的工作等等，因而团结了广大工人、学生和其他城市人民，并得到了许多工商业者、公教人员的赞同，在陕甘许多城市和广大地区扩大中共政策的影响和威信。但是我们也曾经有过或多或少的缺点和错误，如在宝鸡不分公私地查封所有钱行，没收邮包中的洋瓷碗，在凤翔乱动教堂的罐头、咖啡等等，这些在经验缺少和准备不足的当时也是难免的。”①

习仲勋在报告中总结了西北野战军接管城市的一些成功的基本经验，这些经验主要包括：第一，必须有统一的接管机构，由部队上级指挥机关指派专人协同城防部队首长和当地党政负责干部组成之，统一管理接管城市的一切工作；第二，在统一的接管机构之下要配备各项必要工作的干部和组织，分别办理各项事情；第三，接管机构及其组织应事先组织好，随同攻城部队进城，从准备攻城到入城都要有周密的准备和布置；第四，战斗结束后，除城防部队外，其余部队均应迅即撤到城外，并禁止游击队、民兵和民夫等进入城市；第五，凡入城机关部队人员，必须完全接受统一接管机构的管理和执行其一切命令；第六，缴获的武器、物资，均应由统一接管机构接收、封存、转运或分配；第七，严禁各部队机关入城抢购物资，由指定的组织统一采办。习仲勋认为，这些经验都是很宝贵的。

接着，习仲勋提出了今后接管城市的基本方针，他指出：“我们已经解放的和将要解放的一切城市，均是人民的或将是人民的城市，必须严格保护，不许破坏。旧的反动政治机构，如各级政府机关、保甲、军队、警察、法庭以及反动党派等组织，必须彻底粉碎，不能利用，而代之以人民的政治机构；但其设备则要保护和保存，接收过来，其人员除首恶分子、破坏分子，必须惩办外，对于一般旧的政府公务员也不是一律排斥，而是

① 习仲勋：《关于接管城市的问题》（1949年1月17日），中共中央党史研究室编：《习仲勋文集》（上卷），中共党史出版社2013年版，第110页。

经过必要的改造后，可以酌量使用。……对旧统治阶级的文化教育组织制度，必须加以适当的改组，使之适合于人民的需要。……而对这些文化教育机关则必须保护。至于工厂、企业、银行、邮电、铁路、医院等，不但其设备要利用，而且其机构都不能'粉碎'，不能破坏，必须保存起来，好好利用。对一切国民党的、官僚资本的经济机构，不要打乱，不要忙于去改组，更不能'粉碎'，而要它继续生产。是不是要改革？从官僚资本手中转到人民手中就是一个革命。原有官僚制度必须废除。旧的企业组织也有许多不合理的，也要改革。但不要急，一定要慎重，不妨慢一点，必须首先了解、熟悉、精通以后，才根据一定可能的条件，逐步和合理地去改造。这就是我们接管城市的基本方针。"①

据此，习仲勋提出了接管城市的三大任务，即接收、建立秩序和发动组织群众。他指出："这时发动组织群众，仍是为的更好地接收和建立秩序，不要急于进行各项社会改革，不要急于发动群众斗争。在秩序未很好稳定，情况未很好弄清之前，鲁莽地发动群众斗争，就会搞糟，反而被反革命分子钻进来利用。对某些人民生活改善问题，只有秩序已经稳定，群众组织已经有相当基础，经过调查研究，确须解决而又有妥善解决办法时，才可以按情况酌量解决。"

习仲勋指出，接收办法是"各按系统，自上而下，原封不动，先接后分"。我军"一进城市必须采取有效步骤迅速建立秩序，尽力缩短混乱时间，安定市面，恢复人民正常生活"。他特别强调："在西北各城市还必须严格注意少数民族问题，严格尊重其风俗习惯，保护清真寺、喇嘛寺等。"② 习仲勋的报告，对西北我军今后的城市接管工作提出了更高的要求，指明了政策的方向，为我军今后大规模地开展城市接收工作奠定了思想基础和政策基础。

① 习仲勋：《关于接管城市的问题》（1949 年 1 月 17 日），中共中央党史研究室编：《习仲勋文集》（上卷），中共党史出版社 2013 年版，第 111–112 页。

② 习仲勋：《关于接管城市的问题》（1949 年 1 月 17 日），中共中央党史研究室编：《习仲勋文集》（上卷），中共党史出版社 2013 年版，第 114、117 页。

全体党员代表经过热烈讨论，最后一致通过了党员代表大会的总决议和关于提高自觉执行纪律、加强地方群众工作等决议。大会要求全军指战员牢固树立“将革命进行到底”的思想，进一步加强集中统一和组织纪律性，努力提高部队的攻坚能力，继续下大力气做好新区群众工作，学习和掌握党的城市政策，为彻底消灭胡马军、解放整个大西北而坚决战斗，奋勇前进。

全军党员代表大会结束后，各部队迅速传达贯彻这次会议的精神和各项决议。全军上下人心振奋，纷纷表示要在新的一年里加紧战斗，更多地消灭敌人，用实际行动迎接新中国的诞生。

此后，为了组织各方面力量，习仲勋加紧开展地方工作，进一步推动城市接收工作的顺利进行。2 月 8 日，在习仲勋主持下，陕甘宁边区第三届参议会常驻委员会会议在延安召开。由于议长高岗早已赴东北解放区工作，长期离职，会议一致选举习仲勋代理本届参议会议长职务。随后，陕甘宁边区第三届参议会常驻议员、边区政府委员暨晋绥边区代表联席会议在延安召开，出席会议的代表 55 人。西北军区和陕甘宁边区政府各部门负责人贺龙、王维舟、马锡五等 47 人列席会议。

在会上，习仲勋致开幕词，热烈祝贺联席会议的胜利召开，他提议会议研究并决定：（1）继续大力支援人民解放战争，直至解放全西北，配合全国人民将革命进行到底；（2）继续努力恢复与提高西北解放区的各项生产建设事业；（3）积极准备接管新解放的城市和广大乡村。他强调指出，今后政府工作的重心应放在新解放地区上，要为接管广大新区准备政策，准备干部。

2 月 9 日，陕甘宁边区政府代主席刘景范作《关于一年来政府工作的报告》，会议一致通过政府工作报告。

为更好地适应和促进西北革命大好形势，提高解放区政权工作效率，习仲勋、杨明轩、安文钦等以林伯渠的名义领衔，联合向联席会议提出《为统一陕甘宁、晋绥两边区行政管理，加强边府组织机构及人事配备案》。晋绥行政公署和晋绥边区临时参议会常驻委员会也共同提出请求，

1949 年 2 月 15 日，出席陕甘宁边区参议会常驻议员、政府委员暨晋绥代表联席会议的代表合影（三排右六为习仲勋）

要求将晋绥边区正式并入陕甘宁边区内，由陕甘宁边区政府实施统一领导。联席会议经过讨论研究，决定：（1）陕甘宁边区与晋绥边区（其绥远部分划归绥蒙解放区）实行合并，两区的行政管理事宜统一于陕甘宁边区政府；（2）撤销晋绥行政公署，将其辖域划分为晋西北与晋南两行政区，分别设置晋西北行政公署和晋南行政公署，直接归属陕甘宁边区政府领导，后者为陕甘宁、晋西北、晋南的最高行政机关；（3）扩大陕甘宁边区政府委员会；（4）加强边区政府组织机构。

习仲勋主持召开的这次联席会议是西北解放区政权机构在全国革命胜利前夜召开的一次重要的会议，它使陕甘宁边区和晋绥边区的行政管理完全实现了统一，为夺取西北解放战争的全面胜利提供了强大的后方保证。以这次会议为标志，西北解放区的工作重心开始实行战略转变，即逐步由老区移向新区，由乡村移向城市。

此时，党中央和毛泽东正在西柏坡筹备七届二中全会。早在 1 月中旬，毛泽东来电告知：二三月间拟开二中全会，希望彭德怀、贺龙、习仲勋均能到会。2 月中旬，彭德怀、贺龙、林伯渠、习仲勋等离开西北，前往河北省平山县西柏坡村出席中共七届二中全会。在参加党的七届二中全会的所有七届中央委员、候补中央委员中，习仲勋当时年龄最小，只有 35 岁。

3 月 5 日至 13 日，党的七届二中全会在河北省平山县西柏坡村举行。毛泽东作了重要报告，他指出：在彻底摧毁国民党反动统治、夺取全国胜利的新形势下，党的工作重心应从农村移向城市，实现政治战略的重大转变。党和军队的工作必须兼顾城市和乡村，但重心应放在城市，要用极大的努力去学会接收、管理和建设城市。必须学会在城市中向帝国主义、国民党、资产阶级作政治、经济和文化方面的斗争，向帝国主义者作外交

党的七届二中全会期间，习仲勋与马明方交谈

斗争。既要学会同他们作公开的斗争，又要学会同他们作隐蔽的斗争。人民解放军不但永远是一个战斗队，而且今后将主要地是一个工作队。全体军队干部都应当学习党的城市政策，学会接收和管理城市。会议号召全党同志在胜利面前，务必保持谦虚、谨慎、不骄、不躁和艰苦奋斗的作风。

党的七届二中全会期间的习仲勋

4 月 19 日至 23 日，第一野战军前委在澄城以北的平城召开扩大会议。由于彭德怀到山西参加太原战役指挥，由王震同志传达七届二中全会决议精神。习仲勋作了重要讲话，他要求全军抓紧军事训练，筹备粮食，弄清敌情，准备吃大苦，打大仗，解放西安、解放大西北。会议决定组织全军指战员认真学习毛泽东的重要报告，为进军关中，解放西北积极做准备，不但要掀起新的练兵高潮，而且要深入领会并牢牢掌握党的城市政策。会议以后，野战军掀起练兵热潮，加强攻坚、巷战的训练；并学习《人民解放军约法八章》和《我军城市政策十五条》，大大提高了部队战斗素质和政策水平。

三、西安解放，创造榆林方式

西安解放，西北局进驻西安

4 月 21 日，毛主席和朱总司令发出向全国进军的命令，号召人民解放军全体指战员奋勇前进，坚决、彻底、干净、全部歼灭一切敢于抵抗的国民党反动派，解放全国人民。第二野战军和第三野战军随即发起渡江战役，4 月 23 日解放南京；华北野战军也于 4 月 24 日解放了太原。中央军委为缩短西北解放战争的进程，命令华北野战军第十八、十九兵团入陕作战，归第一野战军指挥。这时，第一野战军和西北军区部队正在准备发起陕中战役，准备夺取西安。

西安是历史名城，是西北第一大城市，人口约 60 万。解放西安，对于整个西北都具有十分重大的影响力。为准备解放西安和关中地区，习仲勋和西北局进一步加强关中地区，特别是西安的地下党组织的工作。1948 年 12 月，经习仲勋和西北局批准，中共西安工作委员会在西安正式成立，其任务是统一指挥西安地区各地方党组织的活动，迎接西安解放。西安工委与西安情报处、西安通讯工作组等党的地下情报组织密切配合，并肩战斗在敌人的心脏，为迎接解放做了大量的工作。

西安工委有计划地发展新党员，在铁路系统、大华纱厂、西安汽车修配厂、电信局、邮局、电厂等企事业单位，在陇海铁路沿线的一些工厂，甚至在国民党党政军要害部门里，秘密扩建或新建党的组织。仅西安地区，地下党组织就在不长的时间里，先后吸收了近百名得到锻炼和考验的积极分子入党、入团。

1949 年 4 月下旬，胡宗南开始将其所部 7 个军从同官、蒲城、龙阳镇地区后撤，在三原、泾阳、咸阳、高陵、临潼构筑工事抗御我军，形成了一个拱卫西安的弧形防御地带。胡宗南还命令国民党陕西省政府主席董钊出面，筹备一批资金、枪械，组织一支地方保安队，由十七军军长兼西安警备司令杨德亮统一指挥，在西安四周，挖城壕、修碉堡，构筑城区工事，想保住他苦心经营 10 多年的西安。

西安工委从国民党党政军等高级机关内部搜集绝密情报，通过地下电台和秘密交通线及时转送到边区，为领导机关决策提供依据。地下党组织详细调查了西安地区敌人机关、单位、厂矿的具体情况，了解国民党驻军的人员编制与武器装备，收集敌方高级军政部门的动态、计划和行动方案，掌握特务组织和反动团体的活动，测绘西安城防设施地图等。每当国民党上层重要人物有所动作，或召开机密会议，地下党组织都能很快获得有关情报。西安情报处等布设的多部秘密电台，始终与解放区保持着紧密的联系，其红色电波一直持续到西安解放的前夜。

5月中旬，胡宗南发现我华北两个兵团有入陕作战的动向，慌忙改变防守西安的作战计划，打算放弃西安，全部撤退到汉中。为此，胡宗南亲自召开紧急疏散会议，部署撤退事宜。会议一结束，西安的地下党组织的同志立即将这一重要情报报告了西北局和习仲勋，使第一野战军及时地掌握了敌人的动向，调整了作战部署，决定不等华北兵团入陕，即刻发起解放西安的行动。

5月10日，在第一野战军即将发起解放西安战斗的前夜，习仲勋主持召开了西北局进军西安干部动员大会。习仲勋在讲话中指出：我们接管西安等大中城市的总方针，就是保护和建设城市，恢复和发展生产，使其成为工农结合的、为人民服务的城市。他要求每一名入城干部都要严格遵守纪律，服从军管会领导，密切联系广大群众，认真执行党的政策，坚持无产阶级立场，保持艰苦奋斗的革命本色，以甘当小学生的精神，虚心学习管理与建设城市的本领。这次大会后，西北局组织的接管西安的干部队伍随军向西安进发。

5月中旬，胡宗南主力开始西撤后，第一野战军发起解放西安的军事行动，以第四军向礼泉、乾县方向追击前进，负责右翼警戒任务，准备打击马步芳援军；第一军向临平、岐山方向前进；第二军向咸阳、武功方向前进；第六军担任解放西安的任务；第三军担任总预备队。18日，第二军追歼了敌五十三师一个团和骑第二旅四团一部，乘胜解放咸阳，第四军攻克礼泉，第一军进到咸阳西北，第三军进到武功以北的临平，第六军配合第二军攻占咸阳以后转向西安前进。随后，第一军、第二军、第三军、第四军等各部队迅速进占麟游、岐山、虢镇，逼近凤翔、宝鸡。

20日拂晓，担任解放西安任务的第六军用炮火压制敌人火力，全线强渡渭河，黎明时分全歼河防守敌整编第二旅第六团和四十八旅一个营。六军渡过渭河以后，迅速逼近西安西关和南门，占领了飞机场、发电厂，敌十七军大部被歼，军长兼警备司令带着残部逃向终南山。这时，在西安工委的领导下，西安地下党组织积极行动起来，全力维护城内治安，守卫重要部门。许多企业的工人公开站岗放哨，保护国家财产，护厂队更是与搞破坏的敌人进行了坚决的斗争。三桥铁路工人还开着火车将解放军部队快速地送入城内，占领了火车站。在西安人民的大力支援下，六军各部队进入西安，并派两个团接应蓝田县自卫队起义。21日，人民解放军隆重举行了入城仪式。数十万西安人民涌向大街，敲锣打鼓，鸣放鞭炮，热烈欢庆古城西安的新生。解放军进入西安后，严格执行政策，自觉遵守纪律，对人民群众秋毫无犯。许多部队宁可露宿街头，也不占用民房。对缴获的敌人大量物品均严加保护，决不随便取用。部队文工团、宣传队到处演出宣传，书写张贴标语。各界群众自动慰问解放军。城内新秩序迅速建立起来。

22日，第一野战军之一、二、四军在凤翔以北姚家沟地区将由永寿经麟游逃往凤翔的敌五十七军截住。在我军的打击下，敌五十七军除少数溃散外全部被歼，我军生俘敌官兵8000余人，并占领凤翔。在此前后，我地方武装也南渡渭河，解放了临潼、渭南、华县、华阴、潼关等重镇。这样，宝鸡以东、渭河南北广大地区全部为我军解放。

24日，中国人民解放军西安市军事管制委员会宣告成立，贺龙任主任，贾拓夫、赵寿山、甘泗淇任副主任。25日，奉陕甘宁边区政府的命令，西安市人民政府宣告成立，贾拓夫任市长，罗元发任城防警备司令。西安人民翻身解放，从此过上了当家作主的新生活。习仲勋等率领西北局机关、西北军区机关进入西安，随即在止园杨虎城将军公馆等处办公，夜以继日地紧张工作。6月14日，陕甘宁边区政府机关也进入西安新城内办公。西北局和陕甘宁边区政府从延安迁驻西安，标志着西北革命和建设进入了从城市到农村并由城市领导农村的新时期。

6月8日，中共中央电令：由彭德怀等23人组成中共中央西北局委员会，彭德怀、贺龙、习仲勋、马明方、王维舟、李井泉、马文瑞、刘景范、贾拓夫9人为常委，彭德怀任第一书记，贺龙任第二书记，习仲勋任第三书记，马明方任副书记，由西北局统一领导西北解放区党、政、军、民、群等各方面的工作。

榆林和平解放，榆林方式的创造

习仲勋任西北局第三书记

1947年，遭到西北野战军两次榆林战役打击的国民党榆林守军伤亡惨重，士气不振。从此以后，陕北地方兵团、游击队和民兵开始对榆林的国民党军实行长期围困。敌人军心动摇，官兵深知前景暗淡，情绪沮丧低落，无心打仗。在此期间，习仲勋与赵寿山等先后致函国民党晋陕绥边区总司令邓宝珊和二十二军军长左协中，说明国内大势，劝告他们及早脱离反共内战的旋涡，率部起义。但是，由于榆林的国民党守军将领对国民党尚抱有幻想和内部意见分歧而未有结果。

1948年夏，邓宝珊率领二二八师移驻包头，马鸿逵也将协防榆林的宁夏保安第二纵队两个团调回宁夏。此后，榆林城内只有国民党晋陕绥边区总司令部、二十二军军部及下属的第八十六师，共5000余人，陷于战之无力，走之无路，孤悬塞上，岌岌可危的境地。在这种情况下，习仲勋和西北局、西北军区多次派人去榆林，争取该部走和平起义的道路。

1949年1月，傅作义、邓宝珊在北平起义，北平和平解放，对榆林的国民党广大官兵产生了很大的影响。邓宝珊将军曾与中共领导人面商榆林问题，并数次致电驻榆林的国民党二十二军军长左协中，要他看清形势，下定决心投向人民阵营。此后，在习仲勋和西北局、西北军区的争取下，2月12日，榆林守敌表示愿意接受和平谈判，并与解放军西北军区代表达成了初步协议。此后不久，由于国民党反共分子的阻挠和国民党二十二军领导者对蒋介石认识不清，又推翻了协议，企图苟延残喘，甚至一度准备开往宁夏，然后转往陕南。

为了彻底粉碎榆林守敌的幻想，使其及早下定决心，脱离国民党的反动阵营，习仲勋和西北局、西北军区决定对榆林继续采取力争和平解决的方针，在政治上进一步争取其上层开明人物，孤立打击少数的死心塌地的反共分子，影响教育下层官兵，同时由陕北地方部队继续围困该城。3月，陕北地方部队解放了伊克昭盟东、西乌审旗，从而切断了驻榆林的国民党军可能退往宁夏的去路。西北局、西北军区加紧开展政治攻势。在中共的影响下，城内各界进步人士公开成立“和平促进会”，强烈呼吁当局立即同解放军进行和平谈判。我地下党组织也积极开展活动，争取和联络更多的国民党军官赞同起义。在地下党组织的领导下，城内的工人、学生和职员秘密组织起护厂队、护校队等，勇敢进行反破坏斗争。在全国胜利形势的影响下，在党的政策的感召与大力争取下，在榆林各界人民群众和广大官兵迫切要求和平解放的强大压力下，左协中等人开始认真考虑和平起义问题。和平解放榆林的条件日臻成熟。

4月，人民解放军横渡长江，解放南京。榆林的国民党守军的幻想彻底破灭。邓宝珊将军继续向榆林守敌积极做工作，习仲勋也派出西北局、西北军区的代表前往榆林。在此形势下，5月初，驻守榆林的国民党二十二军军长左协中派出军参谋长张之因等四名代表前往延安与西北军区代表张经武等举行谈判。习仲勋亲自接见了榆林方面的代表，表达了热诚的期望，张之因等表示，驻守榆林的国民党军愿意按照中国共产党提出的八项和平条件，和平解决榆林问题，愿意根据解放军西北军区的命令，将所部改编为解放军。双方代表在延安谈判过程中，由于左协中等人态度犹豫不定，故未能迅速达成协议。5月20日，西安的解放，更加坚定了国民党二十二军中爱国官兵的起义决心。22日，习仲勋派出以曹力如为全权代表，朱侠夫、罗明为代表的西北军区谈判代表团进入榆林城内，直接与左协中等举行第二轮谈判。为配合谈判斗争，25日，西北军区政委习仲勋又调动警备二旅从河东经吴堡、绥德进至榆林城郊，与围困榆林城的我榆林军分区部队、伊克昭盟军分区骑兵团胜利会师，榆林城外我军兵力达到8000余人。在中共和我军的强大政治、军事压力下，29日上午，曹力如与左协中等在《榆林局部和谈协议》上签字。6 月 1 日，榆林守敌正式起义，榆林获得和平解放。解放军举行了盛大的入城仪式，受到榆林城内数万群众的热烈欢迎。

6 月 2 日，榆林军事管制委员会成立。西北军区任命曹力如为军管会主任，吴岱峰、朱侠夫、张博学（原国民党第八十六师参谋长）为副主任。同日，榆林市人民政府成立。14 日，左协中等联名致电毛主席、朱总司令并通电全国，宣告同国民党反动派完全断绝关系，坚决拥护中共各项政治主张，服从中共中央、毛主席、朱总司令及西北军区的领导，按照民主原则实行改编，永为人民服务，为解放大西北解放全中国而战。7 月 10 日，毛泽东和朱德亲切复电左协中及全体起义官兵：接读通电，极为欣慰，尚望努力团结部队，加强整训，改善官兵关系、军民关系，为参加西北解放斗争的伟大任务而奋斗！

榆林和平解放后不久，根据和平协议的精神，西北军区派张达志等，与榆林的二十二军代表高凌云（原左部团长）等组成了整编委员会，将国民党二十二军改编为中国解放军西北军区独立第二师，高凌云任师长，黄罗斌任政委。

左协中的和平起义和榆林的和平解放，是习仲勋和西北局、西北军区运用北平方式在西北创造的解决国民党残余部队的一种独特方式。习仲勋指出：“今后西北解决敌人，不仅是军事方式，具体情况要求我们将有若干地区，可以用和平方式解决。如现在就有一个榆林方式（这与北平、绥远方式不尽相同），将来其他地方可能还有其他方式。在这种和平解决方式中，每一协议，都有斗争，麻烦很多。因此保卫工作的任务也就更重大，工作也就更多。这种情况，也就要求我们加强保卫工作，而非减弱。”[①] 榆林方式对于西北地区其他国民党军队产生了一定的影响，促使他们中的一部分后来也选择了和平起义的道路，加速了西北解放战争的进程。

---

① 习仲勋：《加强保卫工作》（1949 年 4 月 12 日），中共中央党史研究室编：《习仲勋文集》（上卷），中共党史出版社 2013 年版，第 123 页。

四、横扫大西北

华北十八兵团和十九兵团到达西安地区以后，为了适应向大西北进军的需要，6 月中旬，经中央军委批准，第一野战军组建了第一兵团，由王震任司令员兼政委，辖第一军、第二军、第七军；第二兵团，由许光达任司令员、王世泰任政委，辖第三军、第四军、第六军。第一野战军和西北军区部队的总兵力已达到 41 万余人，彻底改变了敌强我弱的状况，我军已占相对优势，加之我军士气高昂，敌军士气低落，解放大西北的条件已经具备了。

第一野战军和西北军区部队粉碎了胡宗南和“二马”反扑西安以后，彭德怀依照“钳马打胡，先胡后马”的战略方针，发起扶郿战役，歼敌胡宗南部第十八兵团部和第三十八军、第六十五军、第一一九军等三个军部以及第二十四师、第五十五师、第一六〇师、第一七七师、第一八七师、第一九一师、第二四四师、第二四七师、第十二师师部和一个团、第六十一师两个团，共计 4.4 万余人，解放了八座县城和八百里秦川西部广大地区。这是西北战场的空前胜利，根本改变了敌我力量对比，我军已完全掌握了战争的主动权。

扶郿战役以后，胡宗南集团残部退入秦岭山区，马步芳、马鸿逵部撤至陇东平凉地区，第一野战军决定转向陇东，追歼“二马”。7 月 8 日，野司在虢镇北三里的文广村召开高级干部会议，确定“打马阻胡”的策略，以十八兵团（欠六十二军）在宝鸡、西安一线钳制胡宗南，使敌人误以为我军企图进攻秦岭；第一兵团附六十二军为左路，第二兵团为中路，第十九兵团附陇东地方部队为右路，挥师向甘肃进军，进攻马步芳、马鸿逵部。

7 月 24 日，彭德怀率领第一野战军和西北军区部队向陇东挺进。右路十九兵团收复郿县、栒邑，25 日占灵台，26 日克长武，27 日占泾川、正宁、宁县。25 日，左路一兵团攻占陇县。青宁二马节节后退，宁马向平凉以西退走，青马除骑兵十四旅在固关掩护外，主力也撤到静宁地区。这样，敌人的“平凉决战”宣告破产。

随后，我军展开了陇东追击作战。

右路十九兵团沿西兰公路前进，解放镇原后，进入平凉，以一部出六盘山钳制宁马，陇东地方部队5月20日解放庆阳，7月27日解放西峰镇。8月1日，十九兵团继续推进，第六十四军和一八八师、骑兵第二旅，击溃了任山河地区守敌，歼敌5000多人。2日，解放固原，11日，抵达黑城镇、海原、豫旺堡地区。第六十五军占领了瓦亭、三关口，控制了六盘山。3日，解放隆德。6日，解放静宁。

左路第一兵团向天水、陇西发展。28日晨，第一兵团向扼守陇山要隘固关的敌骑兵第十四旅进攻，敌人逃向三轿子以南，被我军围歼在该地区，我军进占清水县。此后，青马再未组织有效抵抗，我军连续解放了天水、秦安、甘谷、武山等城镇。敌第一一九军二四七师的一个团和武山自卫总队起义。

中路第二兵团于7月29日解放安口、华亭后，沿关山西进。8月3日，第二兵团进至莲花镇地区，当日解放庄浪。6日，解放通渭。

8月6日，毛泽东致电彭德怀、贺龙、习仲勋，提出了用战斗兼取政治方式解决西北敌军的行动方针。毛泽东指出：“现在西北敌军分向汉中、兰州、宁夏三处退却，我军亦须分为三路解决退敌。”“除用战斗方式解决外，尚须兼取政治方式去解决。”“我们认为，西北地区甚广，民族甚复杂，中共有威信的回民干部又甚少，欲求彻底而又健全又迅速的解决，必须采用政治方式，以为战斗方式的辅助。”①

遵照毛泽东的指示，第一野战军和西北军区以第十八兵团之六十军、六十一军和第一兵团之第七军留置宝鸡、天水地区，钳制胡宗南部，保障左翼和后方安全；以第十九兵团之六十四军进至固原、海原地区，钳制马鸿逵部，保障主力之右翼安全；主力第一兵团、第二兵团和第十九兵团之

---

① 《中国人民解放军第一野战军战史》，解放军出版社1995年版，第251页。

六十三军、六十五军的20多万人的大军兵分三路，冒着酷暑，向兰州进军。尾随部队前进的还有一支浩浩荡荡的支前大军，大车、毛驴驮着弹药和粮食，还有担架大队。陇东老解放区人民，以40万斤盐、1万斤油、3000只猪羊以及大批的粮食和支前物资，支援部队西进。支前大军由西安向兰州延伸，上千里的供应线上，动员了15万民工，他们不顾艰险，翻山越岭，长途跋涉，野营露宿，对战役的胜利起到了保证作用，对西北解放战争立下了不朽的功勋。

8月10日，集结在秦安地区的中路二兵团经通渭、内官营、新营镇向兰州南面进军，出敌不意地抵达兰州城郊。

右路十九兵团之六十三军、六十五军沿西兰公路进攻，于8月14日解放定西。19日，攻占兰州阿干镇。20日，到达兰州东南定远镇、乔家营一线，控制了兰州城东地区。

8月11日，左路第一兵团出甘谷、武山，接连解放陇西、漳县、渭源、会川数县。16日，攻克临洮，修复了敌人破坏的大桥，过洮河。20日，解放康乐向临夏进攻。敌右翼的新编骑兵军一触即溃，一部被歼，大部逃散，解放军切断了青马向川北的退路。第一兵团攻占临夏以后，矛头直指西宁，青马的老窝处于困境。围攻青马的主动权便操在我军手中。

8月11日，我驻守天水的第七军向敌一一九军发起进攻，连续夺取礼县、西和，歼敌第二四四师一部，使胡宗南误以为我军要进攻两当、成县，因而不敢轻易北进。扼守宝鸡的第十八兵团也制定迂回围歼胡宗南集团的秦岭战役计划，并进行隘路、栈道侦察，开展爬山演练，积极配合兰州战役的行动。

8月24日，攻击兰州的各部队完成攻击准备，部队情绪高涨。8月25日拂晓，总攻开始，百炮齐鸣。第四军的十师和十一师首先进攻沈家岭的狗娃山，战士们踏着泥泞，冒着敌人的炮火，向山上的敌人阵地发起猛烈进攻。十一师三十一团首先夺取山上阵地，接连打退敌人的集团反扑，激战到中午，三十一团只剩170多人，三十团及时增援，投入战斗。下午6时，四军部队经过与敌恶战，终于将敌人彻底打垮，拿下了沈家岭。沈家岭战斗中三十一团团长王学礼，三十团政委李锡贵，三十二团副团长马克忠等许多同志英勇牺牲。

负责攻击南山要点营盘岭的是第六军。营盘岭是皋兰山主峰，工事最强，山顶有一组用钢筋水泥构成的环形集团工事，山崖被削成三道峭壁，每层约三丈高，设了三道防线，两翼也有较强的火力配置。六军集中了全军 17 门野炮、15 门山炮，还有重迫击炮，团的迫击炮，组成两个火力队。25 日拂晓，首先集中炮火向敌人工事轰击，敌人的工事大部被摧毁，敌人从正面和侧翼迂回，组织了几次反扑，都被我军炮火准确地轰了回去。接着，步兵发起冲击，直扑山下的下庄，敌人依托残存的掩体和水泥暗堡顽抗。下午 2 时，六军突破了敌人三道峭壁，接着以炮火轰击敌人山头环形工事，步兵前仆后继，经过八次冲击，到下午 5 时，终于攻克了营盘岭敌主阵地。

向马家山进攻的第六十五军，在炮火准备一结束，五七七团和五七八团很快就突破了敌人三道外壕，攻占几个地堡。敌人连续组织小群多路的反冲击，五七七团三连二排四个同志坚守了三号碉堡，六连连长和七个战士坚守了七号碉堡，以机枪和手榴弹打退了敌人三十多次反扑。下午 5 时，六十五军经过激战，将红旗插上马家山顶。

与此同时，六十三军一八九师经过一场艰苦激烈的山地攻坚战，打垮了敌人六次大集团反冲击和无数次小的反扑，占领了马家山东南的窦家山敌人阵地。

至此，敌人南山主阵地全部被攻占，兰州的屏障全部垮掉。敌人全线溃退，企图利用黑夜过黄河铁桥西逃青海。我第三军发觉敌人要逃，迅速发起追击，沿公路直捣兰州西关。七师十九团八连最先向黄河铁桥进攻，封住了敌军的退路。三军其他部队也分别在七里河、小西湖、西固一带展开。26 日凌晨，我军完全控制了黄河大铁桥。第六军、四军和十九兵团的部队也先后进入城里，各军互相取得联络以后，继续搜索残敌。26 日中午，兰州城里的残敌全部肃清，至此兰州守敌 4 万余人，除部分逃走外，全部被歼。兰州获得了解放。

8 月 30 日，人民解放军举行了隆重的入城式。这一天，秋高气爽，阳光灿烂，兰州市里挂着彩旗，贴满标语，东稍门上有一条标语：“天摇了，地动了，兰州人民解放了！”反映了兰州 20 多万各族人民欢庆解放的喜悦心情。兰州市的工人、商人、学生、市民都手持红绿小旗，早早涌上街头，几十个秧歌队活跃在街头，整个兰州市就像过年一样热闹。8 时 30 分，隆重的入城式开始，先是步兵，然后是各种炮兵、摩托化步兵、高射炮部队。正当兰州军民欢欣鼓舞庆祝的时候，两架国民党飞机窜入兰州上空。正在行进的高射炮突然开火，一架敌机被击中坠落，另一架赶快逃走，这成了入城式的一点花絮。

兰州解放后，第一兵团第二军和第二兵团向河西走廊进军，追歼敌军。第二军由西宁出发，越过祁连山，在张掖歼敌一二〇军二四五师，敌九十一军的几个团先后投降。第一、二兵团部队在张掖会师。9 月 24 日，逃到河西走廊的敌“西北军政长官公署”，第八补给区，敌九十一军、一二〇军残部，在我军争取下，在酒泉宣布起义。1950 年 1 月 8 日，甘肃省人民政府在兰州成立。

9 月 5 日，第一军解放了西宁，受到各族人民热烈欢迎。青海马步芳集团全军覆没，青海全境解放。这一胜利，从根本上推翻了马步芳家族在青海长达数十年的封建统治，为我军向宁夏、新疆挺进，解放大西北奠定了基础。1950 年 1 月 1 日，青海省人民政府在西宁成立。

9 月 25 日，十九兵团进入银川，宁夏马鸿逵集团也宣告覆灭。12 月 23 日，宁夏省人民政府在银川成立。

9 月 25 日至 26 日，国民党军新疆警备总司令陶峙岳和国民党新疆省政府主席鲍尔汉先后通电起义，新疆和平解放。12 月 17 日，新疆省人民政府在迪化成立。鉴于新疆社会情况复杂，局势很不稳定，为尽快接管新疆，制止骚乱，稳定社会秩序，10 月中旬开始，王震率第一兵团部及第二、第六军，以空运、车运和徒步行军进军新疆。部队在开进途中，战胜戈壁沙漠、气候严寒、地广人稀、供应不足等重重困难，至 1950 年 3 月全部进驻新疆。

11月26日至12月中旬，第十八兵团及第七、第十九军向秦岭以南追歼国民党军胡宗南集团，相继解放武都、汉中、安康等地。为配合第二野战军进军西南，由西北军区司令员贺龙率第十八兵团等部入川作战，后归西南军区建制。至此，西北五省全部解放。

1949年11月30日，中共中央军委决定，第一野战军与西北军区合并，称中国人民解放军第一野战军暨西北军区。彭德怀任司令员，习仲勋任政治委员，张宗逊、赵寿山任副司令员，甘泗淇任副政治委员兼政治部主任，阎揆要任参谋长，王政柱、韩练成任副参谋长，张德生任政治部副主任，下辖第一、第二、第十九兵团和陕西、甘肃、宁夏、青海、新疆军区。12月下旬，新疆国民党军起义部队改编为中国人民解放军第二十二兵团，陶峙岳任司令员，王震兼任政治委员，辖第九军及骑兵第七、第八师。1950年1月，新疆民族军改编为中国人民解放军第五军；1949年9月起义的国民党军甘肃省保安副司令兼师管区司令周祥初所部、国民党军第八十一军和12月起义的第一一九军分别改编为中国人民解放军西北独立第一、第二、第三军，均隶属第一野战军建制。1950年4月，根据中共中央的决定，第一野战军暨西北军区改称西北军区，彭德怀任司令员，习仲勋任政治委员。

1949年9月30日，中国人民政治协商会议第一届全体会议在北京闭幕，会议选出以毛泽东为主席的56名委员组成的中华人民共和国中央人民政府，习仲勋当选为中央人民政府委员。

10月1日，一个伟大的日子到来了，中华人民共和国中央人民政府在北京成立，习仲勋和陕甘边区的无数革命前辈和先烈为之奋斗追求的理想终于实现了。

五、西北军政委员会在西安成立

西北五省相继解放后，根据中共中央的指示精神，习仲勋领导中共西北局和陕甘宁边区政府及时着手筹备建立西北军政委员会的事宜。

11 月 17 日至 22 日，在彭德怀的主持下，西北局在兰州召开扩大会议，习仲勋专程从西安赶来出席了会议。这次会议研究讨论了西北的形势和任务，分别就成立西北军政委员会、部队冬季整训、地方（包括城市与农村）工作、民族政策执行情况、加强人民民主统一战线、西北财经建设和干部教育等问题作出了重要决定。会议一致通过《关于若干问题的决议》，号召西北党政军民继承和发扬艰苦奋斗的革命精神，团结一致，顽强努力，克服困难，把各方面的工作做得更好，用实际行动迎接西北军政委员会的成立。根据中共中央的指示，会议决定以陕甘宁边区政府为基础，立即开始筹组西北军政委员会。

这次会议后，彭德怀、习仲勋相继由兰州返回西安，从事筹建西北军政委员会的工作。

12 月 2 日，中央人民政府委员会举行第四次会议，正式决定设置西北等大区一级的军政委员会，并任命彭德怀为西北军政委员会主席，习仲勋、张治中为副主席。

1950 年 1 月 19 日上午 11 时，西北军政委员会成立大会暨主席、副主席就职典礼在西安群众礼堂隆重举行。彭德怀正式就任军政委员会主席，习仲勋、张治中就任副主席。委员为：王子宜、王世泰、王震、水梓、甘泗淇、白如冰、白海风（蒙古族）、任谦、成柏仁、邢肇棠、吴鸿宾（回族）、屈武、马文瑞、马明方、马鸿宾（回族）、马辅臣（回族）、茹欲立、孙殿才、许光达、张子芳（女）、张仲良、张邦英、张宗逊、张德生、张凤翙、张稼夫、陶峙岳、喜饶嘉措（藏族）、杨子廉、杨明轩、杨得志、杨慎之、杨静仁（回族）、贾拓夫、赵寿山、邓宝珊、阎揆要、包尔汉（维吾尔族）、赛福鼎（维吾尔族）、韩兆鹗、韩练成等 41 人。彭德怀在就职词中说，西北军政委员会是中央人民政府在西北地区实行军事管制的代表机关，并代行西北人民政府的职权，统一领导西北五省（陕甘宁青新）一市（西安）的政权工作，其组成包括西北地区各民族、各民主党派、各革命阶级、人民解放军及爱国民主人士的代表，是西北地方性的民族联合政府，也是西北历史上前所未有的人民民主专政政权。

各族代表向西北军政委员会成立大会献旗，左三起：张治中、彭德怀、习仲勋

习仲勋在西北军政委员会成立大会上也发表了就职讲话，他说：

诸位委员先生们，诸位来宾先生们：今天西北军政委员会成立了。这是全西北人民历史上空前的一件大事。我们热烈庆祝西北人民解放事业的伟大胜利！热烈庆祝西北军政委员会的成立！热烈庆祝西北人民革命大团结的成功！

西北人民已经赢得了解放战争的胜利，实现了自己的人民民主专政。我们深深感谢人民解放军的英勇奋战！感谢各族、各界人民的团结和努力！感谢各友邻地区兄弟般的援助！特别要感谢伟大的人民领袖——毛泽东英明而亲切的领导！

西北解放战争已经结束，我们就要进入一个和平建设的新时期。

西北有三百三十九万平方公里的土地，有汉、回、维吾尔、藏、蒙古等十余个兄弟民族二千三百五十万人口，有广大的农、牧业和一定的工矿业基础，有丰富的地下蕴藏，这些都是建设新西北的极好条件。我们要做的事情是很多的，困难也很大，但依靠我们各族、各界人民的大团结，依靠我们正确地执行各项政策，依靠我们艰苦奋斗，我们就完全能够克服当前的各种困难，有步骤地进入经济建设高潮和文化建设高潮。建设一个经济繁荣、文化昌盛的新西北。

在一切工作中，我们必须完全遵守《中国人民政治协商会议共同纲领》，坚决执行中央人民政府的政策法令和西北军政委员会的一切决议。特别是共产党员应成为执行政策法令的模范。要善于坚持真理和随时修正自己的错误，善于密切联系群众，善于和党外人士共事。我自己是一个共产党员，是一个普通的为人民办事的勤务员，这次蒙中央人民政府任命为本会副主席职务，深感责任重大。当一本过去为人民服务的精神，和全党同志一起，和各民族、各界党外人士一起，彼此共策共勉，当好西北人民的忠诚勤务员。在中央人民政府和毛泽东主席的领导下，在本会彭主席的直接领导下，和张副主席以及全体委员共同努力，我们深信建设新的大西北的光荣事业是一定会成功的。

西北民主联合政府万岁！

西北人民大团结万岁！①

① 习仲勋:《当好西北人民的勤务员》(1950年1月19日)，中共中央党史研究室编:《习仲勋文集》(上卷)，中共党史出版社2013年版，第150–151页。

附录 | 习仲勋在陕甘宁边区活动大事记（1913—1950）

1913 年

10 月 15 日（农历九月十六日），习仲勋出生在陕西省富平县习家庄（今属淡村镇中合村）的一个农民家庭。

1922 年

习仲勋在富平县都村小学上学。

1925 年

受驱吴运动等政治斗争的影响，习仲勋在进步教师的带领下，开始参加学生运动。

1926 年

春，习仲勋以优异成绩考入富平立诚学校高小部上学。

3 月，刚入学不久的习仲勋即参加了进步青年学生组织——渭北青年社立诚分社，参加了学生运动。

5 月，习仲勋由宋文梅、武之缜介绍，加入中国共产主义青年团。

夏，习仲勋受党、团组织的派遣，参加革命活动，散发革命传单，上街宣传演讲，发动农民进行抗粮、抗捐、反霸斗争，开始从事农民运动，并带领其他学生清算出庄里镇大恶霸张积德贪污 400 块大洋的赃款，砸碎其宅第悬挂的“名重梓里”的金匾牌，掀起了富平农民运动的风暴。

冬，习仲勋参加由学生党员组织发动的清算学校账目、驱逐校长的学潮。

1927 年

春节后，习仲勋转入位于富平县城的县立第一高等小学读书。

1928 年

1 月，习仲勋考入陕西省立第三师范学校。

3 月，中共三原县委决定以“非常手段”对付第三师范学校反动教育主任魏海。宋文梅、习仲勋等共青团员参与制定方案，并决定由程建文执行毒杀魏海的行动，行动未果，计划暴露。三原反动政府和军警在事发后的第三日晨，包围三原第三师范学校，习仲勋、李彦仓等 14 名党团骨干、进步学生以及第三师范学校党组织负责人、三原中心县委学运委员武廷俊和另一名负责人李少华被敌人逮捕，并戴上镣铐关押于三原县看守所，两个月后转入西安军事裁判所。

4 月，在狱中，武廷俊单独与习仲勋谈话，郑重介绍他加入中国共产党，成为一名中国共产党正式党员。

6 月，习仲勋等人经党组织营救，获释出狱。

1930 年

1 月，习仲勋受中共陕西省委派遣，到驻扎在长武县的国民党陕西警备骑兵第三旅苏雨生部二团二营从事兵运工作。

同年，习仲勋在长武县城北药王洞庙宇，与李秉荣等第一次召开党的会议，按照陕西省委的要求，发动党员行动起来，进行武装斗争，准备开展游击活动。

同年，习仲勋与王世泰会面，商讨营救刘志丹以及补充团等问题。

习仲勋任二连见习官，以二连为中心开展全营兵运工作。

7 月，经过兵运斗争，在二营各连建立党支部，党员发展到 30 多人，成立中共营党委，选举习仲勋为营党委书记。

1931 年

夏末，苏雨生背叛杨虎城。习仲勋从事兵运斗争的第二团二营继续留在杨虎城部。二营番号改为十七路军补充二团二营，部队驻防凤翔。习仲勋继续在该部从事兵运斗争。

冬，川军邓锡侯等部由甘南进占陇南数县，杨虎城派陕西警卫第一师马青苑部到天水攻打川军，补充二团奉命进驻凤县，在两当、成县一带进攻川军。战后，补充二团在凤县、两当一带驻扎整训。

1932年

4月2日零点，习仲勋、刘林圃在甘肃两当县发动两当兵变。起义后，将起义官兵200余人改编为中国工农红军陕甘游击队第五支队，许天洁任支队长，习仲勋任支队政委，吕剑人任第一连连长，高瑞岳任第二连连长，许天洁兼任第三连连长。

起义部队为与刘志丹领导的中国工农红军陕甘游击队会合，转战千里，与国民党军和民团连续作战五次，终因众寡悬殊，部队在麟游境内被敌打散。

两当兵变失败后，敌人到处悬赏捉拿习仲勋，习仲勋被迫秘密潜回家乡富平，从事党的地下活动，秘密组织力量，开展群众工作。

7月，习仲勋在富平县城遇见中共陕西省委组织部干事程建文，接上组织关系。程建文指示习仲勋到耀县一带去找中国工农红军陕甘游击队，接受新的工作任务。习仲勋离开富平，辗转来到耀县杨柳坪，找到中国工农红军陕甘游击队。

9月上旬，国民党军分三路“围剿”红军陕甘游击队。

11日，刘志丹、谢子长率陕甘游击队到达照金附近的杨柳坪时，敌富平、铜川、耀县三县民团400余人，在副总指挥党谢芳带领下，逼近照金。陕甘游击队撤出杨柳坪，诱敌进驻照金。当夜，红军回戈照金，激战一个多小时，全歼三县民团300多人。

15日，敌何高侯一个团向照金进发，刘志丹、谢子长将红军部队埋伏在照金西南安子洼，利用有利地形，指挥游击队出其不意向敌人发动突袭，击溃敌军1000余人。

16日，国民党集结重兵反扑。红军陕甘游击队为避敌锋芒，决定撤离照金。为了便于开展照金工作，刘志丹将陕甘游击队第二大队特务队留下，交由习仲勋领导，就地开展游击活动。

中旬，红军陕甘游击队在奔袭保安的战斗中失利，部队伤亡严重。

中旬，习仲勋率领特务队在照金坚持开展游击战争，特务队队长程双印被叛徒杀害。习仲勋整顿了特务队，由程国玺继任队长，习仲勋任指导员。特务队在耀县让牛村一带打土豪，分粮食，发展党员，组织农会，开展游击活动。

中旬，习仲勋带领三支队特务队来到渭北三原武字区，特务队改编为武字后区游击队，活动在原富、耀边地区，后改编为渭北第二游击队，驻甘涝池。

10月，陕甘游击队退往子午岭南梁平定川、豹子川一带荒无人烟地区。谢子长在合水莲花寺主持召开队委会会议，决定分散活动。会后，刘志丹带领一个大队70余人到合水拓儿塬一带活动；杨森、黄子文带领60余人到陕西三原武字区活动；阎红彦、杨仲远带领骑兵大队到陕西耀县一带活动；谢子长、吴岱峰带领30余人留在南梁平定川、豹子川一带的梢山，掩护高鹏飞等60余名伤病员。

11月6日，渭北革命委员会召开庆祝十月革命大会。会后，参加大会的1400余名群众向武字后区的马额民团示威。

7日，参加庆祝十月革命大会的群众达到2000余人。会后，2000余名群众整队游行，习仲勋率领渭北第二游击队武装护卫，荷枪实弹做前导，从武字区下原出发，在距离三原县城仅五六公里的西阳镇穿街而过，经富平的瓦窑头、淡村，返回武字区。

9日，敌人纠集三原、富平、耀县、泾阳、高陵、淳化六个县的民团和三原、耀县小丘驻军一个营兵力，对武字区进行全面“清剿”，到处捕人、杀人。

武字区遭劫后，习仲勋带领渭北第二游击队转移到心字区。后来，心字区也遭到敌人“清剿”，游击队无法集中活动，第五伯昌、程国玺带游击队去栒邑活动，习仲勋和李杰夫转移到照金。敌人又在照金到处捕人、杀人。习仲勋又回到心字区，在这里亦难立足，李杰夫遂回省委。

中旬，习仲勋来到富平县都村，发展了乐强明、姚万忠等一批党员，建立党的基层组织，发动群众在富平西区搞了几次分粮斗争。不到半个月时间，参加分粮的贫苦农民就由十几个人，发展到一两千人。习仲勋还将富平县庄里镇大地主贾成芳家的粮食和财产分给穷苦人民，在当地影响很大。

12月上旬，红军陕甘游击队在合水县黑木塬会合。

中旬，陕甘游击队再出桥山，迎接创建照金根据地的新任务。

同月，康尚武带领游击队来到富平县都村。习仲勋对游击队进行补充和整顿，康尚武担任游击队队长，习仲勋任政委。后来，习仲勋带领游击队到达殷家堡，成立富平西区游击队，建立农民总会。

19日，红军陕甘游击队转移到宜君县杨家店子（今属栒邑）集结。

20日，陕西省委常委杜衡召集陕甘游击队党员会议，宣布省委改编中国工农红军陕甘游击队为中国工农红军第二十六军第二团的决定。

12月22日，红二十六军第二团召开党员和军人大会，推选王世泰为红二十六军第二团团长。

24日，在宜君转角镇（今属栒邑）召开红二十六军第二团全体军人大会，宣布中国工农红军陕甘游击队正式改编为中国工农红军第二十六军第二团，并举行改编授旗仪式。杜衡任红二十六军政委兼红二团政委，王世泰任红二团团长，郑毅任参谋长，刘志丹任政治处长，汪锋任团党委书记，下辖骑兵连、步兵连、少年先锋队、政治保卫队，全军共200余人。

红二十六军第二团诞生后，按照党中央关于在泾渭三水之间的栒邑、正宁、三原一带建立根据地的指示，确定在陕甘边山区开展游击战争，建立以照金为中心的陕甘边新苏区。

12月27日，红二十六军第二团首战焦家坪。红军以声东击西的战术，攻占焦家坪，全歼敌民团60余人，然后进军香山寺一带。

1933年

1月，红二十六军第二团在香山寺一带打土豪，组织数万农民分粮，帮助群众度过年荒，歼灭照金和栒邑民团各一部，奔袭淳化，攻占铁王镇，横扫照金腹地和外围的反动势力。在此基础上，红二十六军第二团广泛发动群众，组织贫农会和赤卫军，开辟香山寺和九保两个游击区。此后，红二十六军第二团又消灭了一些民团武装，使红色区域扩大到照金薛家寨地区。

年初，党组织派习仲勋先后任共青团富平西区区委委员、共青团武字区区委书记和共青团三原中心县委书记，主要从事学运和武装斗争。习仲勋在三原三中以及驻军王泰吉部中开展工作，发展一批党员。

3月，中共陕西省委调整中共三原中心县委，杨声任书记，赵伯平任副书记，习仲勋等任委员。

同月，根据陕西省委的指示，习仲勋回到红二十六军，任红二团先锋连指导员，参与创建照金革命根据地的斗争。

8日，中共陕甘边区特委在照金兔儿梁正式成立，金理科任特委书记，习仲勋任特委军委书记，史克泰任团委书记。

中旬，陕甘边区游击队总指挥部在照金成立，李妙斋任总指挥，习仲勋任政委。

4月5日，在中共陕甘边特委的领导下，陕甘边第一届工农兵代表大会在照金召开。经过民主选举，成立了陕甘边区革命委员会，雇农周冬至当选为主席，习仲勋当选为副主席兼党团书记。陕甘边区革命委员会下设土地、肃反、粮食、经济等组织机构。王满堂任土地委员，姬老六任粮食委员，杨宇霆任经济委员，王万亮任肃反委员，杨载泉任秘书长。

同月底，以薛家寨为中心，东至沮河，西抵淳化塬畔，北至马栏川，南至爷台山，东西相距50余里，南北相距80余里的照金根据地初步形成。

6月初，敌人突然来袭，习仲勋让黄子文带领队伍立即转移，自己带一个班负责殿后掩护。黄子文等突围后，习仲勋等被敌人围困，力战受伤被抓。走到半路，习仲勋乘机逃脱，到柳林郑四哥家中休息四五天后到薛家寨养伤。

6月17日，中共陕甘边区特委和红二十六军第二团领导干部在北梁召开联席会议，讨论红二十六军第二团行动计划。杜衡主张放弃照金根据地，南下渭华，遭到刘志丹反对。杜衡对刘志丹横加指责，给他扣上“右倾机会主义者”的帽子。当时，习仲勋也认为红军不能离边区，远离边区有了伤兵都没有办法。但习仲勋因伤未参加这次会议，他的意见由金理科带到会上。在杜衡的个人专断下，联席会议作出了红二团南下的错误决定。

21日，在杜衡的专断命令下，红二十六军第二团被迫从北梁出发，离开照金南下。

7月，红二十六军第二团南下后，在终南山失败。习仲勋率地方武装苦撑陕甘边根据地的危局。

同月，陕西省委获悉红二十六军南下失败后，在三原县武字区将渭北游击队和富平游击队正式扩编为红四团，团长黄子祥，政委杨森，王伯栋任参谋长，杨玉亭任经理处长，共120余人。

21日，王泰吉率骑兵团1700多人，在耀县宣布起义，成立西北民众抗日义勇军。后来，耀县起义失败，余部100余人改编为西北民众抗日义勇军大队。王泰吉率部队退到照金根据地。

8月14日，在陕甘边区军委书记习仲勋主持下，陕甘边区特委在耀县陈家坡召开党政军联席会议，会议决定成立陕甘边红军临时总指挥部，统一指挥红四团、耀县三支队、西北民众抗日义勇军大队、陕北一支队及各路游击队，继续创建和扩大陕甘边苏区。

10月4日，刘志丹、王世泰在地下党组织的掩护下，从终南山脱险后辗转归来。刘志丹被任命为临时总指挥部参谋长。

15日，国民党调集四个团兵力，并纠集周围几个县的民团6000余人，携带大炮和重机枪等重武器，又向照金根据地发动“围剿”。陕甘边红军临时总指挥部率领红四团、西北民众抗日义勇军大队、耀县三支队、陕北一支队等主力红军主动北上陇东，转战敌后。习仲勋等领导地方武装坚持根据地的斗争。

11月3日至5日，中共陕甘边区特委、陕甘边区革命委员会和红军临时总指挥部在甘肃合水县包家寨召开联席会议，习仲勋出席会议。会议制定了创建南梁革命根据地的战略和策略方针，并决定恢复红二十六军，建立四十二师。

8日，参与莲花寺整编，恢复红二十六军。

11月中旬至12月，习仲勋患严重伤寒病，被刘志丹安排在莲花寺豹子沟治疗休养，开展群众工作。后组建庆阳游击队，任政委。

1934年

春节前，习仲勋来到南梁附近的二将川，从事创建南梁根据地的政权建设工作。

2月25日，中共红四十二师党委在南梁小河沟四合台村召开群众大会，再次选举成立了新的边区临时政权组织——陕甘边区革命委员会。习仲勋当选为革命委员会主席，白天章、贾生秀当选为副主席。

同月，国民党发动对陕甘边南梁根据地的第一次军事“围剿”。

5月，红军经过苦战，粉碎敌人的第一次“围剿”。

28日，红四十二师党委在南梁寨子湾召开会议，决定恢复中共陕甘边区特委，张秀山任书记，刘志丹、习仲勋等任委员。

7月28日，陕甘边特委、红四十二师党委与陕北特委、陕北红军游击队总指挥部在南梁阎家洼子召开联席会议。阎家洼子会议的主要议题是讨论应陕北特委要求，红二十六军北上陕北地区帮助打开陕北游击战争的局面，以及两个根据地武装力量协调行动问题。习仲勋出席会议。

下旬，陕甘边区特委在南梁荔园堡召开会议。经过充分讨论，制定并发布《中共陕甘边区特委关于陕甘边区党的任务的决议》(即《七月决议》),《七月决议》在党的建设、政权建设、红军建设、土地革命、群众工作、游击战争、抗日工作等各个方面提出了新的任务。习仲勋出席会议。

11月7日，陕甘边区工农兵代表大会在南梁荔园堡隆重召开，习仲勋当选为陕甘边区苏维埃政府主席。陕甘边区政府成立后，刘志丹、习仲勋提出并施行了著名的“十大政策”。

1935年

2月，蒋介石精心部署对陕甘边区和陕北苏区的第二次军事“围剿”。

2月5日，陕甘边特委和陕北特委在安定县周家崄召开联席会议。会议决定，成立中共西北工作委员会，惠子俊任书记，习仲勋当选为中共西北工作委员会委员。

4月14日，敌三十五师马鸿宾部占领南梁根据地的中心区二将川、荔园堡和陕甘边区苏维埃政府驻地寨子湾。习仲勋率领陕甘边区苏维埃政府机关和保卫队、赤卫军100余人安全转移。

16日，敌军在豹子川、白沙川交汇处张岔岭将习仲勋率领的陕甘边区苏维埃政府机关包围。习仲勋在赤卫军掩护下，奋力拼杀，冲出重围。

6月，习仲勋率领陕甘边区党政机关转移到洛河川下寺湾。

6月底，国民党第二次“围剿”被红军彻底粉碎，陕甘边和陕北两块根据地连成一片，形成北至长城、西到环江、南接淳耀、东临黄河的陕甘根据地。

7月，国民党向陕甘根据地发动第三次军事“围剿”。

9月9日，习仲勋前往永宁山迎接长征到达的红二十五军。

10月初，“左”倾错误的执行者在陕甘边苏区和陕北苏区进行错误“肃反”，逮捕刘志丹、习仲勋等陕甘苏区一大批党和红军领导干部，杀害200余人，给西北红军和陕甘根据地带来严重危机。

10月19日，中共中央率领中央红军长征到达陕甘边苏区吴起镇。毛泽东下令:“刀下留人”“停止捕人”。

11月初，中央组成由董必武任主任，王首道、张云逸、李维汉、郭洪涛组成的五人“党务委员会”，审查错误“肃反”问题。

7日，经过认真审查，中央五人小组推翻了强加于刘志丹、习仲勋等同志的罪名，首批释放刘志丹、习仲勋等18人。

11月20日至23日，毛泽东亲自指挥直罗镇战斗，获得胜利，国民党对陕甘根据地的第三次“围剿”被粉碎。

12月27日，习仲勋参加瓦窑堡党的活动分子会议，第一次见到了毛泽东。会上，毛泽东作了《论反对日本帝国主义的策略》的报告。

1936年

1月，习仲勋受党中央和周恩来派遣，到关中特区，任特区苏维埃政府第一副主席兼党团书记。

三四月间，国民党趁红军主力东征之际，调集东北军六个师的兵力，纠集地方保安队、反动地主民团，对关中特区发动大规模“围剿”。根据中央指示，习仲勋、汪锋等组成关中工委，留在关中，率领关中各地方游击队，依靠群众坚持对敌斗争。

5月，根据中共中央指示，习仲勋参加红军西方野战军西征作战。

6月初，红军西方野战军取得曲子、阜城战斗胜利后，解放了曲子、环县一带。习仲勋任曲环工委书记。

6月上旬，建立中共环县县委，习仲勋任县委书记。

9月，按照中央指示，习仲勋参加了九月中央政治局会议。

同月，中共中央任命习仲勋为关中特委书记。

10月，习仲勋到关中特区开展恢复工作。

1937年

5月1日，习仲勋在延安出席中共陕甘宁特区委员会第一次会议。

2日至14日，习仲勋参加了中国共产党全国代表会议。

15日，习仲勋出席中共陕甘宁边区第一次代表大会，当选为执行委员。

7月，全面抗战爆发后，中共中央任命习仲勋为关中分区委员会书记，全面领导关中分区的工作。

10月，在习仲勋主持下，关中分区召开第一次党的代表大会。

12月，中共中央决定由林伯渠、张国焘、习仲勋、徐特立、刘景范、马明方、高岗组成陕甘宁边区政府新的主席团。

1938 年

9 月，习仲勋在新正县三区上墙村，主持召开关中分区第二届党的代表大会。

12 月，土桥事件发生。

1939 年

4 月，国民党在镇原、宁县挑起第一次陇东磨擦事件。

5 月 28 日夜，国民党保安队分路向栒邑县城发起七次猛烈攻击，栒邑事件发生。

12 月，第二次陇东事件从宁县开始，扩大到陇东各县。

12 月 21 日，陕甘宁边区发出命令，任命关中分委书记习仲勋兼任关中分区行政督察专员，主持关中分区专署工作。

1940 年

1 月 21 日，习仲勋在给陕甘宁边区的报告中明确提出：摆在关中分区党政军面前的战斗任务，是用尽一切力量，争取时间准备战争，应付突然事变。

3 月，蒋介石下达严密封锁陕甘宁边区命令。

3 月 15 日，陕甘宁边区第二师范学校在马家堡正式成立，关中分委书记习仲勋兼任首任校长。

下旬，国民党胡宗南部二十四师突然向八路军独立二营淳化县城守城部队发动大规模围攻，独立二营沉着应战，连续击退国民党顽军的猛烈进攻，战斗持续两天。为顾全抗战大局，八路军独立二营撤出淳化县城，退守马家堡。淳化事件发生。

3 月 31 日，驻职田镇的国民党顽军预备第三师第一营突然用大炮轰击马家堡，同时，向新正四区看花宫一带发动猛烈进攻。在习仲勋领导下，关中分区部队对顽固派的军事进攻给予有力回击，击溃来犯之敌，阻止了顽军的进犯行动。

6 月，国民党顽军陕西保安四支队两个中队向赤水县井村进犯，关中分区部队将其全部、干净地消灭。

下旬，国民党顽军保安二旅从马栏向刘家店进犯，国民党甘肃保安部队也向新正一区进攻，正面以国民党军预备第三师向关中分区部队进攻。

7 月，关中分区部队奋起还击，击溃来犯之敌。

8 月，关中分区部队消灭占领新正六区东牛堡的国民党陕西保安四支队一部。在此期间，关中分区部队进行大小战斗 90 余次，警备八团和分区保安独立三营等部队先后进行了马栏、庙湾、井村、转角镇等较大战斗，拔除敌据点 10 多处，消灭顽军 1000 余人，缴获长短枪 400 余支，给顽军以有力痛击。在反磨擦斗争中，关中分区部队收复马栏、照金两个区，新建瑶曲、庙湾、柳林等三个区，成立同宜耀县，扩大了关中分区。

同月，习仲勋率关中分区机关进驻边区新正县马栏镇。

1941 年

春，中央军委令警备一旅开赴关中分区。

5 月 20 日，陕甘宁边区政府任命习仲勋为关中食盐督运司令员。

8 月，警备一旅与关中保安司令部合并，正式成立关中分区警备司令部，习仲勋任警备司令部政治委员兼警备一旅政治委员。关中分区部队对国民党顽固派的进攻行动进行了针锋相对的斗争。警备一旅三团、八团和各县保安大队，在邠县以北的义石村、夙王山一带，与进攻关中分区的国民党胡宗南部和地方保安部队激战三昼夜，将其赶回夙王山以南地区。接着，我军向正宁榆林子发起进攻，收复榆林子。后又转兵土桥镇和正宁县，均将进犯顽军赶回原地，保卫了边区的南大门。

1942 年

7 月，习仲勋兼任中共西北中央局党校校长。

10 月 19 日至 1943 年 1 月 14 日，习仲勋参加西北局高干会议，总结边区党的历史，研究了边区的工作。

12 月 27 日，陕甘宁边区政府免去习仲勋关中分区专员职务。

1943 年

2 月，中共西北中央局在延安召开高级干部会议，关中分委书记、专员兼旅政委习仲勋被评为劳动英雄，受到了隆重奖励。毛泽东为习仲勋亲笔题词“党的利益在第一位”。

同月，习仲勋任绥德分委书记兼独立一旅政委。

1944年

在绥德分区开展大生产运动，发现培养劳动模范刘玉厚，树立郝家桥村典型，使之成为陕甘宁边区的生产模范。

推行“三三”制原则，加强绥德分区各级政权建设。

在整党和审干中，抵制和纠正“左”的偏向，保护了干部群众。

11月5日，在延安《解放日报》发表《贯彻司法工作的正确方向》一文。

1945年

4月23日至6月11日，习仲勋出席中国共产党第七次全国代表大会，并当选为中共中央候补委员。会后不久，被任命为中共中央组织部副部长。

8月初，习仲勋指挥爷台山反击战。中央军委调集新四旅、教导第一旅、教导第二旅和三五八旅火速增援关中分区，会同关中分区部队，准备发起反击行动，挫败顽军新攻势。为此，成立爷台山反击战临时指挥部，张宗逊任司令员，习仲勋任政委。

10日，爷台山反击战斗胜利结束，八路军收复了爷台山地区及关中分区的全部失地，全歼入犯的国民党军五个连及一个营部。

10月，中共中央任命习仲勋为中共西北中央局书记。

冬，中央军委调整陕甘宁晋绥联防军的领导组成人员，王世泰任司令员，习仲勋任政治委员，王维舟、阎揆要为副司令员，张文舟为参谋长。下辖教导第一旅、教导第二旅、警备第一旅、警备第三旅、新编第四旅、三八五旅。陕甘宁晋绥联防军总兵力3.2万余人。

1946年

8月，按照毛泽东的指示，习仲勋组织边区力量，全力接应三五九旅返回陕甘宁边区。

10月，发起榆（林）横（山）战役，并策动国民党陕北保安指挥部副指挥胡景铎等部 5000 余人起义。

12 月 16 日，习仲勋与彭德怀、贺龙等一起赶赴山西离石以西的高家沟村召开军事会议，参与组织吕梁战役。

1947 年

2 月 10 日，中央军委决定将晋绥军区第一纵队和陕甘宁晋绥联防军的新编第四旅、教导旅、警备第一旅、警备第三旅合编为陕甘宁野战集团军，共 6 个旅，2.8 万余人。任命张宗逊为司令员，习仲勋为政治委员，王世泰为副司令员，廖汉生为副政委，阎揆要为参谋长，徐立清为政治部主任，冼恒汉为政治部副主任。

18 日，胡宗南调集 7 个整编旅约 5 万兵力，在空军的掩护下，向关中分区发动进攻。

28 日，胡宗南命令廖昂指挥其十七师四十八旅、七十六师二十四旅和一一四旅、新一旅、骑兵第一旅等共 5 个整编旅的兵力，向陇东分区发动进攻。

3 月 3 日至 4 日，张宗逊、习仲勋率领陕甘宁野战集团军发起西华池战斗，重创敌四十八旅，击毙敌四十八旅旅长何奇以下 1500 余人。

16 日，中央军委撤销陕甘宁野战集团军番号，决定将所有陕甘宁边区境内的野战部队和地方武装，统归中央军委副主席彭德怀和西北局书记习仲勋指挥，并决定成立西北野战兵团，彭德怀任司令员兼政委，张宗逊任副司令员，习仲勋任副政委，张文舟任参谋长，徐立清任政治部主任，刘景范任后勤部司令员，下辖教导旅、新四旅及第一纵队所属三五八旅、独立第一旅和第二纵队所属三五九旅、独立第四旅，共 6 个旅 2.6 万人；另以警备第一旅、警备第三旅、新十一旅、骑兵第六师等 4 个地方旅，共 1.6 万人，组编成陕甘宁边区地方兵团；以上部队统由彭德怀和习仲勋指挥。

18 日，习仲勋参加党中央和毛泽东撤离延安前的最后一次会议。

19 日上午，胡宗南部占领延安。

24 日，彭德怀、习仲勋率领西北野战兵团，在青化砭歼灭敌三十一旅旅长李纪云以下官兵 2900 余人。

4 月 14 日，西北野战兵团在羊马河全部歼灭敌一三五旅 4700 余人，敌代旅长麦宗禹和两个团长被俘。

5月2日黄昏，西北野战兵团向蟠龙发起攻坚战，战至4日，全歼敌精锐一七六旅旅部及四九九团，歼灭敌军6700余人，活捉胡宗南“四大金刚”之一的少将旅长李昆岗，缴获大量武器、弹药、粮食、军衣等军用物资。

14日，在安塞县真武洞，边区军民5万余人举行祝捷大会。周恩来代表中共中央到会热烈祝贺，并宣布中共中央和毛主席仍在陕北。彭德怀和习仲勋均在大会上讲话。

5月底至6月中旬，西北野战兵团发起陇东战役。

6月下旬至7月初，西北野战兵团收复三边。

7月21日至23日，中共中央在靖边县小河村召开前委扩大会议，即中共中央小河会议。习仲勋出席了这次会议。

31日，中央军委决定，西北野战兵团定名为西北人民解放军野战军（简称西北野战军），前线委员会书记、司令员兼政治委员彭德怀，副政治委员习仲勋，参谋长张文舟，政治部主任徐立清，后勤司令员刘景范。

中央军委决定统一晋绥与陕甘宁边区两个解放区的领导，将晋绥军区再次划归陕甘宁晋绥联防军建制，组成陕甘宁晋绥联防军新的领导机关，司令员贺龙，政治委员习仲勋，副司令员王维舟、阎揆要，副政委张仲良，参谋长张经武。

8月，西北野战军和陕甘宁晋绥联防军部队发起第一次榆林战斗。

20日，西北野战军发起沙家店战斗，歼灭敌整编三十六师6000余人。从此开始了内线反攻。

10月下旬，在绥德义合镇主持召开陕甘宁边区干部会议，部署整党和土改工作。

10月下旬至11月初，西北野战军发起第二次榆林战斗。

12月，习仲勋参加党中央在杨家沟召开的著名的十二月会议。

1948年

1月4日，习仲勋给党中央毛泽东写信，如实报告边区各地在土改中普遍发生的“左”倾偏差问题及其造成的危害。

19日，习仲勋再次给党中央毛泽东去电，陈述土改中发生“左”的错误的原因。

2月底，西北野战军发起宜（川）瓦（子街）战役，歼敌整编第二十九军军部和整编第二十七师、第九十师共 5 个旅 2.9 万余人，毙、俘敌中将整编军军长刘戡、中将整编师师长严明、中将旅长张汉初等将级军官 11 名。

3 月 23 日，毛泽东、周恩来、任弼时和中共中央、人民解放军总部机关在吴堡县川口村，渡过黄河。

4 月 21 日，习仲勋指挥人民解放军一部收复革命圣地延安。

6 月 26 日，中共中央电示，由贺龙、林伯渠、习仲勋、马明方、王维舟、贾拓夫、马文瑞、李井泉（以上为常委）、王世泰、刘景范、李卓然、张德生、周兴、张邦英等 14 人组成新一届西北局委员会，习仲勋任书记，马明方任副书记，统一领导西北解放区（包括陕甘宁边区和晋绥边区）的各项工作。

1949 年

1 月，西北野战军改称中国人民解放军第一野战军。彭德怀任司令员兼政治委员，张宗逊、赵寿山任副司令员。原来的各纵队依次改编为军，旅改为师。在第一野战军组成的同时，陕甘宁晋绥联防军区改为西北军区，贺龙任司令员，习仲勋任政委。

2 月 8 日，习仲勋在延安主持召开陕甘宁边区第三届参议会常驻议员会议。会上，选举习仲勋担任陕甘宁边区第三届参议会代理议长。

9 日，习仲勋主持陕甘宁边区和晋绥边区联席会议，会议决定陕甘宁边区和晋绥边区合并，两边区行政管理事宜统一归陕甘宁边区领导。

中旬，习仲勋等离开西北，前往河北省平山县西柏坡村出席中共七届二中全会。

3 月 5 日至 13 日，党的七届二中全会在河北省平山县西柏坡村举行。习仲勋出席会议。

5 月 20 日，解放西安。

25 日，习仲勋率西北局机关进驻西安。

6 月 1 日，经过习仲勋和西北局的不懈努力，驻守榆林的国民党二十二军军长左协中率部起义，榆林和平解放。

8 日，中共中央电令：由彭德怀等 23 人组成中共中央西北局委员会，彭德怀、贺龙、习仲勋、马明方、王维舟、李井泉、马文瑞、刘景范、贾拓夫 9 人为常委，彭德怀任第一书记，贺龙任第二书记，习仲勋任第三书记，马明方任副书记，由西北局统一领导西北解放区党、政、军、民、群等各方面的工作。

8月26日，解放兰州。

9月5日，解放西宁。

25日，解放银川。

25日至26日，国民党军新疆警备总司令陶峙岳和国民党新疆省政府主席鲍尔汉先后通电起义，新疆和平解放。

30日，习仲勋当选为中华人民共和国中央人民政府委员。

12月2日，中央人民政府委员会举行第四次会议，正式决定设置西北等大区一级的军政委员会，并任命彭德怀为西北军政委员会主席，习仲勋、张治中为副主席。

1950年

1月19日，西北军政委员会成立大会暨主席、副主席就职典礼在西安群众礼堂隆重举行。彭德怀正式就任军政委员会主席，习仲勋、张治中就任副主席。

参考文献

一、文献档案

[1] 中共中央书记处编:《六大以来》，人民出版社 1982 年版。

[2] 中央档案馆编:《陕甘宁边区民主根据地》(文献卷·上、下)，中共党史资料出版社 1990 年版。

[3] 中央档案馆编:《中共中央文件选集》第 12 集、第 13 集、第 14 集，中央党校出版社 1989 年版。

[4]《陕西省志》编辑委员会编:《陕西省志·政务志》，陕西人民出版社 1997 年版。

[5] 陕西省档案馆编:《陕甘宁边区政府大事记》，档案出版社 1991 年版。

[6] 陕西省档案馆编:《中共陕西省委历史简介》第一辑(1927—1937 年)，内部资料。

[7] 中共甘肃省委党史资料征集研究委员会编:《甘肃党史资料》第三辑，甘肃人民出版社 1986 年版。

[8] 甘肃省社会科学院历史所编:《陕甘宁革命根据地史料选辑》第一、二、三辑，甘肃人民出版社 1983 年版。

[9] 中共庆阳地区组织史编辑委员会编:《中国共产党庆阳地区组织史资料》。

[10] 庆阳地区志编纂委员会编:《庆阳地区志》，兰州大学出版社 1998 年版。

[11] 刘凤阁、任愚公编:《红二十六军与陕甘边苏区》，兰州大学出版社 1995 年版。

[12] 中共庆阳地委党史资料征集办公室编:《陕甘宁边区陇东党的建设》，内部资料。

[13] 中共庆阳地委党史资料征集办公室编:《陕甘宁边区时期陇东民主政权建设》，甘肃人民出版社 1990 年版。

[14] 中共庆阳地委党史资料征集办公室编:《陇东的土地革命运动》，内部资料。

[15] 中共庆阳地委党史资料征集办公室编:《陇东革命根据地的形成》，内部资料。

[16] 中共庆阳地委党史资料征集办公室编:《中国共产党领导的陕甘边区（陇东部分）》，内部资料。

二、文集、传记、画册

[1]《毛泽东选集》第一、二、三、四卷，人民出版社 1991 年版。

[2]《毛泽东军事文选》（内部本），战士出版社 1981 年版。

[3]《毛泽东书信选集》，人民出版社 1984 年版。

[4]《彭德怀自述》，人民出版社 1981 年版。

[5]《习仲勋文选》，中央文献出版社 1995 年版。

[6]《刘志丹纪念文集》编委会编:《刘志丹纪念文集》，军事科学出版社 2003 年版。

[7] 中共陕西省党史资料征集研究委员会编:《谢子长纪念文集》，陕西人民出版社 2005 年版。

[8]《习仲勋传》编委会编:《习仲勋传》（上卷），中央文献出版社 2008 年版。

[9] 杨成武:《忆长征》，解放军文艺出版社 1982 年版。

[10] 张才千:《留守陇东》，甘肃人民出版社 1984 年版。

[11] 徐向前:《徐向前回忆录》，解放军出版社 2007 年版。

[12] 张秀山:《我的八十五年——从西北到东北》，中共党史出版社 2007 年版。

[13] 张宗逊:《张宗逊回忆录》，解放军出版社 1990 年版。

[14] 朱开铨:《六十六年之革命生涯》，江西人民出版社 1993 年版。

[15]《峥嵘岁月》，甘肃人民出版社 1993 年版。

［16］ 中共富平县委党史研究室编:《富平丰碑》，内部资料。
［17］《习仲勋画册》编委会编:《习仲勋画册》，海天出版社 2006 年版。
［18］ 中共中央文献研究室编:《毛泽东年谱（1893—1949）》修订本，中央文献出版社 2013 年版。
［19］ 中共中央党史研究室编:《习仲勋文集》，中共党史出版社 2013 年版。
［20］ 中共中央党史研究室编:《习仲勋纪念文集》，中共党史出版社 2013 年版。
［21］ 中共中央党史研究室编:《习仲勋画册》，中共党史出版社 2013 年版。
［22］ 中共延安市委、延安市人民政府主编:《习仲勋在延安》，中央编译出版社 2013 年版。

三、专著

［1］ 中共中央党史研究室编:《中国共产党历史》第一卷，中共党史出版社 2002 年版。
［2］ 中国人民解放军军事科学院军事历史研究部编:《中国人民解放军战史》，军事科学出版社 1987 年版。
［3］ 中国人民抗日战争史学会、中国人民抗日战争纪念馆编:《抗战时期的陕甘宁边区》，北京出版社 1995 年版。
［4］ 中共咸阳市委党史研究室编:《中国共产党咸阳历史》第一卷，陕西人民出版社 2006 年版。
［5］ 雷云峰编著:《陕甘宁边区史》（抗日战争时期，上篇），西安地图出版社 1993 年版。
［6］ 闫树声、胡民新、李忠全主编:《陕甘宁边区史》（抗日战争时期，中、下篇），西安地图出版社 1993 年版。
［7］ 朱凯、郭林、吴璋主编:《陕甘宁边区史》（解放战争时期），西安地图出版社 1993 年版。
［8］ 中共陕西省委党校党史教研室、陕西省社会科学院党史研究室编:《新民主主义革命时期陕西大事记述》，陕西人民出版社 1980 年版。
［9］ 康民、秦生:《西北五四运动与大革命史》，中共党史出版社 2007 年版。
［10］ 秦生:《西北红军长征史》，中共党史出版社 2007 年版。

[11] 陈永恭、秦生:《西北革命根据地创建史》，中共党史出版社 2007 年版。

[12] 王晋林、秦生:《陕甘宁革命根据地史》，中共党史出版社 2007 年版。

[13] 秦生:《西北解放战争史》，中共党史出版社 2007 年版。

[14] 王晋林、秦生:《甘肃新民主主义革命研究》，甘肃人民出版社 2004 年版。

[15] 曲涛、李仲立:《陇东老区红军史》，兰州大学出版社 1996 年版。

[16] 李仲立、曲涛:《陇东老区政权史》，兰州大学出版社 1994 年版。

[17] 曲涛:《红色足迹——陇东老区重大事件述评》，甘肃人民出版社 2002 年版。

[18] 郑文杰、刘敏卓编著:《红色马栏》，香港银河出版社 2004 年版。

[19] 中共延安地委统战部、中共中央统战部研究所编:《抗日战争时期陕甘宁边区统一战线和三三制》，陕西人民出版社 1989 年版。

四、报纸、刊物

《人民日报》、《党史通讯》、《党史研究》、《军史资料》、《新中华报》、《中共党史资料》、《中共党史研究》、《党的文献》、《近代史研究》、《百年潮》、《纵横》、《炎黄春秋》、《甘肃党史工作》、《陇东报》、中国人民大学报刊复印资料《中国现代史》等。

注：本书前衬页的毛泽东题词，引自《习仲勋画册》（中共党史出版社 2013 年版）。

后　记

庆阳习称陇东，是甘肃唯一的革命老区。在革命战争年代，这里是西北红军的摇篮，是陕甘边革命根据地和之后形成的陕甘宁边区的重要组成部分，是第二次国内革命战争后期全国“硕果仅存”的革命根据地。老一辈无产阶级革命家刘志丹、习仲勋等同志为创建和巩固这块革命根据地，进行了长期艰苦卓绝的斗争。

早在1933年10月，习仲勋同志就来到陇东，在刘志丹同志的领导下，共同创建了陕甘边革命根据地。1934年11月7日，陕甘边区苏维埃政府在南梁成立，选举习仲勋担任主席。陕甘边区苏维埃政府领导陕甘边区18个县的红色政权，管辖地域达2.3万平方公里，这是西北成立的第一个正式红色政权。经过多次反“围剿”斗争，陕甘边革命根据地不断发展壮大，并以西北主力红军支援陕北反“围剿”斗争，打开了陕北苏区的局面，终于使两块根据地连成一片，成为中央红军和各路长征红军的落脚点和全国革命的大本营。党中央到达陕甘根据地后，习仲勋在党中央的正确领导下，长期在陇东工作和战斗，为中国革命作出了卓越贡献，建立了光辉的历史功绩。

为了缅怀习仲勋等老一辈无产阶级革命家在陇东老区的丰功伟绩，发扬优良革命传统，牢记两个“务必”，激励老区人民又好又快地建设现代化的新庆阳，中共庆阳市委、庆阳市人大常委会、庆阳市人民政府、庆阳市政协决定编辑和出版一套红色书籍，组建了编辑委员会。《习仲勋在陕甘宁边区》作为首册，由陇东学院教授曲涛执笔，八易其稿，先行出版。

本书写作过程中，作者先后到习仲勋的家乡富平县淡村镇习家庄及其生活和战斗过的南梁、马栏、马家堡、阳坡头、三原、下寺湾、志丹县、环县、曲子、河连湾、洪德、兴隆山等地实地考察、走访，采集、梳理了大量的历史资料，并对各种相关资料进行了认真研究考证，反复修改书稿，广泛征求意见，力求资料翔实可靠，事实真实有据，语言准确流畅，成为信史。本书以陕甘边和陕甘宁边区波澜壮阔的革命历史为主线，以习仲勋同志在陇东老区各个时期的革命活动为重点，全面系统地记述了习仲勋同志在陇东的革命业绩。全书主要采用中共党史、军史等信史资料、可靠的地方史资料、习仲勋以及其他当事人的回忆等，务使言之有据。由于一些历史事件比较复杂，我们学识水平有限，疏漏不妥之处在所难免，诚请读者批评指正。

编　者

2009 年 7 月 1 日

图书在版编目（CIP）数据

习仲勋在陕甘宁边区 /《习仲勋在陕甘宁边区》编委会编.
—北京：中国文史出版社，2013.10
ISBN 978-7-5034-4320-6

Ⅰ.①习…　Ⅱ.①习…　Ⅲ.①习仲勋（1913～2002）-
生平事迹　Ⅳ.①K827=7

中国版本图书馆 CIP 数据核字（2013）第 235703 号

责任编辑：王文运　　　　装帧设计：杨飞羊　王　琳

出版发行：中国文史出版社
社　　址：北京市海淀区西八里庄路 69 号　　邮编：100142
电　　话：010－81136606　81136602　81136603（发行部）
传　　真：010－81136655
印　　装：北京温林源印刷有限公司　　邮编：102445
经　　销：全国新华书店
开　　本：787mm×1092mm　1/16
印　　张：31.25
字　　数：435 千字
版　　次：2014 年 6 月北京第 1 版
印　　次：2022 年 2 月第 3 次印刷
定　　价：65.00 元
